「近代化」は女性の地位をどう変えたか

タンザニア農村のジェンダーと土地権をめぐる変遷

田中由美子

新評論

はじめに

　本書は、アフリカ東部に位置し、サブサハラ・アフリカの貧困国の1つであるタンザニアをとりあげ、農村女性の土地所有をめぐる課題についての実証的調査を通じ、農村の人々がより良い生活ができるようになるための新たな国際協力の手がかりを模索しようとした研究書である。

　ニューヨーク国連本部では2000年9月、国連ミレニアム・サミットが開催され、ミレニアム宣言が採択されると同時に、開発途上国が2000〜2015年に達成しなければならないミレニアム開発目標（MDGs）が合意された。MDGsは、8つの目標を設定し、目標の第1番目に貧困の撲滅を掲げた。具体的には、2015年までに1日1.25ドル未満で生活する人口の割合を1990年の水準の半数に減少させるという貧困削減の指標を設定した。各国政府や国際協力機関、市民社会や民間セクターなどの努力の結果、開発途上国で極度の貧困状態にある人々の割合は、1990年の47％から2010年には22％へと低下し、MDGsの目標は達成されたと言える。この間、極度の貧困状態で暮らす人々は7億人減少した。しかし、世界人口の増加や経済社会格差などにより、現在でも依然として約12億人が、極度の貧困状態で生活をしており、その多くは女性である。

　2015年9月には「国連持続可能な開発サミット」が開催され、MDGsに続く国際的誓約として「我々の世界を変革する：持続可能な開発のための2030アジェンダ」が採択され、その中で「持続可能な開発目標（SDGs）」が掲げられた。SDGsは、開発途上国のみならず先進国も含めた世界中の国々が2015〜2030年に達成する17目標（ゴール）および169ターゲットを設定した。SDGsは、「誰ひとり取り残さない」世界の実現に向けて、第1目標として、「あらゆる場所におけるあらゆる形態の貧困の解消」を達成することを掲げた。これは、結局世界の貧困がまだ解消されていないことを示している。ただし、MDGsと異なる点は、SDGsが第1目標の貧困解消の指標として、女性の平等な経済資源、特に財産および土地へのアクセス、所有権、管理権（コントロール）を達成することを掲げていることである。つまり、貧困削減には、女性の土地の権利に関わる対策が必要であることが強調されている。さらに、SDGsの第5目

標はジェンダー平等の達成と全ての女性と女児のエンパワーメント（力をつけること）であるが、その指標としても法律に基づく女性の土地へのアクセス、所有権、管理権（コントロール）を達成することが明記されている。女性の土地権は、ジェンダー平等とエンパワーメントを達成するための要件としても認識されているのである。このような指標は MDGs には明記されなかったので、大きな前進として注目に値するが、女性の土地に関わる諸権利を向上するための具体的な方策が示されているわけではない。

　タンザニアの１人当たり国内総生産（GDP）は、US$545.2（2012年）であり、サブサハラ・アフリカでデータが取得できた44カ国中29位である[1]。タンザニアの全世帯のうち約７割が農業に従事しているが、農民の多くは小規模農家、もしくは土地を持たない賃金労働者である。（１日１ドル以下の）貧困ライン以下で生活している人口の割合は33.4％（2007年）で[2]、特に農村での貧困率は37.6％と高く、深刻な問題となっている（URT 2009a）。農村では、女性労働力率の９割弱が農業に従事しており農村女性の貧困率は高い。

　農村において土地（農地）は、農業生産の手段や資源であり、経済的な価値を創出するだけでなく、持続可能な開発、社会的権威や地位、文化的な価値にとって重要な意味を持つ。農村では、土地所有者は一目置かれており、多くの土地を有する者が村長に選ばれ、地元の政治家になったりする。逆に土地を持たない農民は蔑まれる。先祖の代からさまざまな儀式を執りおこなってきた土地は神聖であり、同族により代々引き継がれるべきものである。人々にとって、土地は先祖や自分が何者であるかを確認することにつながるため、特に外部者が土地を購入した場合には反発や紛争が起き社会的リスクが高まる（Platteau 1996:51）[3]。アフリカでは植民地時代、ヨーロッパ人の手に先祖の土地

---

1) 出典：JETRO：http://www.jetro.go.jp/jfile/report/07000914/tz_pol_eco.pdf：参照日2013年11月15日。タンザニアは１人当たり国民総所得（GNI）では、2008年に US$1230となり、世界210カ国中188番目（World Bank 2009. World Development Indicators Database：参照日2009年10月７）。ただし、サブサハラ・アフリカは48カ国（http://www.mofa.go.jp/mofaj/gaiko/oda/shiryo/hakusyo/11_hakusho_pdf/pdfs/11_hakusho_030203_4.pdf：参照日2016年１月５日）。
2) 世界銀行：http://data.worldbank.org/country/tanzania：参照日2013年11月15日。
3) 吉田は、1950年代に発生したケニアのマウマウの蜂起は、単に白人入植者に対する反抗のみではなく、土地保有をめぐるキクユ族内部での伝統的権威の崩壊と、貧富の格差の拡大という、２つの面での伝統的社会内の対立関係の発生にもよるとしている（吉田 1997:27）。

が渡るのを防ぐことは、「聖なる義務」だと考えられていた (Platteau 1996:51)。

　農村の貧困問題について、社会構造や諸制度、文化、政治体制などを含めた広い視野から研究してきたアガルワルは、1994年に南アジアにおけるジェンダーと土地権についての著書を刊行した (Agarwal 1994a)。アガルワルは、南アジアで顕著にみられる女性の経済・社会的な従属的地位に関心を寄せ、そのような従属的地位の根本的な要因として、女性の財産権の欠如、特に農村では土地（農地）の非所有があると指摘した。農村女性は、夫や家族の土地を耕作しているが、土地所有者でないことが多い。それゆえに、十分な意思表明や交渉ができず従属的な立場に置かれ貧しい生活を強いられていると主張した。

　アガルワルの研究成果はアジアのみならずアフリカ地域の多くの研究者による実証的研究に引き継がれ厚みを増してきた。特に、アフリカにおける社会人類学的研究からは、多様な父系・母系制社会が男女の土地権をめぐり多様な方向に変容していることが浮かびあがってきた。しかし、女性が土地権の取得に向けて選択し、行動する実現力を高めていくような動的な方法やメカニズムの分析、女性の土地権に関する政策論の検証は緒に就いたばかりである。

　したがって、本書ではタンザニアを研究対象とし、農村女性の土地に関わる諸権利に着目し、土地権のデータに基づく実証的検証を通じた、社会構造や諸制度を含めた分析をおこない、新たな国際協力のあり方を模索することを目的とした。本書は、アガルワルの論説を大きく逸脱するものではないが、従来の論説に対する検証を通じて、女性の土地権に対するジェンダーの視座からの分析に新たな差異（ニュアンス）を加味しようと試みたものである。

　タンザニアは、1961年に英国植民地から独立を果たした。その後、国家主導による経済開発政策の一環として農業生産の向上および土地権の「近代化」を進めてきた。土地権に関する近代的な制定法が整備される一方で、農村では依然として多様な民族の法律やイスラム法などを含む慣習法が適用され、複雑な多元的構造が現存している。特に土地（農地）の相続・贈与・売買に関しては固有の民族や地域の慣習法が適用されるが、慣習法は必ずしも女性に対して平等な土地所有権を認めているわけではない。

　農村女性の土地権の取得を阻んでいる大きな要因は、男性中心の土地や財産の所有・相続制度である。農家の世帯主は通常男性だと考えられており、土地

の名義はほとんど世帯主である男性名となっている。女性は夫と死別すると、夫名義の土地や財産、あるいは結婚後に2人で築いた財産を引き継ぐことはできず、伝統的な社会では夫の親族により相続権を剥奪されることが多い（Englert 2008）。土地権の剥奪は、それに付随する収益権、営農権、水利権、生活権の喪失につながる。土地権を所有しないと、土地所有を条件とする水利組織や農民組織への参加、資産の所有が担保となるような融資の機会が阻まれる。これらは、女性のみならず女性に依存する子どもや家族の暮らしに負の影響を及ぼす（URT 1994）。しかし、女性が土地権を取得さえすれば、全ての問題が解決するわけでもない。女性を取り巻く状況は一様でもなく不変でもない。

　本書では土地権の近代化、政府が進める土地再配分と農村女性の土地権の関係ついて着目し検証していく。調査対象地域は、キリマンジャロ州ローアモシ灌漑地区（LMIS）である。日本政府および国際協力機構（JICA、当時は国際協力事業団）は、同地区において1987年に灌漑施設と圃場整備を完成し、その後1993年まで稲作の技術協力や精米所建設などを実施したが、灌漑された圃場の土地再配分、土地権利付与についてはタンザニア政府が独自に進めたものである。

　また本書では、1987年まで遡り、当時のタンザニア政府による土地再配分の際に、どのように女性が従前地における慣習的な土地耕作・所有権を奪われたのか、あるいは逆に成功裏に取得し継承していったのか、その後2013年に至るまでの約26年間に、女性の土地権にどのような経時的変化があったのかについて実証的データを用いて明らかにしていく。その中で、女性が「近代的」な土地所有権を取得さえすれば、自ら土地を管理でき農業生産性および生活が向上する、と主張してきた画一化された開発アプローチを検証していく。

　農村女性は、どのように土地権に関わる多様な選択を自らの機会と捉え、そこから「価値あると思うこと」を選択し、その価値を実現させようとしているのか。そして、どのようにより良い暮らしの実現に結び付けようとしているのか。これらに着目することは、平準的な手法を超えて、多様な女性たちの固有の状況に寄り添い、より平等かつ不偏的な（impartial）開発事業を目指そうとするジェンダー視点の国際協力に、実践的な回答を与える一助になると考える。

「持続可能な開発目標 (SDGs)」に向けた取り組み

　第60会期国連女性の地位委員会 (Commission on the Status of Women: CSW) がニューヨークの国連本部で開催された (2016年3月14日～24日)。本会合では、「女性のエンパワーメントと持続可能な開発の関連性」を優先テーマに、また「女性と女児に対するあらゆる形態の暴力の根絶と防止」をレビューテーマとして、155カ国以上から約8000人の政府・市民代表者が参加し議論をおこなった。本会合にあわせて、CSWが第60回目を迎えることを記念し、世界各国から参加した市民団体、非政府組織 (NGO)、国際機関などにより、約220のサイドイベントと450以上のパラレルイベントも開催された。

　先進国・開発途上国を問わず、世界各国は、2030アジェンダの「持続可能な開発目標 (SDGs)」の実現に向けて、今後、具体的な実施計画を策定し指標達成のための活動を開始しなければならない。特に第5目標「ジェンダー平等と全ての女性・女児のエンパワーメント」を達成するのみならず、他のすべての目標達成においても、どのようにジェンダー視点に立った取り組みを進めていくのか、明確にしていかなければならない。各国におけるグッドプラクティス (最適な実践) の共有が今後も必要であることが、プムジレ・ムランボ・ヌクカUNWomen事務局長により強調された。

　筆者も本会議に出席するとともに、NGOと日本政府代表部が共催したサイドイベント「経済におけるジェンダー格差の是正に向けた挑戦」でプレゼンテーションをおこなった。

CSW60開会式でスピーチするムランボ・ヌクカUNWomen事務局長。

目　次

はじめに　1

図表一覧　12

略号表・単位表・用語説明　14

第1章　タンザニア農村女性の土地権をめぐる研究課題　19

第1節　研究の背景　20

1　タンザニアの土地制度におけるジェンダー課題　21
(1)　農村女性の労働貢献に見あわない土地所有　22
(2)　農村女性が土地を所有することの意味　25
(3)　なぜ女性は土地を所有できないのか　27
(4)　タンザニア農村の土地政策　29
(5)　土地政策が農村女性に与える影響　30

2　国際協力におけるジェンダー平等論——その変遷と課題　35
(1)　WIDアプローチ　35
(2)　GADアプローチ　36
(3)　ジェンダー主流化アプローチ　38
(4)　エンパワーメント・アプローチ　40
(5)　ケイパビリティ・アプローチとジェンダー平等論　41
(6)　ジェンダー平等論の実証的分析に向けて　46

第2節　研究の目的と仮説　49

1　研究の目的　49
(1)　土地再配分をめぐる農村女性の選択と行動　49
(2)　土地権の経時的変化にみる農村女性の選択と行動　50
(3)　土地権の形態と農村女性の選択と行動　50
(4)　地域コミュニティの意思決定の変化と農村女性の選択と行動　51

2　仮説の提示　52

第2章　研究の方法 ……………………………………………………… 57

　第1節　調査対象地の位置付けと選定理由 …………………………………… 58
　　1　ローアモシ灌漑地区（LMIS）の位置付けと特徴　58
　　　⑴　ローアモシ灌漑地区の地理的状況　58
　　　⑵　政府主導によるローアモシ灌漑地区開発　58
　　　⑶　ローアモシ灌漑地区の開発以前の状況　59
　　　⑷　JICAによる技術協力と無償資金協力　63
　　　⑸　地方政府・村落行政による土地権の管理　64
　　　⑹　ローアモシ水利組織（LOMIA）の形成と役割　67
　　　⑺　ローアモシ灌漑地区における水系と水争い　70
　　　⑻　ローアモシ灌漑地区の圃場　71
　　　⑼　ローアモシ灌漑地区における作付体系　73
　　　⑽　ローアモシ灌漑地区における降雨量　74
　　　⑾　ローアモシ灌漑地区における土地所有者　75
　　2　調査対象地の選定理由　75
　　　⑴　土地（農地）の再配分の方法　75
　　　⑵　政府の介入による開発の影響を見るための先行事例　76
　　　⑶　土地所有者リスト　76
　　　⑷　近代化における農村女性の土地権の変遷　76
　　　⑸　農村女性の土地権に関する選択と行動　77
　　3　調査対象3ブロックと農家世帯の特徴　77
　第2節　採用した調査方法 ………………………………………………………… 79
　　1　面接手法による調査—半構造的な面接調査　81
　　2　質問票による聞き取り調査　81
　　3　調査の限界と信憑性　82
　　　⑴　土地所有者リスト（1987年）　82
　　　⑵　ローアモシ水利組織（LOMIA）の土地所有者リスト（2004〜2010年）　83
　　　⑶　ローアモシ水利組織の土地所有者リスト（2013年）　83
　　　⑷　土地所有者リストの性別の識別　84
　　　⑸　面接手法による調査—半構造的な面接調査の方法　84
　　　⑹　実務者としての研究者の立ち位置と課題　84
　　　⑺　匿名性の確保　85

第3章　タンザニアにおける土地権をめぐる研究の動向 …………… 87

第1節　土地権をめぐる研究の動向 ……………………………………… 88
　1　土地権の進化論とその批判　88
　2　タンザニアにおける土地権の進化論の展開　91
第2節　農村女性と土地権に関する研究の動向…………………………… 93
　1　アガルワルによる農村女性と土地権の研究　93
　2　タンザニアにおける農村女性の土地権に関する研究　94
　　(1)　実践的研究者を中心とする土地制度改革の政策論研究　95
　　(2)　社会変容と土地制度についての人類学的研究　98
　　(3)　土地権の進化論に関するジェンダー視座からの批判的研究　101
　3　既往研究と仮説の関係　103

第4章　土地再配分により女性の土地権は奪われたのか ………… 105

第1節　土地再配分の女性への影響についての議論 …………………… 106
　1　スリランカ・マハベリ河開発事業に対するジェンダー批判　107
　2　ローアモシ灌漑地区の生計調査が捉えたジェンダー課題　109
第2節　ローアモシ灌漑地区で実際に起きたこと………………………… 110
　1　土地再配分で女性の土地権に何が起きたのか　110
　　(1)　従前地における慣習的な土地耕作・所有権はどうなったのか　110
　　(2)　土地再配分において従前地の事前登録はされたのか　111
　　(3)　従前地からの減歩率は公正だったのか　112
　　(4)　住民は土地登記をしたのか　117
　　(5)　異議や苦情申し立てはおこなわれたのか　118
　　(6)　農民による主体的な調整　118
　　(7)　土地配分委員会には女性も選出されたのか　121
　　(8)　土地所有者としてどのくらいの女性が登録したのか　121
　　(9)　慣習的な土地耕作・所有権からより公的な所有権への転換　122
　2　女性は何を機会と捉え選択・行動したのか―ウジャマー村から灌漑地区へ　123
第3節　調査結果のまとめ ………………………………………………… 126

第5章　農村女性の土地権はどのように変化してきたのか ………… 129

第1節　土地権の所有・相続に関する農村女性の土地権への影響 …… 130
第2節　調査結果—女性が土地を所有する時 ……………………………… 133
 1　農村女性の土地所有の現状　133
  (1)　零細・小規模な女性土地所有者　134
  (2)　地区・ブロックにより異なる女性の土地所有者比率　135
  (3)　分析結果のまとめ　137
 2　土地所有の経時的変化　137
  (1)　土地所有者の人数および面積の変化　138
  (2)　土地所有者の男女比率の変化　139
  (3)　土地所有面積の男女比率の変化　139
  (4)　平均所有面積の男女別の変化　140
  (5)　男女が所有するプロットの位置と男女間の所有地の変化　141
  (6)　分析結果のまとめ　150
 3　土地の相続・所有の変化に関する分析　151
  (1)　土地の相続・所有に関する事例分析　151
  (2)　ブロック全体における土地の相続・所有の変化　152
  (3)　ブロックごとの土地の相続・所有の変化　157
  (4)　分析結果のまとめ　162
第3節　調査結果のまとめ ……………………………………………………… 163

第6章　農村女性にとって土地権はどのような意味を持つのか …… 167

第1節　農村女性にとっての土地へのアクセスとコントロール ……… 169
 1　アクセス・コントロール分析　169
 2　ローアモシ灌漑地区における土地へのアクセスとコントロール　170
 3　土地へのアクセス・コントロール分析および女性の選択と行動　170
第2節　調査対象者の概要とプロフィール ………………………………… 174
 1　土地所有者の社会・経済的特徴　174
 2　面接調査対象者のプロフィール　177
第3節　農村女性にとって土地権に関わる「価値あると思うこと」… 184
 1　土地所有者であることの多様な意義　184

(1)　土地権に関する質問票調査の結果——収入と食料の確保　184
　　　(2)　質的な半構造的な面接調査の結果——土地が持つ多様な価値　187
　　　(3)　女性にとっての土地所有の価値　188
　　　(4)　男性にとっての土地所有の価値　192
　　2　土地所有者であることの価値についての言説　194
　　　(1)　土地所有についての言説——女性はどう言っているのか　197
　　　(2)　土地所有についての言説——男性はどう言っているのか　214
　第4節　調査結果のまとめ …………………………………………… 221

第7章　農村女性による土地の所有・管理・相続の諸相 ……… 225

　第1節　土地の所有・管理・相続の選択と社会的受容の変化 ……… 226
　第2節　土地の所有・管理・相続に関する選択 …………………… 228
　　1　女性の土地所有は管理権とどう関係しているのか　229
　　　(1)　自己名義および共同名義で土地を登録・所有している場合　231
　　　(2)　土地所有していても名義変更していない場合　233
　　2　土地所有と相続人（相続する人）の選択とはどう関係しているのか　234
　　　(1)　土地所有と相続人の選択　234
　　　(2)　誰を相続人にするのか——男女の回答の比較　234
　　　(3)　誰を相続人にするのか——女性の回答の内容　238
　　　(4)　誰を相続人にするのか——対象2地区の女性の回答の比較　239
　　3　なぜ遺言書を作成するという選択をするのか　240
　　4　分析結果のまとめ　242
　第3節　土地の所有・管理・相続に関する選択の言説 …………… 246
　　1　女性が自己名義の土地を所有している場合　247
　　　(1)　土地再配分で取得した自己名義の土地：息子に相続　247
　　　(2)　土地再配分で取得した自己名義の土地：娘に相続　249
　　　(3)　土地再配分で取得した自己名義の土地：息子と娘の両方に相続　249
　　　(4)　男性（夫）が購入し女性名義（共同名義）にした土地：相続人不明　251
　　　(5)　男性（夫）が購入し女性名義（共同名義）にした土地：娘に相続　251
　　　(6)　女性が自己資金で購入した土地：息子に相続　252
　　　(7)　女性が自己資金で購入した土地：娘に相続　252
　　2　女性が男性から土地を相続して所有している場合（名義変更していない）　253

(1) 名義変更しなくても問題がない：社会的認知があり処分権がある　254
　　　(2) 名義変更しなくても問題がない：家族関係に問題がない　256
　　　(3) 女性が「仮の相続人」であることを当然視する　256
　　　(4) 名義変更したいがリスクが伴うのであえてしない　258
　　　(5) 夫から相続した土地：息子と娘の両方に相続させたい　260
　　3　婚姻関係における土地所有に関わるリスクがある場合　260
　　4　男性が自己名義の土地を所有している場合　262
　　　(1) 男性が相続するべき：息子に相続させたい　262
　　　(2) 女性に相続させたい：妻や娘に相続させたい　262
　　　(3) 男女ともに相続させたい　263
　　5　新たな選択と行動―遺言書を作成するという行為の出現　264
　第4節　調査結果のまとめ 271
　　1　土地の所有・管理・相続に関するまとめ　271
　　2　土地所有をめぐる地域コミュニティと女性の選択・実現可能性の変化　274

第8章　結論と今後の課題 277

　第1節　どのような研究の成果が得られたのか 278
　第2節　本書の貢献と残された研究課題 279
　　1　学術的な貢献　279
　　2　実務的な貢献―開発政策・事業へのインプリケーション　281
　　　(1) 慣習的な土地耕作・所有権を確保する制度構築　282
　　　(2) 相続・贈与・売買により土地権を確保する制度構築　284
　　　(3) 土地権の多様な選択を実現可能にする制度構築　285
　　3　残された研究課題　294
　　　(1) 農村女性の暮らしの多様化　294
　　　(2) 包摂的農村社会の構築　295
　　　(3) 収集されたデータの有効活用　296

おわりに　297

資料　本書関連年表　301　　　引用・参考文献　307　　　索引　323

図表一覧

図1.1　国際協力におけるジェンダー平等論研究およびアプローチ
図1.2　本書における分析枠組み
図1.3　本書の構成
図2.1　ローアモシ灌漑地区（LMIS）の圃場（水田）図
図2.2　マボギニ村の行政組織図
図2.3　ローアモシ水利組織（LOMIA）組織図
図2.4　ローアモシ灌漑地区（LMIS）内外の水利に関わる係争関係
図2.5　ローアモシ灌漑地区（LMIS）における作付期と作目
図2.6　調査対象の3ブロックの位置
図3.1　サブサハラ・アフリカおよびタンザニアにおける土地権アプローチ
図3.2　既往研究と仮説の関係
図4.1　土地売買証
図4.2　1986年の土地再配分に関する通達文（1頁目）
図4.3　1986年の土地再配分に関する通達文（日本語訳、1頁目）
図4.4　1986年の土地再配分に関する通達文（2頁目）
図4.5　1986年の土地再配分に関する通達文（日本語訳、2頁目）
図4.6　1986年の土地再配分に関する通達文に添付されたリスト
図4.7　アッパー・マボギニ（MS1-2）土地所有者リスト
図5.1　ローアモシ灌漑地区（LMIS）の土地所有面積の度数分布
図5.2　土地所有者数の変化（1987～2013年）
図5.3　土地所有者の男女比の変化（1987～2013年）
図5.4　土地所有面積の男女比の変化（1987～2013年）
図5.5　1人当たり平均土地所有面積の変化（1987～2013年）
図5.6　アッパー・マボギニ（MS1-2）における女性の所有地の変化（1987～2013年）
図5.7　アッパー・マボギニ（MS1-2）における男女間の所有地の変化（2008～2013年）
図5.8　アッパー・マボギニ（MS1-2）における男女間の所有地の変化（1987年～2008年～2013年）
図5.9　ローア・マボギニ（MS4-1）における女性の所有地の変化（1987～2013年）
図5.10　ローア・マボギニ（MS4-1）における男女間の所有地の変化（2008～2013年）
図5.11　ローア・マボギニ（MS4-1）における男女間の所有地の変化（1987～2008～2013年）
図5.12　チェケレニ（RS4-1）における女性の所有地の変化（1987～2013年）
図5.13　チェケレニ（RS4-1）における男女間の所有地の変化（2008～2013年）
図5.14　チェケレニ（RS4-1）における男女間の所有地の変化（1987～2008～2013年）
図5.15　対象3ブロック全体の土地所有者（男女合計）と面積の変化（2008～2013年）
図5.16　対象3ブロック全体の男性土地所有者と面積の変化（2008～2013年）
図5.17　対象3ブロック全体の女性土地所有者と面積の変化（2008～2013年）
図5.18　アッパー・マボギニ（MS1-2）における男性の土地所有形態変化（2008～2013年）
図5.19　アッパー・マボギニ（MS1-2）における女性の土地所有形態変化（2008～2013年）
図5.20　ローア・マボギニ（MS4-1）における男性の土地所有形態変化（2008～2013年）
図5.21　ローア・マボギニ（MS4-1）における女性の土地所有形態変化（2008～2013年）
図5.22　チェケレニ（RS4-1）における男性の土地所有形態変化（2008～2013年）
図5.23　チェケレニ（RS4-1）における女性の土地所有形態変化（2008～2013年）
図6.1　ローアモシ灌漑地区（LMIS）における土地へのアクセスとコントロール
図6.2　土地を所有することの意味（対象3ブロック）
図6.3　土地所有後の収入の変化（対象3ブロックの男女別の割合の比較）
図7.1　ローアモシ灌漑地区（LMIS）における土地の管理権

図7.2a　マボギニ村の女性（ママMM）が作成した遺言書（2002年、スワヒリ語）
図7.2b　マボギニ村の女性（ママMM）が作成した遺言書（日本語訳）
図7.3a　チェケレニ村の女性（ママYY）が作成した遺言書（2009年、スワヒリ語）
図7.3b　チェケレニ村の女性（ママYY）が作成した遺言書（日本語訳）

表1.1　タンザニアの男女別労働力率と農地所有比率
表1.2　タンザニアの世帯別土地（農地）所有者
表1.3　タンザニアの女性の財産権に関連した法律・条令
表2.1　ローアモシ灌漑地区（LMIS）の5地区におけるブロック数とプロット数
表2.2　土地（農地）の男女別所有者および面積の割合
表2.3　調査対象3地区の概要
表2.4　現地調査の概要—半構造的な面接調査
表2.5　現地調査の概要—質問票による聞き取り調査
表3.1　タンザニアの農村における土地制度に関する見解
表5.1　ローアモシ灌漑地区（LMIS）における土地所有規模の分布
表5.2　ローアモシ灌漑地区（LMIS）の地区およびブロックの土地所有者
表5.3　アッパー・マボギニ（MS1-2）における土地所有者と面積の変化
表5.4　ローア・マボギニ（MS4-1）における土地所有者と面積の変化
表5.5　チェケレニ（RS4-1）における土地所有者と面積の変化
表5.6　対象3ブロックの土地所有者数と全数調査対象者（2013年）
表5.7　土地の相続・贈与・売買（対象3ブロック全体：2008〜2013年）
表5.8　対象3ブロックの土地所有者と面積の変化（2008〜2013年）
表5.9　アッパー・マボギニ（MS1-2）における土地所有者（男女）と面積の変化（2008〜2013年）
表5.10　ローア・マボギニ（MS4-1）における土地所有者（男女）と面積の変化（2008〜2013年）
表5.11　チェケレニ（RS4-1）における土地所有者（男女）と面積の変化（2008〜2013年）
表6.1　ローアモシ灌漑地区（LMIS）において土地にアクセスがある者
表6.2　ローアモシ灌漑地区（LMIS）の対象3ブロックの土地所有者の基本的特徴
表6.3　第1次調査対象者プロフィール（女性・男性）
表6.4a　第2次調査対象者プロフィール（アッパー・マボギニ地区：女性）
表6.4b　第2次調査対象者プロフィール（アッパー・マボギニ地区：男性）
表6.5　第2次調査対象者プロフィール（ローア・マボギニ地区：女性・男性）
表6.6　第2次調査対象者プロフィール（チェケレニ地区：女性・男性）
表6.7　第4次調査対象者プロフィール（女性・男性）
表6.8　土地所有後の収入の変化
表6.9　対象3ブロックにおけるコメとメイズの単収
表6.10　土地所有に関する価値あると思う事柄
表6.11　土地所有の価値（女性、分析対象数31）
表6.12　土地所有の価値（男性、分析対象数14）
表7.1　女性の土地所有形態と管理権の関係
表7.2　土地所有と相続についての考え方（女性、対象3ブロック）
表7.3　土地所有と相続についての考え方（男性、対象3ブロック）
表7.4　土地の相続人（男女の回答、対象3ブロック合計）
表7.5　土地の相続人（女性の回答、対象3ブロック合計）
表7.6　土地の相続人（女性の回答、対象2ブロック）
表7.7　土地の所有・管理・相続に関する選択

略号表（欧文イタリック体はスワヒリ語）

AJISO Action for Justice in Society ● 社会正義のための行動（NGO）：モシ市
ASDP Agricultural Sector Development Programme ● 農業セクター開発プログラム
ASDS Agricultural Sector Development Strategy ● 農業セクター開発戦略
ASP Agriculture Strategy Paper ● 農業戦略ペーパー
AU African Union ● アフリカ連合
CARD Coalition for African Rice Development ● アフリカ稲作振興共同体（カード）
CCM *Chama Cha Mapinduzi* ● タンザニア革命党
CEDAW Convention on the Elimination of All Forms of Discrimination against Women ●（国連）女性差別撤廃条約
CHAWAMPU Rice Farmers' Cooperative Society (*Chama cha Wakulima wa Mpunga*) ● コメ生産者協同組合（チャワンプ）
COSTECH Tanzania Commission for Science and Technology ● タンザニア科学技術委員会
CSW Commission on the Status of Women ● 女性の地位委員会（国連）
DADP District Agriculture Development Plan ● 県農業開発計画
DALDO District Agriculture and Livestock Development Officer ● 県農業畜産開発官［2015年に District Agriculture, Irrigation and Cooperatives Officer（**DAICO**）に改編］
DAWN Development Alternatives with Women for a New Era ● ドーン（NGO）
DSM Dar es Salaam ● ダルエスサラーム
DEO District Executive Officer ● 県事務官
DLO District Land Office ● 県土地事務所
FAO Food and Agriculture Organization ● 国際連合食糧農業機関
FINCA Foundation for International Community Assistance (FINCA International) ● 国際コミュニティ支援協会（フィンカ）
GABRIELA General Assembly Binding Women for Reforms, Integrity, Equality, Leadership, and Action ● ガブリエラ、全国・地方女性組織連合（フィリピン）
GAD Gender and Development ● ジェンダーと開発
GLTF Gender Land Task Force ● ジェンダー土地作業部会
IFAD International Fund for Agricultural Development ● 国際農業開発基金
JICA Japan International Cooperation Agency ● 独立行政法人国際協力機構（2003年まで国際協力事業団）
KADC Kilimanjaro Agricultural Development Center ● キリマンジャロ農業開発センター
KATC Kilimanjaro Agricultural Training Center ● キリマンジャロ農業研修センター（以前はキリマンジャロ農業技術者訓練センターとも呼ばれる）
KADP Kilimanjaro Agricultural Development Project ● キリマンジャロ農業開発計画プロジェクト
LMIO Lower Moshi Irrigation Office ● ローアモシ灌漑事務所（Lower Moshi Irrigation Scheme Office とも呼ばれる）
LMIS Lower Moshi Irrigation Scheme ● ローアモシ灌漑地区
LOMIA Lower Moshi Irrigators Association ● ローアモシ水利組織（ロミア）
MAFC Ministry of Agriculture, Food Security and Cooperatives ● 農業・食料安全保障・協同組合省（農業省）［2015年10月に農業畜産水産省（農業省）Ministry of Agriculture, Livestock and Fisheries（**MALF**）に改編］
MATI Ministry of Agriculture Training Institute ● 農業研修所
MCDGAC Ministry of Community Development, Gender and Children ● 地域開発・ジェンダー・子ども省
MDGs Millennium Development Goals ● ミレニアム開発目標

NAFCO　National Food and Agricultural Corporation ●国家食料農業公社
NGO　Non-governmental Organization ●非政府組織
NRDS　National Rice Development Strategy ●国別コメ開発戦略
PBWO　Pangani Basin Water Office ●パンガニ流域事務所
SACCOS　Savings and Credit Cooperative Societies ●貯蓄信用組合（サコス）
SAP　Structural Adjustment Program ●構造調整政策
SDGs　Sustainable Development Goals ●持続可能な開発目標
SEWA　Self-Employed Women's Association ●女性自営者協会（インド）
SIDO　Small Industry Development Organization ●小規模工業開発機構
TAMWA　Tanzania Media Women's Association ●タンザニアメディア女性組織
TANRICE　Technical Cooperation in Supporting Service Delivery Systems of Irrigated Agriculture ●タンザニア灌漑農業技術普及支援体制強化計画プロジェクト（タンライス）
TANRICE2　Project for Supporting Rice Industry Development in Tanzania ●タンザニア・コメ振興支援計画プロジェクト（タンライス2）
TANU　Tanganyika African National Union ●タンガニーカ・アフリカ民族同盟
TAWLA　Tanzania Women Lawyers Association ●タンザニア女性法律家協会
TGNP　Tanzania Gender Networking Programme ●タンザニア・ジェンダー・ネットワーキング・プログラム（NGO）
TICAD　Tokyo International Conference on African Development ●アフリカ開発会議
TPC　Tanganyika Planting Company ●タンガニーカ・プランティング会社
UDSM　University of Dar es Salaam ●ダルエスサラーム大学
UNDP　United Nations Development Program ●国連開発計画
URT　United Republic of Tanzania ●タンザニア連合共和国
VICOBA　Village Community Bank ●村落コミュニティ銀行（ビコバ）
WID　Women in Development ●開発と女性
WUA　Water Users Association ●水利組織（Irrigators Association と同義）

単位表

acre　エーカー● 1 エーカー＝0.4ヘクタール＝4000m^2
Tsh.(or TZS)　タンザニア・シリング● 1 円＝16シリング／ 1 UD$＝1640シリング（2013年 5 月現在）

用語説明（欧文イタリック体はスワヒリ語）

ウジャマー（*Ujamaa*）　1960年後半からタンザニア政府により進められた「家族共同体的社会主義」を意味する（吉田 1997:38, 2010:43）。伝統的相互扶助の精神を全国的に当てはめようとする政策で、自己農場の他に共同農場を導入した。ウジャマーはスワヒリ語で家族的連帯の意味。「ウジャマー社会主義」「ウジャマー政策」「ウジャマー村」のように使用される。

灌漑稲作圃場　本書で単に、ローアモシ灌漑地区（LMIS）の「土地」「農地」「圃場」「耕作地」と表記しているところは、灌漑稲作圃場を指す。

土地権　本書で「土地権」という場合は、土地の権利を意味し、土地の所有権、管理権（営農権［耕作権］・収益権・処分権）などの総称である。相続権は処分権の中に含まれる。

フリーホールド（Freehold）　自由保有権。土地を個人あるいは組織・団体が自由に所有、処分、売買できる権利。

ブロック（block）　ローアモシ灌漑地区（LMIS）の圃場区画（1ブロックは約20〜30ha）。

プロット（plot）　ローアモシ灌漑地区（LMIS）の圃場単位（100m×30m=3000m^2=0.3ha）。耕区。

リースホールド（Leasehold）　賃借権。一定の期間を定めた土地の利用権。現在、タンザニアの全土地は国家に帰属するので、原則的には、個人には土地のリースホールドのみが付与されている。

LMISの土地　本書で「ローアモシ灌漑地区（LMIS）の土地」という場合は、1987年に3次水路まで整備された灌漑稲作圃場、つまり灌漑稲作耕作地のことを示しており、基本的には畑地（upland）および宅地は含めない。

「近代化」は女性の地位をどう変えたか

タンザニア農村のジェンダーと土地権をめぐる変遷

キリマンジャロ州ローアモシ灌漑地区(LMIS)での田植え。2010年7月

＊本文中の写真および図表のうち、特に明記していないものは筆者が撮影・作成した。

第 1 章

タンザニア農村女性の土地権をめぐる研究課題

キリマンジャロ山（5895m）とその南側に広がるローアモシ灌漑地区（LMIS）。同地区は、日本の協力で用排水分離型の近代的な灌漑施設と圃場整備が1987年に完成した。それ以降、同地区のキリマンジャロ農業研修センター（KATC）では、各種の農業研修が実施されてきた。灌漑稲作の模範的な地区とされ、全国から多くの農民男女や農業関係者が訪れるサイトとなってきた。2012年2月

第1節　研究の背景

　本書は、サブサハラ・アフリカの貧困国であり、かつ住民の多くが農業に依存しているタンザニアを取り上げ、農村女性にとって重要な意味を持つ諸々の土地権に着目し、データに基づいた実証的検証を通じて国際協力のあり方を模索することを主題とした。特に、ジェンダーの視座に立った「女性と土地権」に関する論説に対する検証をおこない、従来の「ジェンダーと開発」論に新たな視座を加味しようと試みたものである。

　タンザニアは、1961年に英国植民地からの独立を果たした。その後、国家主導による経済開発政策の一環として農業・農村および土地権の「近代化」を進めてきた。しかし、1960年代から1990年代にかけて制定・改正してきた土地権に関する法律では、土地は依然として国家に帰属すると定めている。したがって、人々および村落に対しては、使用期限付きで、しかも公共性を理由にいつでも国家が土地収用できるという、土地の占有権（rights of occupancy）のみを付与している。ただし、都市部や投資促進地および（動物）保護区などでは、近代的な制定法を適用している。一方で、農村の土地所有に対しては土地登記が進んでおらず、住民は正式な土地所有証明書を有していない。特に農村では、多様な部族やクラン（氏族）[1]の法律やイスラム法などを含む「慣習法」が適用されている。つまり、どのような場合に制定法あるいは慣習法を適用し、どの部族の法律を優先的に使用するのか、それらが相反する場合にはどうするのかなどについて明確な法律や規定があるわけではなく、土地法に関する複雑な多元的構造が存在している。農村では慣習法のもとで、土地の相続・贈与・売買が実際にはおこなわれているが、これらの慣習法は、必ずしも女性に対して平等な土地所有権を認めてきたわけではない。

　タンザニアは基本的に農業国である。1人当たり国内総生産（GDP）に占

1）吉田は、部族を「共通の言語を話し、共通の領域を占め、同質な文化や伝統を共有する人々の集団」としたうえで、18世紀末の西欧社会において形成された民族主義の中で語られる「民族」とは区別している。スワヒリ語で「カビラ *Kabila*」と呼ぶエスニック・グループを「部族」「何々族」と呼び、これに属する人々を「何々人」と呼ぶとしている（吉田 1997:2-4）。さらに、氏族（クラン clan, ウコー *Ukoo*）とは、共通の祖先を持つと信じられている人たちからなる単系的な親族集団である。

める農業の比率は徐々に減少しているものの、全労働者の約7割が農業に従事している。したがって、農村において土地（農地）は、食料および生計を営むために不可欠な生産資源であり、生計手段を提供するものである。しかも、農村地域における農業分野の女性労働力率は極めて高い。土地権取得は、それに付随する収益権や営農権、さらには水利権につながるため、もし女性が土地権を有しないと、それを条件とする水利組織（Water Users Association：WUA／Irrigators Association）への参加や、資産の所有が担保となるような融資の機会が阻まれることになる。それは、女性のみならず女性に依存する子どもや家族の暮らしに大きな影響を及ぼすことになる。

　土地は農村の女性および男性の双方にとって、基本的な生産のための資源および手段であるが、女性がどのように土地の使用・所有・管理に関わる多様な選択の機会を選択し、暮らしの質の向上に結び付けようとしているのかに着目することは、より平等かつ不偏的な開発事業をどのように形成・実施していくのかという国際協力の実践的な問いに答える一助になると考えたことが、本研究の背景にある。

1　タンザニアの土地制度におけるジェンダー課題

　タンザニアの農村における土地制度にはさまざまな課題がある。

　タンザニアの土地法（Land Act 1999）によると、タンザニアの全ての土地は国家に帰属し、国家が土地の「所有権（ownership）」を有する。したがって、人々が有するのは「占有権（rights of occupancy）」である（URT 1999:36, 41）。しかし、一定の制限付きではあるものの、現実には都市でも農村でも土地（農地）の売買はおこなわれている。村の土地は通常、村土地法（Village Land Act 1999）により管理されている。村落評議会に土地を登録すれば一応所有しているとみなされ売買が可能になるため、農民にとっては土地所有権と占有権の間には、実質的な差はほとんどない[2]。したがって、土地の占有権と所有権の詳細な議論については後述するが、本書では土地（農地）の占有権については一般的に使用されている「所有権」という表現を使用する[3]。

(1) 農村女性の労働貢献に見あわない土地所有

前述のように、タンザニアでは農業における女性の労働力率は極めて高いが、それに反して土地所有率は相対的に低い。

まず、タンザニアでは男性も女性もよく働いており、15歳～49歳の労働力率[4]は、男性は85%、女性は80%で、サブサハラ・アフリカの中で2番目に高い（URT 2010b:41、URT 2007a）。農業部門の労働力率は、タンザニア全体で見れば徐々に減少傾向にあり、2004／05年には男性71%、女性78%だったが、2010年には各々62%、69%に減少している（表1.1）。しかし、農村部では依然として女性労働力率の85%が農業に従事している（URT 2011b:45）。

農業において女性が果たす役割は大きい。例えば、タンザニアの灌漑稲作地域では、一部の州における大規模農家を除いて、ほとんど機械化が進んでいないため、農作業は基本的に家畜と人の手によっておこなわれている。農村の女

表1.1 タンザニアの男女別労働力率と農地所有比率

(単位:%)

	タンザニア		キリマンジャロ州	
	男性	女性	男性	女性
労働力率（2010年）	85	80	72	72
農業部門の労働力率（2004/05年）	71	78	—	—
農業部門の労働力率（2010年）	62	69	—	—
農地所有者の男女比（2002/03年）	81	19	86	14
農地所有面積の男女比（2002/03年）	87.4	12.6	88.3	11.7

注：労働力率は15～49歳。労働力率の分母は15～49歳の人口、分子は過去12カ月で7日間以上労働した人口と労働意欲がある人口の総数（URT 2011b:41-43）。
出典：URT 2002e、URT 2006:148、URT 2007b:205-207、URT 2011b:41-46から作成。

---

2) 農民にとって土地所有権（possession, tenure）と占有（occupancy）の間にほとんど実質的な差がないことは、アジアでも類似の状況が存在した。植民地時代のビルマ（現ミャンマー）では、表向き違法であったが占有権を担保にすることも可能だった（水野・重冨編 1997:89-91, 103）。
3) 吉田は、アフリカにおいて土地に関しては多様な権利が重層的に存在するので、近代的所有権を連想させる「所有」という言葉ではなく、「保有」という言葉を使用すべきであると主張する。たしかに近代的私的排他的な所有や絶対的所有権（absolute ownership）とは、必ずしも一致しないが、タンザニア政府は慣習法のもとでの農村の土地所有（占有）を法的に承認していることから、本書では「所有」という語を使用する（吉田 1975、竹内 2001:51）。
4) タンザニアの人口・健康センサスにおける労働力率の定義は、15～49歳の人口が対象となっている：A person is classified as employed if she or he is currently working or has worked at any time during the 12-month period preceding the survey（URT 2011b:41-43）。

性は一見「女性向きの軽い仕事」と考えられているが、実態は重労働で継続的に時間のかかる、苗作り、田植え、除草、水管理、収穫、収穫後の処理などに関わる作業をおこなっている。一方、男性は、体力が必要ではあるものの短時間で作業が済むような「男性向きの仕事」と考えられている農地の耕起や均平、収穫、運搬などの作業に従事している（池田 2003、Harada 2011、国際協力事業団 2010）[5]。また、農作業のみならず、生活に欠かせない水汲み、薪集め、家畜の世話、育児や家事などのケア労働（再生産労働）は、ほとんどが女性や子どもの仕事であり、農作業とケア労働をあわせた一日の労働時間は、女性のほうが

最近は女性も自転車で水汲み。ヴィクトリア湖近くのウワチェロ村。2012年8月

薪集めは女性の仕事。ウサンバラ山地のふもと、タンガ州モンボ地区。2010年7月

苗床の作業をしている女性。モンボ地区。2011年11月

女性は男性と緒に畑地の耕起もしている。ローア・マボギニ地区。2013年3月

---

[5]「男性／女性向きの仕事」というのは、必ずしも体力的なものを基準に決められているわけではない。例えば、「細かい仕事」は、軽労働をイメージさせ「女性向き」と位置付けられやすいが、実態は重労働の場合も多いし、女性に適性があるとも限らない。男性が「細かい仕事」をすると、それは難しい、大事な、肝心な仕事と意味付けされる（渡辺 2009:101-104）。

男性より長い（田中 2012:56）。

　タンザニアにおける農業は、家族・親族・クランなどによる個別および協働経営でおこなわれ、それらの分業を含む協働作業で成立してきた。近年、タンザニアでは核家族化が進んでおり、親族やクランではなくより小さな家族単位の経営が進んでいる。家族単位の経営を中心として、農地の所有と経営、労働が一体的におこなわれるようになってきている。しかし、家族の構成員、特に夫と妻が生産管理を平等におこなっているわけではなく、農地に関する権利にも世帯内で格差が存在する[6]。

　では、女性はどのくらい土地を所有しているのだろうか。タンザニアの農業統計調査[7]によると、全農家世帯の21%に土地を所有している女性がいるが、所有面積は全体の13%にすぎない。ちなみに、サブサハラ・アフリカの女性の土地所有率は平均15%で、タンザニアの数値より多少低い[8]。タンザニアのこの数値は、土地を所有する全農家世帯数（約486万戸）のうち、世帯員のうち女性も「土地を所有（ownership）し、慣習的権利を有している」と答えた世帯数（101万戸）という意味である。したがって、実態としてはほとんどが慣習的な所有である。

　本書の調査対象地（本書60〜61頁の地図参照）は、タンザニア北部のキリマンジャロ州の灌漑稲作地域であるが、同州の女性の土地所有者比率は14%で（表1.1）、これは本土21州の中では下から4番目に低い。最も低い州は、中西部の父系制社会（父方の財産を相続する、という意味での）が多いシニャンガ（11%）、マニヤラ（12%）、ルクワ（13%）などである。逆に高い州は、南部・中部の母系制社会（母方の財産を相続する、という意味での）が多いムトワラ

---

[6] 日本においても、生産を管理する権利は、生産に関わる家族構成員に平等に存在するわけではなく、働きに応じて収入が決まることもなく、農地に関する権利も付随していなかった（丸岡編 1986:139）。
[7] National Sample Census of Agriculture は2002／03年に実施されたが発行は2006年。
[8] 国際連合食糧農業機関（FAO）は、タンザニアの土地所有者総数は、490万1837人（2002〜2003）、そのうち96万6076人（19.7%）が女性であるとしている（http://www.fao.org/gender/landrights/report/en/：参照日2012年6月12日）。ただし、ザンジバル島を除く本土のみでは19%である。ザンジバルに関しては、女性の土地所有率が91%と非常に高い数値になっている。ザンジバルは約107万人の人口で小さい島であるが、強い自治権を有しており、ほとんどがイスラム教徒であるため、タンザニアの統計では、タンザニア本土とザンジバルを別に扱うことが多い（URT 2006, Table 4.6:148、FAO 2011）。

(30%)、モロゴロ（29%）、次いでダルエスサラーム（27%）である。

　女性が所有する土地面積の割合に関しては、キリマンジャロ州では12%で、全国平均13%よりやや低い（URT 2007b:206-207）。これは、女性が土地に投下した資本（労働力や労働時間を含む）に見あうだけの土地に関する権限が保障されていない状況だと言える。

（2）　農村女性が土地を所有することの意味

　農村女性が土地を所有することは、女性の生計手段の確保、生計の選択の機会および暮らしにとって重要な意味を持つ。

　第1に、土地（農地）を所有することは、日々の家族の食料を確保することにつながり、さらに生計を営むために必要な現金収入を得ることを可能にさせる。土地があれば主食のメイズ（トウモロコシ）やコメ、豆、野菜などの食料生産ができる。また最近は、子どもの教育費や生活費の負担が大きくなっているため、現金収入も必要である。もちろん、土地だけで生産ができるわけではなく、農業生産に必要な投入（技術、種子、肥料、機械、労働力など）、および適正価格で生産物を取引できる販路の確保などが必要である。しかし、全労働人口の約7割が農業を営み、農村所得の75%以上が農業からの収入に依存し、大部分が小規模農家であるようなタンザニアの農村では、土地を所有していれば、ある程度の生活を持続することが可能になる。

　タンザニアでは、全農家の60%は、2ha以下の土地（農地）しか所有しない小規模農家であり、そのうち1ha以下しか所有しない農家は、全体の31%を占める（URT 2010a:10）。タンザニアの農家世帯の平均土地所有面積は、1.87haで、キリマンジャロ州では1.07haである（URT 2006:150）。一見、土地所有面積が大きいように見えるかもしれないが、灌漑や機械化が進んでおらず、トウモロコシなどの畑地も必要であり、土地生産性が低いために、ある程度の広さの農地が必要となる。

　タンザニア本土の平均世帯員数は、農村部では5.2人、都市部で4.2人である（2010年）（URT 2011b:13）。さらに、農家世帯の25%が、寡婦や別居、シングル・マザーなどの女性世帯主世帯である（FAO 2011:118、URT 2011b:13）。タンザニアの全土地（農地）（1188万9780ha）のうち、男性世帯主世帯が87%を

表1.2　タンザニアの世帯別土地（農地）所有者

	男性世帯主世帯				女性世帯主世帯				全世帯			
	土地権を有する		土地権のない		土地権を有する		土地権のない		土地権を有する		土地権のない	
	人	%	人	%	人	%	人	%	人	%	人	%
全　　　国	2,413,540	12	18,386,563	88	1,861,825	49	1,921,722	51	4,275,364	17	20,308,285	83
キリマンジャロ州	84,923	9	885,603	91	63,778	45	77,964	55	148,701	13	963,567	87

出典：URT 2007b:205から作成。

所有し、女性世帯主世帯は13%しか所有していない（URT 2007b:29）。しかし、男性世帯主世帯においても、世帯員の女性が土地を所有していることもあり、その逆もある。さらに、女性世帯主世帯だからと言って、必ずしも女性が土地権を有しているわけではなく、女性世帯主世帯の半数においては家族・親族の男性が土地権を所有しているのが現状である（表1.2）。

　タンザニアでは、婚姻の約21%が一夫多妻である。また、世帯主はほぼ男性である（URT 2011b:92-93）。土地（農地）を継続的に利用できる機会を得ることは、大多数の小規模農民とその家族の生存に不可欠であり、そのためには、土地の利用に対する継続的な営農権（耕作権）もしくは所有権を有することが必要である。土地を継続的に耕作または所有する権利を有すれば、他者（公的機関のみならず私的も含め）に土地を不本意に奪われるリスクが減少する。

　第2に、農村女性の土地（農地）所有率の低さは、組織や融資制度への参加の機会を阻むことになる。農村では土地所有が、水利組織（Irrigators Association：WUA）に加盟する条件となる。農業協同組合や灌漑組合に関しては、土地所有者のみならず借地人であっても組合費を払えば参入することができ、生産に必要な情報や知識・技術、低利の融資、販路の確保などのサービスを受けることができる[9]。しかし、本書の調査対象地キリマンジャロ州ローアモシ灌漑地区（LMIS）では、農業協同組合のメンバーになるためには土地

---

[9]　タンザニアでは、水利組織（Irrigators Association：WUA／*Umoja wa Wakulima Umwagilaji*）と灌漑組合（Irrigators Cooperative／*Ushirika*）とは区分されている。前者は用水を利用する全ての土地所有者がメンバーになり、内務省に登録する。後者は、肥料の販売、農機具の貸出などの事業が可能であり、土地所有者以外でもメンバーになれることもあり、農業・食料安全保障・協同組合省（MAFC）に登録する。実際には地域により組織・組合のあり方は多様である。

所有が条件とされている。また、小規模融資機関（マイクロ・ファイナンス）や共同貯蓄融資機関[10]も必ずしも土地のみを担保とするわけではないが、水利組織の場合は、通常、土地所有者であることが加入条件になり、土地を所有しない農民が灌漑用水を利用できる水利権を付与されることはまれである。したがって、土地を所有しない農民が、水利組織の会合や決定の場に参加し、意見やニーズを表明することは難しい。さらに、女性は灌漑施設の維持管理（水路の掃除や草取り、補修作業等）にも労働力を提供しているが、土地所有者であったとしても、女性に対する固有の偏見（女性は公的な場で発言しないなど）により、水利の順番が後回しになったり、十分な水量が利用できないなど、不利になることがある（Kissawike 2008）。女性が農業の生産性を高めるためには、タイムリーな灌漑用水の利用の機会を得ることが必要である。したがって、水利組織の意思決定やその過程に参加する機会を得ることは生存および家族の食料の確保に関わる女性にとっては大きな関心事である。

（3）なぜ女性は土地を所有できないのか

タンザニアの土地法（1999年）では、女性にも土地を所有する権利が保障されているが、何が農村女性の土地所有を阻んでいるのだろうか。

まず挙げられるのは、慣習的な土地所有および相続制度である。土地は生産に必要な資源であり手段であるばかりでなく、家族や親族、クラン（氏族）への帰属意識（アイデンティティ）を構成する文化的、精神的な価値を有している（Platteau 1996:50、Benjaminsen 2003）。

キリマンジャロ山周辺に住んでいたチャガ人の地域には、かつて首長（*Mangi*）が治める6つの首長領があり、それぞれの地域でクラン（氏族）と呼ばれる血縁集団のもとに親族組織が存在した。6首長領とは、キボショ（*Kibosho*）、ウル（*Uru*）、オールド・モシ（*Old Moshi*）、キウラ（*Kirua*）、キレマ（*Kilema*）、マラング（*Marangu*）である。クランの土地の管理を含め、クランごとに成人の成員で構成される長老会議が、クランに関わる事柄の決定

---

[10] タンザニアのマイクロファイナンス機関としては、National Microfinance Bank（NMB）、共同貯蓄融資機関としては、SACCOS（Savings and Credit Cooperative Organizations）、VICOBA（Village Community Banking）などがある。

力を持っていた（吉田1997:4, 250、Lerise 2005:6-7）。ちなみにキリマンジャロ州ローアモシ灌漑地区（LMIS）は、ウル首長領の土地だった。

　タンザニアの北部山岳地域で暮らしを営んできたチャガ人の場合、クランの土地（Clan Land）は代々、クランの首長およびその親族の男性に継承してきた。原則的には男子均分相続であり、男子だけが土地を相続する。また、子どもは父親の姓を継承していく。そのようなクランの土地には神聖な場所があり、成人式などの儀式が執りおこなわれてきた（Marealle 2002、吉田 1997:260）。また、クランの土地には先祖の墓があり、どんなに遠くに住んでいても死後はそこに戻り埋葬されるという慣習も残っている（根本 2011:164）。ただし、女性は自分のクラン以外の男性と結婚するという族外婚であるため、原則的には父親および夫の土地を相続することはできない。土地は基本的に男性が所有する。

　このような社会のありようやそこから派生する考え方は、現在でも残っており、女性が土地を所有し管理していく機会を狭めてきた。父系制社会では、婚姻には夫側が妻側に家畜などによる婚資を支払い、「妻を買う」というような慣習があり、「女性は男性の財産なので（女性という）財産が（土地という）財産を所有するのはおかしい」という理由で女性に土地所有権が認められなかったという言説もある[11]。

　一方で、タンザニアには母系制社会が存在し、全体の約20%を占める（URT 1994:249、Englert 2008:85）。母系制社会では女性が土地や財産を相続するが、母方の伯父（母の兄弟）が権力を保持し、その男性の姉妹の息子に土地や財産を相続させることがある（Englert 2008:98）。母系制社会においては、同親族の土地は母方の家族・親族により受け継がれる資産であると同時に、子どもが成人した時に贈与したり分け与えたりする財でもある（Enlgert 2008）。しかし、女性が土地を相続するものの、女性に土地の使用に関する排他的な管理権や処分を伴う所有権が付与されているわけではなく、親族の母方の兄弟などが長老会議で土地の相続や管理を決定する（Genda 2008）。また、このような社会では、近年逆に男性が土地を相続できないという問題が注目されるようになり、母親が慣習に反して息子に土地を与えたり、あるいは息子自身が制定法に基づき自

---

11) 現地における面接調査データから、2013年3月。

己の相続権を主張して訴訟を起こすという新しい事象も発現している（Englert 2008:87）。社会のありようによって何が不平等なのかは多様であり、土地所有に対する考え方や形態も経時的に変化している。

（4） タンザニア農村の土地政策

タンザニア政府は、土地所有に関してこれまでにどのような政策を講じてきたのだろうか。

サブサハラ・アフリカ諸国にとって、土地制度改革は、植民地政府からの独立に伴い、早急に解決しなければならない政治的アジェンダおよび開発課題だった。タンザニアの場合は、ケニアやジンバブエのように、白人入植者による大規模な土地収奪からの復権や農業労働者の再定住に関わる煩雑な問題があったわけではない。むしろ広大な未耕作地を開墾するために、初代のジュリウス・ニエレレ大統領が、農民の大規模な移住・入植を奨励する集村化政策を進め、土地の共同利用による生産性の向上を目指した（Platteau 1996:29）。これは社会主義に基づくウジャマー（村）政策と呼ばれた。同政策は、植民地以前にあった伝統的相互扶助の精神を全国的に復活しようとする政策でもあった（吉田 1997:38、2010:43）。

しかし、ウジャマー政策は早々に失敗し、1983年には早くも方向転換が求められた（URT 1994:48-50、吉田 1997）。政府の土地問題調査委員会の報告書（URT 1994）によると、ウジャマー政策の失敗の主な要因は、以下のとおりである。①政府が農民の生活に必要なインフラを提供できなかった、②農業に対する土地利用計画がなく単なる移住計画のみだった、③ウジャマー村としての村の登録が進まなかった、④ウジャマー村の中に集合的な居住地を設け、そこに学校やクリニックなどの公共施設を併設するというクラスター・アプローチに対して政府の投入コストがかかりすぎた、⑤参加型計画ではなかったため、村の既存の土地制度が無視された、⑥従前地を所有していた人々から土地を略奪した、などである（URT 1994:48-50）。しかし、1983年時点で1300万人以上の農民が、8000カ所以上のウジャマー村にすでに移住していた。

特に政府が正式な手続きをしないまま土地収用をおこなった地域では、従前地の地権者と新たな入植者の間で係争が生じた（URT 1994:20-21, 51）。また、

国家に全ての土地の所有権があるという理由のみで、ウジャマー政策による移住政策が強引に実施されたという報告もある（Tsikata 2001:7）。したがって、強制的に土地を奪われた農民が慣習的な土地所有権の回復を主張し、多くの土地係争が起こる結果となった（URT 1994:51、Lerise 2005）。表面化しただけでも全国で1693エーカーの土地が係争の対象になった（URT 1994:51）。

　政府が重い腰を上げ、土地制度の改革を真剣に考えるようになったのは、人口が増加し土地が希少になり食料問題が出現した1980年代になってからである（Platteau 1996:29）。土地制度の改革には、まず法律改正が前提となるが、タンザニアには複数の土地所有および相続に関連する法律が併存している。まず、植民地政府により成文化された制定法（statutory law）、そして従来から存在していた多様な部族（エスニック・グループ）による慣習法（customary law）、さらに東部海岸地域を中心に居住していた人々が信奉したイスラム法（Islamic sharia law）の3者が同時多元的に存在する（URT 1994:250-251）。しかし、タンザニア政府は、近代的な制定法への一元化を強制的に推進するような土地政策は採用せず、むしろ慣習的な土地制度を容認してきた（URT 1994）。その理由は第3章で詳述するが、結果として都市部（農村部とは異なる法律が適用される）と農村部の境界線、あるいは村落間の境界線の設定が明確にされず、地権（地籍）の確定（titling）、土地登記（registration）なども進まなかった。さらに、1980年代を通じて、政治家や国内外の投資家により、都市近郊の土地や鉱山・観光地・農場などの経済的価値が高いと考えられた地域では、大規模な土地収奪（land grabbing）が起きた。それらは、小規模農民の土地の喪失、農民の国内避難民化、農業生産性の低下、貧富格差の拡大、農民間あるいは農耕民と遊牧民（マサイの人々など）の間の土地争奪などの深刻な社会問題を引き起こした（URT 1994）。土地問題に関しては毎年2000件近い係争があり、2011年には1825件、そのうち大規模投資関連のものは1095件にも上った（Kiishweko 2012）[12]。

（5）　土地政策が農村女性に与える影響

　複数の土地法の併存、慣習法のもとでの土地所有に関わる多様な認識や解釈、民法の未整備などは、農村女性の暮らしにどのような影響を与えるのだろう

か。

　タンザニアでは1975年に、農村における土地の再配分や再定住に伴い、世帯主のみが登録できるという「村落およびウジャマー村法」[13]が制定され、世帯主のみに土地所有権を付与することが規定された。その結果、以下のような問題が生じたと指摘されている。第1に、世帯主は通常男性と見なされていたため、農民女性がそれまで有していた慣習的な土地耕作権（耕作し収益する権利）が奪われた。第2に、夫と離婚、別居、死別などをした場合には、慣習法のもとで、女性がそれまで住んでいた家屋から追放され、夫の親族に土地を奪われた。第3に、あるいは、そのような女性は、亡夫の兄弟と強制的に再婚させられた（Englert 2008）。第4に、女性世帯主世帯は、土地権および水利権を失い、さらに貧困の深化が進み、女性のみならず、その子どもや家族の暮らしにもマイナスの影響が出た（URT 1994）。

　憲法（1977年制定）第12条は、性別による差別を禁止しており、政府は女性の土地権も含めたあらゆる差別を禁止した1979年の国連女性差別撤廃条約（CEDAW）も1985年に批准している[14]。しかし、民法である「婚姻法」（Marriage Act No.5, 1971）には、女性の親権、財産権についての婚姻中の規定はあるものの、離婚・別居・死別が起きた場合の財産相続についての規定はない。女性の財産権に関しては、多様な法律や法令が存在し（表1.3）、それらの整合性が

[12) 国内外の投資家が広大な土地を収奪した例としては、ある米国企業が32万 ha の土地を入手し、同地に居住していた16万人のブルンジ難民の暮らしを脅かしたことがある。政府は、農業開発のために海外から大規模な投資を呼びかけてきたが、タンザニアの NGO である Land Rights Research and Resources Institute（LARRRI）や米国のシンクタンク Oakland Institute は、小規模農家が多大な被害を受けているとして政府を痛烈に批判した。そこで、政府は2013年1月、サトウキビ栽培に関しては、最大1万 ha、コメ栽培に関しては最大5000haの土地所有（保有）についての上限を設定すると公表した。ちなみに、アジアでは、2007年の食料危機以降、パームオイルのための土地収奪が、インドネシアとマレーシアで増加しており、女性の慣習的な土地・森林使用の権利を奪っているという指摘もある（Rao 2011:7-8）。

13) The Villages and Ujamaa Villages Act No. 21 of 1975 : repealed in 1978.

14) ちなみに、同条約は、農村女性について以下のように規定している。「第14条：条締約国は、農村の女性が直面する特別の問題および家族の経済的生存のために果たしている重要な役割（貨幣化されていない経済の部門における労働を含む）を考慮に入れるものとし、農村の女性に対するこの条約の適用を確保するための全ての適当な措置をとる。(g) 農業信用および貸付け、流通機構並びに適当な技術を利用する権利並びに土地および農地の改革並びに入植計画において平等な待遇を享受する権利。第16条：(h) 無償であるか有償であるかを問わず、財産を所有し、取得し、運用し、管理し、利用し及び処分することに関する配偶者双方の同一の権利を保障する」（http://www.mofa.go.jp/mofaj/gaiko/josi/：参照日2013年5月26日）。

表1.3 タンザニアの女性の財産権に関連した法律・条令

年	法律・条令	女性に関連した内容
1865	インド相続法 Indian Succession Act	寡婦は夫の財産の3分の1を取得することができる。残りの3分の2は、その子どもが相続する。娘と息子の相続分は平等。制定法の基礎になっている、欧州出身者およびキリスト教者に対する相続法
1870	ヒンドゥー遺言法 Hindu Wills Act	寡婦は生活の手段を剥奪されてはならない。
1963	慣習法宣言令 Customary Law Declaration Order (G.N. 279/1963)	第20条：女性はクランの土地（Clan Land）以外は相続できる。クランの土地の営農権（耕作権）はあるが売却権はない。さらに、女性が寡婦になった場合、夫の親族が「寡婦を相続する」ことを認めている
1963	地域慣習法令 Local Customary Law (Declaration) No.4 Order	土地の長子相続を認めた（長男は3分の1、娘は10分の1〜20分の1を相続）。女性はクラン土地以外は相続できる。クラン土地は生涯耕作できる。男性がいない場合はクラン土地も相続できる。口頭による遺言と文書による遺言について記載。両者とも4人の証人が必要（寡婦は土地を相続して使用できるが処分はできない）
1967	アルーシャ宣言とウジャマー政策 Arusha Declaration and Ujamaa Policy	二重の制度。大規模農場は政府が所有、小規模農地は集合的に小規模農民の使用が認められた
1971	婚姻法 Marriage Act No.5	第56-58条：既婚女性は、婚姻している間、財産（動産および不動産）を取得、所有、処分する権利を有する。また婚姻で共同で取得した財産の配分権を有する。女性が個人的に取得した財産および資産は、女性に属する。複数の妻がいる場合は、全員平等の権利を有する 第60条：婚姻中に、夫もしくは妻の名前で取得した財産は、その個人に属する。共同名義にした場合は、平等の権利がある 第125条（3）セクション：7歳以下の子どもの親権は母親に与える（7歳以上は父親と解釈されてしまい、母親の条件のほうが良い場合でも、女性の親権が認められないという問題を呈している）
1975 1978	村落およびウジャマー村法 The Villages and Ujamaa Villages Act No. 21 of 1975, repealed in 1978	世帯主のみへの土地所有を認めた（父系制のもとでは、男性である戸主のみが土地を所有する）
1977	憲法 Constitution	第12条：国籍、民族、出生地、政治的信条、皮膚の色、宗教、性別による差別の禁止。第24条：全ての国民の財産所有の保障
1995	国家土地政策 National Land Policy (NLP)	慣習的な土地耕作・所有権と制定法による土地耕作・所有権の両方を認めている。慣習法のもとでは、女性の土地へのアクセスは不安定だったので、制定法による土地所有権を女性も持てるようにした（購入および分配が法的に認められた）。しかし、クランの土地については、憲法に違反しない範囲であれば、慣習的な相続が認められるとした（つまり、クランの土地に関しては、クランが認めない限り、女性の相続・所有権はない）
1999	土地法 Land Act	女性は男性と同等の土地に対する取得（acquire）、所有（hold）、使用（use）、活用（deal with）に関する権利を有することを認めた（Part II, 3-(2)）。慣習的な土地の占有も認めている
1999	村土地法 Village Land Act	村土地法により、村落の土地および慣習法による土地について、女性は男性と平等の土地への権利を有することが認められた
	イスラム法	寡婦は夫の資産の8分の1を相続する。子どもがいない場合は、4分の1を相続する。妻が複数いる場合は、8分の1を複数の妻で分配する。子どもがいない場合は、4分の1を分配する

出典：URT 1999、Legal Aid Secretariat 2013などから作成。

取れていないこと、土地法（1999年）および村土地法（1999年）において女性の土地所有に関する平等な権利が明記されているにもかかわらずその実効性が伴わないことなどが問題となっている。

　土地所有問題やそれに関わる争議に関しては、政府もその重要性を認識している。しかし、国家の影響力や機能は、土地を大規模に収奪しようとする場合には威力を発するかもしれないが、国家にとってあまり魅力のない農村地域の、しかもほとんどが小規模な農地に関する所有制度の改革については緊急性がない。さらに、農村においては、租税徴収が限られているうえに、地権（地籍）の確定や土地測量のための費用がかさむため、政府の対応が追いつかないという状況にある。

　それでも政府は、1991年に土地問題調査委員会を設置し、約2年間かけて問題解決のための大規模な全国調査をおこない報告書を作成した（URT 1994）。しかし、女性が直面する土地問題に関しては、相続権について言及しているだけで十分な調査分析ができなかったことを自認している（URT 1994:4）。この報告書に基づき、国家土地政策（National Land Policy）が1995年に策定され（URT 1997）、さらに1999年には土地法（Land Act）、および村土地法（Village Land Act）が制定されるに至った。しかし、これらの法律は、農村の農民（主に男性）の意向を反映している（と政府が考えている）慣習法の適用も同時に容認しているため、土地所有をめぐる係争を解決する道筋は示されていない。前述のように、毎年2000件近い土地争議事案が法廷に持ち込まれているが、それは氷山の一角にすぎない（Kiishweko 2012）。

　農村女性には、教育を受けたり、社会参加をする機会が限られている。そのため、法廷に土地争議を持ち込むことは、精神的かつ物理的な困難やリスクを伴う。しかし、近年、父親から相続したクランの土地の処分権をめぐって、女性が訴訟を起こし勝訴したという新しい事案が出現している。また、ある女性は、父の遺言書により土地を相続したが、それはもともとクランの土地だった。女性がその土地を売却しようとしたところ、甥が反対した。タンザニアの慣習法宣言令（1963年）では、「女性はクランの土地以外は相続できる、クランの土地の耕作権はあるが売却権はない」（第20条）と規定している。しかしそれは、憲法で保障された女性の財産権（第24条）に反するとして、女性は法廷に告訴

した。その結果、法廷はこの慣習法宣言令を国連女性差別撤廃条約（CEDAW）およびアフリカ人権憲章などに反するとして却下するという画期的な判決を下したのである（FAO 2004）。

キリマンジャロ州ローアモシ灌漑地区（LMIS）では、高齢女性が遺言書を作成し、息子だけでなく娘たちにも農地を生前贈与しようとした事例がある。同州に多く住んでいるチャガ人は、遺言について話すことは「死」がやって来ることと同じであると恐れ、死について話したがらない。ましてや女性が生前に遺言書を作るという行為は極めてまれである。これまでのしきたりや考え方を越えて、農村女性がそのような言動に出たのはなぜか。どのようなリスクを感じ、何を達成しようとしたのか。農村社会に生きる女性たちが、土地をめぐる不平等や不安定な状況に対抗し、あるいはそれらを機会と捉え、さまざまな

灌漑水路の除草をする農民女性（左）とイネの収穫風景（右）。2007年3月。モンボ灌漑地区。左は富高元徳 TANRICE チーフアドバイザー撮影

収穫した籾の袋詰め作業。LMIS の南に位置するマワラ地区。2011年11月

「価値あると思うこと」を実現するための機会をどのように選択していこうとしているのか、それは女性のみならず農村社会にとってどのような意味を持つのか、農村社会の実証的分析を通じて考えていきたい。

2　国際協力におけるジェンダー平等論―その変遷と課題

ジェンダー平等は、開発途上国の開発課題を実践的に推論し行動するために不可欠な平等の領域のひとつである。以下では、本書の概念的枠組みの基礎となる国際協力におけるジェンダー平等論の展開について考察する。

これまで開発途上国におけるジェンダー不平等を解決するために多くの調査研究がおこなわれてきたが、研究成果を実践に移すための枠組みとして、1970年代以降、開発と女性（Women in Development：WID）アプローチ、ジェンダーと開発（Gender and Development：GAD）アプローチ、ジェンダー主流化（Gender Mainstreaming）アプローチ、エンパワーメント（Empowerment）アプローチなどが採用されてきた。しかし、現在に至っても不平等は依然として解消されていない。1つのアプローチのみで世界中のジェンダー不平等を説明し解決することは不可能であるが、多様な経済・社会・文化・歴史的文脈における実証的分析に基づき、さらなる理論展開を試みることに意義がないわけではない。

（1） WIDアプローチ

国際協力においてジェンダー平等論が注目されたのは、「男性並みの平等」の達成を求めたリベラル・フェミニスト論の影響を受け、国連女性の地位委員会（CSW）において、政治参加への男女平等が国際的アジェンダとなってからである。同委員会は1946年に男女平等を達成するために国連に設置され、1979年の国連女性差別撤廃条約（CEDAW）の採択に貢献した。1960年代から開発途上国の女性への支援が注目されるようになり、女性は食料や医療援助の受け手として位置付けられた。しかし、1970年代に開発途上国の経済開発に果たす女性の役割が「発見」されると（Boserup 1970）、国家経済開発に必要な女性の教育や収入向上の重要性が注目されるようになった（Tinker 1990）。当初

は新古典派経済学アプローチに基づき、援助効果の最大化を目指すために、開発途上国の女性という「資源・手段」を有効活用しようとする政策やプロジェクトが考案・実施された。女性は目的ではなく、あくまで開発の手段・道具であった（ヌスバウム 2005）。さらに、女性に不足している事柄やニーズを補完すれば、女性の地位が向上するという考え方に基づき（改良主義的な基本的ニーズアプローチ）、女性が男性並み（男性基準）の平等を手に入れるために、女性が日常的に必要としている飲料水や医療、資源などのニーズを満たし、女性を「経済参加させる」ことが優先課題であると認識された。これは、開発と女性アプローチ（WID アプローチ）と呼ばれる（Moser 1989、田中・大沢・伊藤編 2002）。開発途上国の女性のための WID アプローチは、さらに、公正アプローチ（再配分制度に注目）、貧困撲滅アプローチ（所得の不平等に注目）、効率アプローチ（経済効率と生産性向上のための女性の「人的資源」に注目）などに変容してきた（モーザ 2000:95-108）。

　WID という用語は、米国国際開発学会のワシントン D. C. 女性委員会により、1970年初頭に作られた（モーザ 2000:21）。同委員会には、E. ボズラップなどの経済学者や女性開発専門家が積極的に参加しており、この用語はただちに米国国際開発庁（USAID）により WID アプローチとして採用された（Boserup 1970）。女性は経済開発で重要な役割を果たしているにもかかわらず、開発計画の中でその役割が注目されなかったために、女性の可能性が引き出されないままであることが問題視された（モーザ 2000:21）。このような動きは、経済協力開発機構（OECD）の開発援助委員会（DAC）でも取り上げられ、1983年には WID 指導原則（WID Guiding Principles）を各国の ODA 事業の実施に採用することが、日本を含む DAC 加盟国間で合意された。さらに、USAID は、性別役割分析に基づく計画手法をハーバード大学国際開発研究所と共同開発した（Overholt 1984）。国連機関は、女性統計や WID チェックリストを開発し、女性の経済社会状況に関する情報や性別データを収集し女性の状況を可視化しようとしてきた（国際協力事業団 1991a）。

（2）GAD アプローチ

　しかし、WID アプローチでは、女性の家族・親族・地域における相対的な

立場を考慮することなく、開発に必要な女性の固有の能力開発のみに注目したため、固定的性別役割や分業を解消することはできず、女性の地位向上にはつながらなかった。社会経済制度や構造、慣習法などには、すでにジェンダー（社会的・文化的に形成された性別）に基づく偏見や非対称な権力関係が内包されているため、それらを変革しない限り女性は差別的な地位にとどまる。特に男性優位社会（家父長制）の影響が強く残る開発途上国の農村地域では、女性が労働参加を高めても補完的労働力としかみなされず、女性が自律的に営農をおこない、家計管理をすることには制約がある。したがって、1980年代になると、ジェンダーに基づく不平等や偏見を社会制度（文化や慣習も含む）から排除し、社会構造の変革を目指す GAD（Gender and Development）アプローチが注目されるようになった（村松 2005:65）。

開発の中で「女性」ではなく「ジェンダー」に目が向けられるようになったのは、オークレーやルビン（Oakley 1972、Rubin 1975）などの影響である（モーザ 2000:21）。ジェンダーに焦点をあてるのは、「女性」という社会の半分だけに目を向けるのではなく男性と女性の関係性に注目し、それが社会的に構成されてきたことに分析の視座を向けることである。社会的に形成されてきた関係性には、時間による可変性、かつ地域による差異があり、さらに同じ社会でも属する集団により不平等の仕組みや度合いが異なる。さらに、GAD アプローチは、草の根の女性のエンパワーメント（力をつけること）が、固定的性別役割、社会制度や構造を変革させる要件であるとするフェミニズム論の流れを汲むものでもある（Moser 1989、田中・大沢・伊藤編 2002）。

GAD アプローチでは、ジェンダーに基づく関心（gender interest）には実際的ジェンダー・ニーズ（practical gender needs）と戦略的ジェンダー・ニーズ（strategic gender needs）があり、それらを区別して分析し、開発計画を策定するべきであるとする（Molyneux 1985）。前者の実際的ジェンダー・ニーズとは、固定的性別役割や機能から派生するニーズ（女性がおこなっている水汲み労働を軽減したいなど）であり、後者の戦略的ジェンダー・ニーズとは、女性が能動的に男女の社会的関係性や不平等な制度を変革していこうとするニーズである。

さらに GAD アプローチでは、生産資源や機会に対するアクセスとコントロ

ールの分析を重視している。開発途上国の女性には、資源や農地、水利などに対してアクセス（利用権、用益権）はあっても、それらを自由にコントロールする機会や権利（管理権、所有権）を有していないからである。

開発計画や事業の実施に必要とされる具体的なジェンダー分析手法は、これらの多様な分析手法を統合し進展してきた。カナダ国際評議会（CCIC）による社会・ジェンダー分析手法、米国クラーク大学とFAOの合同研究による社会経済ジェンダー分析手法（SEAGA）、ユニセフ（UNICEF）による女性のエンパワーメント分析手法、国際NGOオックスファム（Oxfam）による男女共同参画研修手法などは、実証的研究および情報蓄積により発展してきたジェンダー分析手法である（CCIC 1991、Thomas-Slayter et.al. 1993／1995、UNICEF 1994、Suzanne et.al. 1994、FAO 2001）。

（3） ジェンダー主流化アプローチ

1990年代、経済開発や民主化に果たす国家の役割が開発途上国において注目されるようになると、GADアプローチは、開発途上国政府が中心となって進めるべき政策手法として認識されるようになる。これはジェンダー主流化アプローチと呼ばれ、1995年北京で開発開催された第4回世界女性会議で採択された北京行動綱領で明示されて以降、開発途上国政府のみならず先進国政府、国際協力機関でも採用されるようになった。その後、国連経済社会委員会（ECOSOC）により、ジェンダー主流化についての用語定義がおこなわれている（ECOSOC 決議 1997. L. 10, Para.4)[15]。

ジェンダー主流化アプローチは、経済・社会開発政策の諸段階において、ジェンダー平等に向けた政策過程を採用するように要求するという方法論である。ジェンダー主流化の考え方は、どのような政策もジェンダーに中立ではありえない、何らかの男女別の正負インパクトを及ぼす可能性があるという前提に立つ。上野は、「ありとあらゆるジェンダーに中立的な（と見なされていた）概念を『ジェンダー化（engendering）』していったのが、ジェンダー史である。［…］ある領域が一見ジェンダー非関与的に構成されていることのジェンダー

---

15) ECOSOC定義の日本語要約に関しては、田中・大沢・伊藤編 2002:40を参照。

的な効果を見れば、見かけのジェンダー中立の持つ、隠れた男性中心性が明らかだからである。［…］ジェンダー中立とは、その実、男性の独占と女性の排除の別名なのである」と指摘する（上野 1998:180）。さらに、上野は政治的でない差異化は存在しない、「差別のない区別」のような一見中立的な概念も存在しないと主張する（上野 2002:29）。

　農業、保健・医療、教育、雇用、環境、災害、貧困、ガバナンス、平和構築など、これまで開発課題とされてきた領域は、ジェンダー平等と不可分であり、これらの領域での開発を効果的に進めるためには、同時にジェンダー平等を進める分析・計画・実施・評価という政策過程の制度化が必要である。ジェンダー主流化アプローチは、ジェンダーが単なる視点ではなく、国家や国際協力機関が中心となり、ジェンダー平等を促進するための政策・施策・事業を策定し、適切な予算配分（ジェンダー予算）を伴い実行していくことを要件としている（村松 2005）。

　他方で、ジェンダー主流化アプローチは、普遍的平等主義に基づく国家フェミニズムであるという批判もある（Tinker 1990）。ジェンダー主流化の実施主体が、多くの場合は開発途上国の女性省や女性に関連した政府上位機構（ナショナル・マシナリー）であり、政策がトップダウンで実施され、草の根の女性の声が反映されないという理由からである。さらに、ジェンダー主流化アプローチでは、女性省以外の省庁（農業省、工業省、水資源省、環境省、労働省など）やそれらが実施するセクター政策への影響力が限られているうえに、GADアプローチで目指したはずの根本的な構造変革や制度変革につながっていないという批判もある。相変わらず、ジェンダー平等は「女性のこと」と考えられており、特定の教育や保健などの分野を除くと、単なる追加的な（おまけの）「配慮事項」となりがちである。ジェンダー主流化の政策的な観点からの問題点としては、政策の「蒸発（evaporation）」（計画段階ではジェンダー視点に立った取り組みが明記されていたのにもかかわらず実施段階でいつのまにか消滅してしまうなど）、他の優先課題との競合、組織内ジェンダー専門家の減少、効果の薄いマニュアルや研修、アカウンタビリティの欠如、新しい援助モダリティの出現などがあげられており、目的のみならず適応策および手段についての再考察が課題となっている（国際開発機構 2013:3, 13-14）。

（4） エンパワーメント・アプローチ

　開発途上国の市民団体や「行動する研究者」は、女性のエンパワーメントこそがジェンダー平等の達成の要件であり、開発途上国の女性が主体となり施策策定・実施をすべきであると主張する。エンパワーメントは、「第三世界の女性たちによって始められたアプローチであり、自立向上心によって女性が内なる力をつけることを目的とする」ことを目指す（村松 2005）。

　どの特定の個人あるいは組織が、最初に「エンパワーメント」という概念を提唱したのかについては明確ではない。しかし、エンパワーメント・アプローチは、政府や国際協力機関によるトップダウン型の政策・制度アプローチでは、女性の基本的権利を回復し、自立や内なる力を高め、女性の能力を高めることはできないと考える開発途上国の女性運動系の非政府組織（NGO）から派生したと考えられている（モーザ 2000:109-115、村松 2005）。その推進的役割を果たしたのは、インドから出発したドーン（DAWN）、インドの貧しい自営業に携わる女性たちの組織から派生した女性自営者協会（SEWA）、フィリピンのガブリエラ（GABRIERA）などの女性団体である。これらの団体は、グローバル・フェミニズムの潮流に合流し、世界的ネットワークになっていくが、彼女らによれば、「エンパワーメントは、草の根の女性たちが『力をつけて』連帯して行動することによって、自分たちで自分たちの状態・地位を変えていこうとする極めて行動的で自立的な考え方である」（村松・村松編 1995）。グローバル・フェミニズムとは、従来の一国主義的なフェミニズムとは水準の異なる、女性運動の新しい公論空間（public opinion）の展開を意味する。従来のフェミニズムは欧米の都市中産階級中心であると、開発途上国の女性たちから違和感を持たれていたが、「国連女性の10年」（1976～1985年）の研究および活動を通じて、女性の不平等な状況は世界共通であるというグローバル・フェミニズの思想が出現した（村松・村松編 1995:15-16）。

　さらに、1990年代以降、住民参加型開発、ガバナンスなどの開発課題の文脈においても、エンパワーメント・アプローチが有効なツールとして議論されるようになった（斎藤編 2002、国際協力事業団 2011）。しかし、エンパワーメント・アプローチは、社会運動論としての意義は高いものの、国際協力や開発計画策定のための基本的アプローチとなっておらず、現在でも研究者の分析視角にと

どまっている（村松 2005:64）。斎藤は、参加型開発は1990年代以降、国際協力で注目されるようになった概念であるとし、それは「貧困から抜け出すための開発を人間中心の活動としてとらえ、途上国の人々の主体性を尊重し、その人々自身が力をつけることで自らの状況の改善を図ること（エンパワーメント）を目指す理念であり、原則である」とする。参加型開発と人間開発は不可分のものであり、「開発への参加」ではなく、「参加に基づく開発」が重要であるという議論を展開している（斎藤編 2002）[16]。ガバナンスに関しては、上位レベルの行政機関を巻き込みつつ、下位レベルの行政機関と綿密に連携しながら地方開発のための普及モデルを開発していくことを、エンパワーメントとする議論もある（国際協力事業団 2011:80）。

（5）ケイパビリティ・アプローチとジェンダー平等論

アマルティア・センは、開発はもっぱら国内総生産（GDP）や所得の向上、工業化の進展などで測る経済発展ではなく、人々が享受する自由を拡大する過程であり、「自由としての開発」は、（途上国の女性も含む）脆弱さや無力さを取り込んだ包括的な開発概念であるという。ケイパビリティとは、「人が自ら価値を認める生き方をすることができる自由」である[17]。そのような考えに基づいて、センは、20年以上にわたりジェンダー平等論を展開してきた（Sen 1990a、セン 2004／2010a／2011）。

▶多様性に注目したジェンダー平等論

センは、平等の議論をするためには、「何の平等か」を問うことが重要であると言う（セン 2010a）。なぜなら、ある領域における平等は、しばしば他の領域における不平等をもたらすからである。人間は多様なので、全ての人に対して平等に配慮しようとすると、不利な立場の人を優遇するという「不平等」な

---

[16] 開発への参加（participation in development）、参加に基づく開発（participatory development, participatory approach to development）。

[17] センによると、「人的資本」とケイパビリティの違いは、前者は「生産の能動的な力」に集中する傾向があり、後者は、人々が生きたいと考える理由のある生き方をし、持っている真の選択を向上させることができる能力（本質的な自由）に焦点を当てる点にある。2つの考え方は相互に関係しないわけにはいかない。両者とも人間の役割、とりわけ人間が達成し獲得する実際の能力に関心を持っているからである（セン 2004:337-338）。

扱いが必要になるかもしれない。対処すべき不平等が多数存在しているときは、本質的な平等を求めることは困難であり、さらに、全ての多様性に配慮しようとすると完全に混乱するので、より重要な多様性に注目することが実践的である（セン 2010a:2, 189）。本書では、より重要な多様性としてジェンダー平等があると考える。

　ジェンダーによる差異は、多様な平等の1つであり、「男女間の平等」を達成したとしても、それは他の「何かの不平等」を生じることになるかもしれない変数である。例えば、ある組織で男女同数の採用や登用がおこなわれたとしても、もしそれが1つの民族や人種のみで構成され、特定の少数民族・人種が排除される場合には不平等が生じる。同様に、他の特定の社会的・経済的な属性（年齢、障害の有無、国籍、所得、カースト、経済階層など）により差別がある場合は、男女同数であっても不平等が生じることになる。さらに、「女性」も、そのグループの中に多様な差異を内包しており、単一ではない。上野は、1つのカテゴリーが成立することによって、カテゴリー内部の差異が抑圧され、隠蔽される効果があることも指摘している（上野 2002:257）。さらに、「男女平等」は、従来の男性・女性という二項対立にとらわれているため、LGBTなど[18]の人々が排除される。現実は多元多重的なカテゴリーから成り立っているにもかかわらず、ジェンダーによる不平等を分析する時には、どうしてもグループ（カテゴリー）としての女性と男性の格差に限定されがちであり、その内外の多様性と差異が見過ごされてしまう。しかし、だからと言ってジェンダーによる不平等を議論することに意味がないというわけではない[19]。

▶協力をしながらも対立を含む関係──所得・資源の利用とジェンダー平等論

　平等を論じる場合、経済格差が問題とされるが、所得のみを平等にすれば貧困はなくなる（経済平等主義者）のだろうか。逆に、所得や資産を平等にすると、個人の努力（インセンティブ）の差が反映されず、努力しようが怠けよう

---

18) LGBT（レズビアン、ゲイ、バイセクシュアル、トランスジェンダー）などの人々。
19) 本書でいう「ジェンダー」は、社会的・文化的に形成される性別という意味であるが、そもそも男・女に分類する差異化そのものをジェンダーとする議論もある。なお、本書ではセクシュアリティの議論まではおこなわない。

が同じ所得と資産が得られることになり効用が生み出されない（功利主義）のだろうか（セン 2011:46-50）。

　功利主義から派生し、国際協力論で長期に主流を占めてきた新古典派の経済議論は、効用の最大化こそが価値があると主張してきた。しかし、新古典派アプローチは、世帯内に不平等が存在することや、その不平等をどのように是正するのかという問題には関心がなく、世帯の効用の最大化のために世帯内の構成員の効用が最小化される状況についての処方箋を書くことはできなかった。例えば、夫が世帯を代表し、夫の効用を最大化すること（たばこや酒を大量に飲むなど）が優先されるかもしれないが、これは妻や子どもの効用の最小化（家計が苦しくなり食費や学費が減少するなど）という結果を生じるかもしれない。夫のみが世帯主として土地の名義人として登録されていても、実際に耕作している家族構成員の利益に反して、夫が勝手に土地を売却してしまうような場合は、家族の効用は最小化される。また夫による家庭内暴力は、夫の権力欲を満足させるという効用を高めても、被害者である妻や子どもの効用を最小化あるいはマイナスにする。

　新古典派アプローチは、フェミニスト経済学者からも、「世帯内の資源および決定、分業を男女平等だと仮定しているが、世帯員の利害は多くの場合一致しておらず、貴重な資源の世帯員への配分に、ジェンダー、年齢、その他の要因による不平等が存在する」として批判されてきた（Sen 1990a、Agarwal 1997、モーザ 2000:46-50、村松 2005:40-45）。世帯内の資源として土地所有も含まれる。

　これは、「協力をしながらも対立を含む関係」（cooperative conflicts）と名付けられている（Sen 1990a、セン 2004:219、モーザ 2000:47）。大沢は、世帯主が世帯員全員の趣味や嗜好を勘案して効用関数を一本にまとめるという「新しい家計の経済学」を批判する文脈の中で、センの「協力をしながらも対立を含む関係」という概念の有効性を指摘している（大沢 2007:30-31）。さらに世帯内の不平等には、資源（土地を含む）の利用のみならず「資源をケイパビリティへと変換することにおける不平等」があり、世帯内の所得配分という概念のみではこれを捉えられないとしている（セン 2010a:195）。

　平等な資源や機会が男女に提供されていても、それを平等に使えるケイパビリティや価値に対する関心（perception）は多様である[20]。センは、ケイパビ

リティとは各人が選択することのできる機能（function）の集合であるという（セン 2011）。「生命活動」を選び達成する能力、あるいは、個人が選択できる生き方の幅とも言える（松井・池本編 2006、大沢 2002:236）。男女間で教育を受ける機会が平等に提供されているとしても、それ以外の要因（所得階層、物理的距離、慣習・宗教、脆弱さや無力さなど）により、その機会を平等に使えないことがある。また、土地や資産の所有について男女差別のない法律があったとしても、その法律を使用・活用できるケイパビリティ（実現可能性）は、教育や情報、所得、社会の行動規範、ジェンダー秩序などにより異なり、全ての人々が平等に法律を使えるわけではない。また平等な機会があったとしても、それを使いたいという関心が異なることもある。「何かをしたり、何かになったり、人が欲するような暮らしを営む自由へと変換するケイパビリティ」は人によって多様である（セン 2010a:194）。

▶女性が「価値あると思う」ことを達成すること

個人には、理性的に評価している、「価値あると思う」ことを達成するための自由があり、何が価値あると思うことなのかを選び、優位性を与えるのかは、機能の達成を可能にするケイパビリティ（実現可能性）による。貧困とは基本的な「機能」の達成を可能にするケイパビリティが欠如・剥奪されている状態である（セン 2010a:12）。また、「機能」とは、最も基本的なもの（栄養が良好なこと、病気にかからないことなど）から、複雑で洗練されたもの（自尊心を持って生きられること、社会活動に参加できることなど）を含む幅広い概念であり、人々は効用の最大化のみを求めているわけではない。何が価値あると思うことなのか（どの機能）を選び、優位性を与えるかは、「機能の組み合わせ」を達成するケイパビリティによる（セン 2010a:6-7）。

つまり、開発途上国の女性にも、多様な「価値あると思う」ことを達成するための自由があり、どの機能（自分のための健康や栄養の改善、家族に十分な食料を生産したい、土地を所有・利用したい、灌漑用水をもっと使用したい、

---

20)「ケイパビリティ（Capability）」を「潜在能力」と訳すこともあるが、センは必ずしも潜在能力だけを意味してこのことばを使っているわけではない。松井と池本は、ケイパビリティを「可能力」と訳している（松井・池本編 2006）。本書では、ケイパビリティを「実現可能性」とした。

子どもに十分な教育を与えたい、女性や社会の平等のために活動したいなど）を選び、何に優位性を与えるかは、女性が機能の自由な組み合わせや達成を可能にするケイパビリティ（実現可能性）が高いかどうか、またそれを可能にする制度や環境が使えるかどうか、ということに関わる。前述の WID アプローチや GAD アプローチは、実際的および戦略的ジェンダー・ニーズの充足に注目してきた。しかし、本書はニーズを否定するものではないが、機能の選択や優位性の組み合わせを自由におこなえる可能性についても注目する。

▶社会的機能や制度のジェンダー格差をどう縮めるのか

ジェンダーによる差別の存在は、女性が有する財・サービスを、女性がなりたいものやしたいことに転換したり、「価値あると思う」ことを達成することを妨害する。社会には制度的・構造的なジェンダー不平等が存在する。

女性・男性が享受している自由には構造的な格差が存在するため、多くの社会的機能や制度におけるジェンダー格差を分析する必要がある（セン 2010a:195-197）。例えば、女性に対して不平等な法律、女性だからという理由による労働形態や賃金に関する差別、家事労働や介護労働を「価値のない」無償労働であるとする制度や経済構造などがある。また、不平等な法律には、土地の相続権、離婚後の資産や土地所有権などに関する法律もある。社会の制度や構造に埋め込まれたジェンダー格差や秩序は、女性が価値あると思うことを実現しようとする可能性を低める[21]。

より良い暮らしを求めて生きようとする女性は、どのように制度的・構造的な不平等や社会的機能の格差をとらえ、価値あると思うことを自由に、他者からの強制ではなく自律的に選択し、そのケイパビリティ（実現可能性）を拡大しようとするのだろうか。これらは、制度や構造に内在するジェンダー不平等に注目する GAD アプローチ、および女性自身がエンパワーメントを達成していくことを重視するエンパワーメント・アプローチを踏まえた開発課題であり、センは、開発とは基本的に女性・男性に力を付与する（エンパワーメント）プ

---

21) 女性の「時間の貧困（time poverty）」についての分析の必要性も指摘されている（Global Poverty Research Group：http://www.gprg.org/pubs/workingpapers/pdfs/gprg-wps-078.pdf：参照日2013年6月22日）。

ロセスであるとする（セン 2011:359）。

▶ジェンダー平等論の展開

　ケイパビリティ・アプローチによるジェンダー平等論は、国際協力機関の開発施策にも影響を与えてきた（国連開発計画 1995）。これについては論理的考察（Robeyns 2003、ヌスバウム 2005）、および実証的研究もおこなわれてきた（Agarwal 2005、坪井・チョウドリ 2006、松井・池本編 2006、伊藤 2008）。なかには、ケイパビリティ・アプローチでは具体的内容がわからないという批判もあり、ケイパビリティのリスト化を試みた研究者もいる[22]。しかし、リスト化は外部者による行為であり、必ずしも女性にとって何が「価値のあること／価値のないこと」なのかは、当事者に聞いてみないとわからない。しかも、ある基準が他の女性にも共通するとは限らない。もちろん、全ての女性に何が「価値あると思う」かを聞くことは不可能であるが、研究者が勝手に価値をア・プリオリ（先験的）に設定してしまえば、そこからこぼれ落ちてしまうものがある。他方で、価値づけに対する何らかの法則性とその要因を追求することは不可能ではないともされている（渡辺 2009:65-69）。ケイパビリティ・アプローチに基づく理論枠組みを援用したジェンダー平等に関する実証的研究は、まだ緒に就いたばかりであり、さらなる実証的研究の積み重ねを通じた検証が課題である。

（6）　ジェンダー平等論の実証的分析に向けて

　「何かの平等」を議論することで（本書ではジェンダーの平等）、他の不平等が出てくるとしても、その何かの平等について議論することに意味がないということではない。何かの平等を議論することにより、それまで見えていなかった他の平等・不平等が見えてくる可能性があり（可視化）、それらを包括的に捉えることは、平等の議論をぶ厚いものにすると同時に、いくつかの処方箋も提示してくれることになる。開発を考える場合に、ジェンダー平等のみで全て

22）ヌスバウムは普遍的価値を擁護することが必要だとする哲学的観点から、インドにおけるフィールド調査を通じた実体験をもとに、人間中心のエンタイトルメント（権原、権利付与）となるべきケイパビリティのリストを普遍的機能的リストとして提示した。10のリストは、生命、身体的健康、身体的安全、感覚・想像力・思考、感情、実践理性、連帯、自然との共生、遊び、環境のコントロール（政治的、物質的）である（ヌスバウム 2005:92-95, 366）。

の不平等が解決できるわけではないが、ジェンダー平等を考えないと他の（何かの）不平等の諸相も見えてこない。上野は、あらゆる分野で、ジェンダーだけで対象を分析することはできないが、同時にジェンダー抜きで分析することもできないという（上野 2002:30）。従来の国際協力におけるジェンダー平等論は、ジェンダー平等を目指しているものの、政策としてのジェンダー主流化と、草の根レベルでの女性のエンパワーメントを進める開発アプローチは乖離しがちであり、ジェンダー平等を進めるための有効な方法論上の枠組み、おび包括的なアプローチを提示するには限界がある（村松 2005:58, 64-66, 216）。

　本書では、特に土地に関わる権利（土地権）という資源と機会に注目し、農村地域に生きる女性の多様な機能および「価値あると思う」ことについての分析を通じ、ジェンダー平等論に実証的論拠を与え、新たな開発におけるジェンダー平等論の分析枠組みと開発政策・事業へのインプリケーション（含意）を考察していく。

　図1.1は、本書で扱う国際協力におけるジェンダー平等論研究およびアプローチの分析枠組み、および本書での研究枠組みを示したものである。

図 1.1　国際協力におけるジェンダー平等論研究およびアプローチ

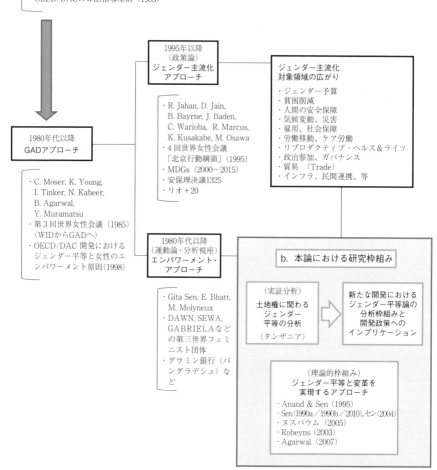

第2節　研究の目的と仮説

1　研究の目的

　タンザニアにおける土地権の制度に関する既往研究および議論の詳細は第3章で後述するが、ジェンダーをめぐるどの研究・議論の立場をとっても、タンザニアの女性は世帯内および地域の意思決定過程から排除されることになり、「脆弱性および無力」なために、土地権の使用・管理・所有から除外されるというジレンマから抜け出すための有効な道筋や処方箋を示すことができない。女性が排除され不平等な状況に置かれるのは、女性にとって「価値あると思うこと」と土地権に関わる社会の制度や構造との間に乖離があること、その乖離を埋めるような選択肢が得られない（許されない）こと、選択肢を行使できるような能動的な力が限られており、選択肢を組み合せ、実現できる機会、実現可能性が妨げられていることにその要因がある。

　女性の土地所有が、女性の自由を向上させ、持続させることへの影響を通じて開発プロセスに貢献するのであれば、その道筋を明らかにしなければならない。これらの課題をさらに実証的に検証するため、本書では以下のような4つの観点から分析を進め、最後に開発政策・事業へのインプリケーション（含意）を明らかにしていきたい。

（1）　土地再配分をめぐる農村女性の選択と行動

　政府による土地再配分に際し、男女間の不平等な土地権はどのように発生するのだろうか。そのような不平等な状況に対して、女性は何を機会として捉え、選択し行動しようとするのだろうか。従来の既往研究では、政府（国家）主導による大規模灌漑計画が実施され、土地の再配分がおこなわれると、女性は従来持っていた慣習的な土地耕作・所有権を奪われ、社会的および経済的に従属的な立場におかれるようになるという論証が繰り返されてきた。

　本書では、こうした論証を検証するために、キリマンジャロ州ローアモシ灌

漑地区（LMIS）の灌漑開発事業において政府による土地再配分がおこなわれた1987年当時の分析を出発点に議論を進め、女性にとっては必ずしも慣習的な土地耕作・所有権を奪われない状況もありうること、および女性自身がそうした状況の中でどのように「価値あると思う」選択をし、それを実現可能にしたのか、その要因について明らかにしたい。

（2）　土地権の経時的変化にみる農村女性の選択と行動

農村において女性の土地に関わる権利はどのように変化していくのか。女性の土地権の変化の背景には、どのような要因が存在するのか。また、女性が土地権を拡大・縮小する場合には、何を機会として捉え、選択し行動していこうとしているのか。既往研究では、「土地権の近代化」に伴い土地からの収益が増加するようになると、男性優位社会においては、女性の土地に関わる諸権利が奪われるということが指摘されてきた。同時に、土地登記によるメリットが認識されるようになると、社会的・経済的に優位に立つ男性が土地権を独占し、女性は慣習的な土地権を失うということが指摘されてきた。しかし、女性の土地権について、所有者数や所有面積などの性別データに基づき、土地権の近代化が与える影響について経時的変化を分析した研究はほとんど存在しない。また、女性の土地権に関して、その取得の条件や形態、取得した土地権の継承などについても明らかにされていない。

本書では、一定の土地権の近代化が進んだローアモシ灌漑地区（LMIS）を事例として、女性の土地権の変化を経時的に分析し、必ずしも女性の土地権が減少しているわけではないこと、および変化の要因の分析を通じて、女性は何を「価値あると思うこと」として捉え、選択し、行動しているのかについて明らかにしたい。なお、ローアモシ灌漑地区では、近代化として用排水分離型の灌漑施設の敷設および灌漑圃場整備を通じた稲作振興、そのための土地測量、地権の確定、および土地所有権の登録などが進められた。

（3）　土地権の形態と農村女性の選択と行動

農村女性は、どのような土地権を機会として捉え、選択し、行動していこうとしているのだろうか。世界銀行などの国際開発援助機関は、農村女性が土地

（農地）を自己名義で登録しさえすれば、女性が自由に土地を耕作し、収益を確保し、生活が向上し、必要に応じて土地を融資の担保にし、土地を市場で売買できるようになると考え、そのような開発援助事業をエチオピアなどで実施している[23]。しかし、果たして自己名義で土地登録することだけで、女性の土地に関わる諸権利は保障されるのだろうか。

農村女性が土地に関わる形態は多様である。男性と同じように女性も、土地所有者のみならず、代理耕作者、借地人、賃金労働者などとして農業に関わっている。しかし、女性が土地所有者の場合、その女性は耕作から得た収益を自由に管理でるのだろうか。また、作目の選択や施肥、水管理など、営農に関するすべての権限を有しているのだろうか。家族や親族の合意がなくても、土地を自由に相続・売買できるのだろうか。タンザニアの特定の社会では、家族・親族やクランの土地は、女性が継承できないとされている。女性の土地への関わり方には、多様な慣習や規範、家族関係、社会・文化的制約があるのではないだろうか。

女性はどのような土地の管理権（営農権、収益権、処分権）をどのように有しているのか、また、それが「価値あると思う」ことの選択とどのようにつながっているのか、という問いについては、実証的な分析が十分におこなわれてきたわけではない。本書では、農村女性にとって、どのような土地権の形態が、女性の立場の変化、機会や選択の幅を拡大し、「価値あると思う」ことの実現可能性につながるのかを明らかにしたい。

（4） 地域コミュニティの意思決定の変化と農村女性の選択と行動

地域コミュニティは、女性の土地権をどのように認知し、どのような関与を通じて、女性が「価値あると思うこと」を選択し行動することを可能あるいは不可能にしているのだろうか。農村の地域コミュニティ[24]における意思決定機関（村落議会や村落評議会など）の構成員は概して男性で占められているため、そのような機関は女性の土地権を擁護しないといわれてきた。地域の親族やク

---

[23] 第3章の「土地権の進化論」を参照のこと（http://web.worldbank.org/WBSITE/EXTERNAL/TOPICS/EXTGENDER/0,contentMDK:22924407~menuPK:7947140~pagePK:210058~piPK:210062~theSitePK:336868,00.html：参照日 2014年2月24日）。

ランの長老会議、農業協同組合、水利組織・灌漑組合、村落評議会の各種委員は、男性中心に構成され、女性メンバーはほとんど含まれておらず、会合などで女性の意見は反映されないと指摘されてきた。ローアモシ灌漑地区は、先祖代々のクランの土地を継承しているという地域ではなく、比較的新しい入植地であり、女性の土地所有者が存在する。これは、地域社会が女性にも土地所有権を与えることを承認しているという実例ではないだろうか。本書ではそのような地域コミュニティにおける意思決定の変化がどのように発生しているのか、それが女性にどのような影響を与えているのかを明らかにしたい。

2　仮説の提示

どの人にも「立場に基づく限界」や客観的幻想があり、女性もまた例外ではない。特定の状況に長くいたり、特定の役割を演じていると、考え方やその状態が固定化・常態化してしまい、不便性や不平等性を感じなくなってしまう（セン 2011:245）。特に困窮した状態が長く続くと、自分の暮らしや人生は「そのようなものだ」と受け入れてしまう。また周囲の女性も同じような状態にあれば、なおさらである。しかし、人には顕在化していないニーズや関心もある。

土地権との関連では、「土地は、特定の地域や部族（エスニック・グループ）において、男性が所有し相続するものであり、土地名義は世帯主の名義にすべきである」という慣習を長い期間にわたり受容していると、女性は土地を所有することなど考えることすらなくなり、「土地は女性が所有するものではない」「女性が土地を所有するなんてとんでもない」と思い込むようになる。しかし、タンザニアの農村において、土地を所有する女性が出現しているという事実は、土地所有へのニーズが認識され、顕在化していることを示すものでもある。「価値あると思うこと」を表現すること（例えば、個人で自由にできる財として土地を所有すること）は、農村女性がなりたいと思うこと、達成したいと思うこ

24）コミュニティの社会学的含意は、一定の地域の住民が、その地域の風土的個性を背景に、その地域の共同体に対して特定の帰属意識を持ち、自身の政治的自律性と文化的独自性を追求するところに示される（濱嶋ほか編 2003:197）。地域コミュニティでは、住民相互の信頼関係が築かれ、信頼関係は協力関係を生むが、競争や対立も内包している。住民の相互利益を維持する規範も存在し、住民が慣習法を重んじる場合には、それを相互利益とする規範に沿うことになる。

と、価値あると思うことを達成しようとするための手段であるかもしれない。

　したがって、本書では、以下のような仮説の論証を試み、それらの要因を探っていく。

　　仮説１：政府の開発事業による土地再配分に際して、農村女性の慣習的な土地（農地）耕作・所有権は必ずしも奪われない。
　　仮説２：土地権の近代化を進めても、農村女性の慣習的な土地（農地）耕作・所有権は経時的に失われない。
　　仮説３：農村女性が土地（農地）の自己名義登録をしても、土地の管理権（営農権、収益権、処分権）を有することはできない。
　　仮説４：地域コミュニティは、慣習法に基づき、女性の土地（農地）の所有権を認めることがある。

　本書ではまた、これらの仮説の実証的研究による論証を通じて、農村女性は土地権の取得を選択することもあり、しかも多様な土地権の組み合わせを選択し、それが、「価値あると思う」ことの多様な選択肢を広げ、選択したことの実現可能性を高めていること、同時に、地域コミュニティの合意や承認もまたそれらの実現可能性を高めていることを見ていく。すなわち、農村女性が「価値あると思う」ことと、地域コミュニティが「価値あると思う」こととは不可分ではなく、むしろ両者の相互作用を通じて経時的にそれらの実現可能性が高まっている状況を明らかにしていく。これは、農村女性が「価値あると思う」ことの選択肢の幅を広げ、実現可能性を高めていくプロセスそれ自体が、女性にとって、広義のより良い暮らしの実現につながっていく、ということを論証する作業でもある。なお、本書の分析枠組みは図1.2に示した。

　本書の構成は、図1.3に示すとおりである。本書は、第１章が研究の目的、第２章が研究の方法、第３章が既往研究、第４章から第７章が本論、第８章が結論である。第１章では、研究の背景と目的を説明し、研究の枠組み、研究課題および仮説を設定する。続く第２章では研究の方法、すなわち研究対象地区と手法について述べ、第３章では既往研究の確認をおこなう。第４章では土地

再配分に関わる女性の土地権の取得に関する実証分析、第5章では土地所有の変遷に関して収集されたデータの分析をおこなう。第6章では農村女性の土地所有に関する価値観の分析、第7章では、第6章までに収集されたデータをもとに、土地権に関わる所有・管理・相続についての考察および解釈をおこなう。最後の、第8章では、これらの分析に基づく研究の結論、学術的貢献および実務的貢献、制度的インプリケーションを抽出し、残された課題について考察する。

第2節　研究の目的と仮説　55

図1.2　本書における分析枠組み

農村女性の土地に関わる諸権利についての研究課題

土地権に関わる関心の形成
女性の土地権への関心はどのように形成されるのか。
開墾、入植、土地再配分において、女性はどのような関心で土地所有をおこなおうとするのか。
どのような条件があれば女性の土地所有が可能か。

選好・選択の形成
収益が向上すると、男性が土地を独占するのか。
女性の土地権は拡大・縮小しているのか。
どのような状況において拡大・縮小するのか。
土地の継承（相続、贈与、売買、相続人の選択）はどのようにおこなわれるのか。
土地所有が持つ「価値あると思う」こととは何か。

土地権における多様な組み合わせの選択
自己名義登録すれば排他的私有権が確保されるのか。
自己名義と非名義の土地所有があるのはなぜか。
所有権と管理権（営農権、収益権、処分権）の選択。
母、妻、個人としての役割・責任は何か。
どのような関心から多様な組み合せを選択するのか。
多様な組み合せの選択、選択肢の幅の拡大を可能にする環境とは何か。

女性の土地所有に関する社会変容
被相続人の選好・選択はどのようなものか。
息子への相続、娘への相続、息子と娘に平等に相続をどのように選択するのか。
地域コミュニティは女性の土地権をどのように支持することが可能なのか。
女性、地域にとって遺言書の持つ意味は何か。

4つの仮説

仮説1　土地権の取得
政府の開発事業による土地再配分に際して、農村女性の慣習的な土地耕作・所有権は必ずしも奪われない

仮説2　土地権の拡大と土地所有の価値
土地権の近代化を進めても、農村女性の慣習的な土地耕作・所有権は経時的に失われない

仮説3　土地の所有権と管理権
農村女性が土地の自己名義登録をしても、土地の管理権（営農権、収益権、処分権）を有することはできない

仮説4　地域コミュニティによる社会的認知
地域コミュニティは、慣習法に基づき、女性の土地の所有権を認めることがある

農村女性の土地権の改善を通じたより良い暮らしを実現させるための政策や制度の対応

女性の選択支援：変革を可能にする環境の整備
　・法知識の普及・活用
　・土地活用の機会
水利組織、農業・灌漑組合の役割
村落議会、村落評議会、村落土地委員会などの役割
地方・中央政府・国際協力機関の役割

56　第1章　タンザニア農村女性の土地権をめぐる研究課題

図1.3　本書の構成

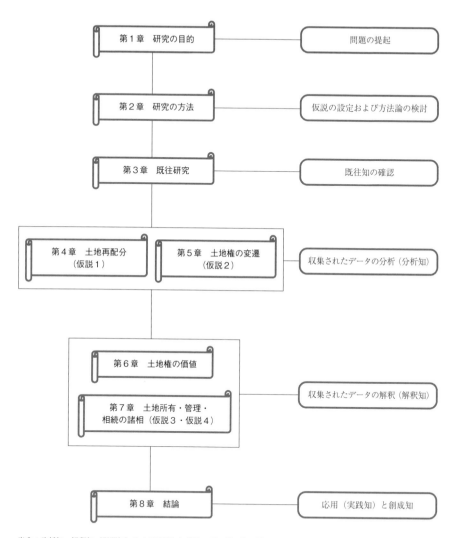

出典：分析知・解釈知（説明知）および実践知に関しては、谷・芦田編 2010：192-195を参照。

第 2 章

研究の方法

ニュンバヤムング (Nyumba ya Mungu)・ダム。モシ市から南へ約50kmにある人口湖。キリマンジャロ山麓からの集水によりできたが、気候変動の影響によるものなのか、徐々に水量が減少しているといわれている。ニュンバヤムングとは「神の家」の意味。2011年11月

第1節　調査対象地の位置付けと選定理由

1　ローアモシ灌漑地区（LMIS）の位置付けと特徴

　本書の調査対象地はケニアと国境を接しているタンザニア北部キリマンジャロ州のローアモシ灌漑地区（Lower Moshi Irrigation Scheme: LMIS）である。

（1）　ローアモシ灌漑地区の地理的状況

　ローアモシ灌漑地区（LMIS）は、キリマンジャロ山（標高5895m）の南側のふもと、キリマンジャロ州の州都モシ市（Moshi Urban District）中心部から南東へ約15〜20km離れた、モシ（農村）県（Moshi［Rural］District）内にある（注12、24参照）。キリマンジャロ州の面積は長野県より少し広い1万3209km^{2}で、人口は約164万人（2012年）、人口密度は124.2人／km^2、平地より中山間地の人口密度のほうが高い。モシ市の人口は、1988年には9万6838人だったが2012年には18万4292人に増加した。LMISの標高は、上流部で約760m、下流部で約720mである。

（2）　政府主導によるローアモシ灌漑地区開発

　LMISは、タンザニア政府の国家開発計画に基づいて、日本政府の有償資金協力で稲作圃場（約1100ha）と畑地圃場（約1200ha）を造成した灌漑地区である[1]。稲作圃場は3次水路まで整備されている。キリマンジャロ山水系のラウ川水系（ヌジョロ川を含む）から取水する。用排水分離型で一筆ごとに水管理が可能な近代的灌漑施設の建設と圃場整備がおこなわれ、トラクター用の農道も造られた。そのほか、村落において農民やトラクターが移動するための車道の整備、送電線網の配置、飲料水の供給事業などもおこなわれた。1984年に施工開始し、1987年には竣工し、タンザニア政府に引き渡された[2]。その後、

---

[1] キリマンジャロ州の開発は、初代ニエレレ大統領が、1970年2月に日本政府に協力要請を出したことが発端となった（URT 2002e、URT 2002f、国際協力事業団 1989）。

コメ（籾）の単位収量は、1 ha 当たり平均1.4〜2トンから、6〜7トンに増加した（国際協力事業団 1980:18／1996:26）。

（3） ローアモシ灌漑地区の開発以前の状況

LMISの大半は、もとはキリマンジャロ山中腹に住んでいたチャガ人のウル首長が所有していた土地である。チャガ人にとって低地はマラリアが多く、住みにくかったため、雨季だけ低地に来てトウモロコシなどを栽培し山地に運ぶ生活をしていた。山地では肥沃な土壌でバナナやコーヒーを栽培していたが、人口増加による土地細分化に伴い平地への移住が始まった。首長が土地配分の権限を有し、クラン（氏族）内外からの入植には首長の許可が必要だった（Lerise 2005）。基本的には男系相続で女性がクランや家族の土地を相続することはできなかった。

LMISは5灌漑地区（以下、地区と略す）に分かれている。上流域から、アッパー・マボギニ、ローア・マボギニ、ラウヤカティ、オリア、チェケレニの各地区である（図2.1にLMISの圃場図を示した）。

最も上流にあるアッパー・マボギニ（Upper Mabogini）地区では、1950年代から英国植民地政府により森林の開拓が進められ、ヌジョロ川の水を利用して在来耕法による田越灌漑で稲作がおこなわれていた。しかし、ヌジョロ森林とラウ川に挟まれた地区のため耕地の拡大には限界があった。

中流域ローア・マボギニ（Lower Mabogini）地区は、ウサンバラ鉄道[3]の盛土によりアッパー・マボギニ地区と分断されていたためヌジョロ川の水が届きにくかったが、ウサンバラ山地から移住してきたパレ人やサンバー人、およびキリマンジャロ山中腹から移住してきたチャガ人などにより、広大な畑地でメイズ（トウモロコシ）、綿花、バナナ、豆類などが栽培されていた。

---

2) 竣工式には、第2代大統領ムウィニが参列し、国家開発プロジェクトとして高い評価を得た。
3) ウサンバラ鉄道（北方鉄道）はドイツが1888年に建設開始した。インド洋に面したタンガからモシへ至る（タンガ・モシ鉄道とも呼ばれる）。モシへは1911年に到達し、その後英国政府によりアルーシャまで到達した（1930年）。コーヒーやサイザルなどの換金用農作物を栽培し運搬するのが目的だった。ラウヤカティ地区の住民によれば、1905年には現在のLMISの中に鉄道が敷設されていて、その鉄道に沿って南のパレ山地から人々がすでに移住していた（根本 2011:107-108、ほか）。

タンザニアの位置（太字が研究対象地）

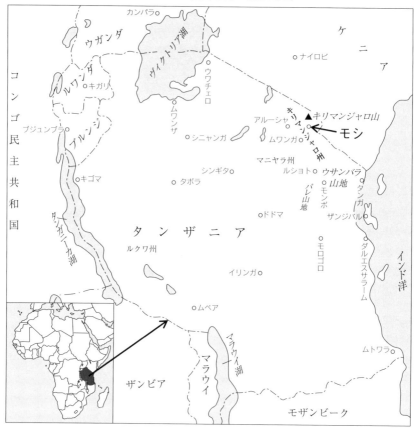

　同じく中流域のラウヤカティ（Rau ya Kati）地区は、ウサンバラ鉄道に沿ってパレ人やサンバー人をはじめとして、タボラ州、ムベア州、タンガ州、さらに国境を接するブルンジ、ザンビア、ケニアなどからも人々が移住して開墾した地域で、人々はサイザル農園の労働者になった。ただし、ラウヤカティ地区および下流域のオリア（Oria）地区は、ウル首長ではなく、南部に広がるカヘ首長（*Mangi Mangoto*）の領土で、人々は首長が所有していた約40haの畑地も耕していた。しかし、1963年に政府が発令した首長制の廃止とともに、その畑地は村落評議会が管理する土地となった。パレ人やサンバー人は、キリマ

図2.1 ローアモシ灌漑地区（LMIS）の圃場（水田）図

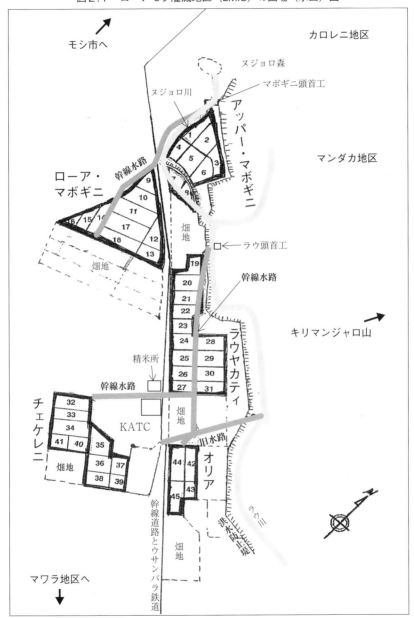

注：圃場のブロック番号については後述の表2.1を参照のこと。
出典：LMIO資料、現地調査結果から作成。

ウサンバラ鉄道。向かって左の写真の上部に鉄道が敷設されており盛土が高い。鉄道は現在運行されていない。マボギニ村（アッパー・マボギニとローマ・マボギニの灌漑地区はこの村の中にある）。2012年8月

ンジャロ山中腹にいた部族が、キリマンジャロから南東部の山地および平地に移動した人々であり、チャガ人と文化的な共通点があるが、イスラム教徒が多い。コーヒー栽培や畜産で蓄財した裕福なパレ人やサンバー人も入植してきたため、ラウヤカティ地区には大地主がいた。ラウ川の水が豊富にあり稲作もおこなわれており、鉄道に沿って集合的な村落が形成されていった。下流域のオリア地区もラウヤカティ地区とほぼ同様で、1950年代にはサイザル農園として開発されていたため、多様な人々が移り住んでいた。

　同じく下流域に位置するチェケレニ（Chekreni）地区は、ウル首長の土地だったが、ウジャマー政策により新たに開発され、1971年に正式にウジャマー村への入植が始まった。当時、人々は共同農場（現在のパイロット・ファーム）[4]で週4日間は綿花やフィンガーミレット（シコクビエ）[5]を栽培した。同時に、個々の畑地では主食のメイズや豆類を栽培し、家畜（牛、ヤギ等）を飼っていた。ラウ川から独自に灌漑水路（旧水路）を作り、その水を利用していたが、稲作はほとんどおこなわれていなかった。ムタクジャと呼ばれる隣接村およびニュンバヤムング・ダムに続く地域には、マサイ人の集落があり放牧がおこなわれており、現在もその状況が続いている。

4）ウジャマー村は約120haで、それ以外に共同農場（Village Communal Farm）は約80〜100haあったが、徐々に減少した。2013年時点では、22.4ha を村人に貸し出しているのみである（第4章注16参照）。
5）学術名は、*Eleusine coracana*。

（4） JICAによる技術協力と無償資金協力

　LMISでは、JICA専門家が新種のイネ[6]の栽培技術の指導をした[7]。また農民を対象として、整地（トラクターによる賃耕）、均平作業、畔作り、苗畑作り、正条植え[8]、施肥、防除、除草、水管理、収穫の技術普及をした。1989年には、日本政府の無償資金協力により籾収穫後処理施設（ライスセンター：精米所）がチェケレニ村に建設された。1993年には、タンザニア政府の主導により農民は水利組織（WUA。1985年、村落評議会内に設置）を併合したコメ生産者協同組合（CHAWAMPU）[9]を作り、キリマンジャロ農業開発センター（KADC）などの助言を受けながら水管理や水利施設の維持管理をおこなった[10]。その後KADCの業務を全国展開するために、キリマンジャロ農業研修センター

精米所。日本の援助で1989年に完成した。チェケレニ村（チェケレニの灌漑地区はこの村の中にある）。2010年7月

LMISで栽培されたモシ米。品種はIR64。1キロ＝1500シリングで販売。モシ市のマーケット。2011年11月

---

6) 初期のイネはIR54、2013年時点ではIR64。
7) パイロット・ファームで試験的に栽培されたイネはIR8、その後IR54、IR64になった。
8) 1987年当初は、50cm×50cm、その後25cm×25cm、2011年には15cm×15cmを農業研修所では奨励するようになった。ただし除草機を使用するときは、20cm×30cmとしている。「条植え」「直線植え」とも呼ばれる（LMIOへの面接調査：2011年11月23日）。2014年現在は、25cm×25cm。
9) CHAWAMPUは農業協同組合であるが、当初は土地（灌漑稲作圃場＝水田）所有者しかメンバーになれなかった。耕作地を借りている者はメンバーになれなかった。したがって、実際に耕作している女性のほとんどは、メンバーにはなっていない。メンバーは土地所有者のうち1822人で女性は約200人、調査時の2011年時点ではメンバーリストの更新が必要ということだった。ただし、1996年時点では、土地所有者でない者も加盟している。1999年の規則で組合費は5000シリング、登録料は3000シリング。議長は2011年時点では6代目で、初代から全員男性。CHAWAMPUは結局破産したが、オフィスはチェケレニに残っており、穀物の売買や肥料・農薬の販売などはおこなっている（LMIOへの面接調査：2011年11月18日、CHWAMPU議長への面接調査：2011年11月21日）。

（KATC）が農業・食料安全保障・協同組合省（農業省：MAFC）直轄の組織として同じ場所に設置された（1994年）。さらに、2005年には、モシ（農村）県直轄のローアモシ灌漑事務所（LMIO）が、KADCの機能を引き継ぐためにKATC敷地内に設置され（モシ市内にもオフィスがある）、LMISの灌漑施設の補修や維持管理、配水計画を管轄することとなった。

（5） 地方政府・村落行政による土地権の管理

タンザニアにおける行政区分は、州（Region）、県（District）、市（City／Municipality）、ワード＝区（Ward：*Kaya*）、村（Village：*Kijiji*）、村の区画

コメ生産者協同組合（CHAWAMPU）事務所。チェケレニ村。2011年11月　　CHAWAMPU事務所内の倉庫。チェケレニ村。2011年11月

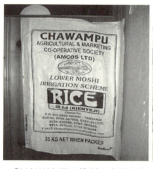

CHAWAMPU推奨の小型の籾袋。2011年11月　　個人のトラクター。かつてはCHAWAMPUが貸出。ローア・マボギニ。2011年11月

10）LMISの運営はJICAのキリマンジャロ農業開発計画プロジェクト（KADP）への協力期間終了（1993年）にあわせて、CHAWAMPUに移管された。

(Sub-village：*Kitongoji*) などである。このうち行政機関としての中心を担っているのが県と村である。村の意思決定については、18歳以上の村人全員で構成される村落議会があり、約4半期ごとに全体会合が開催される。村人から選出された村長が議長を務める。また、日常的な業務のために村落評議会が設置されている[11]。村落評議会も村長が議長を務め、行政官である村落事務局長、会計役、複数の委員会の代表など、計15〜25名で構成されている。その下には安全委員会、財務・計画委員会、村落開発委員会があり、農業小委員会には普及員が配置されている。いくつかの委員会の議長には女性を指名し、委員の半数は女性にするという規則はあるが現実にはそうなっていない[12]（図2.2）。

村落では土地（農地）の境界線についての係争が起きることがある。それに

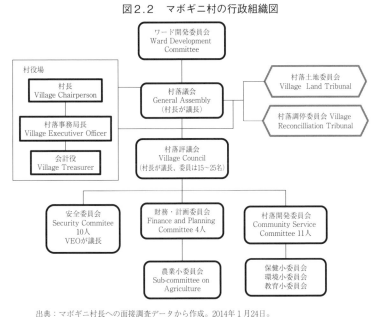

図2.2　マボギニ村の行政組織図

出典：マボギニ村長への面接調査データから作成。2014年1月24日。

---

11) スワヒリ語で村落議会は *Mkutano Mkuu wa Kijiji*、村落評議会は *Halmashauri ya Kijiji*。
12) モシ（農村）県（Moshi [Rural] District）内には、31のワード（区）、145の村がある。ワード（区）事務所には、農業だけでなく保健や教育担当の職員がいる。ワード（区）ごとに、ワード開発委員会がある（モシ［農村］県事務官への面接調査から、2011年11月18日）。

関しては村落土地委員会が調停をおこなう。他方で、土地や財産の相続、家族間の土地の問題、家庭内暴力などに関しては、村落調停委員会が仲裁をおこなう[13]。マボギニ村の場合、村落土地委員会は村落議会で選定された5名（女性が議長、委員は女性2名、男性3名）で構成されている。他方で村落調停委員会は7名（男性が議長、委員は女性3名、男性4名）で構成されており、どちらも村人が無給で奉仕している。土地を含む財産の相続に関しては、クランや家族が一義的には決定するが、合意に達しない場合は、マボギニ村の裁判所（Primary Court）に訴える[14]。さらに、そこで解決しない場合は、ワード（区）土地委員会（Ward Land Tribunal）、県土地委員会（District Land Tribunal）に上訴する。村落土地委員会には、法律に精通した者がいないため、係争になると裁判所に訴えることになる。ワード土地委員会は、300万シリング以下の判決は出せるが、それ以上の場合は県土地委員会が判決を出すことになっている[15]。

村土地法（1999年）により、村落は村名を県議会に登録することを義務付けられている。また、村落評議会（村長が議長）は、村落の土地の配分権と利用権を村人に与える権限を持っている。村人が、銀行融資のために土地所有証明書が必要な場合は、村長が村人にこれを発行する。土地売買についても村長の許可が必要であり、村長のみが土地名義変更を承認することができる。さらに、土地売買に関しては、村役場の掲示板に14～21日間告示し、住民からの苦情がなければ、土地売買が許可される。しかし、土地売却価格の10％を村落評議会に収めなければならないため、村落評議会を通して土地売買をする村人は実際にはまれである[16]。

調査当時のマボギニ村の村長は、2004年に住民投票により村長に選出され、2014年1月現在、第2期目（10年目）を務めていた（2014年10月地方選挙まで）。2009年に、複数政党による地方選挙があり、この村長は、与党タンザニア革命党（CCM）から立候補し2期目の当選を果たした。住民は、投票用身分証明書を提示し、投票用紙に候補者名を記入し投票箱に入れる。県評議会が投票の

13）スワヒリ語で、村落土地委員会は *Kamati ya Kijiji ya Ardhi*、村落調停委員会は *Kamati ya Kijiji ya Usuluhishi* と呼ばれている。
14）マボギニ村長への面接調査から、2014年1月24日。
15）同上。
16）同上。

第1節　調査対象地の位置付けと選定理由　67

マボギニ村役場の土地係争・売買に関する掲示。向かって左は、土地係争や売買について、右は土地を売りたいという掲示。2014年1月24日

監督をする。通常、地方選挙の翌年には国政選挙が実施される。

　マボギニ・ワードは、マボギニ村、チェケレニ村、ムタクジャ村、ムヴァレニ村の4行政村から構成されている。マボギニ村には、アッパー・マボギニ地区とローア・マボギニ地区がある。ラウヤカティ地区、オリア地区は、その東のカヘ・ワードに属している[17]。

（6）ローアモシ水利組織（LOMIA）の形成と役割

　ローアモシ水利組織（LOMIA：ロミア）は、2007年に組織された。これは1993年設立のコメ生産者協同組合（CHAWAMPU）が、不適切な財政運営により機能しなくなり、上流と下流域間の水利係争の調停にも対応できなくなったため、同組合に併合されていた水利組織部門が分離独立したものである。LOMIAは、水配分が公平におこなわれることを目標に、LMIS内の5地区のほか、上流域にあるLMIS外のカロレニ地区とマンダカ地区を含む合計7地区から構成されることになった[18]。7灌漑地区をあわせた灌漑稲作地の合計面積は約1622haである（2013年3月現在）。

---

17) マボギニ村長への面接調査から、2014年1月24日。
18) 2007年にキクウェテ大統領が、キリマンジャロ州サメ県ヌドゥング（Ndungu）灌漑地区（日本の援助で施工）を訪問した。その時、大統領はLMISは訪問しなかったが、モシ市を来訪し、ヌドゥングと同様の水係争が続いていたLMISについては、農業省に対して、関係省庁委員会を設置するように命じた。それを受けて、農業省、財務省、首相府傘下の州事務所が委員会を構成し、LOMIAが組織されるに至った。委員会は、県の灌漑局に対して、同じ水源（流域）を共有している地区を含めて、水利組織を作るように命じた（LOMIA議長へのインタビューより：2011年11月21日）。

LOMIAには、各灌漑地区のブロックごとに議長、副議長、事務局長、会計役がおり、これらの代表がLOMIA中央委員会を構成している。中央委員会の役員は、合計28人で、うち3名（約10%）が女性であるが、女性は全員会計役である（2011年11月現在）。毎月の最終水曜日に役員会議を開催する[19]。2013年3月現在、LOMIA中央委員会の議長は、チェケレニ村に住む70歳の男性が務めていた。LMISの2つの水門である、マボギニ頭首工、ラウ頭首工には、LOMIAに雇用された水門番人（男性）が配置され、水門管理と幹線水路の清掃などをしている。さらにブロックごとに、LOMIAブロックの費用で水路係（男性）が2名ずつ雇用されており、末端の水管理をしている（図2.3）。

　LOMIAのメンバーになる条件は、灌漑稲作圃場の土地所有者であることである。メンバーのみが定期的な会合に参加できる。したがって、ほとんどが男性である。2011年には、7地区全体では、約2000人のメンバーがいたが、土地所有者が全員登録すると約3000人になるという[20]。入会費は徴収しない。会合の告知は、村の随所に掲示される。2013年3月現在、土地所有者のみではなく、畜産者および耕作者もメンバーに加えることが検討されていた。

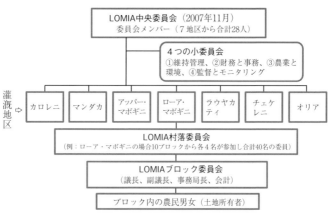

図2.3　ローアモシ水利組織（LOMIA）組織図

出典：LOMIA議長への面接調査データから作成。2011年11月。

---

19) LOMIA本部は、KATC敷地内のローアモシ灌漑事務所（LMIO）の隣にある。
20) LOMIA事務局長への面接（2011年11月21日）。

第 1 節 調査対象地の位置付けと選定理由 69

マボギニ頭首工。1987年に竣工。
2010年7月

同左。乾季で水が少ない。

アッパー・マボギニ幹線水路の水路係（村人）。2012年8月

LOMIAのブロック会合の掲示。
アッパー・マボギニ。2012年8月

　LOMIAの組合費は、アッパー・マボギニ地区の場合、稲作で１作期当たり１耕区（１プロット＝一般には3000m^2）につき２万3500シリング（約14ドル）だった（2012年９月）。中流域のローア・マボギニ地区では、従来２万2500シリングだったが、３万5500シリングに上がった（2012年９月）。下流域のチェケレニ地区の場合は、１万2500シリングだった（メイズ栽培）。農民は灌漑用水を使用するが、組合費は払いたがらない。首相府で組合費（水利費）に関する法律を制定し、不払いの場合には罰金もしくは刑罰を科すという規則を設けようとしているが成立していない。組合費の額は、LOMIAがモシ（農村）県事務官（DEO）およびモシ（農村）県農業畜産開発事務官（DALDO）[21]と協

---

21) DALDOは、2015年の組織改正によりDistrict Agriculture, Irrigation and Cooperatives Officer（DAICO）になった。

議して決定する。そのうち、約50％は、LOMIAブロック委員会（もしくは同中央委員会）が管理し、その中からモシ市にあるパンガニ河流域事務所（PBWO）に水利費を支払う。25％は県事務所に管理費として支払い、そうすると用排水路の整備費などとしてLOMIA中央委員会に政府資金が還元される。残りの25％は各灌漑地区で管理する。

（7）　ローアモシ灌漑地区における水系と水争い

LMISにおける用水計画は、ヌジョロ川に設置されたマボギニ頭首工とラウ川に設置されたラウ頭首工により、マボギニ・システム（MS）とラウ・システム（RS）に分かれている。ヌジョロ川は、実際には川というより、ヌジョロ森の湧水であり、ヌジョロ池とも呼ばれている。LMISは、5つの灌漑地区に分かれているが、上流域のアッパー・マボギニ地区が最初にヌジョロ川の水

図2.4　ローアモシ灌漑地区（LMIS）内外の
水利に関わる係争関係

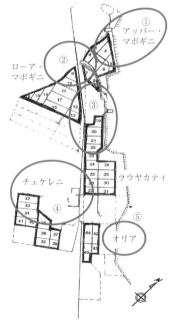

LMIS外部地区

①アッパー・マボギニとLMIS外のカロレニ、マンダカとの係争エリア
②アッパー・マボギニとローア・マボギニとの係争エリア
③アッパー・マボギニとラウヤカティ（およびその下流域）との係争エリア
④ラウヤカティとチェケレニの係争エリア
⑤オリアとその南のLMIS以外の地区との係争エリア

出典：現地面接調査データから作成。2013年3月。

をマボギニ頭首工から取水する。その後、用水は幹線水路を通ってローア・マボギニ地区に送られ、2次水路、3次水路へと枝分かれし、各圃場に到達する。さらに、アッパー・マボギニ地区の排水は、ラウ頭首工に合流する。一方、ラウ川の水は、ラウ頭首工に最も近いラウヤカティ地区に流れ、その後、最も下流のチェケレニ地区とオリア地区に流れていく。水利係争は、多重構造になっており、1990年代を通じて、また2000年代に至っても、不公平感は解決されていない。さらに、下流域のチェケレニ地区では、地区内部における水利係争も起きている（図2.4）。

(8) ローアモシ灌漑地区の圃場

LMISは、灌漑稲作圃場と畑作圃場から構成されるが、本書の調査対象地区は、5地区の灌漑稲作圃場である。5地区は4行政村（マボギニ村、ラウヤカティ村、チェケレニ村、オリア村）

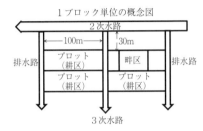

にある。各地区は、3次水路を共有する約20〜40haの広さのブロック（Block）単位で構成される。各ブロックはさらにプロット（Plot）と呼ばれる耕区から構成される。1つのプロットは一般的には100m×30m＝3000m^2（0.3ha）である。灌漑稲作圃場の全プロット数は、3787ある（表2.1）[22]。各プロットは、用水路と排水路の両方に面しており、プロットごとの水管理が可能である。土地所有に関しては、プロットの中をさらに畔区（あぜん）に分けて所有していることもある。畔区の境界に樹木を植えて目印することもある。

1987年当時、プロットは妻と夫が別々に登録することも可能であり、女性世帯主世帯の登録もあった。また、従来所有していた土地面積から2〜3割の減歩率でプロットが配分された。1〜6プロットを有する者が大半だったが、1プロット以下の者もいれば、なかには75プロットも所有する大土地所有者もいた[23]。LMISが存在する4行政村の総人口に関して、1987年当時の数字は存

---

22) LMIS内に残っているバナナ園などが耕作地に転換されることもあるので、プロット数は変動する。また、全てのプロットが、3000m^{2}ではなく、角地などの場所によりそれより小さい面積のプロットもある。

表2.1 ローアモシ灌漑地区（LMIS）の5地区におけるブロック数とプロット数

地区		ブロック番号	面積（ha）	プロット数
アッパー・マボギニ		MS1-1	21.24	73
		MS1-2	20.21	64
		MS1-3	21.52	71
		MS2-1	20.80	74
		MS2-2	27.31	92
		MS2-3	24.17	87
		MS3-1	17.64	68
		MS3-2	26.65	87
	小計	8	179.54	616
ローア・マボギニ		MS4-1	20.85	72
		MS4-2	31.82	112
		MS5-1	39.67	138
		MS5-2	27.59	92
		MS5-3	28.89	96
		MS6-1	32.07	116
		MS6-2	21.29	76
		MS6-3	11.80	44
		MS7-1	39.63	140
		MS7-2	39.82	137
	小計	10	293.43	1023
ラウヤカティ		RS1-1	15.18	50
		RS1-2	28.82	98
		RS1-3	28.45	98
		RS1-4	25.56	90
		RS1-5	22.35	76
		RS1-6	21.87	77
		RS1-7	21.78	77
		RS1-8	10.88	39
		RS1-9	10.81	39
		RS3-1	20.28	68
		RS3-2	23.81	82
		RS3-3	28.63	97
		RS3-4	25.41	88
	小計	13	283.83	979
チェケレニ		RS4-1	34.78	122
		RS4-2	13.54	45
		RS4-3	41.11	137
		RS4-4	29.80	102
		RS4-5	22.27	77
		RS4-6	18.80	63
		RS4-7	22.06	77
		RS4-8	18.75	63
		RS4A-1(A)	21.17	70
		RS4A-1(B)	21.17	70
	小計	10	243.45	826
オリア		RS8-2(A)	25.20	81
		RS8-2(B)	12.05	39
		RS8-3	33.41	117
		RS8-4	32.66	106
	小計	4	103.32	343
	合計	45	1,103.57	3,787

出典：LOMIA 土地所有者リスト（2004～2010年）から作成。

---

23) 1991年時点で、ラウヤカティでは最大75プロット、ローア・マボギニで43プロットを所有していた男性がいたが、その後相続などで分割された（農業総合研究所編 1993:42）。2013年3月現在、最大の土地所有者は、37プロット所有するラウヤカティの男性と、35プロット所有するアッパー・マボギニの男性である（LOMIA 土地所有者リストより）。

在しないが、1996年には約1万3015人（2242世帯）だった。ちなみに、コメ生産者協同組合の登録者は、1863人（女性387人：20.8％）だった（キリマンジャロ農業開発センター 1996）[24]。2012年時点の4村の人口は、約2万8000人である（チェケレニ村の人口は、2012年で約7800人である）。

アッパー・マボギニの圃場。畔区の境の植林。2013年3月

（9）　ローアモシ灌漑地区における作付体系

1987年時点では、灌漑稲作に関して、雨季作（1～6月）と乾季作（7～12月）の年2期作が計画されていた。しかし、用水不足のため当初計画されていた2期作（1100haと800haで合計1900ha）ではなく、約500haずつを季節ごとに灌漑する3期作が1988年より導入された（合計1500ha）。用水不足の原因は、ラウ川とヌジョロ川のさらに上流域のLMIS外部にも水田が広がってしまったこと（主にカロレニとマンダカ地区で約500ha）、半乾燥地のメイズ畑から造成された水田だったこと、圃場の土壌が火山灰土に由来していて想定された減水深に対して現実値がそれを大きく上回ってしまったこと、などが考えられている（国際協力事業団 1989／1991b、農業総合研究所編 1993）。その後、さらに1作期につき395haに作付面積が減少した（合計1185ha）。つまり、同一プロット内での年2期作ではなく、作期ごとに灌漑実施地区を移動するローテーション（番水制）方式がとられた。しかし、伝統的水利権を主張する上流域のアッパー・マボギニ地区では、先に用水が取得できることもあり、ずっと2期作が続けられてきた（図2.5）。2013年3月現在、中流域のローア・マボギニ地区[25]とラウヤカティ地区では、実質的に2～3年ごとの1期作となっている。

---

24) 1996年時点では、登録者に土地非所有者も含まれている。LMISがあるモシ（農村）県全体の人口は、1988年には34万2553人、2002年には40万1369人に増加した（URT 2002e、URT 2002f）。
25) ローア・マボギニでは、2期作目にメイズ栽培、3期作目にコメ栽培が良いと考えらえている。2期作目にコメ栽培をすると、3期作目にメイズ栽培することになり、それではメイズ栽培には遅すぎるからである（ローア・マボギニ現地面接調査より：2012年9月）。

図2.5 ローアモシ灌漑地区（LMIS）における作付期と作目

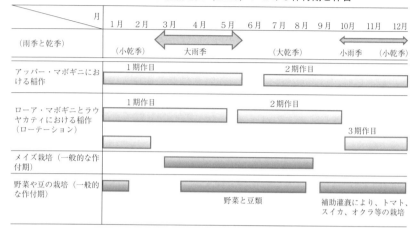

注：雨季の状況により作付期が移動することもある。
出典：2013年現地調査データから作成。2013年3月現在。

（10） ローアモシ灌漑地区における降雨量

LMISにおける降雨量は、上流域と下流域では若干異なる。LMISの上流部はモシ市に隣接しており、年間平均温度は、最高平均摂氏29.3度、最低平均摂氏16.7度である。特に5～8月にかけて、摂氏17度以下になることがあるので、穂ばらみ期にかからないように農民は田植えの時期を調整している。乾季は、大乾季（6～9月）、小乾季（12～3月）である。雨季も、大雨季（3～5月：Masika）と小雨季（10～12月：Vuli）に分かれるが、年間雨量は約500～700mmと極めて少ない。

他方で、LMISの下流に位置するチェケレニ地区では、年間降雨量がさらに少ないうえに、ラウ川から用水が配水されていないため、恒常的に水不足となっている。2013年3月現在、圃場では、メイズや豆類などを栽培していたが、メイズ栽培には最低でも年間700mm程度の降雨が必要といわれている（農業総合研究所編 1993: 9-10）。数年おきに干ばつに見舞われ、メイズ生産は不安定である。最下流のオリア地区に関しても、チェケレニ地区と同様の状態である。特にチェケレニ地区においては年ごとに雨の降り方が異なる。

（11） ローアモシ灌漑地区における土地所有者

　LMISには、約1845人の土地（灌漑稲作圃場）所有者がおり、そのうち390人（21.1％）が女性である[26]。これは、タンザニア本土の割合（19％）およびキリマンジャロ州の割合（14％）より高い。また、LMISにおける女性の土地所有面積の割合は16.8％であり、こちらもタンザニア本土の割合（12.6％）およびキリマンジャロ州の割合（11.7％）より高い（表2.2）。

表2.2　土地（農地）の男女別所有者および面積の割合

(単位：％)

	タンザニア本土 (2002/03年)		キリマンジャロ州 (2002/03年)		ローアモシ灌漑地区 (2004〜2010年)	
	男性	女性	男性	女性	男性	女性
農地所有者	81	19	86	14	78.9	21.1
農地所有面積	87.4	12.6	88.3	11.7	83.2	16.8

注：第1章表1.1も参照。本書においてローアモシ灌漑地区における土地（農地）とは、LMISの灌漑稲作圃場を指し、畑地は含めない。
出典：URT 2006:148、URT 2007b:205-207、LOMIA 土地所有者リスト（2004〜2010年）から作成。

2　調査対象地の選定理由

　LMISを調査対象地として選定した主な理由は、以下のとおりである。

（1）　土地（農地）の再配分の方法

　LMISは、灌漑施設ができる以前から農民が従前地を所有し、慣習的な土地耕作・所有権および一部に慣習的な水利権が存在していた。灌漑施設は日本政府の協力で建設されたが、プロット（耕区）の再配分は、主にローアモシ灌漑計画プロジェクト（第4章注6参照）と住民主体の土地配分委員会（Land Distribution Commitee）がおこなった。日本政府やJICA専門家は関与していない。したがって、当事者による土地再配分の方法と土地権が与えるジェンダ

---

[26] LMISにおけるLOMIA 土地所有者リスト（2004〜2010年）を、所有するプロット番号と整合させ、コンピュータ入力し直し、男女別に分類し、ブロックごとに名寄せなどをして集計した結果。ただし、同リストでは、全体の灌漑圃場の約3％の土地（村落共有地、パイロット・ファーム、所有者が確認できていない土地など）は除く。

一視点からのインパクト（男女それぞれにどのような影響が生じたのかなど）を考察することが可能であり、今後タンザニアで灌漑地区開発がおこなわれる際には同様の土地再配分が実施されると考えられることから汎用性がある。

（2） 政府の介入による開発の影響を見るための先行事例

LMISは、政府の非介入による伝統的な灌漑地区ではない。タンザニアでは今後も政府による類似の灌漑開発が推進されていくと考えられることから、LMISにおける女性の土地権に関わる社会変容を考察することには汎用性がある[27]。タンザニアにおける稲作の94％は天水依存であり、灌漑施設を伴う水田は僅か6％であるが（このうち近代的な大規模灌漑は5％で、伝統的な補助簡易灌漑が1％である）、政府は、2010年以降、毎年3万haの灌漑稲作圃場の開発を目指し、今後もその面積が増加していくと考えられるため、LMISは先行事例になる。

（3） 土地所有者リスト

LMISにおける1987年の土地再配分では、土地測量がおこなわれ、地権者が特定され、プロット（耕区）の地番が各地権者に配布された。地権者には土地所有証明書は発行されなかったが、村落評議会には土地所有者リストが存在し、LMIOには全プロットの図面も存在する。このようなデータが存在する灌漑地区は、タンザニア（およびサブサハラ・アフリカ）では極めてまれである。全てではないが、1987年から一部の土地所有者の変遷も性別に追跡できる。

（4） 近代化における農村女性の土地権の変遷

村落が所有・管轄する土地には、原則として銀行融資のための担保権がない。しかし、LMISでは村落評議会（村長が議長）の承認のもとで土地の売買がお

---

27) タンザニア政府は、「農業セクター開発プログラム」（2003年）、「国家コメ開発戦略」（2009年）を策定しコメの増産を図り、2018年には2008年の約2倍に当たる約196万トンのコメ生産を目標に掲げている。タンザニアのコメ収量はアフリカで5番目に高いが、需要に追い付かず約14％は輸入している（Kanyeka et al. 1995, MAFC 2009, Sekiya et al. 2015）。2013年現在、JICAは、「タンザニア・コメ振興支援計画プロジェクト」（TANRICE2）（2012～2018年）のみならず、「県農業開発計画（DADP）灌漑事業推進のための能力強化計画プロジェクト」（2010～2014年）も実施している（http://www.jica.go.jp/tanzania/office/activities/project/14.html：参照日2013年9月16日）。

こなわれている。これは、土地権の固有化・私有化・市場化が発生している「近代化」の過程と捉えることができ、LMISでは、このような「部分的な近代化」を先取りして、その変容過程において女性の土地権の変化への影響を考察することが可能である。

（5） 農村女性の土地権に関する選択と行動

LMISでは、「近代的」土地所有権に近づきつつあるように見られるものの、土地所有や相続に関しては、女性が制約を受けることが多い。しかし、多様な社会変容およびそれに伴う女性の主体的な土地取得の行為が発現していることから、女性が土地取得を通じて、何を「価値あると思う」ことと考え、制約をどのように解釈し、行動を選択しているのか考察することが可能である。

3　調査対象3ブロックと農家世帯の特徴

LMISは5灌漑地区から構成されているが、調査対象として選定したのは伝統的に稲作を実施していた上流域のアッパー・マボギニ地区、および1978年以

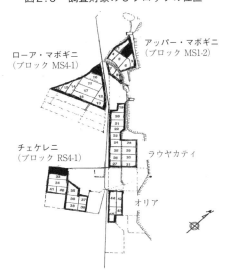

図2.6　調査対象の3ブロックの位置

表2.3　調査対象3地区の概要

特徴＼地区名	アッパー・マボギニ	ローア・マボギニ	チェケレニ
LMIS内の位置	上流（ヌジョロ川）	中流（ヌジョロ川）	下流（ラウ川）
地理的状況と土地利用形態	ヌジョロ森に近く、湧水が豊富。しかし、ヌジョロ川とラウヤカティに挟まれているので、耕地を拡大できない。プロジェクト以前は、在来耕法で田越灌漑による稲作、トマト栽培などをしていた。他の作物は作れなかった	鉄道の盛土に阻まれ、ヌジョロ川の水は来なかった。もともと畑地で、プロジェクトにより稲作が可能になった。広大な地区で拡大が可能。畑地で価値も生産性も低かったので、1人当たりの面積は、大きかった	マサイの村が西南にあり森林を開墾して、1971年に入植が始まったウジャマー村。集団農場では綿花を栽培していた。その近くに個々の圃場と住宅地が与えられ、メイズを栽培していた。入植人口が増えたので1980年代には耕地を拡大できなくなった
民族と社会	パレ人とチャガ人が多い。モシ市に近いため、市郊外の南東部に居住して通勤している農民、および兼業農家が多い。圃場を借りて耕作している人も多い	パレ人とチャガ人が多いが多部族。プロジェクトが始まって人口が増加し、新しくできた村。収入向上活動も盛んにおこなわれている。賃金労働者から、借地人になり、土地を購入する者が出てきている	チャガ人が多いが、多部族。ウジャマー村建設時に、村の中心地に学校や教会を作った。水不足で稲作ができないため、多くの農民は、LMIS内外の水田で借地人または賃金労働者として働いている
灌漑稲作	もともと田越灌漑で稲作をおこなっていた。プロジェクトにより収量が増加し、収入が2～3倍になったといわれている	もともとは畑地でメイズ栽培をしていたので稲作の経験はほとんどない。水が少なく、LMISプロジェクトにより稲作を始めた。収入が向上した	もともとは畑地でメイズを栽培していたので稲作の経験はほとんどない。プロジェクトにより、収入が向上した。しかし、まもなく用水が来なくなっている
2013年現在の耕作	2期作をしている	ローテーションで、同じ圃場で2～3年に1回、灌漑稲作をしている。メイズと交互に栽培	ローテーションで灌漑稲作をしていたが、2007年を最後に稲作はおこなっていない
水利	マボギニ頭首工から水を使いたいだけ使っている。伝統的な水利権があると考える人が多い。むしろ排水路の管理が悪いため、排水ができず、収量が上がらなくなっている	アッパー・マボギニと話し合いによって、定期的に水を配分してもらっている	水はほとんど来ない。チェケレニから見て、ラウ川上流にあたるラウヤカティに常に配水の交渉に行かないといけない。地区内においても水争いが激しい
ローアモシ水利組織（LOMIA）	用水が余っているので、水利組織は活発ではなかった。しかし、灌漑施設の維持管理が悪いため、問題が生じている。リーダーが世代交代をしている段階	水利組織は、比較的よく機能している。活動的なLOMIAリーダーとブロック・リーダーがいる	用水が来ないので水利組織は機能していない。1990年代から上流地域に対して水争いを繰り返してきた。ダイナマイトで取水口を破壊しようとした者もいる。現在人々から信頼されるリーダーがいない
自主的な活動	都市近郊で、政府の支援はほとんどない。最近、自発的に農道の補修、排水路の整備などを始めるようになった	地域の協働体制が相対的にしっかりしてる	いろいろなプロジェクト（飲料水など）が実施されたが、自律的に継続することが難しい
女性の活動	都市に近く、多様な情報にアクセスしやすい。女性は組織化されておらず、個々に生計活動をおこなっている	女性組織がいくつか形成されており、共同で土地を借りて耕作したり、収入向上活動をしている	教会とモスク関連の女性活動があるのみで、女性は組織化されていない。LMIS内外の水田で借地人および賃金労働者として働くのに忙しい

出典：2011、2012、2013年の現地面接調査データから作成。

ラウヤカティの圃場。メイズをコメと交互に栽培。2011年11月

チェケレニの圃場。用水が来ないためマサイの家畜が放牧されている。2012年8月

後に稲作圃場が配分され稲作を開始した中流域のローア・マボギニ地区および下流域のチェケレニ地区の3地区である。

アッパー・マボギニ地区とローア・マボギニ地区は、ヌジョロ川の上流とその中流にあたるため水利が豊富であるが利害関係が深く、さらに経営規模や形態が異なる。一方、チェケレニ地区は、下流にあって水の配分には不利な状況に置かれており、かつては共同農場を有するウジャマー村であったことが特徴的である（調査対象3地区の概要については、表2.3を参照）。

これら各地区の中で、女性の土地所有者数が多く、土地所有面積において女性の占める割合が高いブロックとして、アッパー・マボギニ地区からはブロック（MS1-2）、ローア・マボギニ地区からはブロック（MS4-1）、チェケレニ地区からはブロック（RS4-1）を選定して面談調査をおこなった（図2.6、ブロック番号については表2.1を参照）。

第2節　採用した調査方法

調査方法としては、農民女性および農民男性双方への個別面接を中心に実施した。家族構成や教育レベルなどの基本的情報、土地所有形態（土地所有者、借地人、賃金労働者など）、土地登録状況、土地の取得方法（相続・贈与・売買など）のほか、土地を所有することについての意識、ローアモシ水利組織（LOMIA）への関わり、家計の状況、生活環境、家族・婚姻・ジェンダー意識などについても、ひと通り尋ねているが、基本的には半構造的な面接調査であ

り（注28参照）、被面接者の関心に沿って聞き取りをおこなった（表2.4）。

さらに、補足データを入手するために、ローアモシ灌漑事務所（LMIO）のスタッフ6名に依頼して、簡易な質問票による聞き取り調査も実施した。これ

表2.4 現地調査の概要—半構造的な面接調査

調査期間と対象地	調査協力機関・内容・方法
第1次調査 2011年11～12月 ダルエスサラーム モシ市 LMIS モロゴロ ヌドゥング灌漑地区	◆農業・食料安全保障・協同組合省（MAFC）、ダルエスサラーム大学ジェンダー研究センター、ドイツ開発公社（GIZ）、JICA農業専門家（TANRICE） ◆モロゴロのソコイネ大学 ◆LMISでの面接調査：キーパーソン（8名）、農民女性（7名）、農民男性（4名） ◆土地所有者リストのデータの入手、資料収集
第2次調査 2012年8～9月 ダルエスサラーム モシ市 LMIS	◆農業・食料安全保障・協同組合省（MAFC） ◆モシ市内での面接調査（3名） ◆LMISにおける土地所有形態、生計状況、農業・灌漑組合活動への参加に関する面接調査：キーパーソン（11名）、女性農民（27名）、男性農民（14名） ◆調査票による家計調査の準備と依頼 ◆LMISにおける土地所有者リスト、雨量データの入手
第3次調査 2013年3月 ダルエスサラーム モシ市 LMIS	◆農業・食料安全保障・協同組合省（MAFC） ◆LMISの3ブロックの土地所有権の変化に関する調査（ブロック・リーダーとの面接調査） ◆調査票による土地所有、相続の調査準備
第4次調査 2014年1月 モシ市 LMIS	◆LMISにおける最終的な補足データ収集調査 ◆土地相続、土地の価値に関して、女性農民（7名）、男性農民（5名）を対象に面接調査。遺言書を作成した女性農民とその家族への聞き取り調査 ◆マボギニ村長：土地権に関する行政の役割 ◆モシ市内のNGO：女性の土地権に関する聞き取り調査

表2.5 現地調査の概要—質問票による聞き取り調査

対象地と調査期間	調査方法
ローアモシ水利組織（LOMIA）に属する全7地区 2012年9～12月	**家計と生活状況に関する聞き取り質問票調査** ローアモシ灌漑事務所（LMIO）の6名のスタッフとともに質問票を作成し、目的や内容、調査手法の理解を図るための会合を3回開催。その後、スタッフに調査を依頼し、合計360名の農民男女（土地所有者、借地人、賃金労働者）に対する質問票を使用した聞き取り調査を実施。主に生活状況に関する調査
ローアモシ灌漑地区（LMIS）の上流、中流、下流地区の3ブロック 2013年4～7月	**土地権に関する質問票調査** LMIOの6名のスタッフと質問票を作成し、目的や内容、調査手法の理解を図るための会合を2回開催。その後、スタッフに調査を依頼し、合計211名の農民男女（土地所有者）（女性111名、男性100名）に対し、質問票による聞取り調査を実施。3ブロックの278名の全数調査を試みたが（女性122名、男性156名）、実際には211名となった（表5.6を参照のこと）。主に土地所有および相続権の状況に関する調査。全数調査を目指したが、多忙な農民や村外に居住している農民などがおり欠損値が生じた

は2回に分けておこなわれ、第1回目は家計と生活状況に関する調査（ここではLMIS全7地区を調査対象とした）、第2回目は土地権を中心とする調査となった。第1回目は、農閑期だったため比較的容易に面接者に時間を割いてもらうことができた。しかし、第2回目は、農繁期に重なったため、LMIOのスタッフは、面接者を探すのに苦労した（表2.5）。

1 面接手法による調査——半構造的な面接調査

面接手法による調査は、第1次調査から第4次調査までおこなわれた。全体を通じて実施された内容は次のとおりである。土地権に関わる実態調査。農民男女が何を「価値あること」と考えているのか、主観的な意味付けを明確にするための問題発見的調査。および半構造的な面接調査である[28]。農業を営んでいる男女は多忙で十分な時間を割くことができないため、一定の調査項目を設定したうえで聞き取り調査もおこなった。

2 質問票による聞き取り調査

質問票による聞き取り調査では、「家計・生活状況に関する調査」と「土地権に関する調査」の2種類を実施した。前者については、全農民のリストの入手は不可能だったため、ランダム・サンプル調査（無作為抽出法による調査）を採用することはできなかったが、LOMIA全7地区を対象に、土地所有者のみならず、借地人、賃金労働者も複数加えて、質問票による聞き取り調査をおこなった。聞き取り調査は、LMIOスタッフがブロック・リーダーに依頼してブロック会合を開催してもらい、そこに参加した農民男女を対象にその場で質問票を配布しおこなわれた。さらに、別途戸別訪問による聞き取り調査も実施した。これらの調査により、土地所有者、借地人、賃金労働者の生活状況の違

---

[28] 半構造的な面接調査というのは、あらかじめ質問項目を決めてはいるものの、話題の展開にあわせて新たな質問を加えたり、発問の順序にこだわることなく質問する方法である。回答の仕方は、個々の回答者に任されている。しかしどの回答者にも同じ内容の質問をしているため、回答もある程度構造化されたものとなり、あとのデータ分析がおこないやすくなる（谷・芦田編 2010）。

いなどを把握することができた。

　後者の「土地権に関する調査」については、LMIOスタッフに依頼して、アッパー・マボギニ地区（ブロックMS1-2）、ローア・マボギニ地区（ブロックMS4-1）、チェケレニ地区（ブロックRS4-1）のみを対象に土地所有者に対する全数調査をおこなった。しかし、4～5月は田植えで多忙な農民が多く、さらに村外・州外に居住している農民へのコンタクトが難しかったこともあり、約23％の欠側値が生じた。

3　調査の限界と信憑性

　本書で使用したデータおよび情報の収集方法と、それらが持つ限界および有効性については次のようになる。

（1）　土地所有者リスト（1987年）

　LMIS土地所有者リストで言うところの「土地（農地）」というのは、LMIS内の「灌漑稲作圃場」（水田）を意味し、それ以外の畑地や宅地、林地、放牧地などは含まれない。本書で使用したアッパー・マボギニ地区（MS1-2）およびチェケレニ地区（RS4-1）の1987年時点の土地所有者リストは、1987年に灌漑施設の建設や圃場の整備が終了した時点で、当時ローアモシ灌漑計画プロジェクトから各地区・各ブロックに対して送付された土地再配分リストを基に、筆者が独自に集計したものである。これは、モシ市内のLMIOの書架に26年間保管されていた当時の書類（土地所有者リストや土地配分の手紙など）を探し出したもので貴重なデータである。

　その後、LMIS全てのブロックの土地所有者をコンピューター入力し、集計を試みた。ローアモシ水利組織（LOMIA）の各地区の事務所から入手したデータとあわせて、約1800名以上にのぼる所有者リストの集計には4カ月以上を要した。1987年当時の資料について、当時関与していた日本のコンサルタント会社にも問い合わせたが、資料はすでに破棄されていた。JICA図書館にも保管されていなかったので、当時の土地再配分の資料はモシ市内のLMIOの書架にのみ存在していたことになる。

しかし、この土地所有者リスト（1987年）の資料には欠損値が多かったため、2ブロックのみの集計にとどめた。すなわち、幸運にもアッパー・マボギニ地区（MS 1-2）およびチェケレニ地区（RS 4-1）に関してはほぼ完全なリストを探すことができたため、これらについては全て使用し、欠損値の多いローア・マボギニ地区（MS 4-1）に関しては、全ての所有者とプロットを確認できなかったため、部分的使用にとどめた。

（2） ローアモシ水利組織（LOMIA）の土地所有者リスト（2004〜2010年）

ローアモシ水利組織（LOMIA）は、LMISにおいて灌漑稲作をおこなう農家世帯から、作付期ごとに、水利費と灌漑施設管理費を徴収する。そのもとになっているのが、ブロックごとの土地所有者リストである。これは、上記の1987年に作成された土地台帳を基に作成されたものであり、LOMIAの各地区の事務所で保管されている。2011年11月の調査時に、LMIS内のブロックごとの全所有者リスト（およびプロット番号）をハードコピーで入手することができたので、データ入力やブロックごとの名寄せ、性別集計などをおこない、分析に使用できる形式に作成した。

入手できたブロックごとの土地所有者リストは、一部は2004年のリストであり、一部は2008年および2010年のリストである。現地調査をおこなった2012年時点では、これらがLOMIAにとっては最新のリストだった。ただし、リストによっては必ずしも全プロットの所有者名が記載されていたわけではなかったため、全体の約3％の土地所有者名が欠損している。また、リストは、常に最新の所有者名に更新されていたわけでもない。例えば、2008年と記されたリストであっても、所有者はすでにそれ以前に亡くなっており、所有者名が更新できてないというケースがある。したがって、2004〜2010年の所有者リストについては、このような時間の幅が内包されていることに留意しつつデータとして使用したことを付記しておく。

（3） ローアモシ水利組織の土地所有者リスト（2013年）

アッパー・マボギニ地区（ブロックMS 1-2）、ローア・マボギニ地区（ブロックMS 4-1）、チェケレニ地区（ブロックRS 4-1）の3ブロックについ

ては、各ブロック・リーダーに依頼して、最新の土地所有者リストに作成し直してもらった。不明な土地所有者については、携帯電話や戸別訪問などで確認してもらった。さらに、この３ブロックに対する全数調査をLMIOのスタッフに依頼して実施し、その結果を合体させ、2013年３月に再度、各ブロック・リーダーにデータの確認を依頼した。その後、LMIOのスタッフが確認作業を継続した。したがって、この３ブロックの2013年の土地所有者リストについては、2013年８月時点での最新のものになっており信憑性は高いと考えられる。

（４）　土地所有者リストの性別の識別
　村落評議会が保管している初期の土地再配分リストおよびLOMIA土地所有者リストには、性別が全く記されていなかった。そのため、LMIO職員、キリマンジャロ農業研修センター（KATC）ジェンダー担当官、KATC職員である東京農業大学大学院留学生などに依頼し、数回にわたり、タンザニアおよび東京において筆者も同席し相互にチェックしながら、姓名から判断して性別の識別作業をおこなった。

（５）　面接手法による調査—半構造的な面接調査の方法
　農民男女およびキーパーソン（調査協力者）への聞き取り調査は、KATCに長年勤務し、地域の状況にも精通している先のジェンダー担当官（女性）と同じく先のLMIO職員（男性）による通訳を介してスワヒリ語でおこなわれた。聞き取り内容は、その場で英語もしくは日本語で記録を取り、その後面談票として書き起こしてデータ化した。したがって、通訳による独自の解釈の幅、および筆者の言語理解の限界という制約を受けていることは否めない（ただし、中央および地方政府関係者、大学などの研究者に対しては英語で面談した）。

（６）　実務者としての研究者の立ち位置と課題
　筆者は調査時JICA国際協力専門員として勤務していたため[29]、今回の調査では、回答者から国際協力機関の関係者という目で見られ、いわゆる「援助の

---

[29] 現地調査ではJICAに便宜を図ってもらった部分はあるが、調査費用はJICAではなく全て文部科学省科研費の活用と自己負担で実施した。

恩恵」を期待された側面があったことは否めない。調査はあくまで学術研究のためであることを説明したが、それがまた、回答者に新たな期待を抱かせた可能性もある。調査者（援助の実務者であり研究者でもある）と村人との意識の差を埋めることは難しいことであり、かつフィールドワークをしていれば必ず何らかのインパクトや期待が生じてしまう。本調査では、できる限り調査者の意見や見解が、回答者の考えや答えに影響を与えないよう配慮することに努めた。とはいえ、面接調査という行為自体が、援助の実務と研究との分離できない一連の行為である。したがって、援助する側とされる側の非対称的な力関係が重層的に存在するなど、そこにバイアスがあることは否定できない（谷・芦田編 2010:77、小國 2011:128）。

　本調査は参加型手法の研究を意図したものではなかったが、今回の調査結果をもとに今後も実務と研究の両方に関わり、それらの成果を、実際の現場で生活する地元の人々にフィードバックしていきたいと考えている。

（7）　匿名性の確保
　調査対象の地名はそのまま表記したが、調査対象者の名前に関しては、匿名性を確保するためにアルファベットで記号化した。

第 3 章

タンザニアにおける土地権をめぐる研究の動向

キリマンジャロ州サメ県ヌドゥング灌漑地区の女性農民。自分たちで工夫して作った正条植えのための道具。ヌドゥング灌漑地区は日本の協力で1989年に竣工し、1990年にはムウィニ大統領のもと開会式がおこなわれた。2009年に水利組織ができた。面積は約680ha。メンバーは約1200〜1500人で女性は約30％。副議長と会計役は女性で、ブロック・リーダーにも女性がいる。モロゴロ州や国境を越えてケニアなどと交易している女性トレーダー（仲買人）も出現している。2011年11月

本章ではタンザニアにおける土地制度および土地権に関する研究の流れとともに、女性と土地制度の関係についてこれまでどのような研究がおこなわれ、どのようなことがわかっているのか、まだわかっていない課題は何か、について分析する。

第1節　土地権をめぐる研究の動向

サブサハラ・アフリカ地域では、多くの国が1960年代、植民地政府から独立した。その後、植民地時代に白人居住地にされた農地を回復し、村人の再定住化や農業生産性の向上を図り、土地法の改正などが各国の政府により進めてられてきた。しかし、土地改革が政策の重要課題として注目されるようになったのは、1980年代になってからであり、それに伴い土地権の固有化や私有化を促進する近代的土地法の導入の検討が開始された。

1　土地権の進化論とその批判

1980年代から2000年初期を通じておこなわれてきたサブサハラ・アフリカの土地制度に関する研究には、「土地権の進化論」(evolutionary theory of land rights) を援用したものが多い（Platteau 1996）。土地権の進化論は、新古典派経済学が開発途上国の土地制度の分析枠組みとして使用してきた理論である。それは、人口圧力の増加と土地の希少化、および市場統合に伴い、土地権の固有化（individualization）が起こり、財産権の私有化（privatization）の確立に導かれるとするものである。私有財産権の確立が進むと、徴税など政府の介入が起こり、土地制度が整備されていく（formalization）。同時に慣習的な土地耕作・所有権は、市場の力により、自然に便益の高い方向に向かい効率的に進化していく。ただし、私的所有権が確立するまで、政府の介入は必要であり、それは正当化される。この理論は世界銀行（世銀）や国際通貨基金（IMF）により支持され、ウガンダ、ケニア、ジンバブエ、コートジボワール、マラウイなどでは、土地権の進化論に基づき、私的所有権の取得による土地登記制度を積極的に促進する施策が導入された（Platteau 1996、吉田 1999:4-5）[1]。

しかし、この理論に対してはいくつかの批判がある。

第1の批判は、土地権の進化論が市場原理に基づく進化過程を想定していることに関わる。つまり、土地権の進化論によれば、土地私有化に伴い土地登記が進むと、土地は大規模農家によって市場で売買されるようになり、慣習法のもとで進行してきた均分相続などによる土地の細分化が停止する。慣習法のもとでの不確実な所有制度が廃止されるため、短期的ではない、より効率的な作目の選択ができ、土地所有者の投資意欲が高まる。また土地市場が形成されフリーホールド（自由保有権）になると、農村の金融市場（融資）が形成される。土地所有権が確立し、法的に土地権が保護され、自由な土地売買が可能になると、土地の担保（抵当）価値が生じ、銀行融資が増加し、農業生産・投資も高まる。土地権の進化論ではこのような主張が展開される。

ところが、この理論を採用したケニアをはじめとするサブサハラ・アフリカ諸国では、現実にはそのような単線的な進化過程は起きなかった（Platteau 1996:36）。ケニアでは、土地権の固有化・私有化を進めようとして、逆に社会問題が生じた。特に女性や遊牧民、少数民族、小規模農家などの、慣習的な土地耕作・所有権を有していた者たちが、有力者や都市エリートに土地を奪われ社会が混乱した（Platteau 1996:40-41）。さらに、制定法が導入されても、実際に効力を発揮するのは地域の慣習法や伝統的制度のほうであり、社会的認知がなされないような制定法は形骸化した。

第2の批判は、土地需要を十分に喚起できない段階では、土地権の固有化・私有化は起こらず、地権の確定（titling）や土地登記のインセンティブは働かない、というものである。土地を購入しようとしても、土地測量、地権の確定、土地登記などにかかる費用は、国家負担ではなく個人負担となるため時間とコストがかかる。慣習的な土地耕作・所有権が残存しているために私的所有権が確立せず、異なる複数の土地所有者が土地の権利を主張し、二重・三重の取引になることもある[2]。農村の土地には、往々にして多様かつ重層的な権利が存在しており[3]、土地を購入しても慣習や文化的要因により使用・売買には社会

---

[1] Platteauは、積極的に土地登記を目指してきた国として、ウガンダ、ケニア、ジンバブエをあげているが、吉田は、ケニア、コートジボワール、マラウイをあげている（Platteau 1996、吉田 1999:4-5）。

的リスクが伴うため、安心して土地を購入できない。社会的リスクを含めると土地購入にかかる総コストが高くなるため、土地市場は発展しない（Platteau 1996:49-50）。農村の人々にとって、土地は先祖や自己アイデンティティにつながるため、特に外部者が土地を購入した場合には反発や紛争が起き、社会的リスクがさらに高まる（Platteau 1996:51）。このような事例としては、ケニア独立前に起きたマウマウの蜂起（1950〜60年。白人入植者により土地が収奪されたことへの反発から紛争が起き数10万人の死者が出た）[4]、ジンバブエの独立戦争（1965〜79年）、コートジボワール南西部森林地域における排斥運動（1980年以降）などがある（勝俣 2013:44-51）。

　第3の批判は、土地権の進化論はアフリカの土地が伝統的には全て共有地であり、進化過程により共有地から固有地に移行すると仮定しているが、実際には個人あるいは世帯がすでに特定の耕作地を所有していたところもあり、史実に反するというものである（Platteau 1996）。また、アフリカにおいては土地を私有化しなくても、つまり共有権・共有地の制度の中でも、個人所有が可能だったところがある。これは特に社会主義政策をとったタンザニアのような国の場合に当てはまる。タンザニアにおいては、原則的には占有権（rights of occupancy）しか認められていない場合でも、土地の売買や相続がおこなわれ、私有化とほぼ変わらない状態がすでに生じている。そのことを土地権の進化論は見過ごしているという批判もある。

---

2) 土地紛争は役人によりもたらされており、土地配分権を付与された新しい責任者が、複数の者に同一地片を配分（double allocation）することが多く、配分を受けた者がお互いに譲らず、裁判で争う事例が起きている（URT 1994:27-28, 吉田 1999:17）。
3) アフリカにおいて、一地片には多様かつ重層的な権利が存在している。例えば、ルワンダでは、作目選択権利、埋葬される権利、家畜の放牧権利、薪採取権利、土地の賃貸・売却・贈与・遺贈・抵当・登記などの権利の行使者は多様である。伝統的には王の土地に土地所有者がおり、またパトロン・クライアント関係にある小作がおり、政治経済制度の変化過程においては伝統的クライアントと政治的クライアントが出現し、のちに王政から共和制に移行はしたが司法制度の整備・実施が追い付かず、慣習法裁判所においても土地所有者の確定において困難な状況が出現している（武内 2001:35-37）。
4) 本書「はじめに」の注3を参照。

2 タンザニアにおける土地権の進化論の展開

　タンザニアにおける土地制度および土地権に関しては、タンザニアにおける「土地権の進化論」の有効性の研究（URT 1994、Benjaminsen & Lund 2003、Odgaard 2003）のほか、土地利用形態と農業生産に関わる研究（細見ほか 1996、近藤 2011）、ウジャマー政策による農民への土地の再配分と再定住に関する研究（Hyden 1980、Sitari 1983、Collier, Radwan & Wangwe 1990）、慣習法・土地法の構造や変遷に関する研究（青山編 1963、吉田 1997／1999、雨宮 2003、Amemiya 2009）、などがある。

　タンザニアで土地権の進化論が政策面から研究され、その是非が検討されたのは、第2代大統領ムウィニにより土地問題調査委員会が1991年に設置され、ダルエスサラーム大学法学部イッサ・シブジ教授が同委員会の委員長に任命された時である。この報告書（通称「シブジ報告書」）（URT 1994）[5]では、土地権の進化論の是非が激しく議論された。委員会は、周辺のケニア、ウガンダ、ザンビアなどにおける同理論に基づく土地制度改革を独自に調査し、それらが機能していないことが判明したため、タンザニアにおいては同理論を採用するべきではないと結論付けた（URT 1994:255）。その結果、シブジ報告書の影響を受けて制定された土地法（1999年）および村土地法（1999年）においては、全ての土地は国家に帰属し（radical titling）、原則的に人々および村落には占有権（rights of occupancy）のみが付与されることとなった。同時に、村落の土地所有権には慣習法（イスラム法も含む）を適用し、また都市や特定の投資促進地、保護区などの土地所有権には近代的な制定法を適用するという多元的構造を採用して現在に至っている。

　たしかに、土地権の進化論に基づき土地の私有化および土地登記を進めようとした国々では、政治経済的要因や慣習法、地域の文化に阻まれ、土地制度の近代化を進めることは困難だった。一方、制定法と慣習法が併存しているタンザニアの場合は、土地制度に関わる多様な問題を地域社会で解決しようとして

5）吉田 1999:16-17も参照のこと。

も、制定法と慣習法の矛盾が生じ、地域の民事裁判所の能力や機能も十分でないために、法が有効に執行されていない（Tsikata 2001）。また、自由主義経済（市場の自由化）の進展に伴い、政府は近代的な制定法を整備していかざるを得ない局面にもある。そうなると、政府による国土所有権の濫用、大規模な土地取り上げ、腐敗、不透明性が増長されることもある（Tsikata 2001）。市場の自由化を徹底する土地権の進化論のもとで制定法の採用を進めていくのか、あるいは地域の文化伝統を尊重した慣習法が「近代化」していくのを待つのか[6]、

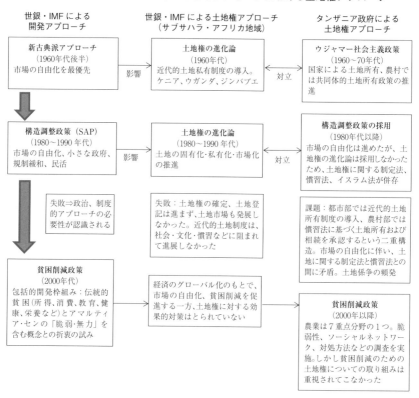

図3.1 サブサハラ・アフリカおよびタンザニアにおける土地権アプローチ

---

6) シブジ教授は土地とジェンダー関連で最も重要なのは、伝統の上に加える近代化はなく、伝統そのものの近代化であるとしている。しかし、ジェンダー研究者からは、一体いつまで待てばよいのかと批判されている（Tsikata 2001:10）。

見解は二分されているが、後述するように、いずれの立場もタンザニアの複数の女性組織からなるジェンダー土地作業部会（Gender Land Task Force: GLTF）からは批判されている（Tsikata 2001）。しかし、同部会においても、有効な解決の道筋を示せる状況にはいまだ至っていない（世銀・IMFとタンザニア政府の土地政策の関係については図3.1を参照）。

土地制度に関する研究は、土地権の進化論を採用したケニア、ウガンダ、ジンバブエなどにおいては実証的データが得られやすいため、諸々の事例研究がおこなわれてきた。しかし、土地権の固有化・私有化・登記化を積極的に進めてこなかった国においては、研究の蓄積が少なく、タンザニアも含め土地所有に関する実証的研究成果やデータは極めて少ない。

第2節　農村女性と土地権に関する研究の動向

1　アガルワルによる農村女性と土地権の研究

開発途上国における女性と土地制度研究の先駆者は、インドの経済学者ビーナ・アガルワルである。アガルワルは、その著名な著書『自分の土地—南アジアにおけるジェンダーと土地権』（Agarwal 1994a）において、階級、エスニシティ、カースト、言語、コミュニティ、宗教などによる社会階層格差にジェンダー格差が交差しており、農村におけるジェンダー不平等の要因が土地所有制度にあるとした。また、インドを中心に南アジアにおける膨大な先行研究の分析をおこない、女性の経済・経済・政治的な従属状態を土地権との関連から考察した。そして、女性が土地権を獲得することは世帯内および地域社会において女性を従属的な立場から解放し、ジェンダー平等の確立に不可欠であることを証明しようとした。「自分の土地」は女性の農業へのイニシアティブと関与に大きな影響を及ぼす。アガルワルは、特にインド北西部でのフィールドワークを通じて、土地所有の有無によって農業生産に差異が生じ、それが村内の社会的地位と政治的な権力を位置付け、世帯内外のジェンダー関係性を規定することを立証しようとしたのである。

例えば、インド北西部では実家の息子が土地相続をおこない、息子の姉妹

(つまり女性)が離婚し実家に戻ると、その女性は兄弟の土地で賃金労働者として働かされる。同様に女性が寡婦になると、夫の土地に対する相続権はなく、夫の兄弟に土地や財産を奪われ、賃金労働者や物乞いになることもある。つまり、女性の地位および土地の使用・所有は、婚姻制度および家族との関係性を通じて規定されるというわけである。アガルワルはまた、インド社会の父系制社会と母系制社会を比較軸とし、土地所有や相続慣行の多様な要因およびジェンダー視点からの分析を通じ、エンゲルスが『家族・私有財産・国家の起源』(エンゲルス 1991) で唱えた、母系制社会を原始的と捉える単線的進化論に実証的批判を加えた。さらに政策応用の観点からは、開発途上国政府や国際協力機関が女性の不平等への対策として労働と雇用に高い関心を払ってきた反面、女性の土地権については無視してきたことが、開発途上国の農村女性の生活を不安定なものにしているとして批判した (Agarwal 1994a)。

アガルワルの研究は、アジアのみならずアフリカにおいても、ジェンダー平等論研究者や国際協力機関の実務者に多大なインパクトを与え、新たな研究領域と国際開発課題を創成した。サブサハラ・アフリカにおいては土地制度と農村女性の生活に関して、1990年代後半から多様な事例研究がおこなわれているが、これらの研究は全てアガルワルの研究成果の上に蓄積されてきたものである (Izumi 1999、杉山 2001、Yngstrom 2002、Tripp 2004、Englert & Daley 2008、Mama & Amanor-Wilks 2009)。

他方、女性と土地の関係については、土地所有権だけでなく、社会関係と社会変容の関わりにおける女性の主観性 (subjectivity) にも焦点をあてながら、歴史的視点に立つ民族誌的手法によって分析されるべきだという批判もある (Jackson 2003、Rao 2011)。したがって、本書では、アガルワルの研究成果を踏まえつつ、社会関係と社会変容の関わりにおける女性の主観性にも光をあて、女性が土地所有に関して何を「価値あること」として認識しているのかについても実証的な考察を試みた。

2　タンザニアにおける農村女性の土地権に関する研究

タンザニアにおける女性の土地権および相続権についての研究は、(1) 実

践的研究者を中心とする土地制度改革の政策論研究、（2）アガワルの議論に基づく父系制社会・母系制社会の社会変容と土地制度についての人類学的研究、（3）土地権の進化論に関するジェンダー視座からの批判的研究、の3つに類型化できる。以下にそれぞれの既往研究を概観する。

（1） 実践的研究者を中心とする土地制度改革の政策論研究

まず、実践的研究者による研究および政策議論について考察する。タンザニアにおいては、土地権の進化論の採用の是非は、土地権の帰属（国家あるいは国民に帰属）、土地所有の多元的構造（慣習権の認可の是非）、相続権（相続と婚姻法を含む民法との整合性）、司法制度（法の執行制度）などの観点から研究・議論されてきた。

前述のシブジ報告書（URT 1994）は、必ずしも政府に全面的に受け入れられたわけではない。シブジ報告書が公開された翌年の1995年に、政府の国家土地政策（National Land Policy）が公表されると、その内容に異議を申し立てるために、シブジ教授を先頭とし、土地権研究資源研究所（Land Rights Research and Resources Institute）の研究者と市民社会が連帯し、全国土地フォーラム（National Land Forum）が形成された（1997年5月）。同時にジェンダーの視点からも土地問題に対応するべきであるという認識が高まり、ジェンダー研究者および8つの女性団体から構成されるジェンダー土地作業部会（GLTF）が結成された[7]。のちに、この2つの組織は土地連合（Land Coalition）として統合されたが、見解の相違が生じ再び分離した（Tsikata 2001）。

国家による土地の収奪や不透明性・非効率性を理由に、全国土地フォーラムもジェンダー土地作業部会も、土地所有権は国家ではなく国民に帰属すべきであるという、土地権の進化論が唱える自由主義路線を支持した。また、ジェンダーの視点に立つと、土地が国家に帰属する場合、国家が土地を収用・配分する際の正当性だけでなく、その執行制度・メカニズムにおけるジェンダー平等

---

[7] 8つの女性団体は以下のとおりである。TAWLA（Tanzania Women Lawyers Association），TGNP（Tanzania Gender Networking Programme），TAMWA（Tanzania Media Women's Association），NOC（National Organization for Children），NOCHU（Welfare and Human Relief），TAHEA（Tanzania Home Economics Association），WAT（Women Advancement Trust），WLAC（Women's Legal Aid Centre）（Tsikata 2001:14）。

の是非を問うことも重要なテーマとなった。なぜなら、ウジャマー政策をはじめとする、国家によるこれまでの土地政策は、女性に対してつねにマイナスの影響を与え続けてきたと考えられたからである（Tsikata 2001）。

ただし、全国土地フォーラムとジェンダー土地作業部会は、慣習法の適用において見解を異にする。全国土地フォーラムは、婚姻後に自費あるいは独自に取得した土地（self-acquired land）、および家族の土地（family land）に関しては、ジェンダー土地作業部会と同様に、女性個人名義あるいは男女共同名義にすることを支持した[8]。しかし、村落およびクラン（氏族）による土地所有に

表3.1　タンザニアの農村における土地制度に関する見解

	タンザニア政府 (国家土地政策1995および 土地法・村土地法1999)	全国土地フォーラム (研究者・市民など)	ジェンダー土地作業部会 (GLTF)
土地権	国家に帰属	国民が所有。国家による収奪・腐敗に反対	国民が所有
土地権に関する法律	都市部には制定法、農村部には慣習法の継続を認める	制定法はトップダウンであるという見解に基づき慣習法のもとでの進歩を期待	女性に差別的な慣習法を廃止し、制定法の採用をするべき
女性の土地権	女性にも政府による土地配分および売買による土地の入手を認める。しかしクラン土地の相続は慣習法と伝統により決定される	女性にも男性と平等の権利を付与すべき。しかし地域の慣習法や伝統を尊重すべき	女性にも男性と平等の権利を付与すべき
土地名義の登記	個人名義（男・女）と男女共同名義	個人名義（男・女）と男女共同名義	個人名義（男・女）と男女共同名義
村落における法の執行組織	村落評議会、村落土地委員会	村落議会（18歳以上の村人全員が参加）	村落評議会に賛同するが、村落評議会・村落議会が慣習法を保護する点に関しては懐疑的
女性の割合	男女同数の村落評議会委員	男女同数の村落議会の委員	男女同数の村落評議会委員

注：タンザニア政府の見解は、国家土地政策1995、土地法1999、村土地法1999を参照。
出典：URT 1994、Tsikata 2001、URT 1997:Section4.2.5から作成。

---

8) 相続に関する慣習法を成文化しようとする試みもある。それは、1963年の地域慣習法令の、父系制社会における無遺言による相続の条項に見られる。この条項では、独自に入手した土地（self-acquired land）、家族の土地（family land）、クラン（氏族）の土地（clan land）を区別しており、少なくとも独自に入手した土地については、長子相続を適用し、長男が3分の1を相続、娘は10分の1から20分の1を相続できるとした。この場合、家族の土地については、先祖代々の土地なので、娘は相続できない。息子がいない場合は娘が生涯にわたり相続できるが、それは営農権があるのみで、売買したり遺贈したりはできない。同様のことがクランの土地にも適用される。イスラム法においては、いくらかは女性にいくことになっているが、実際には実行されていない（Tsikata 2001:11）。

ついても認め、特にクランの土地所有・相続は慣習法に基づいて、住民の意思代表である村落議会（village assembly）により審議・決定されるべきであるとした。したがって、全国土地フォーラム、すなわちシブジ教授が考える国民の土地所有権とは、近代的な制定法に基づく排他的私的土地所有権ではない[9]。同フォーラムは、土地権について、「住民に最も近いところにある」と考えられる地域の民事裁判所において、慣習法に基づいて決定すべきとしている。また、政府によるトップダウンの強制的な制定法の施行に反対し、住民自らが意思決定する民主的なプロセスを醸成することがタンザニアの現実に即しているともしている（なお、タンザニアの場合、慣習法による土地所有のもとでは、土地を担保に銀行融資を受けることは原則的にはできない[10]）。

これに対してジェンダー土地作業部会は、慣習法そのものが、女性が土地権を確保する際の弊害になっているとしてこれを批判した。慣習法は、女性に土地所有権を認めず、相続権も限定してきた。また、村落議会、村落評議会（Village council）、民事裁判官のほとんどは男性により占められてきた。そのような場に意思決定が委任されると、女性に平等の権利を保障するより、村落の伝統や慣習法を保持・存続することのほうが優先されることになる。村落議会は、往々にして前者よりも後者のほうが重要であると判断する。女性にはクランの土地の相続は認めないというのが慣習法だからである。したがって、ジェンダー土地作業部会は、慣習法を廃止し、近代的で一元的、画一的な制定法の導入を支持した。

しかし、前述の進化論批判に見られるように、サブサハラ・アフリカにおける制定法の導入は実際には困難が大きく、これを導入すると、逆に女性にマイナスの影響が出るとも批判されてきた。ジェンダー土地作業部会は、全国土地フォーラムの主張のように「慣習法が進歩していく長いプロセス」を辛抱強く待つことには反対だが[11]、それに代わる効果的な選択肢を提示することができ

---

9) 排他的私的土地所有権とは、近代的制定法に基づき、個人あるいは法人などが、売買権、抵当権、質権、賃貸権、地上権などを有する権利のこと。同時に地租税責任も伴う。しかし、先進国では、最近、絶対的、排他的、近代的、私的所有権を抑制し、所有権の社会的性格を強調する傾向が現れている（水野・重冨編 1997:145）。
10) タンザニアの場合、慣習法による土地所有のもとでは、土地を担保にした銀行融資を受けることはできないので、ビジネスを拡張したい場合は自己資金、インフォーマル金融などを利用することになる（上田 2001:347）。

ず、ジレンマに陥っている（3者の見解の相違については、**表3.1**を参照）。

（2） 社会変容と土地制度についての人類学的研究

　タンザニアにおける土地制度分析の手法としては、人類学的研究もおこなわれてきた。父系制社会・母系制社会のそれぞれについて、社会変容と土地制度との関係を明らかにする事例研究である。特に、1994年以降の研究は、アガルワルの影響を受けており、土地所有制度、農業生産、農村社会変容との関連を調査したものが見られる（Omari 1992、Odgaard 1997、Rugumamu 1997、Manji 1998&2002、Upperman 2000、Tsikata 2001）。また、実践的研究としては、ジェンダー土地作業部会のメンバー団体であるタンザニア・ジェンダー・ネットワーキング・プログラム（TGNP）およびタンザニア女性法律家協会（TAWLA)[12]が中心となり、農村女性に対する啓発活動の成果を公表している（Mascarenhas 2007）。特にTAWLAは、農村地域に法律の専門家を派遣し、女性が遭遇する土地所有・相続などに関する問題解決のための支援もしている（ただし、予算や人材が不十分なため、活動対象地域は限定的である）。

　研究内容を見ると、父系制社会と母系制社会のそれぞれの地域においてどのように土地が相続され、その中で女性は土地をどのように使用・管理・所有しているのか、社会変容に伴い所有形態がどのように変化し、女性はその変化にどのように対応しようとしているのか、といった観点からの比較事例研究が多い。人類学的研究は、タンザニア社会には多数のエスニック集団（部族)[13]が

---

11) Tsikataは、「このような一見民主的に見えるボトムアップ・アプローチは、慣習法が進化していくと考えているが、多くのジェンダー平等主義者には、耐え難いものである。多くの女性法律家は、女性の権利について、制定法の介入が重要だと考えている。TGNP〔タンザニア・ジェンダー・ネットワーキング・プログラム〕は、そのような慣習法が進化していくプロセスは時間がかかりすぎると考える。革新的な法律を採択すれば、啓発の根拠として使うことができる。コミュニティレベルにおいても、何が悪なのか、法律に照らして挑戦することができる。法律を社会正義のために使用することについては議論が分かれるが、司法改革が問題となる時に、法律改正をすることに何の問題があるのだろうか。もしコミュニティの権利が司法によって守られるのであれば、女性をはじめコミュニティにいる社会グループの権利を守ってはどうか。シブジが言うように、司法プロセスはトップダウンではいけないのではないのか」と述べている（Tsikata 2001:28）。
12) Tanzania Women Lawyers Association (TAWLA) and Gender Land Task Force (2012), Mwanamke na Ardhi (Women and Land) (http://www.youtube.com/watch?v=LXyi2i59T84&feature=youtu.be：参照日2013年4月28日）。
13) タンザニアのエスニック集団は、約130存在するといわれている。

存在しており、その集団ごとに土地の所有・相続形態が異なるため、事例研究の積み重ねを通じた帰納的分析が必要だと主張する（Englert 2008）。

タンザニア社会の約80％は父系制社会であり相続は男系が相続する。一方、約20％を占める母系制社会であっても、土地は男性の母方の兄弟、姉妹の息子が相続する（URT 1994:249、Englert & Daley 2008:85）。一般に、父系制社会においては、土地および財産は概して男性の世帯主が所有・管理・相続するため、女性は妻・母としてその役割を果たす限りでしか、土地を利用できない。いったん離婚・死別すると、保護・管理の対象から外れ、土地使用権を剥奪される。一方、母系制社会のほうは一般的に、女性から女性に土地・財産が引き継がれていくので、女性の地位や権利が保障されると考えられがちである[14]。しかし、タンザニアにおける事例研究のいくつかを概観すると、実情は以下のように分類することができる。①父系制社会の影響が強く残っており、女性の土地所有権が認められていない事例、②父系制社会でも変化が起きており、女性が土地を利用できるようになりつつある事例、③母系制社会であるが父系制社会のようになり女性が除外されつつある事例、④母系制社会であるが双系制社会のようになりつつある事例。その具体的な内容は以下のとおりである。

①のケースとして、北東部ルショト県ウサンバラ山地のパレ人、サンバー人が多い社会の研究がある。同地域では、父系相続がおこなわれているため、女性には土地所有権がない。人口密度が高い山岳地域で、メイズ栽培が中心におこなわれている。水管理は農業生産に不可欠であり、7つの村が所属する水利組織を作り、女性は昼間、男性は夜間に水を使用するなどの規則がある。水利組織に入るためには、土地所有者であることが条件となっているが、女性は土地所有権、相続権を持たないためこれに所属することができず、水利組織の意思決定に参加できていない（Ngware 2008）。

②のケースとして、南部の高地イリンガ地域に住むへへ人の父系制社会の研

---

[14] Rao は、アジアにおける女性の用益権と土地制度ついての論文で、南アジア（インド、ネパール、パキスタンなど）は、基本的に父系制社会であり、インド相続法（1994年）が改正されたあとも、親族関係や将来の社会関係を考慮して、女性・寡婦は土地権を要求・所有できていないという。他方で、母系制社会、双系制社会が残るインドネシアでは、土地相続は男女平等であり、伝統的な稲作は女性の仕事だったので、水田の所有率は女性のほうが高い。しかし、高収量品種の導入により現金収入が増加すると、土地（灌漑稲作圃場）は息子に相続させ、娘には生前財産贈与として高い教育を与えるという現象が起きたという（Rao 2011:6-7）。

究がある。同地域では夫の土地を妻が耕す。しかし、離婚すると妻は実家に戻される。また、夫が亡くなるとその兄弟と再婚しない限り（レビレート婚）[15]、妻は実家に戻らなければならない。親は遺言で子どもに土地を相続させることができ、娘も父親の土地を相続できるが、面積は兄弟より少ない。女性世帯主世帯は、男性世帯主世帯より概して貧しいため、土地の売買がおこなわれるようになると、相対的に女性は土地を手放す確率が高くなる。しかし、女性の年齢、婚姻、教育、知識などにより状況は多様である。寡婦でも、孤児、高齢者、病人などが家族にいる場合は、相続した土地を夫の親族に返さねばならないという親族からの圧力は低くなる。女性は社会変容に対応するために、女性グループを形成し、村落評議会から土地を借り、除虫菊、バナナなどを栽培したり、手工芸品を販売したりすることで生計向上を図っている。基本的に父系制社会であるが、女性グループ活動が活発になっており、女性でも土地利用が可能になりつつある（Englert 2008）。

③のケースとして、中東部モロゴロ地域の12カ所の村落調査がある。同地域では、母系制社会であるにもかかわらず、女性は土地（農地）を所有しておらず、男性が意思決定している。男性は女性がリーダーになることに反対する。家族の生計を維持しているのは女性であるにもかかわらず、男性が家族の責任者であるという考えから、土地を貸す場合も、女性ではなく男性に貸すことが多い。本来は母系制社会なのに、父系制社会化している（Genda 2008）。

④のケースとして、中東部モロゴロ地域ウルグル高地の母系制社会の研究がある。女性だけが土地を相続してきた地域もあるが、母親が娘と息子に平等に土地を相続させる地域もある。最近では、後者の傾向が高まっており、土地を購入し、それを娘だけでなく息子にも生前贈与するケースが増えている。息子も制定法に基づき、土地の相続権を主張し訴訟することが増えている。しかし、息子に一定期間、土地を耕作させると、土地権を一方的に主張されてしまうケースもあり、息子には耕作させないなどの、逆現象も起きている。母系制社会であるが、徐々に変化しており、双系制社会化が見られる（Englert 2008）。

---

15) レビレート婚（レビラト婚）は、死別した夫の兄弟と結婚して土地に対する権利を相続することである。日本語では、逆縁婚、もらい婚という。タンザニアでは一般に「妻の相続（wife inheritance）」と呼ばれている（吉田 1999:8、および筆者フィールドワークから）。

このほかに、女性自身が自発的に土地権を取得しようとする事例も出現している。また、女性の権利が損なわれるような場合には、民事法廷に持ち込むのではなく、伝統的なやり方の再解釈によって対処することも多い。例えば、前述のレビレート婚の代わりに、「女性を夫にする（female husband）」というような方法が用いられる。これは、寡婦になると土地を取り上げられてしまうので、亡夫が残した土地を夫の兄弟ではなく、他の女性との間で形式的な婚姻関係を結ぶことによって、そのまま相続し、息子は亡夫の名前のままにして、あとで相続させるという制度である（Tsikata 2001:8）。また、社会保障（老後のケアのため）の方法として、親が娘と息子に土地を生前贈与することもある。娘が親の面倒を見ている場合には、親族の伝統的な意向や慣習法に反して、息子ではなく娘に土地権を与えたいという親の希望を承認する村落評議会も出現している（Tsikata 2001:8）。

　これらの事例からは、多様な社会が多様な方向に変容しているという現象が見てとれる。しかし、土地の使用・管理・所有の相互作用および矛盾から派生するこうした現象についての包括的分析はおこなわれていない。また、これらの事例研究では、多様なジェンダー平等がありうることは示唆されているが、女性の土地使用・所有を阻んでいる要因の分析や、女性が抱いている価値観の分析、あるいは女性の選択や行動範囲を高めていくような方法・メカニズムの分析等については十分になされているわけではなく、土地権の政策論には結びつきにくい。したがって、これら人類学的研究の成果によって、前述のジェンダー土地作業部会が直面しているようなジレンマに解決策を示すことは難しい（Tsikata 2001:9）。

（3）　土地権の進化論に関するジェンダー視座からの批判的研究

　土地権の進化論が進む過程では、女性に対する便益が生じないばかりか、逆に女性にはネガティブな影響が出る。にもかかわらず、土地権の進化論はそのような問題点については分析していない。土地権の進化論に対するジェンダーの視座からの批判は、主に以下のようにまとめられる。

　第1に、固有のフリーホールド（自由保有権）に基づく土地権の確定および土地登記が進めば、却って女性が伝統的に有していた土地の営農権（とくに収

益権)を脅かすことになる(Platteau 1996:40)。土地登記に際し、通常は世帯主名義(男性)で登録するため、女性は営農権と所有権の両方を喪失する。タンザニアにおいても土地法(1999年)、村土地法(1999年)の制定後、(夫婦の)共同名義が法的には認められたが、共同名義登録は進んでいない[16]。女性の土地権が登録される可能性は極めて低い(Platteau 1996:40)。

第2に、土地登記は、世帯主(夫・男性)の名義で男性のみに情報が提供され実施されることが多く、妻(女性)が知らないところで土地登記がおこなわれる可能性が高い。世帯主の判断のみで土地が売却され、女性や子どもが生活手段を失ってしまうこともある。特にケニアではこのようなケースが頻発し、貧困世帯の増加につながった(Platteau 1996:40)。

第3に、法的には相続により亡夫の土地を取得することが可能であっても、タンザニアのように、農村部に適用される慣習法のもとでは、女性が家族の土地(family land)およびクランの土地(clan land)を相続することはできないため、女性が家族やクランの土地権を固有化・私有化・登録化すれば、その過程で親族内でコンフリクト(争議)になるばかりか、まれに女性が土地を相続したとしても、所有権ではなく営農権を認められるのみである(Platteau 1996:41)。

第4に、土地市場が形成され、融資市場が発達したとしても、農村女性は資金を有していないことが多く、融資へのアクセスも限定的なため、土地取得は困難である。女性は土地市場から排除され続ける(Platteau 1996:41)。

第5に、制定法では、自己名義で土地登記をしさえすれば近代的な排他的私的土地所有権が発生し、全ての管理権が保障されるとしているが、伝統的な農村社会では親族関係、婚姻関係、地域固有の状況などを考慮しなければ登記は有効にならない(Platteau 1996:42)。

第6に、制定法がトップダウンで導入されても、農村社会において実際に効力を発揮しているのは地域の慣習法や伝統的制度である。社会的認知がないような近代的制定法は形骸化し、機能しない。仮に、制定法が既存の社会や伝統を尊重したとしても、それらが女性に対して不平等な慣習を含んでいる場合には女性は不利な状況におかれる(Platteau 1996:45)。

---

16) アジアにおいても、夫婦の共同名義に関する法律は、インドやベトナムなどで制定されているが、ほとんど実施されていない(Rao 2011:8)。

3　既往研究と仮説の関係

　以下の章では、これら実践的研究者を中心とするタンザニアにおける土地制度改革の政策論研究を批判的に検証し、かつ人類学的研究の限界をも視野に入れながら、より実践的な対応策を考察する。同時に、土地権の進化論に関するジェンダー視座からの批判的研究によって得られた４つの仮説に基づき（第１章）、実証的な検証をおこなっていく。既往研究と４つの仮説との関係は、図3.2に示すとおりである。

図3.2 既往研究と仮説の関係

土地権の進化論に関するジェンダー視座からの批判：土地権の進化が進む過程では、女性に対する便益が生じないばかりか、逆に女性にはネガティブな影響が出る

土地権の進化論に対するジェンダー批判をローアモシ灌漑地区における実証的研究に基づいて検証する

進化論に基づく土地登記を進めても、それは世帯主（夫・男性）の名義で男性のみに情報が提供され実施されることが多く、妻（女性）が知らないところで土地登記がおこなわれる可能性が高い

土地権の確定および登記が進むと、女性の慣習的な土地耕作・所有権が失われる

仮説1：土地権の取得
政府の開発事業による土地再配分に際して、農村女性の慣習的な土地耕作・所有権は必ずしも奪われない

相続に関する批判：法的には相続により亡夫の土地を取得することが可能であっても、慣習法のもとでは、女性が家族の土地およびクランの土地を相続することはできない。女性が土地権を固有化・私有化・登録化する過程で、まれに土地を相続したとしても、所有権ではなく営農権を認められるのみである

仮説2：土地権の拡大と土地所有の価値
土地権の近代化を進めても、農村女性の慣習的な土地耕作・所有権は経時的に失われない

自己名義登録への批判：制定法では、自己名義で土地登記をしさえすれば、近代的な排他的私的土地所有権が発生し、全ての管理権が保障されるとしているが、伝統社会では親族関係、婚姻関係、地域固有の状況等を考慮しなければ登記は有効にならない

仮説3：土地の所有権と管理権
農村女性が土地の自己名義登録をしても、土地の管理権（営農権、収益権、処分権）を有することはできない

地域社会の承認：制定法がトップダウンで導入されても、実際に効力を発揮しているのは地域の慣習法や伝統的制度である。社会的認知がないような近代的制定法は形骸化し、機能しない。仮に、制定法が既存の社会や伝統を尊重したとしても、それらが女性に対して不平等な慣習を含んでいる場合には女性は不利な状況におかれる

仮説4：地域コミュニティによる社会的認知
地域コミュニティは、慣習法に基づき、女性の土地の所有権を認めることがある

第4章

土地再配分により女性の土地権は奪われたのか

ローアモシ灌漑地区のラウ頭首工に立つローアモシ灌漑事務所（LMIO）の灌漑オフィサー。彼はスワヒリ語と英語の通訳も務めてくれた。水争いでこの頭首工を住民が爆破しようとしたこともあった。2011年11月

ローアモシ灌漑地区（LMIS）では、「近代的」な灌漑施設（用排水分離型）の建設と圃場整備が終了した1987年に、農民に対する土地再配分がおこなわれた。土地再配分を受けられる条件は、灌漑地区開発の工事が始まる前に従前地の申請と登録をおこなった者、とされた。つまり、1987年以前に有していた慣習的な土地耕作・所有権が新たな土地権として認められなければ再配分を受けられなかった。しかし、土地再配分を受けられたとしても、従前地に相当する土地再配分が公正におこなわれなければ、マイナスの影響を受けることになる。

本章では、そもそも女性はどのように土地権を取得したのか、その背景と過程について考察する。土地再配分にあたり、女性は何を機会と捉え、どのような選択をしたのか、それらが女性に対する土地再配分にどのような影響を与えたのかについて考える。

第1節　土地再配分の女性への影響についての議論

一般に、大規模な「近代的」灌漑開発事業が実施され、農民の再定住や農地の再配分がおこなわれる場合、従前地において慣習的な耕作・所有権を有していた女性はその権利を奪われ、経済的にも社会的にも地位が低下するといわれてきた（Kumar 1987、Zwarteveen 1997、Kissawike 2008）。例えば、政府が農民に土地（公有地）を配分する場合、男性が世帯主であるという考え方に基づいて男性中心に再配分がおこなわれ、例外として寡婦世帯にそれが認められることはある、とされてきた。そして、そのような不平等な状況を改めて女性一般にも再配分を認めれば、それは必ずしも農地面積の減少や細分化につながるわけでなく、むしろ農業生産性を高める、という議論がなされてきた（Agarwal 1994a:9）。しかし、そもそも土地の再配分が実施される際には、女性は例外なく慣習的な土地耕作・所有権を奪われるのだろうか。

以下では、「土地の再配分がおこなわれれば、農村女性が有していた慣習的な土地耕作・所有権は剥奪される」という従来の分析を検証するために、スリランカのマハベリ河開発事業の研究（Kumar 1987）と、タンザニアのキリマンジャロ州ローアモシ灌漑地区でおこなわれた先行研究（Kissawike 2008）を紹介したうえで、それらとは異なる筆者のフィールド調査結果について考察をする。

1　スリランカ・マハベリ河開発事業に対するジェンダー批判

　スリランカのマハベリ河開発事業（1960年代後半に計画され、1970〜90年代まで継続）では、スリランカ北東部の乾燥地帯における雇用創出や食料増産のために、電源開発（ダム建設）および灌漑地区の造成（約12万 ha）[1]、農民の再定住事業が進められた。スウェーデン、英国、西ドイツ、日本、カナダ、米国国際開発庁（USAID）、世銀、欧州経済共同体（EEC）が開発資金と技術提供をおこなった。1985〜86年に実施した調査によると、灌漑地区では、1世帯につき、灌漑水田地1haおよび自家栽培用の非灌漑畑作地0.2haが提供された。水田ではコメの2期作、畑地ではトウモロコシと野菜栽培がおこなわれた。入植者は集合的に住み、住宅地には井戸とトイレが設置された。コメの単収は約4.2トン／haに増加した。しかし、新種のコメ栽培には、高い投入費用がかかり生産費が増大した。当初5年間で投入費用は倍になったが、コメの値段は上がらなかった。そのため、収益が上がらず、小農の借金が増え、生活レベルが低下し栄養問題が起きた（Kumar 1987:224）。

　マハベリ河開発事業では、どのように土地再配分がおこなわれたのだろうか。同事業では、1935年土地開発法が適用され、世帯ごとに土地再配分がおこなわれた。しかし、同法は、世帯主を夫（男性）とし、世帯主が唯一の地権者であると規定したため、女性は地権者から除外された。例外は、寡婦（19％）および事業以前からの大土地所有者の娘（5％）だけだった（Kumar 1987:228）。

　世帯主である夫のもと、結婚している夫婦（1世帯）に対して1haの水田と0.2haの畑が配分され、水田も畑も夫の名義になった。事業以前には、夫婦で、稲作と焼畑を組み合わせ、役割分担をしながら共同で耕作をしていた。また、女性は男性と同等の慣習的な土地耕作・所有権を有しており、望めば男性でも女性でも土地を相続できた。しかし、同法のもとでは、土地分割（細分化）を防ぐという理由により、土地の相続人は1世帯につき1人のみと規定されたため、多くは息子が相続し、妻とその他の子どもは相続人から除外された。さら

---

[1] 灌漑システムは、A地区（3万6000ha）、B地区（4万8000ha）、C地区（2万4000ha）、G地区（2800ha）、H地区（1万ha）の合計12万800haで開発された（Kumar 1987:222）。

に農民は、配分された土地に対して10年以内に代金を返済することも規定された（Kumar 1987:225）。

再定住地では焼畑ができなくなったため、それまで焼畑で果たしてきた女性の役割が低下したばかりでなく、家族の現金収入も必ずしも増加しなかったという結果になった。2期作からの収入を得ても、現金収入は全体として減少した。さらに、世帯主である男性が、稲作からの現金収入を管理し、消費を決定するようになった。女性に教育がある場合は男性と一緒に決定することもあったが、かつて自分で焼畑をおこない、収穫し、現金収入を管理していた女性たちは、再定住地では男性に現金を請わないといけなくなり、心理的に尊厳を失った（Kumar 1987:231）。

さらに、同事業の計画では、賃金労働者の雇用が増加し女性の労働負担が軽減するといわれたが、実際には高収量品種の導入により、施肥、田植え、除草などに駆り出される頻度が増え、女性の労働量は増加した（Kumar 1987:229）。精米所や診療所の設置により、作業や生活が楽になった側面もあるが、以前は拡大家族の中で分担していた仕事が、世帯ごとの入植による核家族化の進展により、女性に集中するようになった。男性のみが、毎月開かれる村落開発委員会に出席し、寡婦の場合は息子が委員会に出席し、土地の権利を有している女性でも夫を委員会に出席させた。しかし、委員会の議題は、常に稲作に関するものばかりで、暮らしについての議論はなく、また、混乱を避けるという理由で村落開発委員会以外の組織活動は禁止された。ある地区では、委員会に出席した女性は170世帯のうち2人のみだった。多くの女性は、委員会の開催や何が議論されているのかについて知ることもなかった（Kumar 1987:236）。

同調査から得られた結論は、マハベリ河開発事業の政策概念の背景には、世帯主は男性であり、世帯主が唯一の地権者であるという固定的性別役割概念があったため、女性は地権者から除外され、その結果農業生産性が低下したということである。同事業においては、女性の慣習的な土地耕作・所有権が剝奪されたこと、2期作の導入により換金作物に費やす労働が増加したため女性の労働量が以前にもまして増加したこと、現金収入の管理が男性中心になったこと、などが立証されている[2]。

2　ローアモシ灌漑地区の生計調査が捉えたジェンダー課題

　同様の研究は、サブサハラ・アフリカにおいてもおこなわれている（Jones 1986、Carney 1988）。なかでもローアモシ灌漑地区（LMIS）においては、2001〜06年にかけておこなわれた生計調査で同様の結果が指摘されている（Kissawike 2008）。つまり、LMISの灌漑事業および土地再配分の実施に際しても、「世帯の代表は男性であり、生産活動および生産収益の分配は世帯内において公平におこなわれる」という固定的性別役割概念が前提となっていたということである。

　調査結果は次のように指摘している。灌漑稲作圃場は男性所有となり、これが女性の労働時間と労働意欲を減退させ、収量の増加にマイナスの影響を与えた（Kissawike 2008:9）。圃場は個人ではなく「家族の土地」であると農民は考えていた。女性は圃場における現金収入のための稲作と、畑地における自給用作物（メイズや野菜）の栽培の両方で労働量が増加したにもかかわらず、「家族の土地」からの現金収入は家族の長である男性が管理した（Kissawike 2008:10）。さらに、LMISにおける灌漑稲作は、新しい栽培手順や作業日程に沿って管理・実施されたため、女性の労働時間はさらに増大した。

　しかし、全ての農民が、圃場は「家族の土地」であると考えたのだろうか。また、女性が慣習的な土地耕作・所有権を失う事実はあったにせよ、全ての女性がそのような権利を失ってしまったのだろうか。女性が主体的に行動したという事実はなかったのだろうか。

---

2) Kumarは、以下のことも提案している。家族単位の小規模な灌漑稲作では収益が上がらないため、農民が安定した収入を得るには代替作物の栽培を考えるべきである。そのためには、女性の収入向上機会を増加させる必要であるが、そのような機会は融資を受けられる機会やマーケティングともつながらなければならない。さらに、女性固有の、もしくは夫婦共同の土地所有権を認めるべきである。女性が土地を所有することによって生じるのは、土地の細分化ではなく、生計の向上である（Kumar 1987:251-252）。

第2節　ローアモシ灌漑地区で実際に起きたこと

1　土地再配分で女性の土地権に何が起きたのか

　ローアモシ灌漑地区（LMIS）において、1987年当時、どのように土地が再配分されたのかについて記録した文献は少ない。わずかにキリマンジャロ州政府が土地再配分決定について住民に対して通告した文書や、断片的な専門家の報告書が残っているだけである（国際協力事業団 1989／1991b）。したがって、LMIS開発を担当していた当時の事務官、ローアモシに30年近く在住しているLMIOのエンジニア、農民男女などに対する面接・質問票調査を通じて、当時の状況について情報収集をおこなった。その結果、以下のような新たな事実が判明した。

（1）　従前地における慣習的な土地耕作・所有権はどうなったのか
　LMISの灌漑稲作圃場の従前地には、1980年代にはすでに住民が居住し、農地を耕作し慣習的に所有していた。上流域のアッパー・マボギニ地区は、ウル首長（チャガ人）の土地だったが、1950年代から政府による湿地や森林地の開墾・入植の奨励がおこなわれ、農地として個人に割譲されていた。キリマンジャロ山中腹のマラングやウルから人々が入植し、一定の土地の売買もおこなわれていた（1969年当時の個人の土地売買証は図4.1を参照）。
　中流域のラウヤカティ地区では、キリマンジャロ州の南にあるウサンバラ山地やパレ山地から移住者が入植し、サトウキビ農園（Usagara Farm Company: 70ha）の労働者として居住していた。下流域のオリア地区には、サイザル麻のプランテーションがあり、多様な地域から労働者が移住してきていた。同様に下流のチェケレニ地区には、1970年代からウジャマー村に移住してきた人々が住んでいた。したがって、LMISの圃場では村落の境界線については係争があったものの[3]、ほとんどの従前地において農民は慣習的な土地耕作・所有権をすでに有しており、住民間では圃場の境界線について一定の了解が存在して

図4.1 土地売買証

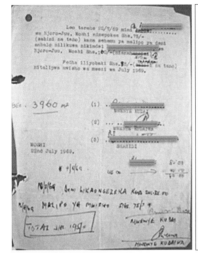

(訳文)

土地売買証

1969年7月22日

モシの上部ヌジョロに住む私（Mr. A）は、モシの上部ヌジョロに住むB氏から、土地代75シリングを受領した。
　土地代合計は、160シリングである。したがって、85シリングが未払いである。未払い分は、1969年7月末までに受領することとする。
面積：3,960㎡

(1) A氏署名
(2) B氏署名
(3) C氏署名（証人）

モシ　1969年7月
1969年8月4日
45シリング支払い済み：残額40シリング
1969年8月10日　35シリング（遅払による罰金）
1969年8月18日　最終支払75シリング
合計　195シリング

注：1969年当時、Mr. Aが所有していた上部ヌジョロ（アッパー・マボギニ地区）の土地をMr. Bが購入した時の証書。
　　データ公開はMr. Bの了承済み。Mr. Aは、第6章表6.4bの対象者abさん。
出典：LMIO。現地調査。2013年。

いたと考えられる。

（2）　土地再配分において従前地の事前登録はされたのか

　LMISでは、灌漑施設建設を開始する前に、住民による従前地に関する事前申請と登録がおこなわれ、州開発庁から派遣されたエンジニアによる土地測量が実施された[4]。住民の中には、政府に土地を奪われるのではないかと恐れたり、灌漑設備が整っても収量は上がらないのではないかという疑問を持ち[5]、登録直前に土地を売却した人もいた。上流のアッパー・マボギニ地区は、モシ市に設置されたローアモシ灌漑計画プロジェクト[6]事務所に地理的に近かった

---

[3] チェケレニ地区においては、隣接するムタクジャ（Mtakuja）村との境界があいまいだったため、土地配分に際して係争が生じたことがある。ムタクジャは、ウル首長が所有していた土地で、ウジャマー政策に反対しており、ウジャマー村には土地を提供しなかった（LMIOへの面接調査、2011年11月18日）。

[4] 土地測量は実施されたが、当時は正確に測量をおこなえるタンザニア側の人材は少なかった（当時のJICA専門家への面接より）。

[5] それ以前に実施された、国家食料農業公社（NAFCO）の事業で土地を奪われた人がいたため、住民は政府のプロジェクトを信用していなかった（当時のJICA専門家への面接より）。

ため、より正確な情報を得ることができ、土地を売却する人は少なかった。しかし、世帯主である男性名義にしないといけないと考えた女性もいた。また、自ら開墾し植民地政府から農地を割譲されて慣習的な土地耕作・所有権を有していた女性の場合でも、男性（夫）名義で事前登録する女性がいた。他方、夫婦で別々に事前登録するほうが、2倍の土地をもらえるかもしれないと考え、それぞれに登録した人もいた。下流のチェケレニ地区は、すでにウジャマー村に男女それぞれが個別に登録していたため、個別登録していた女性、寡婦、シングル・マザーなどは、そのまま事前登録をおこなった。

1987年に作成した土地所有者リストが残っているアッパー・マボギニ地区のブロック番号MS1-2では、当時の女性土地所有者比率は40.3％と非常に高く、チェケレニ地区のRS4-1では24.2％だった。しかし、当時の正確なLMIS全体のブロックの登記簿は存在せず、存在するリストでもプロット番号が抜けていたり、欠損値があるため、ブロックごとの男女比率の全容は明らかではない[7]。ただし、1996年時点での統計データでは、女性土地所有者は全体の20.8％だったという報告書もあり（国際協力事業団 1996）[8]、おそらく1987年当時もLMIS全体平均で、女性の土地所者の割合は20％前後ではなかったかと推測される（注12参照）。いずれにせよ、LMIS土地再配分に際しては、女性の慣習的な土地耕作・所有権が完全に失われたわけではなかった。

（3） 従前地からの減歩率は公正だったのか

LMISの灌漑事業では、新たに建設する灌漑施設、用・排水路、農道などにも用地が必要になるという理由で、従前地の面積から20〜30％少ない土地を再配分することが農民に告示された。また、可能な限り従前の住居地に近い圃場を配分することが農民に告げられた。当時、国土は国家に帰属していた。し

[6) キリマンジャロ州政府（Office of Regional Commissioner）のもとにある州開発長官が実施機関の長として、ローアモシ農業開発計画プロジェクト（有償資金協力）の一部であるローアモシ灌漑計画プロジェクト（Lower Moshi Irrigation Project）を管轄していた。
7) 断片的なデータは、モシ市内のローアモシ灌漑事務所（LMIO）の書架に残っていたが、当時、建設を担当していた日本のコンサルタント会社に問い合わせてもデータ自体が存在せず、JICA本部および図書館にも記録は残っていなかった。本書82頁参照。
8) また、モシ市やキリマンジャロ中腹に居住したまま、収穫期だけ村に来る人などがいたため、当時のLMIS土地所有者のうち男性の5割、女性の4割が村外居住者だった（国際協力事業団 1996）。

がって、国家開発計画のために必要な土地収用に関しては、住民への補償は不要であるとされ、施設建設に必要な土地収用への補償はおこなわれなかった（国際協力事業団 1980:61）。灌漑事業により2期作が可能になり、コメの収量が増加し、収入も増加するので、JICA専門家の間でも、土地を失った分の損益は数年で回復できると考えられていた。なお日本の改良区のように、灌漑施設建設や圃場整備にかかった費用を農民から回収するという措置はなかった。

　1986年5月〜1987年1月にかけて、ローアモシ灌漑計画プロジェクトから各村長に対し土地再配分に関する通達文書が出された。通達文には、以下のような内容が記されていた。①村落が申し出た村落の土地面積の合計とプロジェクトがおこなった土地測量の結果に相違があること（概して村落が申し出た土地面積のほうが大きい）、②従前地からの減歩率についての再度の説明、③村外に居住していたために登録から漏れた村人への対応を村内で再検討すること、④従前地で隣同士だった者は土地再配分においても隣同士にするよう配慮すること、⑤測量手法とコンピュータへのデータ入力に関しては専門的な人材が不足していること、⑥土地面積の誤差はメートルとフィートの単位の混在などに原因があること、⑦測量者が実測値より大きな土地面積を特定の村人に提供するという汚職があったため村落ごとに土地再配分リストを再度チェックする必要があること、などである。当時の状況が想像でき、興味深い内容である。

　隣同士だった者の土地所有の状況をそのまま土地再配分で配慮するというのは、隣同士であれば、おおまかな土地所有面積を互いに知っているので、ごまかしをチェックできるからである。さらに、隣同士でチェックできれば、手続きの間違いなどで土地を失うことも防止できるからである。

　しかし、当時はコメの栽培時期が迫っていたため、とりあえず栽培・収穫をおこない、収穫後に再度、土地再配分に関わる問題を村落で解決するようにという内容になっている。ちなみに、ローアモシ灌漑計画プロジェクトがローア・マボギニMS4-1、MS4-2に関する土地再配分について村長宛てに出した1986年5月19日付の通達文、およびそれに添付された土地再配分リストは、図4.2〜図4.6のとおりである。

114　第4章　土地再配分により女性の土地権は奪われたのか

図4.2　1986年の土地再配分に関する通達文（1頁目）

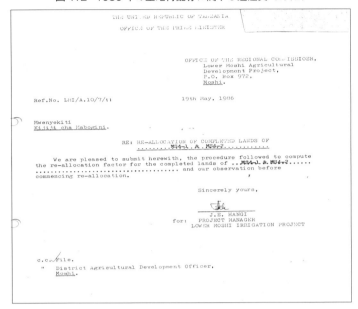

出典：LMIO。現地調査2012年8月。

図4.3　1986年の土地再配分に関する通達文（日本語訳、1頁目）

```
                         タンザニア共和国
                            首相府

                       キリマンジャロ州政府（州知事事務所）
                       ローアモシ農業開発計画プロジェクト
                                   P.O.Box 972、モシ
                                   1986年5月19日
LMI/A.10/7/11

マボギニ村長

　件：MS4-1およびMS4-2に関する整備された圃場の再配分について
　MS4-1およびMS4-2に関する整備された圃場の再配分について、
さらに必要な再配分の手続きについてお知らせします。
                              J.E. ハンギ

                         プロジェクト・マネージャー（代行）
                         ローアモシ灌漑計画プロジェクト
cc. 県農業開発事務官、モシ
```

図4.4　1986年の土地再配分に関する通達文（2頁目）

```
                PRE-LAND REALLOCATION REPOT FOR MS 4-1 & 4-2

1.  CALCULATION
    1.  Total gross area for MS 4-1, 4-2 as measured by village
        organisation is 71.238 ha.
    2.  Total gross area for MS 4-1, 4-2 as measured bb the project
        office survey team is 70.60 ha.
        Area (1) - Area (2):  71.238 - 70.60 = 0.68 ha
        additional area that is practically not existing.
    3.  Net designed area for reallocation (MS 4-1, 4-2) is 52.67 ha.
        Let the reallocation factor be Y(%)

                    Y (%) = Net area (3) ha  x 100
                            Gross area (1)ha

                          = 52.67 ha    x 100 = 73.93%
                            71.238 ha

        To avoid discrepancies in linear  measurements, and to consider
        people who have been forgotten in the list, the reallocation
        factor drops to 73% with 0.93 safety factor.

2.  OBSERVATION
        The additional 0.68 ha as measured by the village organisation may
        have arose from the following factors:
        1.  Errors in linear measurement when using tape measure
        2.  Errors in computation
3.  The reallocation will closely follow the existed neighbourhood before.
```

出典：LMIO。現地調査2012年8月。

図4.5　1986年の土地再配分に関する通達文（日本語訳、2頁目）

<u>MS4-1 と MS4-2 の土地再配分事前報告</u>

1. <u>計算</u>
   1) 村落組織により計測された MS4-1 と MS4-2 の全体面積は、71.238ha だった。
   2) （ローアモシ灌漑計画）プロジェクト事務所により計測された MS4-1 と MS4-2 の全体面積は、70.60ha だった。
      71.238ha − 70.60ha ＝ 0.68ha
      実際には、この追加分は存在しない。
   3) MS4-1 と MS4-2 における再配分予定地面積は、52.67ha である。
      したがって、以下のような計算になる。再配分割合を Y（％）とする。

      $$Y (\%) = \frac{再配分面積 ha}{従前地面積 ha} \times 100$$

      $$\frac{52.67\ ha}{71.238\ ha} \times 100 = 73.93\%$$

      計測における食い違いを避け、リストから漏れてしまった人々を考慮し、再配分の割合は 73％ にする（0.93 の安全要因）。
2. <u>観察</u>
   村落組織により計測された 0.68ha の追加分は、以下の要因によると考えられる。
   1) テープで計測した時の誤差
   2) コンピュータによる誤差
3. 土地の再配分は、従前地における隣人を尊重した方法でおこなうこととする。

116　第4章　土地再配分により女性の土地権は奪われたのか

図4.6　1986年の土地再配分に関する通達文に添付されたリスト

```
         LAND REALLOCATION
   BLOCK NO:MS4-1 MS4-2
                                              RATE:  .71
   -----------------------------------------------------------------
              ORIGINAL  ADJUSTED      DISTRIBUTED
     NAME     AREA      AREA        C     AREA       PLOT NO.
              (M2) A    (M2) B   C=B/3000 (M2)
   -----
 1            1071      760       .25           MS4-1  103(9)104(16)
 2            1007      714       .23             "    104(16)107(25)
 3            11050     7845      2.61            "    101,102,103(60)
 5            459       325       .1              "    201(10)
 6            792       562       .18             "    203,204
 7            11692     8301      2.76            "    205
 8            5130      3642      1.21            "    201(42)202(79)
 9        )             0         0               "    210(51),211(37)
10            18890     13411     4.47            "    224,223
11        )             0         0               "    221(66),220(93)
12            3270      2321      .77             "    205(10)206(47)
13            2800      1988      .66             "    206(49)
              597       423       .14             "    104(30)
15            1298      921       .3              "    207(31)
16            2842      2017      .67             "    212(67)
17            27228     19331     6.44            "    206(22)218(29)
18            11614     8245      2.74            "    217,216,215,214
                                                   "   213
19            2826      2006      .66             "    222
20            2826      2006      .66             "    221(34)
21            13950     9904      3.3             "    208(45)
22   個       4866      3454      1.15            "    209,210(19)
23   人       3440      2442      .81             "    207(69)208(12)
24   名       2489      1767      .58           MS4-2  511,512
26   は       11520     8179      3.97          MS4-1  212(30)305,306
     削                                            "    307,308(70)
27   除       9377      6657      2.21            "    401,402,403
28            9376      6656      2.21            "    404,405(44)
29            3301      2343      .78             "    220(7)219(71)
30            2260      1604      .53             "    225
32            2684      1905      .63
              2600      1846      .61             "    301
34            9570      6794      2.26            "    308(30),309
35            4230      3003      1               "    310,311
36            4230      3003      1             MS4-2  202
37            4230      3003      1               "    203
38            4230      3003      1               "    201
39            8831      6270      2.09          MS4-1  407,414,413(6)
40            2350      1668      .55             "    411(22)
41            2350      1668      .55             "    410
42            6256      4441      1.48            "    412(60)411(88)
43            6519      4628      1.54            "    405(56)406
44            5670      4025      1.34            "    413(94)412(40)
45            8800      6248      2.08            "    409,408
46            12976     9212      3.07            "    502(24)503,501
                                                   "   602,603,604(52)
47            3695      2623      .87             "    304(63)303(24)
48            4000      2840      .94           MS4-2  302
49            5402      3835      1.27          MS4-1  504(62)505(65)
50            2622      1861      .62             "    506(62)
   -----------------------------------------------------------------
      TOTAL   267216    189700              0
```

注：土地を再配分された個人名は削除した。
出典：LMIO。現地調査2012年8月。

（4）住民は土地登記をしたのか

土地再配分リストは、ローアモシ灌漑計画プロジェクトのプロジェクト・マネージャーから各地区の村落評議会と住民主体の土地配分委員会に送付された。その後、住民の立会いのもとで、プロット（耕区）は、従前地の順番に近い状態で、1ブロックごとに幹線水路に近い上位部分から自動的に割り当てられた。住民は圃場での立会いのもと、自分のプロットの場所を確認した。

プロットの取水口。2012年

住民が自由にプロットの場所を選択することはできなかった。そのため、従前地や居住地から離れた場所に、新しいプロットが配分された人もいた。しかし、全てのプロットは、用水路と排水路に面しており、2～4プロットごとに取水口（Water Course）が設置されているので、どのプロットでも水利に差はない、というのが当時のプロジェクト側の説明だった。

住民は、1プロット（一般には3000m^2）に対して50シリングの土地登記料を支払い、領収証を受け取った（Lerise 2005:90）。しかし、個別の土地所有証明書は発行されなかった。その後、コメ生産者協同組合（CHAWAMPU）やローアモシ水利組織（LOMIA）の組合費および水利費の領収証は、この土地

LOMIAの水利費支払い領収証。2012年7月13日付、Mr. G宛、アッパー・マボギニMS1-2、プロット番号418（2500m^2）、プロット番号417（2700m^2）、2万1275シリング。
Ms. Hにより提供された。彼女の父親のMr. Gは1983年に亡くなっているが、父親の名前で領収証が発行され続けている。データ使用および公開はMs. Hの了承済み。2012年9月。Ms. Hは、第6章表6.4aの対象者Ajさん。

登記簿にもとづいて発行されるようになった。したがって、農民は、これらの領収証が、自分の土地所有を証明する書類だと考えている（LOMIAの土地所有者リストのサンプルに関しては図4.7を参照）。

（5）　異議や苦情申し立てはおこなわれたのか

　土地の事前登録に際しては、前述のように農民が申し立てた土地面積の単位の不統一（m^2もしくはエーカーなど）、政府の土地測量技師の測量技術の未熟さ、不在地主の登録漏れなどにより混乱が生じた。結果として、多くの地区では、農民が事前登録した面積の合計のほうが、配分可能な圃場面積よりはるかに大きくなった。また、減歩率は従前地の2～3割と告示されたにもかかわらず、実際には2～5割減、あるいはそれ以上削減された農民もいた。このような大幅な削減に遭遇した農民は、上流、下流を問わず存在し、特に女性では寡婦で家族構成員に成人男性がいない人、男性ではアルコール中毒者など生活に問題があり交渉力がない人が多かった。また、どこに苦情を申し立てればよいのかわからなかった人、苦情申し立ては受け付けないと土地配分委員会に言われた人もいた。

　下流のチェケレニ地区では、従前地に対して減歩率は約1割という告示をした。同地区は、もともとキリマンジャロ山のウル首長の土地だったため、ウジャマー村に定住せず、収穫期になると山から村に降りてくる人もいた。なかには、従前地を事前登録する時に不在だったために、土地を配分されなかった人もいた。こうしたことから、チェケレニ地区では不在のまま従前地を失った17人が苦情を申し立てた。定住者の間でも従前地を完全に失ったり、削減幅が膨大すぎると主張する15名が、郡、県、土地省、首相府などに苦情を申し立てた。慣習的な土地耕作・所有権を完全に失ったと主張する女性（ママTR）もおり、5年以上係争が続いた事例もある（Lerise 2005:88-94）。しかし、苦情を申し立てた人のうち、従前地に相当する面積の土地や慣習的な土地耕作・所有権を回復できた人はほとんどいなかった。

（6）　農民による主体的な調整

　中流にあたるラウヤカティ地区においては、プロットが再配分されたのちに、

図4.7 アッパー・マボギニ（MS1-2）土地所有者リスト

① Eneo	② Namba ya Boda	③ Jina la Mwenye Shamba	④ Urefu wa Boda (m)	⑤ Eneo la Shamba Boda (m²)	⑥ Msimu I(2008)	Stak Na.	⑦ Tarehe ya Malipo	⑧ Msimu II(2008)	⑨ Jumla	Stak Na.	Tarehe ya Malipo
MS 1-2	503.1	個人名は削除	30	900	4,200		14,490/=	6,300	10,500		
MS 1-2	503.2		70	2,100	9,800		33,810/=	14,700	24,500		
MS 1-2	504.1		34	1,020	4,327		16,422/=	14,140	23,567		
MS 1-2	504.2		25	750	3,500		12,075/=	5,250	8,750		
MS 1-2	504.3		41	1,230	5,740		19,803/=	8,610	14,350		
MS 1-2	505.1		64	1,920	8,960		30,912/=	13,440	22,400		
MS 1-2	505.2		20	600	2,800		9,660/=	4,200	7,000		
MS 1-2	505.3		16	480	2,240		7,728/=	3,360	5,600		
MS 1-2	506		100	3,000	14,000		48,300/=	21,000	35,000		
MS 1-2	507.1		20	600	2,800		9,660/=	4,200	7,000		
MS 1-2	507.2		40	1,200	5,600		19,320/=	8,400	14,000		
MS 1-2	507.3		40	1,200	5,600		19,320/=	8,400	14,000		
MS 1-2	508.1		59	1,770	8,260		28,497/=	12,390	20,650		
MS 1-2	508.2		41	1,230	5,740		19,803/=	8,610	14,350		
MS 1-2	509		80	2,400	11,200		38,640/=	16,800	28,000		
MS 1-2	510		49	1,480	6,907		23,667/=	10,360	17,267		
MS 1-2	511		56	1,680	7,840		27,048/=	11,760	19,600		
MS 1-2	512		87	2,610	12,133		42,021/=	18,200	30,333		
MS 1-2	513		100	3,000	14,000		48,300/=	21,000	35,000		
MS 1-2	514		100 x 27	2,700	12,600		48,300/=	18,900	31,500		
MS 1-2	601		100	3,000	14,000		48,300/=	21,000	35,000		
MS 1-2	602.1		38	1,140	5,320		18,354/=	7,980	13,300		
MS 1-2	602.2		29	870	4,060		14,007/=	6,090	10,150		
MS 1-2	603.1		10	600	2,800		4,830/=	4,200	7,000		
MS 1-2	603.2		10	600	2,800		4,830/=	4,200	7,000		
MS 1-2	604		60	1,800	8,400		28,980/=	12,600	21,000		
MS 1-2	605.1		70	2,100	9,800		33,810/=	14,700	24,500		
MS 1-2	605.2		30	900	4,200		14,490/=	6,300	10,500		
MS 1-2	606		77	2,300	10,733		37,191/=	16,100	26,833		
MS 1-2	607.1		30 x 27	810	3,780		14,490/=	5,670	9,450		
MS 1-2	607.2		70 x 27	1,890	8,820		33,810/=	13,230	22,050		
MS 1-2	608.1		27	810	3,780		13,041/=	5,670	9,450		
MS 1-2	608.2		73	2,990	13,953		35,259/=	20,930	34,883		
MS 1-2	609.1		20	600	2,800		9,660/=	4,200	7,000		
MS 1-2	609.2		80	2,400	11,200		38,640/=	16,800	28,000		
MS 1-2	610		100	3,000	14,000		48,300/=	21,000	35,000		
MS 1-2	611.1		20	600	2,800		9,660/=	4,200	7,000		

59,220

注：LMIA が水利費管理に使用した2008年の MS 1-2 ブロックの土地所有者リスト。向かって左から、① Eneo：ブロック番号、② Namba ya Boda：プロット番号（および小数点以下は畦区番号）、③ Jina la Mwenye Shamba：所有者名、④ Urefu wa Boda（m）：プロットの長さ（m）（1プロット所有していると長さは100m、面積は3,000m²。もし40mの畦区を所有していると面積は1,200m²）、⑤ Eneo la Shamba Boda（m²）：所有プロットの面積、⑥ Msim Ⅰ (2008)：水利費（2008年1期作目）、⑦ Tarehe ya Malipo：支払日と書かれてあるが、記入されているのは実際の支払額（年額）、⑧ Msim Ⅱ (2008)：水利費（2008年2期作目）、⑨ Jumla：水利費年間合計。Stag Na と書かれているのは、領収証番号であるが、ここでは記入されていない。
出典：LMIO．現地調査2012年8月．

17年間かけて、住民が主体的に土地再配分の修正をおこなった。同地区では、1987年に土地再配分がおこなわれた際、約8プロット（約2400m²）分の土地が再配分されずに残ったからである。ラウヤカティ地区の土地配分委員会の議長は女性（ママ NA）だったが、彼女が中心となり、1989年に土地配分委員会を再編した。彼女は、特に女性が不利にならないように、村落評議会やコメ生

産者協同組合とも交渉した。その後、男性NJ氏が土地配分委員会の議長を引き継ぎ、村落評議会議長（村長）の男性JK氏も再配分に積極的に関与した。その結果、再配分されずに残った土地の配分がおこなわれ、プロットの境界線を引き直し、全ての土地が再配分された。

しかし、その後も多様な問題が起き、住民間で争いが続いたため、再度2004年に土地配分委員会が結成された。住民は、元の農地を取り戻したい、宅地から近い場所を取り戻したい、元の隣人の隣にプロットを持ちたい、他人のプロットになってしまった樹木の権利を取り戻したい（マンゴの木など）といった理由で、土地の再配分を望んでいた。したがって、住民同士の協議により土地の交換をおこなうなどの対応がなされた[9]。

他方で、上流のアッパー・マボギニ地区では余剰地は出現しなかったが、中流のローア・マボギニ地区では5〜6プロットの余剰地が出たため、土地配分委員会を再編して独自に解決した。下流のチェケレニ地区では土地再配分の順番は、パイロット・ファーム（注16参照）に近いRS4-8ブロックから開始され、配分が最後になったRS4-1ブロックにおいて余剰地が出現したが、村落評議会が土地配分委員会の再編を承認しなかった。結局、余剰地は、土地配分委員会の委員だった人やプロジェクト関係者（政府の役人）など、従前地を所有していなかった人に再配分された[10]。

係争対象のマンゴの木。女性（ママMG）が所有し、プロットの位置が変更されたあとも彼女は所有権を主張した。2014年1月

---

9) ラウヤカティ地区のローアモシ水利組織（LOMIA）副議長への面接から：2012年9月22日。彼は12プロット以上（約3万7000m²）を父親（パレから移住してきたサンバー人）から相続した。彼によると問題は解決されたということであるが、本調査では他の住民からの聞き取りは実施していない。
10) 元チェケレニ土地配分委員会のメンバーへの面接から：2012年9月11日。

（7） 土地配分委員会には女性も選出されたのか

土地再配分に関しては、村民から構成される土地配分委員会（行政機関としての村落土地委員会とは別組織）が各地区において設置され、ローアモシ灌漑事務所（LMIO）と協力し、土地再配分の事業を実施した。前述の、ラウヤカティ地区の土地配分委員会の議長は、積極的な女性（ママ NA）だった。また、下流のチェケレニ地区では、当時、政党とのパイプが太かった女性（ママ A J）[11]が土地配分委員会の議長になった。当時の正確なデータを入手できなかったので明言はできないが、リーダーとなる女性は全体から見れば少数だったと考えられる。しかし、少なくともこのようなリーダーシップをとる女性がおり、地域コミュニティに受容されていたという事実は、今後女性が選択と行動を起こすための条件や環境を考慮するうえで示唆を与えてくれる。

（8） 土地所有者としてどのくらいの女性が登録したのか

このようにLMISの場合は、スリランカのマハベリ河開発事業とは異なり、女性の従前地が完全に剥奪され、男性のみが土地登録するというようなことはなかった。女性が慣習的な土地耕作・所有権を有している場合は、そのまま登録することができた。1987年時点の正確な性別データは入手できなかったが、モシ市に距離的に近く、政府からの情報の入手がしやすく、男女それぞれに登録したほうが得だと考えた上流のアッパー・マボギニ地区および中流のローア・マボギニ地区には女性名義で登録した女性が当時少なくとも約20％はいたと推定される[12]。また、ウジャマー村で土地取得をすでにおこなっていた

1975年以降に登録されたウジャマー村の土地登記簿。チェケレニ村の村落評議会が保管。2014年1月

---

11) ママ A Jについては本章125頁参照のこと（ママ A Jは、第6章表6.3の対象者 Xfさん）。

チェケレニ地区の女性たちもほぼそのまま自己名義登録することができたので、こちらの女性名義登録者も約20％はいたと推定される。

（9） 慣習的な土地耕作・所有権からより公的な所有権への転換

　以上の分析から、大規模灌漑開発に伴う土地再配分に際しては女性の慣習的な土地耕作・所有権が失われる、という従来の仮説は、LMISの場合には必ずしも該当しないことがわかった。LMISの場合は、女性の慣習的な土地耕作・所有権がほぼそのまま引きつがれ、1987年の土地再配分に際して土地登録をおこなった女性に関しては、個人名で村落評議会の公的な土地登記簿に登録された[13]。個別の土地所有証明書は発行されなかったが、土地登記料の領収証が発行され（登記料は１プロットに対して50シリング）、それ以降、コメ生産者協同組合やローアモシ水利組織（LOMIA）に組合費および水利費を払うたびに、その所有者の名前で領収証が発行されるようになった。したがって、タンザニアの土地法（1999年）および村土地法（1999年）における厳密な意味では、農民が有しているのは慣習的「占有権」ではあるものの、土地再配分によって、実質的には以前よりもより確実な、かつより公的な「所有権」に転換されたと言える。しかし、従前地における慣習的な土地耕作・所有権を有する女性の割合がもともと少ないことと、再配分された土地面積の減歩率が高く、４～６割の土地を失った女性もいたことは、さらに考察すべき課題である。ただし、このような減歩率および土地の喪失に関する事態に関しては、男性農民にも当てはまる事柄であり、必ずしも女性固有の事象ではない。

---

12) 1987年時点の全ての地権者データは入手できなかった。1996年の記録では、女性所有者（灌漑稲作圃場）の割合は、LMIS全体では20.8％、マボギニ（アッパー・マボギニとローア・マボギニ）で23.5％、ラウヤカティで16.3％、チェケレニで25％、オリアで６％だったという報告がある（国際協力事業団 1996）。しかし、所有面積の割合は不明であり、このデータの収集方法・根拠も必ずしも明らかではない。
13) 当時の土地登記簿は、①プロットの番号（および畔区の番号）、③土地のメートル・面積、③所有者の姓名、などが記された簡易なリストである。LMIOには、プロジェクトが作成した圃場図があり、全てのプロットの位置関係がわかるようになっているため、新たな測量は必要ない。しかし、村落評議会には圃場図はなく、図面で地権を確認する作業はおこなっていない。

2　女性は何を機会と捉え選択・行動したのか—ウジャマー村から灌漑地区へ

　チェケレニ地区の場合は、LMISの土地再配分以前に、1970年代にウジャマー村として入植しているので、政府による土地の再配分を2度経験していることになる。したがって、そもそもどのように女性がウジャマー村に入植し、土地を入手したのかについても明らかにしておく必要がある。チェケレニ地区において面談調査した結果、女性がどのような状況の中で土地登録をすることができたのかという点について、以下のことが確認できた。

　第1に、チェケレニ地区におけるウジャマー村以前の従前地は、一部を除けば[14]森林などの未開墾地で土地（耕作可能地）が豊富にある、ウル首長の管轄地だった。しかし、1963年には伝統的首長制が廃止されたため、特定の者が慣習的所有権を有していたわけではない。したがって、ウジャマー村以前には従前地の慣習的な土地耕作・所有権はほとんど存在していなかった。ウジャマー村は実際にはほとんど政府の支援を受けず、入植者が何もないところから自ら汗して開墾してきた場所であった。

　第2に、チェケレニ地区のウジャマー村への入植は1971年より開始されたが[15]、当初は水や燃料の確保、森林を開墾するための労働が厳しかったことや、妻が食料生産のために畑地で労働すれば夫が共同農場（Village Communal Farm）[16]で働きやすくなるということから、政府は夫婦での入植を奨励した[17]。基本的には世帯ごとに、2カ所の耕作地（伝統的水路に近い畑地と水路から遠い畑地）と住宅地（0.5エーカー＝0.2ha）が配分された。共同農場での労働には、1世帯から1人が参加することになっていたが、夫婦でそれぞれに土地登録すれば、2人が共同農場で労働することができた。当初、入植者が少なかったた

14）洪水の被害を受け、すでに43世帯が1968年にチェケレニに入植していた（Lerise 2005:30）。
15）入植世帯数は、1972年には46世帯、1973年には60世帯、1974年には96世帯、1976年には250世帯になった（Lerise 2005:38, 49）。
16）パイロット・ファームとも呼ばれている。かつては約80～100haの広さがあったが、徐々に村役場が村人に譲渡したので、面積が減少した。2014年1月現在、村が所有しており、村人に貸している。村人は薪なども、ここから集めている。
17）共同農場では、綿花、フィンガーミレット（シコクビエ）などを栽培していた。住民は、最低週4日間は労働しなければならなかった（Lerise 2005:35, 44、本書62頁参照）。

め、1世帯2人の労働は、財政的にも政治的にもウジャマー村評議会にとっては都合がよかった（Lerise 2005:38, 39-40）。したがって、1970年代初期の入植者の場合は、夫婦それぞれに登録し、個別の耕作地と宅地の名義を獲得した人もいた。ただし、入植者が徐々に増加し、開墾できる土地が不足してくる1980年代前半には、夫婦それぞれに土地と宅地が配分されることはなくなり、世帯の代表である男性名義で土地が配分されるようになった。

　第3に、寡婦もしくはシングル・マザーで子どもがおり、困窮した生活のために必要だという「特殊事情」がある場合には、入植が認められた[18]。土地配分委員会の議長となった前述の女性（ママ AJ）は、彼女が中心になり、積極的に他の女性の入植を支援した。彼女は、生活に困っている女性や、入植を希望する女性から相談を受けると、土地を入手する方法や、役所に手紙を書く書き方など、細かくていねいに助言した。さらに、彼女は、村落評議会委員や、政党団体であるタンザニア女性組織（Women Association of Tanzania：CCM-Women）のチェケレニ支部の議長も務めていたため、土地再配分時においても女性に好意的な支援をおこなうことができた[19]。

　第4に、そもそも女性自身が、土地の所有というものを「機会」と捉えていた。このことが女性の土地登録率を高める結果につながったと考えられる。土地の所有は、女性自身にとっては暮らしのために「価値あると思う」ことであったし、子どもに土地を与えることは親としても「価値あると思う」ことであったと考えることができる。

　以下は、ウジャマー村へ移住した2人の女性の経験談である。

▶ロンボから移住してきたママ AK の事例

　ママ AK は、1922年生まれで4人の子どもを残された寡婦だった。長男は

---

18) 元ウジャマー村長への面接より：2011年11月23日。彼は、1970〜1993年まで23年間、ウジャマー村長を務めた。マラング出身のチャガ人。
19) ママ AJ への面接調査より：2011年11月23日。ちなみに、カンボジアで2006年から開始されている土地登記を進めるためのプログラム LAMDP（Land Administration, Management, and Distribution Program）では、登記を促進するチームに女性を含めることが明示的におこなわれており、特に土地測量の補助要員として女性が採用され、村落の女性にとって土地登録が不利にならないような措置がとられている。これにより、カンボジアでは従来の考え方（土地は夫婦のもの）を踏襲することになり、夫婦共同名義が80％に達した州も出現している（佐藤奈穂 2007:3）。

すでに結婚しチャガ人の慣習に基づいてキリマンジャロ山中腹のロンボで「家族の土地」を相続した。しかし、残った少ない土地を他の4人の娘が相続できるわけではなく、一家は長男とも折り合いが悪かったため、ウジャマー村に土地を求めて、娘4人と一緒にチェケレニに移住してきた。そこで、前述のママAJを紹介され自分名義で土地登録をした。チャガ人の慣習では、夫が亡くなっていても夫名義で土地登録するが、そうすると長男に土地権を奪われてしまうと考えたため、自分の父親の姓（K）を使用して登録した。彼女は土地所有することを機会と捉え、それを自分自身の所有として選択した結果として、ウジャマー村の土地と宅地を自分と娘のために取得するという結果になった[20]。

▶マランから移住してきたママ AJ の事例

前述のママ AJ は、1939年生まれのチャガ人でキリマンジャロ山中腹のマラングで結婚したが、夫は小さなバナナ畑しか所有できなかったため、夫とモシ市に移住した。夫はモシ市の役所の雑役夫をしていた。子どもが3人おり生活が厳しかったので、ウジャマー村が開設されることを聞いて、隣人の女性 LL に[21]「子どものために土地がほしい」と相談し、便宜を図ってもらった。1972年には、彼女と子どもだけで先にチェケレニに移住し、自己名義で土地登録をした。翌年には夫も移住してきたため、夫の名義でも土地登録した。彼女にとって、自分の農地を獲得し食料としてのメイズを栽培したり、共同農場で労働し生計を立てる機会を得ることは、重要な選択だった。さらに、村で生まれた子どもを村の住人として登録すると、畑地と宅地を得られることを知り、チェケレニで生まれた7人の息子と娘のために、それぞれ畑地（1.25エーカー）と宅地（0.5エーカー）を入手した。彼女にとって、家族の暮らしを支えるために自己名義の土地を入手すること、子ども（男女とも）が土地を所有すること

---

20) しかし、長男はロンボでの生活が苦しくなり、彼もまたチェケレニに移住してきた。結局、ママＡＫは自分の灌漑圃場のうち、0.5プロットは自己名義、0.5プロットは長男名義、残りの0.8プロットを0.2プロットずつ4人の娘の名義にした。もっとも、実際には娘の長男が相続するのが前提となっていた。その他、畑地を1エーカー所有していた。宅地は、長男の子ども（男）の名義にした（Lerise 2008：38およびママＡＫの次女である Ms. HK への面接より：2011年11月24日）。Ms. HK は、第6章表6.3の対象者 Xg さん。
21) Ms. LL はのちに中央政府の役人になったということである。ニエレレ大統領とも親しかった（2011年11月 LMIO への面接結果から）。

は、最優先課題だったと推測される。

第3節　調査結果のまとめ

これらの分析から以下のようなことが判明した。

第1に、「土地（農地）は世帯主（男性）に配分するもの」という価値観が地域社会において支配的だったとしても、開墾地に耕作可能地が豊富にある場合は、労働（耕作）する者に性別を問わず開墾地が割譲されるという機会が生じる。これは、厳密に言えば慣習的な土地耕作・所有権ではあるが、そのような土地所有権を取得する際の女性への制約が少ないことを示している。ただし、耕作可能地が減少してくるにつれ女性に割譲される機会は減少する。

第2に、政府による大規模灌漑開発事業のもとで土地（農地）の再配分がおこなわれる場合、従前地において慣習的な土地耕作・所有権を有していた女性は、その耕作・所有権を完全に剥奪されるわけではなく、新たに自己名義で登録することができる。

第3に、タンザニアの土地法（1999年）および村土地法（1999年）では、農民が有しているのは原則的には「占有権」にあたる。しかし、土地再配分に伴う土地登録がおこなわれる場合には、占有権はより公的な所有権に転換される。したがって、従来、女性が有していた慣習的な土地耕作・所有権は、自己名義で登録されることにより、公的かつ継時的に認知される機会につながる。

第4に、農村女性が土地再配分の意思決定に関わる公的地位（住民主体の土地配分委員会など）に就いている場合は、他の女性への共感と支援を通じて女性一般への土地再配分が促進される。つまり、土地配分委員会に女性のリーダーや委員が含まれている場合には、新たな入植や土地配分を希望する女性、あるいは配分に対して不満のある女性に支援体制・環境が形成されやすくなる。

まとめると、1987年のローアモシ灌漑事業による土地再配分時においては、女性が従来有していた慣習的な土地耕作・所有権は、ほぼそのまま女性名義で再登録されたと推察される。特に、チェケレニ地区では、ウジャマー村の開始に伴い、1970年代から女性が自己名義で土地登録をおこなっており、1987年のLMIS土地再配分に際しては、全体の約20％の土地が女性名義で登録された。ただし、これにより従前地の面積が極端に減少したり、不公正な配分を受けた

りしたことも事実で、これに対しては苦情申し立てがおこなわれたものの、改善されなかったケースも少なくなく、特定の女性はマイナスの影響さえ受けた。しかし、こうした不当な削減は、特に女性のみに対するものではなく、社会的に不利な状況におかれた男性に対してもおこなわれた。さらに地区によっては、この問題に対処するために、女性リーダーの働きかけにより農民が自発的に土地配分委員会を設置し、17年かけて農民の苦情処理および意見や申し立ての調整をおこなったケースも確認できた。

したがって、「土地再配分がおこなわれれば、農村女性が有していた慣習的な土地耕作・所有権は剝奪される」という従来の分析は、LMISの場合には必ずしも当てはまらないことがわかった。

また、農民男女が慣習的な耕作・所有権を「奪われない」あるいは「奪われにくくする」ために必要な環境、そしてそれをより公的な所有権に転換していくために必要な環境として、以下のような要件を帰納的に抽出することができた。

①農民男女が慣習的な土地耕作・所有権を有し、また農民間で囲場の境界線についての了解があり、相互の土地権を認識しあっている場合は、慣習的な土地耕作・所有権が奪われにくい。

②夫婦間をはじめ、農民男女がそれぞれの名義で事前登録できる制度や仕組みが確立されている場合は、女性の土地権が確保されやすい。

③ウジャマー村に個別登録していた夫婦、寡婦、シングル・マザーなどが、土地再配分においても引き続き個別登録できる場合は、女性の土地権が確保されやすい。

④従前地で隣同士だった人たちが土地再配分においても隣同士になるよう配慮した場合は、それぞれの土地の面積などを相互に確認できるので権利を奪われにくい。

⑤土地登録料の領収証や組合費・水利費の領収証など、土地所有を証明する何からかの文書が発行される場合は、土地権が奪われにくい。

⑥従前地に見合う土地が再配分されなかった農民のうち、苦情申し立てが通らなかった人もいたが、自発的に土地配分委員会を立ち上げた地区では土地権を回復できた人もいた。したがって、こうした共同的な手法で

問題解決を図ろうとする場合は、土地権を回復できる可能性が生じる。
⑦土地配分委員会において女性の議長や役員が任命される場合は、女性同士で支援しあうポジティブな効果が生まれる。
⑧慣習的な土地耕作・所有権が、より公的な土地所有権に転換され、農民女性が土地所有者として公的に承認されるような場合は、女性の土地権の回復も、より確実になる。
⑨女性自身が、土地所有を自分および子どもの生存のための機会と捉え、積極的にそれを「価値あると思う」こととして選択しようとする場合は、女性の土地権が拡大する可能性がある。

以上のようないくつかの要件があり、さらにこれらが組み合わさることで、土地再配分に際し女性が従前地の慣習的な土地耕作・所有権を完全に奪われることは減り、女性が土地権を拡大する可能性は着実に高まっていくと考えられる。

最後に繰り返しになるが、タンザニア政府の方針では、都市部や商業地等を除く地域、つまり国土の多くを占める農村地域においては、「土地権の進化論」を採用しないということになっている（URT 1994:255）。しかしローアモシ灌漑地区は、タンザニアの他の伝統的な灌漑地区と異なり、タンザニア政府が土地を再配分し地権を確定するなど、土地権の近代化を部分的に導入した地域であり、一方で慣習法の適用も承認されているため、近代的な制定法と伝統的な慣習法による土地所有がモザイク状態になっている地域でもある。完全な土地権の近代化ではなく、部分的な土地権の近代化（土地権の固有化、私有化、登録化）が実現しつつあり、タンザニアにおいては特異な農村地域といえる。全耕作地の６％しか灌漑施設が設備されていないタンザニアにおいて、今後政府は灌漑施設・圃場の近代化を優先的に進めていこうとしていることから、ローアモシ灌漑地区は、「タンザニア固有の土地権の近代化」を先取りしている農村地域ともいえる。したがって、そこから得られる経験や教訓は、タンザニアにおける今後の農村土地政策の道筋を示す、貴重なデータを提供してくれるものと考えられる。

第5章

農村女性の土地権はどのように変化してきたのか

ローアモシ灌漑地区チェケレニの月曜マーケット。マワラなどで栽培されている野菜が持ち込まれる。チェケレニは水不足が続いているが、その南のマワラにはミワレニ水源があり、水は豊富である。マワラでは1996年頃から田越灌漑で稲作がおこなわれている。2011年11月

ローアモシ灌漑地区（LMIS）において1987年に実施された土地再配分では、女性は従前地における慣習的な土地耕作・所有権を全面的に失ったわけではないということが、第4章の分析で明らかになった。また、女性土地所有者は、当初全体の約20％存在し、女性がどのように従前地および再配分地を取得したのかについてもある程度明らかになった。しかし、1987年に土地再配分がおこなわれてから、現在に至るまで、すでに四半世紀以上が経過している。タンザニアの社会変化に伴い、女性の土地権に関する状況も変化しているのではないだろうか。本章では、LMISにおける農村女性の土地権の経時的な変遷について考える。

第1節　土地権の所有・相続に関する農村女性の土地権への影響

　前章で述べたように、土地権の近代化に伴い土地からの収益が増加すると女性の土地権が剥奪されるという分析がこれまで繰り返されてきた。さらに土地権の近代化を進め、土地登記によるメリットが認識されるようになると、男性が土地権を独占し女性は慣習的な土地耕作・所有権を失うことが、「土地権の進化論」を通じて指摘されてきた。そのため、タンザニアでは土地権の近代化に対しては、批判的な議論が展開されてきた。

　しかし、土地所有者および面積の経時的変化を性別に分析したデータはほとんど存在しない。LMISにおいて灌漑稲作圃場の所有規模の性別分布を把握することは、女性の土地所有の多様な状況を明らかにすることにつながる。さらに、圃場の所有形態の経時的な変化を分析することにより、女性の土地所有の増減の要因を見出すことが可能になり、女性が土地権の取得を通じて、何を「価値あること」と考え、選択し行動しようとしているのかを発見することにつながる。

　タンザニアにおいて、人々が土地を入手する方法は、主に以下の5つである。

　　①未開地の開墾（主に植民地時代およびそれ以前におこなわれていた）。
　　②政府（中央、県、村など）による土地再配分（ウジャマー政策、土地利用・開発計画、国際援助プロジェクトなど）。

③相続（家族や親族、クラン［氏族］などから）。
④贈与（家族や親族、クランなどから）。
⑤売買（自己や他者の資金によるもの）。

　これらのうち、①未開地の開墾、および②政府による土地再配分の方法に関しては、第4章で詳しく述べた。しかし、その他の③相続、④贈与、⑤売買などの土地の入手形態についても分析する必要がある。
　相続について現状を見てみると、タンザニア社会の約80％は父系制社会で、相続は男子を優先するといわれている。男子相続には、長子・末子相続、あるいは男子均分相続などがあり実情は多様である。LMISは、チャガ人、パレ人が大多数を占め、父系制社会を基本としている。
　では、女性は土地の相続にどのように関わるのだろうか。父系制社会においては、土地および財産は男性の世帯主が所有・管理・相続するため、女性は妻・母としてその役割を果たす限りにおいて保護され、土地を利用できる。しかし、夫と離婚・別居・死別すると、夫の保護・管理の対象から外れ、土地使用権を剥奪される（URT 1994:249、Englert 2008:85）。
　第3章で考察した既往研究において、南アジアにおける父系制社会では、男性の兄弟が土地相続をおこない、女性は土地を相続しない。夫が亡くなり、妻が寡婦になると夫の土地の相続権はなく、夫の兄弟や男性親族に土地や財産を奪われ、女性は賃金労働者や物乞いになる。あるいは、女性が離婚すると、実家に戻されるが、その場合は自分の兄弟などの土地で賃金労働者として働く。このように、女性の社会的地位および土地の使用・所有は、婚姻制度を基調とする夫の家族との関係性を通じて規定されることが指摘されている（Agarwal 1994a）。
　サブサハラ・アフリカにおける「土地権の進化論」に対する批判として、制定法のもとでは女性は亡くなった夫の土地を相続・取得することが可能であっても、慣習法のもとでは女性は家族の土地（family land）およびクランの土地（clan land）を相続・取得できないという分析がある。もし女性が相続しようとすれば、土地権を固有化・私有化・登録化する過程で、家族やクラン内部にコンフリクト（争議）を起こすうえに、相続したとしても、所有ではなく使用

を認められるのみである、といわれてきた（Platteau 1996:40）。同時に、近代的な制定法ではなく、伝統的な慣習法を尊重しようとすると、慣習法が女性に不平等な慣行を含んでいれば、女性は不利な状況におかれる、ともいわれてきた。

実際、タンザニアにおける慣習法は、女性に土地所有権を認めず、相続権も限定してきた。村落議会、村落評議会、民事裁判官のほとんどは男性で構成されており、そのような場に意思決定が委任されると、女性の平等の権利より、村落の伝統や慣習法の保持・存続のほうが優先されがちになるといわれてきた。村落議会や村落評議会は、往々にして家族やクランの土地を守ることのほうが、女性に平等な相続権や所有権を付与することより重要であると判断するからである。このようなことから、女性には家族やクランの土地は相続させないというのが従来の慣習法であるとされてきた（Tsikata 2001）。

タンザニア地域で多くを占める父系制社会では、離婚すると女性は実家に戻される（Englert 2008）。夫が亡くなると、土地の営農権（耕作権）も失う。娘は父親の土地を相続できることもあるが、面積は兄弟より少ない。女性世帯主世帯は、男性世帯主世帯より概して貧しく、土地を手放す確率が高い。女性は慣習法のもとで、土地所有権を獲得することができず、離婚・別居・死別すると、保護・管理の対象から外れ、土地の使用権を剥奪されることになり、長期的に見て女性の土地所有が減少する。こうした見方がタンザニア地域の土地権をめぐる研究では一般的である。しかし、このような分析は正しいのだろうか。

本章では、土地権の近代化を進めると、農村女性の土地（農地）の所有権は経時的に失われるという従来の分析について、ローアモシ灌漑地区（LMIS）における実証的調査をもとに批判的検証をおこなう。具体的には、ローアモシ灌漑施設および圃場整備、それに伴う灌漑稲作技術普及を土地権の近代化と仮定したうえで、LMISにおける土地の所有形態について分析をおこなう。なかでも、LMIS内の農民男女が所有する灌漑稲作圃場の規模の分布、土地所有面積の性差および経時的変化、土地所有形態の変化（相続や売買を通じた土地の取得など）について分析する。そのうえで、女性がどの程度の土地（農地）をどのように所有・相続しているのか、それは地域の特徴や家族内外の社会関係性によりどのように異なるのか、どのような要因で女性の土地権が増減するのか、多様な状況において女性は土地権との関連で何を「価値あると思う」こと

と見なし、機会として捉え、それをどのように選択し実現可能性を高めようとしているのか、これらの点を具体的に考察する。

第2節　調査結果—女性が土地を所有する時

1　農村女性の土地所有の現状

　LMISにおける土地所有者の規模別分散を把握するために、各ブロックのLOMIA土地所有者リスト（2004～10年）を集計し分析した。その結果、LMISの土地所有者は合計1845名おり、うち21.1%（390名）が女性で、女性が所有する面積は全体の16.8%を占めることがわかった。所有している灌漑稲作圃場（1プロット＝3000m^2）をもとに、男女別の度数分布を見ると、男性では90%が4プロット（1万2000m^2）以下、女性では90%が3プロット（9000m^2）以下の小規模な所有者で占められていることが判明した。図5.1は、3000m^{2}のプロットごとの所有面積に関する男女別の度数分布である。

　LMISにおいて、2001～06年にソコイネ大学のキサウィケ教授が実施したサンプル調査（89人の土地所有者、うち女性は16人）では、1～6プロットの所有者と7プロット以上の所有者に2分類し、7プロット以上の所有者を商業的農民（commercial farmer）としているが、その分類の根拠は明記されていな

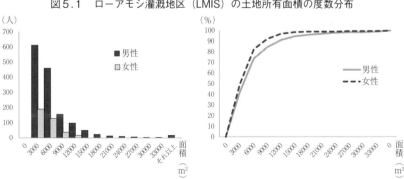

図5.1　ローアモシ灌漑地区（LMIS）の土地所有面積の度数分布

注：LMISの灌漑稲作圃場につての度数分布。
出典：LOMIA土地所有者リスト（2004～2010年）から作成。

い（Kissawike 2008:Table4.2a）。これに対し本調査では、ローアモシ灌漑事務所（LMIO）のスタッフの意見を参考に、規模別集計によってより細かく分類し、土地所有規模の分散に関する性別相違の分析を試みた[1]。その結果は以下のとおりである。

（1） 零細・小規模な女性土地所有者

LMIS の灌漑稲作圃場では、2プロット（6000m^2）以下しか所有していない零細・小規模所有者の割合が男女あわせて75.6％で全体の所有面積の43.8％を占めている。また、2～4プロット（6001～1万2000m^2）を所有する中規模所有者は16.7％で全体面積の25.7％、4～9プロット（1万2001～2万7000m^2）を所有する大規模に近い中規模所有者は6.2％で全体面積の18.2％を占めている。そして9プロット（2万7001m^2）以上の大規模土地所有者は1.5％で全体面積の12.3％を占めている[2]（表5.1）。

男性の場合は、1プロット以下の零細規模所有者は男性所有者全体の42.3％を占め、男性全体の面積の15.2％しか所有していない。1～2プロットを所有する小規模所有者は31.5％で男性全体の面積の26％を占めている。2～9プロ

表5.1　ローアモシ灌漑地区（LMIS）における土地所有規模の分布

土地所有規模	所有プロット数	所有面積（m^2）	全体				男性				女性			
			人	％	面積（m^2）	％	人	％	面積（m^2）	％	人	％	面積（m^2）	％
大規模	9以上	27,001以上	28	1.5	1,290,690	12.3	25	1.7	1,166,310	13.3	3	0.8	124,380	7.0
中規模1	4～9	12,001～27,000	114	6.2	1,911,730	18.2	105	7.2	1,760,800	20.1	9	2.3	150,930	8.6
中規模2	2～4	6,001～12,000	309	16.7	2,707,030	25.7	252	17.3	2,223,250	25.4	57	14.6	483,780	27.4
小規模	1～2	3,001～6,000	588	31.9	2,903,770	27.6	459	31.5	2,277,595	26.0	129	33.1	626,175	35.5
零細規模	1以下	1～3,000	806	43.7	1,701,244	16.2	614	42.3	1,322,061	15.2	192	49.2	379,183	21.5
		合計	1845	100.0	10,514,464	100.0	1,455	100.0	8,750,016	100.0	390	100.0	1,764,448	100.0

注：土地は灌漑稲作圃場の意味。水田の所有面積のみの数値で畑地面積は含まれていない。1プロット＝3000m^2。規模の分類基準に関してはLMIOの提案をもとに設定。
出典：LOMIA 土地所有者リスト（2004～2010年）を集計し作成。

---

1) 規模基準に関しては、LMIOの灌漑スタッフの意見を参考に分類した。
2) タンザニア全土における畑地・水田をあわせた農家1世帯当たりの所有面積の中央値は5エーカー（2万m^2）である（2007年）。2001年には2万m^2以下の耕地しか所有していない農家世帯の割合は、全体の農家世帯の62.3％だったが、2007年には68.8％に増加している（URT 2009a:41）。タンザニア政府による土地（農地）所有分類の単位は、エーカーで表示されており、1～20エーカー（4000～8万m^2）区分で集計している。また畑地と水田の区別はしていない。

ットを所有する中規模所有者は24.5％で男性全体の面積の45.5％を占めている。9プロット以上所有する大規模所有者は1.7％で、男性全体の面積の13.3％を占めている。

　他方、女性の場合は、1プロット以下の零細規模所有者は女性全体の約半数の49.2％であるが、女性全体面積の21.5％しか所有していない。1～2プロットの小規模所有者は33.1％おり、女性全体の面積の35.5％を所有している。2～9プロット所有する中規模所有者は16.9％で、女性全体面積の36％を占めている。なお、女性でも9プロット以上所有している大規模所有者が0.8％おり、女性全体面積の7％を占めている。女性の1プロット以下の零細規模所有者および1～2プロットの小規模所有者をあわせると82.3％にもなる。

　また、女性土地所有者の82.3％を占める零細・小規模土地所有者の女性は、男女あわせた全体の土地所有面積の約10％しか所有していない。これは、零細および小規模所有者をあわせた男性（男性の73.8％）が占める全体面積に占める割合（34％）より、かなり低い数値である。

　これらの分析から、女性の場合、男性以上に零細・小規模所有の側に偏在しており、零細・小規模の土地所有面積の割合も男性より低いことが判明した。しかし、女性の中にも中・大規模の土地所有者が女性全体で17.7％おり、その中には商業的農業を営んでいる人もいると考えられるため、さらに女性内の多様性に留意した分析が必要となる。

（2）　地区・ブロックにより異なる女性の土地所有者比率

　次に、LMIS上・中・下流域の全5地区およびブロックごとの女性の土地所有者について集計をおこなった（表5.2）。上流では豊富な水を利用したコメの2期作が可能であり、中流では2～3年に1回のローテーション（番水制）でコメとメイズを交互に栽培している。しかし、下流ではほとんど用水を得ることができない状況である。

　分析の結果、女性土地所有者の男女比の割合が最も高いのは、上流のアッパー・マボギニ地区であった。女性は同地区における全土地所有者の27％を占める。同比率については、次いで下流のチェケレニ24％、中流のラウヤカティ19％、中流のローア・マボギニ16％、下流のオリア11％となっている。

表5.2 ローアモシ灌漑地区（LMIS）の地区およびブロックの土地所有者[3]

地区	ブロック番号	各ブロックの男女合計数（人）	各ブロックの女性数（人）	各ブロックにおける女性の割合（%）	各ブロックにおける女性の所有面積割合（%）
アッパー・マボギニ	MS1-1	73	19	26	22
	MS1-2	73	30	41	39
	MS1-3	63	14	22	22
	MS2-1	59	12	20	18
	MS2-2	73	17	23	20
	MS2-3	56	9	16	10
	MS3-1	43	18	42	47
	MS3-2	60	14	23	19
	小計	500	133	（平均）27	（平均）23
ローア・マボギニ	MS4-1	50	14	28	18
	MS4-2	56	10	18	9
	MS5-1	53	6	11	10
	MS5-2	37	3	8	6
	MS5-3	56	14	25	20
	MS6-1	38	6	16	16
	MS6-2	22	0	0	0
	MS6-3	12	2	17	4
	MS7-1	55	8	15	8
	MS7-2	49	7	14	13
	小計	428	70	（平均）16	（平均）11
ラウヤカティ	RS1-1	38	14	37	30
	RS1-2	45	7	16	17
	RS1-3	48	17	35	26
	RS1-4	41	4	10	7
	RS1-5	30	4	13	10
	RS1-6	14	2	14	15
	RS1-7	33	5	15	19
	RS1-8	14	2	14	5
	RS1-9	13	2	15	5
	RS3-1	21	4	19	31
	RS3-2	28	3	11	6
	RS3-3	33	4	12	11
	RS3-4	15	2	13	16
	小計	373	70	（平均）19	（平均）16
チェケレニ	RS4-1	126	28	22	22
	RS4-2	56	12	21	16
	RS4-3	89	23	26	24
	RS4-4	69	16	23	20
	RS4-5	54	8	15	18
	RS4-6	44	14	32	33
	RS4-7	57	13	23	22
	RS4-8	45	12	27	21
	RS4A-1A	47	12	26	26
	RS4A-1B	56	16	29	30
	小計	643	154	（平均）24	（平均）23
オリア	RS8-2A	53	8	15	11
	RS8-2B	30	4	13	19
	RS8-3	65	4	6	5
	RS8-4	57	6	11	11
	小計	205	22	（平均）11	（平均）10
	合計	2149	449	21	16.8

注：複数の地区およびブロックに土地を所有する者がいるため、土地所有者総数は延べ人数となっており、数値は実際の所有者人数より多い。
出典：LOMIA 土地所有者データ（2004～2010年）から作成。

---

[3] 1996年の記録では、女性所有者（灌漑稲作圃場）の割合は、LMIS全体では20.8%、マボギニ（アッパー・マボギニとローア・マボギニ）で23.5%、ラウヤカティで16.3%、チェケレニで25%、オリアで6%だった（国際協力事業団 1996）。

女性が占める土地所有面積の割合については、人数の割合と同様に、上流のアッパー・マボギニ地区と下流のチェケレニ地区で最も高く、23％となっている。次いで、同様に中流のラウヤカティ16％、中流のローア・マボギニ11％、下流のオリア10％となる。ウジャマー村であるチェケレニの場合は、ウジャマー政策の入植措置により女性の土地所有者が相対的に数多くいたと考えられる。この要因に関しては第4章で分析した。しかし、ウジャマー村ではなかったアッパー・マボギニでも女性の所有者と所有面積の割合が高い。また、2008年までは、下流のチェケレニにおいても灌漑稲作がローテーション（番水制）でおこなわれていたため、2期作のアッパー・マボギニを除けば、他の地区と収量や収入に関して大きな差異があったとは考えにくい。したがって、女性の土地所有者および面積の割合は、経済的な要因よりむしろ他の社会的な影響を受けているのではないかと考えられる。

（3） 分析結果のまとめ

以上の分析をまとめると次のようになる。女性は男性より零細・小規模所有のほうに偏在している。全所有者に占める零細・小規模規模所有者のうち、女性の零細・小規模所有者（82.3％）が所有する面積割合は全体の約10％にしかすぎず、男性の零細・小規模所有者（73.8％）の数値34％より、かなり低い。つまり、女性農民はほとんどが、零細・小規模農民で、非常に小さい面積の土地しか所有していない。しかし、女性の中にも中規模・大規模土地所有者がいる。また、女性の土地所有者が占める割合は、各地区およびブロックごとに異なり、上流のアッパー・マボギニ地区と下流のチェケレニ地区で最も多い。したがって、女性の土地所有者の数や所有面積割合の度合いは、上流か下流かということ以外の要因の影響を受けていると考えられる。

2　土地所有の経時的変化

既存の文献では、LMISの1996年における女性の土地所有者の割合は全体の約20.8％という数値が示されている（国際協力事業団 1996）。一方、LOMIA土地所有者リスト（2004〜10年）のデータ分析の結果からは、それを少し上回る

21.1％という数値が得られた。したがって、1996年のデータが正しければ、女性の土地所有者の割合は多少増加傾向にあるといえる。しかし、その質的変化は不明であり、例えば、零細・小規模規模に集中する傾向があるのか、中規模に移行しているのか、土地の集約が起きているのか、などは明らかではない。土地に関する変化が女性の機会や選択、より良い暮らしにどのように影響しているのかについて、経時的変化も併せて包括的に分析すれば、女性の土地権の増減やその質的変化に関する要因も明らかになるものと考える。

LMIS内の全てのブロックについて、1987年の土地所有者および所有面積に関するデータを入手することは困難であっため、経時的変化については、データが入手できた上流アッパー・マボギニのMS1-2、中流ローア・マボギニのMS4-1、下流チェケレニのRS4-1の3ブロックのみを選定し、1987年、2008年、2013年の比較をおこなった。ただし、ローア・マボギニについては、1987年の土地所有者リストを入手したものの欠測値が多く、データとして使用できなかったため、2008年と2013年のデータの比較にとどめた。しかし、第2章で述べたように、この2008年のデータは、それ以前の状況も含む可能性のあるデータである。つまり、2008年から2013年の5年間の短期変化というより、2008年以前の状況も含んでいると考えられる。したがって、このデータについては、2008年以前から徐々に変化し、より長いスパンで2013年の結果に到達したと考えるのが妥当である。

(1) 土地所有者の人数および面積の変化

経時的変化の分析結果として、1987年から2013年までの約26年間において、女性の土地所有者数およびその土地面積はほぼ増加していることがわかった（表5.3、表5.4、表5.5、ただし表5.4は2008〜2013年）。

特に女性が所有する灌漑稲作圃場の合計面積は、アッパー・マボギニ（MS1-2）では約6プロット（1万7703m^2）、ローア・マボギニ（MS4-1）では約22プット（6万6000m^2）、チェケレニ（RS4-1）では約18プロット（5万2680m^2）増加した[4]。

---

[4] なお、3ブロックの各年の合計面積には相違が生じており、最大で約2.5％の欠測値がある。

表5.3 アッパー・マボギニ（MS1-2）における土地所有者と面積の変化

	1987				2008				2013			
	人	%	面積(m²)	%	人	%	面積(m²)	%	人	%	面積(m²)	%
男性	43	59.7	107,619	61.2	43	59.0	109,751	61.0	42	56.0	94,371	52.4
女性	29	40.3	68,105	38.8	30	41.0	70,088	39.0	33	44.0	85,808	47.6
合計	72	100.0	175724	100.0	73	100.0	179839	100.0	75	100.0	180179	100.0

出典：LOMIA 土地所有者リスト（2004～2010年、および2013年）から作成。

表5.4 ローア・マボギニ（MS4-1）における土地所有者と面積の変化

	2008				2013			
	人	%	面積(m²)	%	人	%	面積(m²)	%
男性	36	72.0	165,839	82.0	27	43.5	99,269	49.0
女性	14	28.0	37,230	18.0	35	56.5	103,230	51.0
合計	50	100.0	203,069	100.0	62	100.0	202,499	100.0

出典：LOMIA 土地所有者リスト（2004～2010年、および2013年）から作成。

表5.5 チェケレニ（RS4-1）における土地所有者と面積の変化

	1987				2008				2013			
	人	%	面積(m²)	%	人	%	面積(m²)	%	人	%	面積(m²)	%
男性	97	75.8	267,810	80.3	98	77.8	265,170	77.8	87	63.0	223,650	65.4
女性	31	24.2	65,700	19.7	28	22.2	75,660	22.2	51	37.0	118,380	34.6
合計	128	100.0	333,510	100.0	126	100.0	340,830	100.0	138	100.0	342030	100.0

出典：LOMIA 土地所有者リスト（2004～2010年、および2013年）から作成。

（2） 土地所有者の男女比率の変化

　これらの3つのブロックの土地所有者の合計数、男女別の数値をさらに図5.2に示した。その内訳を見ると、全てのブロックで土地所有者の男女比が変化しており、2008年のチェケレニ（RS4-1）を除き女性の割合が増加している（図5.3）。アッパー・マボギニ（MS1-2）とチェケレニ（RS4-1）における女性の所有者数は微増であるが、ローア・マボギニ（MS4-1）では、男女比が逆転するほど、女性の所有者の割合が増加した。

（3） 土地所有面積の男女比率の変化

　女性が所有する土地面積の割合にも、土地所有者数と同様の傾向が見られる（図5.4）。アッパー・マボギニ（MS1-2）でもローア・マボギニ（MS4-1）

でも、女性が所有する土地面積は全体の約半分、あるいはそれ以上を占めるほどになった。

（4）平均所有面積の男女別の変化

1人当たりの平均所有面積は、どのブロックでも、全体としては減少傾向にあり、土地の細分化が進行している（図5.5）。しかし、アッパー・マボギニ（MS1-2）とローア・マボギニ（MS4-1）においては、男性の1人当たり

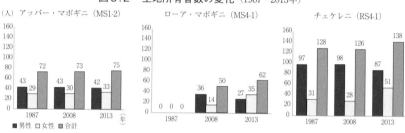

図5.2　土地所有者数の変化（1987～2013年）

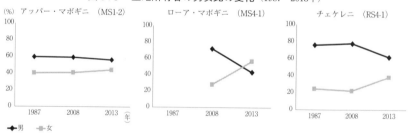

図5.3　土地所有者の男女比の変化（1987～2013年）

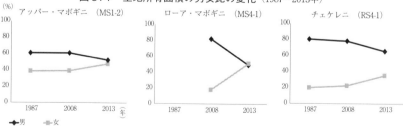

図5.4　土地所有面積の男女比の変化（1987～2013年）

図5.5　1人当たり平均土地所有面積の変化（1987～2013年）

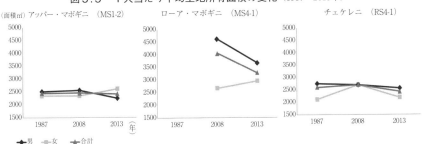

土地所有面積が減少しているにもかかわらず、逆に女性の場合は増加している。チェケレニにおいても、2008年には多少減少しているが、1987年を基準とすれば、2013年までの間に女性1人当たりの平均土地所有面積は増加した。

（5）男女が所有するプロットの位置と男女間の所有地の変化

これらの3ブロックにおいて女性が所有するプロットを圃場地図の上で確認すると（図5.6～5.14）、1987年から2013年まで、女性は必ずしも同じプロットを所有し続け、さらに他のプロットを追加的に所有したというわけではなく、場所によって異なる増減が見られる。つまり女性が所有していた土地が男性の所有になったり、あるいはその逆が起きている。したがって、次に各ブロックにおける土地所有者の変化について分析する。

第1に、アッパー・マボギニでは、全てのプロットは用排水路に面しており、ヌジョロ川からの取水も豊富にでき、どの位置のプロットを所有していても用水へのアクセスには大差がない。図5.6は、アッパー・マボギニ（MS1-2）

図5.6　アッパー・マボギニ（MS1-2）における女性の所有地の変化（1987～2013年）

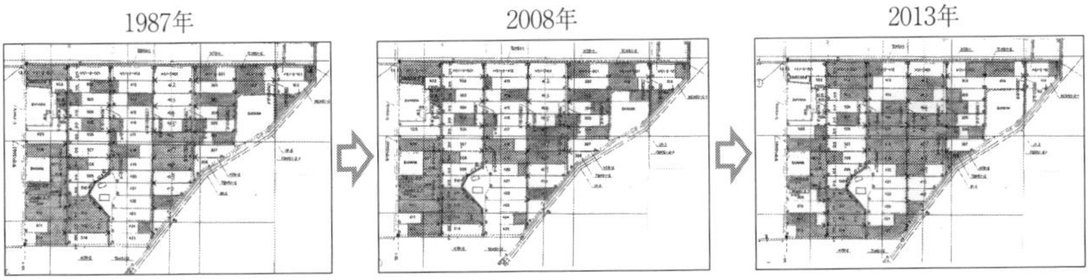

図5.7 アッパー・マボギニ（MS1-2）における男女間の所有地の変化（2008〜2013年）

a 2008〜2013年 男性から男性へ　　　b 2008〜2013年 男性から女性へ

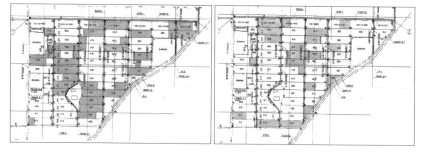

c 2008〜2013年 女性から女性へ　　　d 2008〜2013年 女性から男性へ

における1987年、2008年、2013年の女性の所有地の変化を示したものである。女性の土地所有面積の割合は、38.8％（1987年）、39％（2008年）、47.6％（2013年）である（表5.3）。女性の所有地の割合が増加していると同時に女性が所有するプロットの位置が変化していることもわかる。

男女別の所有プロット場所の変化を見るために、さらに2008〜2013年の間における、a男性から男性へ、b男性から女性へ、c女性から女性へ、d女性から男性への土地の変化を図に示した（図5.7）。この図により、b男性から女性へ、d女性から男性へ双方向の変化が起きていることがわかる。女性が土地を所有していても男性に移譲することがある。また、男性から女性への所有地の移譲分のほうが、女性から男性への変化より多い。

以下の図5.8では1987年から2008年、2008年から2013年における3段階の男女別の所有地分布の変化を示した。組み合わせは、以下のとおりである。

図5.8 アッパー・マボギニ (MS1-2) における男女間の所有地の変化 (1987〜2008〜2013年)

a 女性→女性→女性　　　　　b 女性→女性→男性

c 女性→男性→女性　　　　　d 女性→男性→男性 (なし)

e 男性→男性→男性　　　　　f 男性→男性→女性

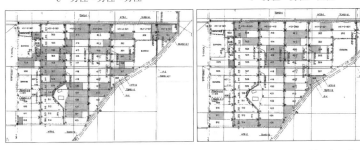

g 男性→女性→女性　　　　　h 男性→女性→男性 (なし)

a　女性（1987）→女性（2008）→女性（2013）
b　女性（1987）→女性（2008）→男性（2013）
c　女性（1987）→男性（2008）→女性（2013）
d　女性（1987）→男性（2008）→男性（2013）
e　男性（1987）→男性（2008）→男性（2013）
f　男性（1987）→男性（2008）→女性（2013）
g　男性（1987）→女性（2008）→女性（2013）
h　男性（1987）→女性（2008）→男性（2013）

　このうち、アッパー・マボギニにおいては、dとhに相当するケースはなかった。bから、女性が所有していて、2008年に男性に移譲したケースがあることがわかる。cは、女性が男性に移譲し、その後男性が女性に移譲したケースで、1プロットある。女性から男性への移譲は、主に2008年以降である。さらに、fとgからも、男性から女性への土地の移譲が起きたのは、主に2008年以降であることがわかる。

　1プロット（100m＝3000m^2）が所有の最小単位ではなく、プロット（耕区）をさらに小さな畔区に分割し、畔区を所有していることもある。1プロットを、半分の畔区（50m）、さらに3分の1ずつの畔区（30〜40m）に分割して所有していることもある。それは、男性・女性の所有地のどちらでも見られる。

　次に、アッパー・マボギニのやや下流に位置するローア・マボギニのケースを見てみよう。ローア・マボギニでは、LMIOが作付期ごとに作成する配水計画に沿って、LOMIAのブロック・リーダーが中心となって、ローテーション（番水制）で配水管理をしている。住民は基本的にはローテーションを受け入れている。2次水路に近いプロットのほうが、先に配水されるので有利であるという意見もあるが、ローテーション計画に沿っていれば、どこにプロットを所有するかについては大差ない。ここでも1987〜2013年間に、女性の所有地面積が増加していることがわかる（図5.9）。ただし、1987年のデータには、所有者が不明な部分があるため、1987年の図は、データが存在する部分のみ参考として掲載したものである。2008年と2013年の図から、2008年から2013年の間に、女性の土地所有が大きく増加していることがわかるが、ここでも同様に所

図5.9　ローア・マボギニ (MS4-1) における女性の所有地の変化 (1987〜2013年)

注：1987年のプロット図には所有者不明のプロットが存在する。

図5.10　ローア・マボギニ (MS4-1) における男女間の所有地の変化 (2008〜2013年)

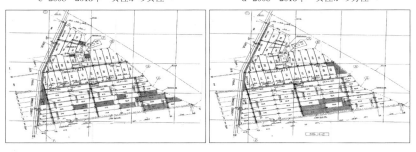

有プロットの位置が変化していることがわかる。女性の土地所有面積の割合は、18%（2008年）、51%（2013年）と増加した（**表5.4**）。

　男女別の所有場所の変化について、2008〜2013年の間における、a 男性から男性へ、b 男性から女性へ、c 女性から女性へ、d 女性から男性への土地の変化を見た（**図5.10**）。この図から、b 男性から女性へ、d 女性から男性へ双方向の変化が起きていることがわかる。女性が土地を所有しても男性に移譲する

ことがある。また、b男性から女性への所有地の移譲分のほうが、d女性から男性への変化より多い。これはアッパー・マボギニと同様の現象である。

　図5.11は、さらに、ローア・マボギニの1987年から2008年、2008年から2013年における、3段階の男女別の所有地分布の変化を示している。組み合せは、前述の組み合せと同様に8通りある。ローア・マボギニの1987年の正確なデータが存在しないため、1987年時点での正確な比較はできないが、2008年時点で女性が所有していた土地はアッパー・マボギニに比較すると少ない（表5.3、表5.4を参照）。aは女性がそのまま所有していた土地、bとcは女性から男性に移譲された土地、dは女性から男性に移譲され再度女性に移譲された土地である。fからわかるように、1987年時点で男性が所有していた土地の多くは、2008年以降に女性に移譲された。また、hからわかるように、男性から女性へ、女性から男性へと移譲された土地も約3プロットある。

　しかもアッパー・マボギニと同様に、1プロットが所有の最小単位ではなく、プロット（耕区）の中の畔区にさらに分割されて所有されている。1プロットを、半分（50m）、さらに3分の1ずつ（30〜40mなど）の畔区に分割して所有している。それは、男性・女性の所有地のどちらにも見られる。

　最後に、下流に位置するチェケレニでは、2008年以降、灌漑用水をほとんど確保できずメイズを栽培するようになっている。ラウ配水システムにより、ラウヤカティから幹線水路を通り、ラウ川の水が配水されてきた。RS4-1ブロックは、チェケレニでは最初に取水できる位置にある。また、水路に近いプロットのほうが水へのアクセスは有利ではあるが、チェケレニでは圃場の位置よりも、配水をコントロールする水路係に対する交渉力のほうが重要なので、プロットの位置と水配分の機会との関連性は低い。前述の、アッパー・マボギニとローア・マボギニの2つのブロックと同様に、チェケレニにおいても、1987〜2013年の間に女性の土地所有が増加している（図5.12）。女性の土地所有面積の割合は、19.7％（1987年）、22.2％（2008年）、34.6％（2013年）と増加してきた（表5.5）。

　チェケレニの男女別の所有プロットの位置の変化を見るために、さらに2008〜2013年の間における、a男性から男性へ、b男性から女性へ、c女性から女性へ、d女性から男性への土地の変化を図に示した（図5.13）。この図に

図5.11 ローア・マボギニ (MS4-1) における男女間の所有地の変化 (1987~2008~2013年)

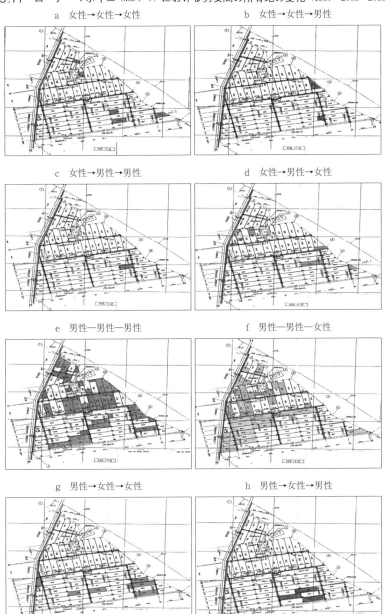

注:1987年のプロット図には所有者不明のプロットが存在する。

図5.12　チェケレニ（RS4-1）における女性の所有地の変化（1987～2013年）

図5.13　チェケレニ（RS4-1）における男女間の所有地の変化（2008～2013年）

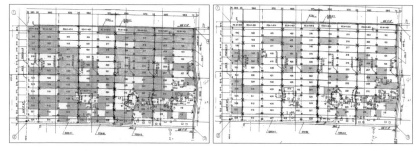

より、チェケレニでも、b男性から女性へ、d女性から男性へ双方向の変化が起きていることがわかる。女性が土地を所有しても、男性に移譲することがある。また、男性から女性への所有地の移譲分のほうが、女性から男性への変化より多い。これは、アッパー・マボギニおよびローア・マボギニと同様である。女性から男性への移譲があるものの、男性から女性へ移譲されたプロットのほうが多いことも、前述の2ブロックとの共通点であるといえる。

図5.14 チェケレニ (RS4-1) における男女間の所有地の変化 (1987〜2008〜2013年)

a 女性→女性→女性

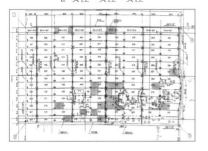

b 女性→女性→男性

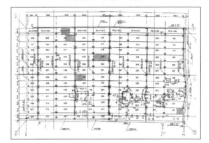

c 女性→男性→男性

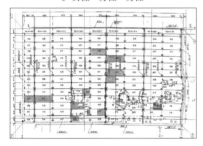

d 女性→男性→女性

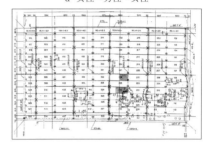

e 男性→男性→男性

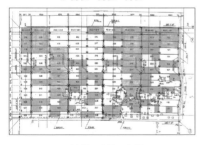

f 男性→男性→女性

g 男性→女性→女性

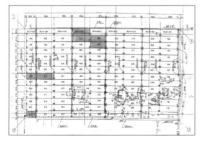

h 男性→女性→男性

図5.14では、チェケレニにおける、1987年から2008年、2008年から2013年における、3段階の男女別の所有地の変化を示した。組み合せは、前述の組み合せと同様に8通りである。aは女性がそのまま所有していた土地、bとcは女性から男性に移譲された土地、dは女性から男性に移譲され再度女性に移譲された土地である。fからわかるように、1987年時点で男性が所有していた土地の多くは、2008年以降に女性に移譲された。また、hからわかるように、男性から女性、さらに女性から男性へと移譲された土地も、ローア・マボギニ同様に約3プロットある。

　他の2つの地区と同様に、1プロットが所有の最小単位ではなく、プロット（耕区）の中の畔区にさらに分割されて所有されている。チェケレニは、かつてウジャマー村だったため、相対的に均等に土地が配分されていたこともあり、1.5プロットを所有している農民が多かった。したがって、1プロットを半分（50m ＝1500m^2）に分割している場合が多い。さらに、1プロットを、3分の1、4分の1ずつの畔区にして所有していることもある。それは、男性・女性の所有地のどちらでも見られる。

（6）　分析結果のまとめ

　以上の分析から、1987年から2013年に至るまで、上流、中流、下流の全てにおいて、女性の土地所有者数が増加していること、特にローア・マボギニ（中流）では、2013年には男性より女性の土地所有者数のほうが多くなっていることがわかった。また、男性の平均的土地所有面積は減少傾向にあるのに対し、女性のそれは増加傾向にある。これらの結果は、3ブロック全てにおいて、女性が過去26年間に、男性と比べて相対的に農業生産活動に携わるようになっている傾向を示している。特に、2期作をおこない収益が高いと考えらえるアッパー・マボギニ（上流）においても、女性の土地所有者が増加しているということから、「土地権の近代化に伴い、土地からの収益が上がるようになると、女性の土地権が剥奪される」「土地からの収益が上がり、土地登記によるメリットが認識されるようになると、男性が土地権を独占し女性は慣習的な土地耕作・所有権を失う」といわれてきた従来の分析は、LMISの場合には、必ずしも当てはまらない。

たしかに、2008〜13年に限ってみれば、いずれのブロックにおいても男性から男性への移譲が多く発現しており、また、女性から女性へのみならず、女性から男性への移譲も起きている。しかし、男性から女性への移譲のほうが、女性から男性への移譲より多いことが最も顕著な特徴である。一方、1プロットをさらに、30〜40m、あるいは50mなどの畔区に分割して所有している状況も見て取れたが、これは男女ともに起きている現象である。

3　土地の相続・所有の変化に関する分析

(1)　土地の相続・所有に関する事例分析

　LMISにおける土地所有の経時的変化分析の結果から、アッパー・マボギニ（MS1-2）、ローア・マボギニ（MS4-1）、チェケレニ（RS4-1）の3ブロックにおいて、女性の土地所有者数および所有面積が経時的に増加していることがわかった。したがって、本節ではこれらの3ブロックにおける女性の土地権の変化の内容についてさらに分析する。

　分析の手法としては、3ブロックの比較が可能なLOMIA土地所有者リスト（2004〜10年）を活用し、とくに、3ブロック共通のデータ比較が可能な2008年から2013年にかけて起きた土地権の変化に注目して、その変化の内容を明らかにする[5]。土地の取得手段としては、未開地の開墾、政府による土地配分、家族・親族・クランなどからの相続、贈与、売買があるが、未開地の開墾、政府による土地配分についてはすでに第4章で分析したので、本章ではこのうち相続、贈与、売買について分析する。また、分析手法としては、3ブロックの土地所有者に対する質問票による全数調査（2013年4〜7月）で得られた土地の入手手段に関するデータを使用する[6]。なお、対象3ブロックの土地所有者数と全数調査対象者数の比較については、**表5.6**を参照のこと。

---

[5] ローア・マボギニに関しては、1987年の土地所有者リストの入手が困難だったため、3ブロック全てについて、1987年からの変化を比較することが不可能であるという理由による。
[6] しかし、全数調査では、土地所有者の長期的不在、病気、転出などにより、欠測値が出たため、地域の状況をよく把握している各ブロック・リーダーおよび書記からの聞き取りにより、全数調査のデータの補足をおこなった。

152　第5章　農村女性の土地権はどのように変化してきたのか

表5.6　対象3ブロックの土地所有者数と全数調査対象者（2013年）

	アッパー・マボギニ (MS1-2)		ローア・マボギニ (MS4-1)		チェケレニ (RS4-1)		合計	
	調査対象者数	回答者数	調査対象者数	回答者数	調査対象者数	回答者数	調査対象者数	回答者数
男性	42	26	27	17	87	57	156	100
女性	33	33	35	24	54	54	122	111
合計	75	59	62	41	141	111	278	211

注：「調査対象者」はLOMIA土地所有者リスト（2013年）から取得した数である。「回答者」は、2013年4～7月にかけてLMIOの質問調査による面接が実施できた数である。全数調査を試みたが約23％の欠測値が出た。

（2）ブロック全体における土地の相続・所有の変化

　調査の結果から、対象3ブロックの土地所有者と所有面積が、2008～13年の間に、どのように変化したかが明らかになった（表5.7、表5.8）。まず、3ブロックの全土地所有者（延べ282人）のうち46％（130人）には、土地所有者の名義変更はなく、半数以上の54％（152人）には、所有者の変化があった。また、所有者が変化した場合の面積は、全体の半分以上の52％に相当する（図5.15）。したがって、同期間においてLMISの対象3ブロック全体で、約半数の土地所有者および面積に変化が生じたことが明らかになった。これを男女別に見ると、女性所有者の変化のほうが男性所有者の変化より大きいことがわか

表5.7　土地の相続・贈与・売買（対象3ブロック全体：2008～2013年）

（面積順）

土地の相続・贈与・売買		面積（プロット）	人数
相続	夫から妻へ	29	24
相続	父から息子へ	19	23
相続	父から娘へ	17	24
売買	男性の土地購入	14	19
相続	母から息子へ	12	20
相続	母から娘へ	10	14
売買	女性の土地購入	9	10
相続	妻から夫へ	4	2
贈与	夫から妻へ	4	7
その他		6	9
合計		124	152

出典：現地調査資料から作成。

表5.8 対象3ブロックの土地所有者と面積の変化（2008～2013年）

所有形態	男性				女性				合計			
	人	%	合計(m²)	%	人	%	合計(m²)	%	人	%	合計(m²)	%
A. 変化なし	92	57	264,230	63	38	31	83,960	27	130	46	348,190	48
B. 変化あり	67	43	153,060	37	85	69	223,458	73	152	54	376,518	52
Bの内訳												
（1）相続												
夫から妻					24		86,430					
妻から夫	2		11,700									
夫婦間合計		1		3	19			28	26	9	98,130	14
父から娘					24		51,960					
父から息子	23		56,760									
父から子ども合計		14		14	20			17	47	17	108,720	15
母から娘					14		31,470					
母から息子	20		37,310									
母から子ども合計		13		9	11			10	34	12	68,780	9
（2）贈与												
夫から妻					7		13,158					
妻から夫												
夫婦間贈与合計		0		0	6			4	7	3	13,158	2
（3）売買	19	12	40,900	10	10	8	27,390	9	29	10	68,290	9
（4）その他	3	2	6,390	1	6	5	13,050	4	9	3	19,440	3
合計（A+B）	159	100	417,290	100	123	100	307,418	100	282	100	724,708	100
実数の合計	156		417,290		119		307,418		275		724,708	

注：合計人数は1人が複数の形態で所有しているため実数の合計数より多い。なお父母から子どもへの贈与はなかった。

図5.15 対象3ブロック全体の土地所有者（男女合計）と面積の変化（2008～2013年）

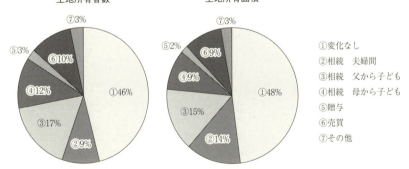

①変化なし
②相続　夫婦間
③相続　父から子ども
④相続　母から子ども
⑤贈与
⑥売買
⑦その他

る。男性の「変化あり」のほうは、人数で43％、面積で37％と約4割であるが（表5.8、図5.16）、女性の「変化あり」のほうは、人数で69％、面積で73％と約7割が変化している（表5.8、図5.17）。

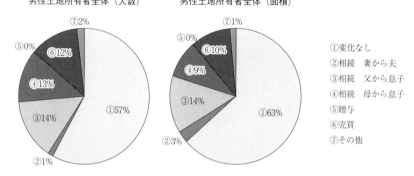

図5.16 対象3ブロック全体の男性土地所有者と面積の変化（2008～2013年）

男性土地所有者全体（人数）　男性土地所有者全体（面積）

①変化なし
②相続　妻から夫
③相続　父から息子
④相続　母から息子
⑤贈与
⑥売買
⑦その他

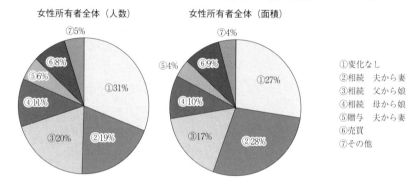

図5.17 対象3ブロック全体の女性土地所有者と面積の変化（2008～2013年）

女性所有者全体（人数）　女性所有者全体（面積）

①変化なし
②相続　夫から妻
③相続　父から娘
④相続　母から娘
⑤贈与　夫から妻
⑥売買
⑦その他

　以下では、男女あわせての土地所有者を対象に、変化した人数の割合のみについての分析結果を述べる（**表5.7**および**図5.15**を参照）。

　①所有者が変化した部分で最も割合が高かったのは、父親から子への相続で47人（17％）だった。人数としては、父親から娘へが24人、息子へが23人となっており、息子と娘への相続はほぼ同数だった。しかし、その面積は父から息子への相続（5万6760m^2、約19プロット）のほうが、父から娘への相続（5万1960m^2、約17プロット）より若干多い。父から娘への相続も息子と同程度に起きていることは、新たな発見である。

② 2番目に割合が高かったのは、母から子への相続で34人（12％）だった。このうち、母から息子へが20人、母から娘へが14人だった。面積では、母から息子への相続（3万7310m^2、約12プロット）のほうが、母から娘への相続（3万1470m^2、約10プロット）より多い。女性（母）が土地を所有しても、必ずしも女性（娘）に相続させるわけでなく、男性（息子）に相続させる割合・面積のほうが高いことがわかる。このような背景についてはさらに分析が必要である。他方、父系制社会であっても、母から娘への相続の割合が相対的に高いというのは新たな発見である。

③ 3番目は、土地の売買29人（10％）であり、男性では19人、女性では10人が土地を購入している。男性が購入した土地の合計面積（4万0900m^2、約14プロット）のほうが、女性が購入した土地の合計面積（2万7390m^2、約9プロット）より多いが、女性も自己名義の土地を購入していることがわかる。さらに、1人当たり購入面積は、男性（2153m^2）より女性（2739m^2）のほうが大きく、これも新たな発見である。

④ 4番目は、夫婦間の相続で26人（9％）である。夫から妻への相続が24人に対し、妻から夫への相続は2人のみだった。面積としては、夫から妻への相続（8万6430m^2、約29プロット）のほうが、妻から夫への相続（1万1700m^2、約4プロット）よりはるかに多かった。しかし、妻がどのような形態で夫の土地を相続し、所有しているのかについては、さらに分析が必要である。

⑤ 5番目は、夫から妻への贈与で7人（3％）である。面積としては、1万3158m^2（約4プロット）であり、1人平均では1880m^2（約半プロット）だった。そのほとんどは、夫が購入して妻名義にしたケースである。なお、親子間での贈与のケースはなかった。夫が購入し妻名義にしているケースでも、妻がどのような形態で所有しているのかについては、さらに分析が必要である。

⑥ その他は、祖父母から孫息子・娘へ、夫から離婚・別居した妻へ、といったケースなどが含まれる。この中には、離婚・別居に際して女性が裁判所に提訴し、土地権を獲得したケースが2件含まれている。提訴したケースは少ないものの、これも新たな発見であり、そのような行為に関

する分析がさらに必要である。

　次に、土地所有面積のみについて見てみると、夫から妻への相続面積が最大である。相続した土地所有面積について、多い順から相続関係を示すと、以下のようになる。①夫が亡くなり妻が相続（29プロット）、②父から息子への相続（19プロット）③父から娘への相続（17プロット）、④母から息子への相続（12プロット）⑤母から娘への相続（10プロット）。

　他方、息子が父母から相続したのは31プロット、娘が父母から相続したのは27プロットで、息子が親から相続した面積は、娘のそれよりも多い。

　さらに、女性が土地を取得したケースを見てみると、①夫から妻への相続（24人）、②父から娘への相続（24人）、③母から娘への相続（14人）、④売買（10人）、⑤夫から妻への贈与（7人）、の順となる。夫からの相続と贈与をあわせると、夫から土地を入手した妻は31人となる。

　その面積においても同様の順番になる。①夫から妻への相続（約29プロット）、②父から娘への相続（約17プロット）、③母から娘への相続（約10プロット）、④売買（約9プロット）、⑤夫から妻への贈与（約4プロット）。

　仮説に反して、女性が妻および娘として相続する面積（直前に記した①②③⑤の合計）は、変化のあった全124プロット中61プロット（49％）で、全体の約半分に相当する。また、②と③から明らかなように、母から娘に相続した面積よりも、父から娘に相続した面積のほうが多い。

　一方、男性が土地を取得したケースとしては、多いものから、①父から息子への相続、②母から息子への相続、③売買、の順となっている。妻が亡くなり夫が相続したケースもあるが、これは僅かである。面積については、①父から息子へ（19プロット）、②売買（14プロット）③母から息子へ（12プロット）、④妻から夫へ（4プロット）、の順となっている。したがって、男性の場合、父母からの相続の合計は31プロットで、「変化あり」とした男性全体の面積51プロットのうちの約61％を占めている。また、売買によって独自に購入した14プロットの割合は約27％となっている。

（3） ブロックごとの土地の相続・所有の変化

次に、調査対象となった3ブロックのそれぞれにおける土地所有形態と土地面積の変化の特徴を比較する。

まず、第1に、アッパー・マボギニ（MS1-2）の特徴は、男女ともに、土地所有形態が変化した人の割合のほうが、変化しなかった人の割合より高いことにある。男性では約6割、女性では約7割が変化した。うち、面積が最も多いのは、夫から妻への相続（7人：2万9250m^2：10プロット）である。これは3ブロック全体の傾向とも概ね重なる。また、夫から妻へ相続された1人当たり平均面積も、他に比べて大きい（4179m^2）。面積において次に多いのは母から息子への相続で、人数においては最も多い（14人、2万5910m^2、9プロット）。以下、父から息子へ（7人、1万5300m^2、5プロット）、母から娘へ（6人、1万4070m^2、5プロット）、父から娘へ（7人、1万560m^2、4プロット）、

表5.9 アッパー・マボギニ（MS1-2）における土地所有者（男女）と面積の変化（2008～2013年）

所有形態	男性					女性					合計				
	人	%	合計(m^2)	%	平均(m^2)	人	%	合計(m^2)	%	平均(m^2)	人	%	合計(m^2)	%	平均(m^2)
A. 変化なし	18	43	46,761	50	2,598	10	29	25,370	30	2,537	28	37	72,131	40	2,576
B. 変化あり	24	57	47,610	50	1,984	24	71	60,438	70	2,518	48	63	108,048	60	2,251
Bの内訳															
（1）相続															
夫から妻						7		29,250		4,179					
妻から夫															
夫婦間合計	0		0			20		34			7	9	29,250	16	4,179
父から娘						7		10,560		1,509					
父から息子	7		15,300		2,186										
父から子ども合計	17		16			21		12			14	19	25,860	14	2,186
母から娘						6		14,070		2,345					
母から息子	14		25,910		1,851										
母から子ども合計	33		27			18		16			20	26	39,980	22	1,851
（2）贈与															
夫から妻						1		858		858					
妻から夫															
夫婦間贈与合計	0		0			3		1			1	1	858	1	858
（3）売買	2	5	4,900	5	2,450	0	0	0			2	3	4,900	3	2,450
（4）その他	1	2	1,500	2	1,500	3	9	5,700	7	1,900	4	5	7,200	4	1,800
合計（A+B）	42	100	94,371	100	2,247	34	100	85,808	100	2,524	76	100	180,179	100	2,371
実数の合計	42		94,371		2,247	33		85,808		2,600	75		180,179		2,402

注：合計人数（A+B）は、1人が複数の形態で所有しているため実際の合計数より多い。男性の「その他」は、祖母から孫息子へ相続。女性の「その他」は、父から義理の娘へ相続、および祖母から孫娘へ相続。

158 第5章 農村女性の土地権はどのように変化してきたのか

の順となっている。贈与と売買は少なく、贈与は夫から妻へ1人、売買も男性1人のみである。

女性で土地を売買した人はいない。また、母から娘への相続よりも、母から息子への相続のほうが人数も面積も多く（約2倍）、女性が土地を所有しても、娘より息子へ相続するほうが多い（アッパー・マボギニにおける土地所有者［男女合計］と面積の変化については表5.9、うち、男性の土地所有形態変化については図5.18、女性の土地所有形態変化については図5.19を参照）。

第2に、ローア・マボギニ（MS4-1）の特徴は、男性の土地所有形態にはあまり変化が見られないが、女性の場合は変化した割合が8割弱と非常に多い

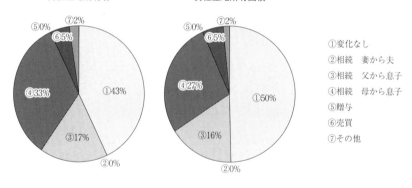

図5.18 アッパー・マボギニ（MS1-2）における男性の土地所有形態変化（2008～2013年）

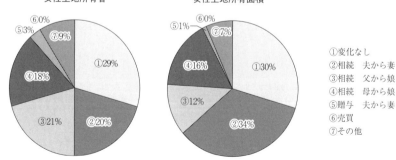

図5.19 アッパー・マボギニ（MS1-2）における女性の土地所有形態変化（2008～2013年）

ことにある。特に、父から娘への相続が最も多いのが特徴的である（10人、3万1170m^2：10プロット）。ただし、相続した娘の数も多いため、相続した1人当たり平均面積（3117m^2）は、夫から妻へ相続した平均面積（5190m^2）と比べると少ない。しかし、父から娘へ相続したこの1人当たり平均面積（3117m^2）は、父から息子へ相続した1人当たり平均面積（2862m^2）よりも大

表5.10　ローア・マボギニ（MS4-1）における土地所有（男女）と面積の変化（2008〜2013年）

所有形態	男性					女性					合計				
	人	%	合計(m^2)	%	平均(m^2)	人	%	合計(m^2)	%	平均(m^2)	人	%	合計(m^2)	%	平均(m^2)
A. 変化なし	18	66	70,019	71	3,890	12	33	23,940	23	1,995	30	48	93,959	46	3,132
B. 変化あり	9	34	29,250	29	3,250	24	67	79,290	77	3,304	33	52	108,540	54	3,289
Bの内訳															
（1）相続															
夫から妻						5		25,950		5,190					
妻から夫	1		10,650		10650										
夫婦間合計		4		11			14		25		6	9	36,600	18	6,100
父から娘						10		31,170		3,117					
父から息子	5		14,310		2,862										
父から子ども合計		18		14			28		30		15	24	45,480	23	3,032
母から娘						3		6,900		2,300					
母から息子	1		2,400		2,400										
母から子ども合計		4		2			8		7		4	6	9,300	5	2,325
（2）贈与															
夫から妻						3		6,300		2,100					
妻から夫															
夫婦間贈与合計	0		0			8		6			3	5	6300	3	2100
（3）売買	1	4	1,500	2	1,500	2	6	5,220	5	2,610	3	5	6,720	3	2,240
（4）その他	1	4	390	0	390	1	3	3,750	4	3,750	2	3	4,140	2	2,070
合計（A+B）	27	100	99,269	100	3,677	36	100	103,230	100	2,868	63	100	202,499	100	3,214
実数の合計	27		99,269		3,677	35		103,230		2,949	62		202,499		3,266

注：合計人数（A+B）は1人が複数の形態で所有しているため実際の合計数より多い。男性の「その他」は、祖父から孫息子へ相続。女性の「その他」は、父から義理の娘へ贈与。

図5.20　ローア・マボギニ（MS4-1）における男性の土地所有形態変化（2008〜2013年）

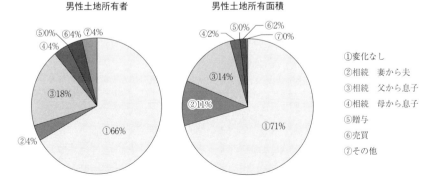

男性土地所有者　　男性土地所有面積

①変化なし
②相続　妻から夫
③相続　父から息子
④相続　母から息子
⑤贈与
⑥売買
⑦その他

図 5.21　ローア・マボギニ (MS4-1) における女性の土地所有形態変化 (2008〜2013年)

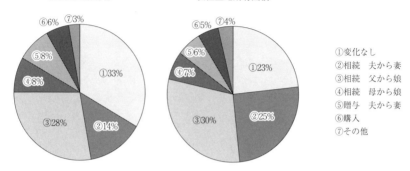

きい。これは、アッパー・マボギニとは逆の現象である。もう1つ、アッパー・マボギニと異なるのは、母から息子への相続が僅か1人のみで、極めて少ないことである。さらに、売買については、男性が1人と女性が2人であり、これについては、女性も土地を購入している点でアッパー・マボギニとは異なる（ローア・マボギニにおける土地所有者［男女合計］と面積の変化については**表5.10**、うち、男性の土地所有形態変化については**図5.20**、女性の土地所有形態変化については**図5.21**を参照）。

第3に、チェケレニ（RS4-1）の特徴は、ローア・マボギニと同様に、土地所有形態において男性で変化した割合は少ないが、女性で変化した割合が7割と非常に多いことにある。また、土地面積においては、男性が売買によって購入した面積の割合が最も高く、女性の土地購入の多さとともに他の2ブロックとは大きく異なっている。面積で多い順から並べると次のようになる。男性による売買（16人、3万4500m^2、12プロット）、夫から妻への相続（12人、3万1230m^2、10プロット）、父から息子へ（11人、2万7150m^2、9プロット）、女性による売買（8人、2万2170m^2、7プロット）、母から娘へ（5人、1万500m^2、4プロット）、父から娘へ（7人、1万230m^2、3プロット）、母から息子へ（5人、9000m^2、3プロット）。これは、売買の部分を除くと、アッパー・マボギニと同じ順番となっている。しかし、父から娘への相続が大きいローア・マボギニとは、傾向が大きく異なっている（チェケレニにおける土地所有者［男女合計］と面積の変化については**表5.11**、うち、男性の土地所

表5.11 チェケレニ（RS4-1）における土地所有者（男女）と面積の変化（2008〜2013年）

所有形態	男性					女性					合計				
	人	%	合計(m²)	%	平均(m²)	人	%	合計(m²)	%	平均(m²)	人	%	合計(m²)	%	平均(m²)
A. 変化なし	56	62	147,450	66	2,633	16	30	34,650	29	2,165	72	50	182,100	53	2,529
B. 変化あり	34	38	76,200	34	2,241	37	70	83,730	71	2,263	71	50	159,930	47	2,253
Bの内訳															
（1）相続															
夫から妻						12		31,230		2,602					
妻から夫	1		1,050		1,050										
夫婦間合計		1		1			23		26		13	9	32,280	9	2,483
父から娘						7		10,230		1,461					
父から息子	11		27,150		2,468										
父から子ども合計		12		12			13		9		18	13	37,380	11	2,077
母から娘						5		10,500		2,100					
母から息子	5		9,000		1,800										
母から子ども合計		6		4			9		9		10	7	19,500	6	1,950
（2）贈与															
夫から妻						3		6000		2,000					
妻から夫															
夫婦間贈与合計		0		0			6		5		3	2	6000	2	2000
（3）売買	16	18	34,500	15	2,156	8	15	22,170	19	2,771	24	17	56,670	17	2,361
（4）その他	1	1	4,500	2	4,500	2	4	3600	3	1,800	3	2	8,100	2	2,700
合計（A＋B）	90	100	223,650	100	2,485	53	100	118,380	100	2,234	143	100	342,030	100	2,392
実数の合計	87		223,650		2,571	51		118,380		2,321	138		342,030		2,478

注：合計人数（A＋B）は1人が複数の形態で所有しているため実際の合計数より多い。男性の「その他」は、祖父から孫息子へ相続。女性の「その他」は、祖母から孫娘へ相続、および息子不在で母が営農権のみの取得。「夫から妻への贈与」のうち、2人は別居により裁判で獲得、1人は離婚の時に獲得。

有形態変化については図5.22、女性の土地所有形態変化については図5.23を参照）。

　なお、チェケレニにおける、土地を売る側の事情としては、面接調査および全数調査から、子どもの教育費、食料・医療費などに現金が必要になり、土地を手放さざるを得なかったというケースや、高齢その他の理由によりキリマンジャロ山中腹の出身地に戻るため、あるいはすでにLMIS外に長く居住していて耕作できないために土地を売却したというケースが見られた。村土地法（1999年）などにより、LMISの灌漑稲作圃場の用途は主に「農業生産活動に資すること」と規定されているが、もしそうであるならば、上記のような農民間の土地売買をもって「土地市場の発達」と見なすことはできないだろう。チェケレニの場合は、農業生産性の高まりによって土地売買が増加したのではなく、むしろ農業生産性の低下によって生活が困難になり、土地を手放すという

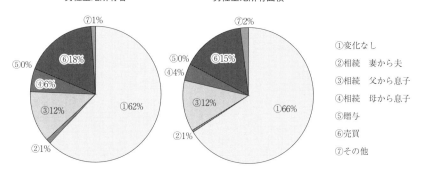

図5.22 チェケレニ (RS4-1) における男性の土地所有形態変化 (2008〜2013年)

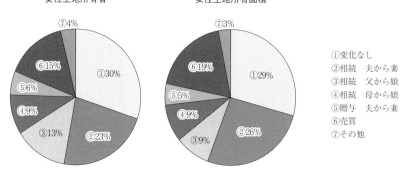

図5.23 チェケレニ (RS4-1) における女性の土地所有形態変化 (2008〜2013年)

意味での土地売買が増えていると推察できる。このような現象の要因については、さらに第6章で考察していく。

（4） 分析結果のまとめ

以上の分析から、女性は慣習法のもとで、必ずしも土地所有権を奪われるわけではないことがわかった。「女性は夫と離婚・別居・死別すると、保護・管理の対象から外れ、土地所有権を剥奪される」——このようなケースは、少なくともLMISの調査対象3ブロックの場合には必ずしも当てはまらなかった。LMIS全体においては21.1%の女性が慣習的な土地耕作・所有権を有しており、しかも3ブロック合計の調査では女性の土地所有の割合が増加傾向にあった。

同ブロックでは、世帯主（夫）が亡くなった場合の土地権について、妻がこれを相続する割合が人数・面積ともに最も高く、父から息子へ相続するケースよりはるかに多かった。また、面積としては、父から息子への相続のほうが、父から娘への相続より多いものの、その差は僅かであり、人数の比率もほぼ同じであった。一方、これとは反対に、母から息子への相続は、母から娘への相続より、人数・面積ともに多いこともわかった。

したがって、対象3ブロックにおいては、女性（妻・娘）が土地を取得しても、次の世代では必ずしも女性（娘）に相続するわけではなく、再び男性（息子）に相続するという逆転現象が起きている。夫から妻への相続、そして父母から娘への相続も継続していることから、女性の土地所有は長期的には増加するものと推測されるが、女性（妻・娘）が土地を取得しても次世代においては息子に相続させたいと考えている女性も少なくないため、短期的には、女性の土地所有は必ずしも直線的に増加していくとは限らない。このような特徴についても、さらに第6章で考察していく。

土地売買に関しては、男性のみでなく、女性も自己資金や自己名義で土地を購入しているというケースが見られた。土地購入面積の合計は女性より男性のほうが多いが、1人当たり購入面積は、女性のほうが男性より大きかった。したがって、女性が一定の土地面積を獲得しはじめているという意味では、次世代で再び男性に所有権が渡る可能性があるにしても、女性の土地所有権が形式的なレベルを越え、社会的レベルにおいても徐々に認知されてきている傾向が見てとれる。

第3節　調査結果のまとめ

「大規模灌漑開発の導入とともに土地の再配分がおこなわれると、収益が上がり、男性が土地権を独占し、女性は慣習的な土地耕作・所有権を失う」——こうした従来の分析をローアモシ灌漑地区（LMIS）において検証した結果、同地区でおこなわれた灌漑稲作圃場の土地再配分では、女性は必ずしも慣習的な土地耕作・所有権を全面的に失ったわけではないことがわかった。また、上述したとおり、以下のこともわかった。

第1に、LMISにおいて、データに基づく土地所有者と所有面積についての

分析をおこなった結果、LMIS全体では、女性の土地（農地）の所有者は、男性のそれより零細・小規模所有（2プロット以下）に偏在しており、しかも、その1人当たり所有面積は男性のそれより小さいことがわかった。女性の零細・小規模所有者は、女性土地所有者全体の82.3%に相当するが、これは、男女あわせた土地所有面積全体では約10%を占めるにすぎない。男性の零細・小規模所有者（男性全体の73.8%）が男女あわせた土地所有面積全体に占める割合（34%）と比べると、だいぶ低い数値である。また、LMIS内の土地所有者のうち女性が占める割合は、地区やブロックによって差異はあるが、全体的には上流のアッパー・マボギニと下流のチェケレニで多いことがわかった。

第2に、上流、中流、下流域の3地区からそれぞれ1ブロックずつ選定しておこなった事例分析において、1987年から2013年の経時的変化を見ると、どのブロックにおいても女性の土地所有者数および所有面積が増加していることがわかった。特にローア・マボギニ（中流）において、2013年には、男性より女性の土地所有者数のほうが多くなった。また、男性の平均的土地所有面積が減少傾向を見せているのに対し、女性のそれは増加傾向にあった。これらの結果は、3ブロック全てにおいて、女性が過去26年の間に、男性と比べて相対的に農業生産活動に携わるようになっている傾向を示している。特に、2期作をおこない安定した高収益率を維持してきたと考えらえるアッパー・マボギニ（上流）においても、女性の土地所有者が増加していることから、「土地権の近代化に伴い、土地からの収益が上がるようになると、女性の土地権が剥奪される」「土地からの収益が上がり、土地登記によるメリットが認識されるようになると、男性が土地権を独占し女性は慣習的な土地耕作・所有権を失う」という従来の分析は、LMISの場合には、必ずしも当てはまらないことがわかった。

第3に、対象3ブロックにおいて、女性の土地所有権の取得手段について分析した結果、夫から妻へ相続する割合が人数・面積ともに最も多く、父から息子への相続を上回っていることが判明した。これは、父系制社会での相続の通念に反した現象である。また、面積としては、父から息子への相続のほうが、父から娘への相続より多いが、その差は僅かであり、その人数もほぼ同じであった。反対に、母親から息子への相続は、母から娘への相続より、人数・面積ともに多かった。つまり、女性（妻・娘）が土地を取得した場合、次の世代で

必ずしも女性（娘）に相続するとは限らず、再び男性（息子）に相続するという逆転現象が起きている。したがって、女性の土地所有は、長期的には増加傾向にあるが、短期的には直線的に増加するわけではなく、ある程度の増減を繰り返すのではないかと推察される。

　第4に、土地売買に関しては、男性と同様に女性も自己資金や自己名義で土地を購入している。男性による土地購入面積の合計は、女性のそれより多いが、1人当たり購入面積は、女性のほうが男性より大きいことがわかった。

　以上のことから、「土地権の近代化を進めると、農村女性の土地（農地）の所有権は経時的に失われる」という従来の分析は、LMISの実証的調査からは立証できなかった。LMISにおいては、土地権および農業の近代化に伴い、土地所有の流れは逆に男性から女性へと徐々に転換しつつある。LMISの過去26年間を見れば、女性の土地所有は継時的に増加してきた。これは、土地の相続、贈与、売買を通じた土地所有権に対する考え方が、女性にとっても男性にとっても、もはや不変的なものではなくなり、女性の土地権というものが、社会的にも広く認知されはじめている状況を窺わせるものである。

第 6 章

農村女性にとって土地権はどのような意味を持つのか

全国の灌漑稲作地区の水利組織や灌漑組合で主に会計役として活躍している女性役員たち。向かって一番左の女性は、アルーシャ州レキタツ灌漑地区の水利組織の役員で、灌漑インフラ委員長を務めている。2012年3月。キリマンジャロ農業研修センター（KATC）。富高元徳 TANRICE チーフアドバイザー撮影

前章の分析をまとめると次のようになる。ローアモシ灌漑地区（LMIS）では、女性の土地所有者は全体の21.1％を占めている。上流域と下流域ではその割合が比較的高いが、全体の所有面積で見ると、女性の約半数は1プロット（一般には100m×30m＝3000m^2）以下しか所有していない。しかし、1987～2013年のLMIS調査対象3ブロックにおける経時的変化を見ると、女性の土地所有者数や所有面積の割合、1人当たり平均所有面積は、年々増加している。

　土地の取得方法としての相続、贈与、売買に関してLMIS調査対象3ブロックの経時的変化を見ると、以下のことがわかった。

①土地の相続に関して、夫が亡くなった場合、妻が土地を相続する割合が人数・面積ともに最も多く、父から息子への相続よりも多い。
②父から息子・娘への相続を比較すると、面積においては娘よりも息子のほうが多いが、その差は僅かであり、人数ではほぼ同じである。
③母親から息子・娘への相続を比較すると、人数・面積ともに娘よりも息子のほうが多い。
④売買については、男性と同様に女性も自己名義で土地を購入している。土地購入面積の割合を見ると、全体では男性のほうが女性よりも多いが、1人当たり平均購入面積で見ると、女性のほうが男性より多い。

　これらの分析結果から、LMISにおいては、男性（夫・父）から女性（妻・娘）への土地所有権の転換および移行が徐々に進行していることが見てとれる。女性（母）が土地所有者になったとしても、必ずしも女性（娘）に相続するわけではなく、男性（息子）への土地権への逆戻り現象も見られるが、経時的には女性の土地所有権が社会的に認知され、直線的ではないものの、女性の土地所有者数や面積が増加傾向にあることが読みとれる。こうした傾向は、女性自身が土地所有というものに、何らかの価値を付与しはじめた結果として捉えることもできる。

　したがって、本章では、土地所有について農村女性（および農村男性）が何をもって「価値あると思う」ことと捉えているのかについて考察する。

第1節　農村女性にとっての土地へのアクセスとコントロール

1　アクセス・コントロール分析

　開発途上国の開発事業に対し1980年代後半以降採用されてきたジェンダーと開発（GAD）アプローチでは、開発に必要と考えられる資源と便益を捉える際に、「アクセス」（使用できる機会があること、利用権があること）と「コントロール」（どのように使用するか選択し決定できること、決定権・権限があること）の相違に注目し、これらの相違にはジェンダーによる重層的な差異が作用するという分析視角を提示してきた（モーザ 2000）。また、この「アクセス・コントロール分析」は、ジェンダーをめぐる権力分析や意思決定分析の主要な手法として位置付けられてきた。例えば、換金作物としての稲作（資源）の多種多様な作業は、女性がおこなう（アクセスする）にもかかわらず、収益は男性が管理し、その使途について女性には決定権がなく、世帯内においても女性には収入（便益）を管理し出費を決定する（コントロールする）権限がない、といったタンザニアの農村分析がこれにあたる（池田 2002a／2002b、原田 2005／2006）。

　他の例でも、農村女性はかつて共同井戸から水を汲むことができた（アクセスがあった、利用権があった）が、井戸に電動ポンプが設置され、その土地の所有者が水料金を徴収するようになると、井戸を自由に使うことができなくなった（コントロールができなくなった、決定権がなくなった）という分析がある。また、インド北部ウッタラカンド州の山間地では、農村女性が植林によって森林保全をしながら樹木を利用していた（アクセスしていた）が、伐採契約を獲得した請負業者や森林開発公社、政府の森林官吏が森林地の所有権を主張して（コントロールして）、女性たちが持つ森林利用権を奪おうとした事例もある（これに反対して女性たちが対抗した活動は1970年代のチプコ運動として知られている）（シヴァ 1994:86-96）。あるいは、インドのある農村ではクリニックや病院があっても（アクセスがあっても）、出産に際しては夫や家族が女

性（妻）の受診を認めず、自宅分娩で十分と考え、産前産後検診や施設分娩をさせない（コントロールする）という事例があり、これについても、医療サービスにおける資源へのアクセスとそこからの便益のコントロールには、ジェンダーによる差異があるという分析がなされている（田中 2008）[1]。

つまり、女性が資源へのアクセスを有していても、便益についてはコントロールを有さないこと、あるいは女性が労働提供をおこなっていても、資源と便益へのアクセスやコントロールを持たないこと、これらがジェンダー不平等を生んでいるという分析である（ウィリアムズほか 2011:193-195）。

2　ローアモシ灌漑地区における土地へのアクセスとコントロール

ローアモシ灌漑地区（LMIS）における土地（資源）へのアクセスとコントロールに関し、これを有している者と有していない者とを分類すると、図6.1のようになる。また、表6.1を見ると、LMISにおいては土地所有者以外にも、土地へのアクセスを有する多様な人々が存在していることがわかる。

3　土地へのアクセス・コントロール分析および女性の選択と行動

GADアプローチでは、資源と便益の使用（アクセス）と管理（コントロール）を分析することが、性別役割に内包される非対称的な権力関係を分析することにつながるとする。「資源（resources）」とは、開発を実践するのに必要な機材・施設・財源（クレジットや融資も含む）といった資本や資材だけでなく、多様なニーズを満たすために必要な水・燃料・食料、さらに人材、サービス、情報、教育、時間などの一切を指す（モーザ 2000）。便益（benefit）は、単に経済的利益だけでなく、特定の開発資源を投じた結果として得られる多様な利益や恩恵、メリットのことも指す。

---

[1] インドのマディア・プラデッシュ州ダモー県では、妊産婦が産前産後検診を受けさせてもらえないこともあり、妊産婦死亡率が高い（10万出生対971）。ただし、出生前性別診断は受ける傾向があり、女児の場合は出産しない。要因は別にもあろうが、同県の男女人口比は、男性1000対女性935（2001年現在）と、女性のほうがかなり低い数値となっている。出典：Department of Women and Child Development（2008）*Gender: Proposed State PIP*（2007-08）, Madhya Pradesh State, India。

図6.1 ローアモシ灌漑地区（LMIS）における土地へのアクセスとコントロール

コントロールがある

左上（アクセスがない・コントロールがある）：
- 特殊なケースであるが、土地所有者として登録していても長期間の転出により耕作しておらず、村人と何のコンタクトもない者。この場合、村に戻って来た者が、すでに耕作している他の者に対し所有権を主張できるかどうかは不明

右上（アクセスがある・コントロールがある）：
- 土地所有者（登録者）
  - 土地売買・贈与権（処分権）
  - 相続人の決定権
  - 収益の管理権（収益権）
  - 作目などの決定権（営農権）
  - 水利組織のメンバーになれる者、等
- なお、自家消費用の畑作地（メイズ等）、家庭菜園（自家用野菜）に関しては女性にアクセスとコントロールがある場合が多い
- 女性が秘密の土地（secret land）を持っている場合

アクセスがない ← → アクセスがある

左下（アクセスがない・コントロールがない）：
- 村で生計を立てている人々（精米加工業者、仲買人、商人、消費者などのうち、土地所有者、借地人、賃金労働者以外の者）
- 水利施設の水門番人（土地所有者、借地人、賃金労働者以外の者）

右下（アクセスがある・コントロールがない）：
- 土地所有者ではないが土地を利用できる者
  - 借地人
  - 代理者
  - 受託監督者
  - 大型農業機械操作者
  - 賃金労働者
  - 耕作に従事している家族労働者（妻、子ども、高齢者など）
  - 放牧者
  - マサイなどの遊牧民（圃場での放牧は禁止されているが実際にはおこなわれている）
  - 落穂拾い者

コントロールがない

注：「土地」は灌漑稲作圃場の意味。

　性別役割分業や資源・便益の配分ないし決定に関して、アマルティア・センおよびフェミニスト経済学者も同様の指摘をしている。つまり、本書第1章で見てきたように、新古典派経済学アプローチでは世帯内の資源（土地も含む）の決定や役割分業は価値中立的であるとしてきたが、実際には世帯員の利害は多くの場合一致しておらず、資源の世帯員への配分に、ジェンダー、年齢、その他の要因による不平等が存在する（Sena 1990、Agarwal 1997、モーザ 2000:46-50、村松 2005:40-45）。センは、世帯内の不平等には、資源（土地を含む）の利用のみならず、資源をケイパビリティ（実現可能性）へと変換することにも不平等があり、世帯内の所得分配という概念のみではこれを捉えられないとし（セン 2010a:195）、上記のようなGADアプローチにおける（資源・便益のアクセ

表6.1 ローアモシ灌漑地区（LMIS）において土地にアクセスがある者

土地にアクセスがある者	特徴	性別
①借地人 (Renter) *Mkukodisha (s.), Wakodishaji (pl.)*	土地所有者に対して作付期前に一定の土地の賃借料を支払い、プロットを借りる者 （特定の農作業は、借地人がさらに賃金労働者に委託することが多い。畔区を賃借する小規模な者から、数プロットを賃借する裕福な商業的な借地人まで規模は多様。継続して借地できるかどうかは、借地人と所有者の関係によるが、何期も継続して借地すると、土地権が奪われるのではないかと恐れ、2〜3作付期ごとに借地人を変える所有者もいる。特に上流域のアッパー・マボギニおよび中流域のロアー・マボギニでは、借地を希望する者は多い）	男・女
②代理者 (Care Taker) *Mwangalizi wa shamba*	①親族などで、所有者に代わって耕作をし、多少の賃料、もしくは収穫したコメの一部を所有者に支払う者 （例：所有者が学生で村外にいて、叔父や叔母が耕作しているケース、所有者が高齢・病気・離婚などで山のほうの出身地に戻ってしまい親族が耕作しているケースなど） ②親族などで、所有者に代わって耕作をしているが、所有者に何も支払わない者 （例：所有者が長期間、村外におり耕作に関心がない、所有者が海外に行ってしまい連絡がとれないケースなど） ③親族などで、所有者が成人するまで耕作する者 （例：父親から土地を相続した息子が幼いため成人するまでの間、親族がその土地を耕作し、収穫したコメは家族で分配するケースなど）	男・女
③受託監督者 (Supervisor) *Msimamizi wa shamba*	特定の農作業、あるいは一連の農作業を土地所有者から受託し、作業工程や進捗を監督する者で、土地所有者から賃金が支払われる （受託者は、さらに賃金労働者を雇って、特定の農作業を委託することが多い）	男性が多い
④大型農業機械操作者 (Machine Operator)	大型農業機械の所有者（個人）からトラクターや耕運機（パワーティラー）を借り、整地作業などを請け負う労働者 （技術者と考えらえており、賃金労働者より、賃金が高い）	男性
⑤賃金労働者 (Laborer) *Kibarua (s.), Vibarua (pl.)*	特定の期間、特定の農作業を請け負う者 （個人および数名のグループで、数日あるいは一括した作業を請け負う。整地、田植え、除草、鳥追い、収穫、収穫後の処理［乾燥、風選、脱穀、袋詰め、運搬］など、手作業を必要とする肉体労働者。他方で、育苗、用・排水管理、施肥、防除などの生育管理労働は、受託監督者や所有者がおこなうことが多い）	男・女
⑥家族労働者 (Family members)	家族の構成員で、無給で農作業を担っている者。親族の場合もある （夫や両親の土地で耕作を手伝っている妻、子どもなど。あるいは、妻の土地で耕作を手伝っている家族のメンバーなど。土地所有者でないが、無償労働をしていることが多い。収穫の分配がある場合と、ない場合がある）	男・女（主に妻や子ども）
⑦放牧者や遊牧民 (Grazer and Pastoral People)	主に収穫後の圃場で家畜の放牧をおこなう者 （収穫以前でも畔の草を食んだりするので、畔や農道が崩れることがある。圃場での放牧は、必ずしも所有者の許可を得ているわけではなく、農民が帰宅したあとで放牧されることもあり、監視できない。マサイの人々が多いといわれているが、家畜を飼っている農民もおこなっている）	男性
⑧落穂拾い者 *Kusalala*	収穫後、圃場に落ちている籾を拾い集めて食料にする者 （主に困窮している寡婦、女性世帯など）	主に女性

注：これは土地所有者以外でアクセスのある者のリストである。「土地」は、灌漑稲作圃場。LMIS内の土地に付随する灌漑用水へのアクセスについては、土地所有者をはじめ、①〜③、⑤〜⑥の者が灌漑用水として使用できる。幹線水路、2次水路に水量が確保できている上流地区においては、一般住民も生活用水として灌漑用水を利用している。

出典：現地調査データから作成。

スとコントロールに関する）分析枠組みの方法論上の限界を示唆している。

　第1章（43〜44頁）でも触れたが、平等な資源や機会が男女に提供されていても、それを平等に使える機会や価値に対する関心は多様である。各人が選択することのできる機能の集合がケイパビリティ（実現可能性）である（セン 2011）。それは、生命活動を選び達成する能力、あるいは個人が選択できる生き方の幅ともいえる（大沢 2002:23、松井・池本編 2006）。例えば、土地や資産の所有について男女差別のない土地法があったとしても、その法律を使用・活用できる実現可能性は、教育や情報、所得、社会的な行動規範、ジェンダー非対称性などにより異なり、全ての人々が平等に法律を使えるわけではない。また平等な土地所有権を有していたとしても、それを使いたいという関心が異なることもある。女性が土地所有者として登録されていても、必ずしも土地を自由に処分（相続・贈与・売買など）することはできないかもしれないし、あるいは、そうしたくないという関心や選択肢もありうる。センは、何かをしたり、何かになったり、人が欲するような生活を営む自由へと変換させるケイパビリティは人によって多様であるという（セン 2010a:194）。

　同様に、第1章では以下のようにも述べた（44〜45頁）。開発途上国の女性にも、多様な機能を達成するための自由があり、どのような「機能」を選び、どのような事柄に優先順位を与えるかは、女性が「機能」の自由な組み合わせや達成を実現できるかどうか、またそれを可能にする環境や制度が整っているかどうかに影響される。しかし、ジェンダーによる差別の存在は、女性が有する財・サービスを「自身がなりたいことや、したいこと」（機能）に転換し、「価値あると思う」ことを達成しようとする際の障害となる。社会には制度的・構造的なジェンダー不平等が存在し、男女が享受している自由には構造的な格差が存在するため、多くの社会的機能や制度におけるジェンダー格差を分析する必要がある（セン 2010a:195-197）。GADアプローチでは、そのような多様な「価値あると思う」ことの領域の分析手法までは明示されていない。女性が「価値あると思う」ことを選択できるようにするための環境や制度については、第7章でさらに、土地の所有、管理および相続をめぐる女性の機会や選択の分析を通じて考察したい。

　本章では、土地に対する「コントロールがある」と考えられている土地所有

者のみならず、「アクセスがある」借地人、賃金労働者、受託監督者なども含め、多様かつ多重的な形態で土地と関わっている人々がどのように土地所有を考えているのかについて、調査で得られた回答を基に質的分析をおこなう[2]。

第2節　調査対象者の概要とプロフィール

1　土地所有者の社会・経済的特徴

調査対象3地区（アッパー・マボギニ、ローア・マボギニ、チェケレニ）の対象3ブロックの土地所有者の基本的な社会的経済的特徴は、**表6.2**のとおりである[3]。

第1に、土地所有者の平均年齢は、上流域のアッパー・マボギニで60.5歳、中流域のローア・マボギニで58.4歳、下流域のチェケレニで54.0歳であり、男女の差はあまり見られない。対象3ブロックでは高齢者が多いことがわかる[4]。

第2に、教育レベルに関しては、平均就学年数は3ブロック全体では約7年間で、男性のほうが女性より就学年数が多い。ただし、ローア・マボギニでは、女性の平均就学年数が8.2年で男性より多い。3ブロックの調査対象者は、男女あわせると10～18％が初等教育を受けていないか、あるいは中途退学している。アッパー・マボギニとチェケレニでは、全く就学したことがなく（それぞれ15％、20％）、小学校を数年でドロップアウトした女性もいる（それぞれ15％、13％）。その比率は男性より高い。女子の中学校の進学率は、チェケレニ地区では9％しかないが、ローア・マボギニでは25％である。また、アッパー・マボギニには、中等後期（12～13年）を終了した女性が1名おり（助産師）、ロ

[2) 本章における分析には、「生活状況に関する質問票調査」（2012年）、「土地権に関する質問票調査」（2013年）から得られたデータ、および第1次調査（2011年）、第2次調査（2012年）、第4次調査（2014年）での面接調査の結果を使用する。
3) 「土地権に関する質問票調査」（2013年）（対象3ブロックの全数調査）より。アッパー・マボギニ地区（MS1-2）で59名（女性33名、男性26名）、ローア・マボギニ地区（MS4-1）で41名（女性24人、男性17人）、チェケレニ地区（RS4-1）で111名（女性54名、男性57名）の合計211名（女性111名、男性100名）の土地所有者を調査対象とした（第5章**表5.6**を参照）。
4) タンザニアの出生時平均余命は、60.1歳（女性61.3歳、男性58.9歳）（World Bank 2011）（http://data.worldbank.org/indicator/SP.DYN.LE00.IN/countries/TZ-ZF-XM?display=graph：参照日2013年10月6日）。

第2節　調査対象者の概要とプロフィール　175

表6.2　ローアモシ灌漑地区（LMIS）の対象3ブロックの土地所有者の基本的特徴

	アッパー・マボギニ						ローア・マボギニ						チェケレニ					
	男性		女性		合計		男性		女性		合計		男性		女性		合計	
	人	%	人	%	人	%	人	%	人	%	人	%	人	%	人	%	人	%
（1）調査対象者（人）	26		33		59		17		24		41		57		54		111	
（2）平均年齢（歳）	60.8		60.3		60.5		59.7		57.5		58.4		53.8		54.3		54.0	
（3）平均就学年数（年）	8.2		6.0		7.0		7.5		8.2		7.9		8.2		5.6		7.0	
（4）就学レベル																		
非識字（0年）	1	4	5	15	6	10	1	6	1	5	2	5	1	2	11	20	12	11
初等教育（1〜6年終了）	0	0	5	15	5	8	0	0	2	8	2	5	1	2	7	13	8	7
初等教育（7〜8年終了）	17	65	18	55	35	59	11	65	13	54	24	59	39	69	31	58	70	63
中等前期（10〜11年終了）	7	27	4	12	11	19	4	23	6	25	10	24	11	19	5	9	16	14
中等後期（12〜13年終了）	0	0	1	3	1	2	0	0	0	0	0	0	1	2	0	0	1	1
専門学校（14〜16年）	0	0	0	0	0	0	0	0	2	8	2	5	2	3	0	0	2	2
大学（14〜17年）	1	4	0	0	1	2	0	0	0	0	0	0	2	3	0	0	2	2
n.a.	0	0	0	0	0	0	1	6	0	0	1	2	0	0	0	0	0	0
合計	26	100	33	100	59	100	17	100	24	100	41	100	57	100	54	100	111	100
（5）部族																		
チャガ	7	27	11	33	18	31	6	35	6	25	12	29	35	61	38	70	73	66
パレ	12	46	15	46	27	45	8	47	14	58	22	54	7	12	2	4	9	8
サンバー	0	0	1	3	1	2	0	0	1	4	1	2	2	4	0	0	2	2
その他	7	27	6	18	13	22	3	18	3	13	6	15	13	23	14	26	27	24
合計	26	100	33	100	59	100	17	100	24	100	41	100	57	100	54	100	111	100
（6）宗教																		
キリスト教	10	38	17	52	27	46	8	47	11	46	19	46	43	75	43	80	86	77
イスラム教	16	62	16	48	32	54	9	53	13	54	22	54	13	23	11	20	24	22
n.a.	0	0	0	0	0	0	0	0	0	0	0	0	1	2	0	0	1	1
合計	26	100	33	100	59	100	17	100	24	100	41	100	57	100	54	100	111	100
（7）婚姻形態																		
独身	0	0	3	9	3	5	1	6	2	8	3	7	7	12	3	6	10	9
既婚	25	96	11	33	36	61	13	76	12	50	25	61	48	84	23	42	71	63
別居	0	0	1	3	1	2	0	0	0	0	0	0	0	0	1	2	1	1
離婚	0	0	2	6	2	3	0	0	0	0	0	0	0	0	3	6	3	3
死別	1	4	16	49	17	29	1	6	10	42	11	27	2	4	22	40	24	22
n.a.	0	0	0	0	0	0	2	12	0	0	2	5	0	0	2	4	2	2
合計	26	100	33	100	59	100	17	100	24	100	41	100	57	100	54	100	111	100
（8）就業形態																		
農業のみ	16	61	21	64	37	63	13	76	15	63	28	68	32	56	46	85	78	70
商業	3	12	1	3	4	7	0	0	0	0	0	0	5	9	0	0	5	5
農業と兼業	5	19	11	33	16	27	4	24	4	17	8	20	19	33	6	11	25	23
その他	2	8	0	0	2	3	0	0	5	20	5	12	1	2	2	4	3	2
合計	26	100	33	100	59	100	17	100	24	100	41	100	57	100	54	100	111	100

注：アッパー・マボギニはMS1-2、ローア・マボギニはMS4-1、チェケレニはRS4-1の各ブロックが対象。
　　学校制度は、基本的には、初等教育7年（1〜7年）、中等教育前期4年（8〜11年）、中等教育後期2年（12〜13年）、専門学校3年（14〜16年）、大学4年（14〜17年）。初等教育はスワヒリ語、中等以降は英語になる。上記の表では、初等教育を1〜6年間で就学した者、7〜8年間で終了した者、および中等教育を10〜11年間で終了した者、12〜13年間で終了した者がいたため、通常とは異なる集計になっている。
　　n.a.＝不検出（以下の表も同じ）。
出典：「土地権に関する質問票調査」(2013年）のデータから作成。

ーア・マボギニには、専門学校（14〜16年）まで就学した女性が2名いる（2014年現在、1名は幼稚園の校長、他は職業訓練教員）。ちなみに、タンザニア全体で初等教育の就学率（gross enrolment ratio）はすでに102.3％となっているが（就学者が公式年齢を越えて広がっている）、中等教育（8年生以上）に進むのは女子37.1％、男子44.7％である（2009年統計）[5]。農村地域ではそれより概して低い率になる。

第3に、部族構成および宗教については、上流のアッパー・マボギニと中流のローア・マボギニには、パレ人が45％、54％と約半数を占め、次いでチャガ人が31％、29％となっている。これらの2ブロックでは、どちらも54％がイスラム教徒で、46％がキリスト教徒である。パレ人やサンバー人がどのように、この地域に入植してきたかについては、第2章で述べた。他方で、下流のチェケレニでは、66％がチャガ人でキリスト教徒が77％を占める。チェケレニは、1970年代にウジャマー村が開始された際に、もともとチャガ人のウル首長の領土だったという背景で、政府がチャガ人が住んでいたキリマンジャロ山中腹のロンボやマチャメなどに対して入植者を募ったこと、チャガ人が最初に入植してきたこと、最初の入植者が自分たちの知人に声をかけていったことなどが関係して、チャガ人が大多数になったと考えられる[6]。ちなみに、サンバー人はパレ人の出身地に近い人々である。その他の部族も3ブロックそれぞれに15〜24％おり、多様な人々が土地所有者として定着していることがわかる。LMISが、もともとはウル首長（チャガ人）が所有する領土だったことからすると、過去約半世紀の間に多部族により構成される社会へと変化していることがわかる。フィールド調査時には、部族・宗教的な要因による対立についての言及はほとんどなく、LMISにおいては、これまでに部族・宗教が原因で大きな係争になったという事例はほとんどないとのことだった[7]。

第4に婚姻形態に関しては、男性の場合は既婚者であると答えた回答者が多

---

[5] 世界銀行（http://data.worldbank.org/indicator/SE.SEC.PROG.FE.ZS/countries/TZ-ZF-XM?display=graph：参照日2013年10月6日）。
[6] チェケレニ村の元ウジャマー村長への面接調査より（2011年11月23日）。
[7] ローアモシ灌漑事務所（LMIO）スタッフへの面接調査より（2011年11月）。ただし、キリスト教とイスラム教の女性が同一のグループで活動することはないようで、それぞれに女性グループができている（面接調査：2012年8〜9月、および2013年3月から）。

く、アッパー・マボギニ、ローア・マボギニ、チェケレニでそれぞれ96％、76％、84％である。一方、女性の場合は33％、50％、42％で、男性よりかなり低い数値になっている。女性の寡婦（死別）比率は高く、それぞれ49％、42％、40％となっており、男性の寡夫（死別）比率4％、6％、4％と比べると対照的である。別居と離婚をあわせると、女性の場合は9％、0％、8％となるのに対して、男性の場合は3ブロック全てで0％という回答である。後者の要因は、離婚や死別しても女性に比べ再婚が容易であることや、一夫多妻制（キリスト教徒、イスラム教徒の双方にある）などにあると考えられる。また、男性の場合、過去に別居・離婚していても現在は他の女性と結婚しているなら既婚と回答しているため、このような数値になったと考えられるが、いずれにせよ婚姻に関しては、男性のほうが圧倒的に優位な立場にあることが窺える。

　第5に就業形態については、農業のみをおこなっていると答えた人が3ブロック全体で男女あわせて約70％おり、農業従事者の割合が高い。商人および兼業者は、アッパー・マボギニ、ローア・マボギニ、チェケレニのそれぞれで34％、20％、28％である。チェケレニで、農業のみをおこなっている女性の割合は女性全体の85％を占める。逆に、都市部に最も近いアッパー・マボギニでは、女性の36％が商人および兼業者であると回答している。アッパー・マボギニのみが2期作をおこない圃場から確実に収益を得ており、都市にも近いという環境で兼業している。これが農業へのインプットを取得しやすくし、さらなる収益増と農業以外の経済活動を活発にしたと考えられる。農業のみならず、農外就労についても、女性が何を「機会」と捉えているのか、併せて考える必要がある。

2　面接調査対象者のプロフィール

　面接調査対象者は、合計64名（女性41名、男性23名）で[8]、対象地域は、一部例外を除きLMISの4区（アッパー・マボギニ、ローア・マボギニ、ラウヤカティ、チェケレニ）である。面接調査した農民（男女）について、土地の所有・使用形態（所有者、借地人、賃金労働者など）、年齢、婚姻状態、部族（本人および配偶者）、LMIS灌漑圃場の土地権、主な農業従事者などの概要をま

とめ、以下のようなプロフィールを作成した[9]。

　　①第１次調査の結果得られた調査対象者のプロフィール（表6.3）
　　②第２次調査の結果得られた調査対象者のプロフィール
　　　◆アッパー・アボギニ（女性：表6.4a、男性：表6.4b）
　　　◆ローア・マボギニ（女性・男性：表6.5）
　　　◆チェケレニ（女性・男性：表6.6）
　　③第４次調査の結果得られた調査対象者のプロフィール（表6.7）

　これらのプロフィールでは、まず第１次と第４次調査の対象者はＸとＤ（女性）ないしｘとｄ（男性）、第２次調査の対象者は地区ごとに分けてアッパー・マボギニはＡ（女性）ないしａ（男性）、ローア・マボギニはＢ（女性）ないしｂ（男性）、チェケレニはＣ（女性）ないしｃ（男性）で表記し、隣に小文字のアルファベットa、b、c…を付けて個人を示した（Xa、Xb、Xc、aa、ab、acなど）。

　地区名に関しては略号を用い、アッパー・マボギニはUM、ローア・マボギニはLM、ラウヤカティはRau、チェケレニはCHで示した。

　土地所有面積のm（メートル）表示は、プロット（耕区）の長さを示しており、例えば10mの場合は、それにプロットの幅30mを掛けるので、300m^{2}の面積、すなわち0.1プロットを意味する。１プロットは、一般には3000m^2（100mの長さ×30mの幅）である。この土地所有面積の単位については、農民は一般に、灌漑稲作圃場をプロットまたはメートルで、メイズなどを栽培する畑地（upland）についてはエーカーで答えることが多い。しかし、ha（ヘクタール）に換算して回答しているケースも少なくない。

　宗教に関しては、クリスチャン（キリスト教徒）をＣ、ムスリム（イスラム教徒）をＭで表記した。対象者にはこれ以外の宗教はなかった。

8）内訳としては、第１次調査では、合計11名の農民男女（女性7名、男性4名）を面接対象とした。対象は、LMIS内の４地区（アッパー・マボギニ、ローア・マボギニ、ラウヤカティ、チェケレニ）である。第２次調査では、合計41名の農民男女（女性27名、男性14名）を対象とした。内訳は、アッパー・マボギニ地区（MS1-2：女性13名と男性9名）、ローア・マボギニ地区（MS4-1：女性3名と男性1名）、チェケレニ地区（RS4-1：女性11名と男性4名）である。第４次調査では、合計12名（女性7名、男性5名）を調査対象とした。
9）第１次、第２次、第４次調査での面接調査方法に関しては、第２章に記した。

第2節　調査対象者の概要とプロフィール　179

表6.3　第1次調査対象者プロフィール（女性・男性）

対象者	地区	ブロック	所有・使用形態	年齢	婚姻状態	部族（宗教）	配偶者の部族（宗教）	LMIS灌漑圃場の土地権	主な農業従事者、その他
Xa	UM	MS2-1, 2-3, 他	借地人、賃金労働者	51	既婚（第1夫人）	パレM	チャガM	女性グループでUMに土地を借りて共同耕作している（1.5プロット）。両親はUMにプロットを所有、しかし彼女は何も相続しなかった。畑地は相続した（1エーカー）。時々賃金労働もする	本人、ウペンドと呼ばれる女性グループ（31人）のメンバー、労働者（夫は小学校の教員、長期不在。本人は村に小さな商店を持っている）
Xb	UM	MS2-2, 4-1, 他	借地人、家族労働者、賃金労働者	36	独身（シングル・マザー）	パレM	n.a.	賃借して耕作している。父の土地（約3プロット）は兄が相続し、その土地も耕作している。宅地（500m²）のみ自己名義	本人、労働者（本人はHIV／エイズに感染していて病気がち）
Xc	LM	MS5-2, 5-3, 7-1, 他	借地人、所有者	40代半ば	既婚	チャガM	チャガM	大規模借地地人（10プロット）。本人は土地を購入し、夫と息子の名義にした（3.5プロット）	労働者（本人は、ローア・マボギニのLOMIA会計役とブロックの会計役。夫はエンジニアで首都にいる）
Xd	Rau	RS1-2, 1-6, 1-7	家族労働者	38	既婚	チャガC	パレC	夫が所有する大規模な土地の耕作を監督している（22プロット）。夫は自分の父親から相続した	労働者（本人は元銀行員で、現在、モシ市で食品の商売、トレーダー、畜産業。LOMIA中央委員会の会計役）
Xe	Rau	RS3-3	借地人、家族労働者	62	既婚（第2夫人）	チャガC	チャガC	夫名義の土地を耕作（2.8プロット、メイズ）。自分で土地を購入し息子名義にした（夫には秘密の土地で0.8プロット）。共同で借りて水田耕作（1プロット）	本人、労働者（自分の土地は他の女性と共同で耕作。賃金労働者から、借人になり、さらに資金をためて土地を購入した）
Xf	CH	RS4-6	所有者	73	寡婦	チャガC	チャガC	自己名義の土地を所有（3.6プロット）。ウジャマー村の時に取得（1972年に入植）	本人、労働者（元ウジャマー村評議会委員、CCM女性組織チェケレニ支部議長、土地配分委員会議長）
Xg	CH	RS4-4, 他	借地人、家族労働者	49	既婚	チャガC	チャガC	母の土地を相続したが息子名義にした（0.2プロット）。マワラ地区で水田を借りて耕作している。夫の土地も耕作している（2プロット）	本人、労働者（以前は賃金労働者や共同でコメのトレーダーもしたことがある。夫は元KADC勤務。現在はキリマンジャロ山のふもとロンボで生活）
xa	CH	RS4-4	所有者	78	既婚	チャガC	チャガC	自己名義の土地を所有（3プロット）。ウジャマー村の時に取得（1972年）。他の1プロットは息子に贈与	労働者、家族（元ウジャマー村の村長：1970～93年）
xb	CH	RS4-1, 4-3, 4A-1B, MS5-2, 6-2	所有者	56	既婚	チャガC	チャガC	自己名義の土地を所有（約10プロット）。土地再配分の時に取得した土地と、のちに購入した土地	労働者、妻が監督（農務省灌漑局の役人でパレ山地の近くルショト県在住。妻はチェケレニ村の小学校教員）
xc	CH	RS4-3, 4-5	所有者	68	既婚	（ムワンザ出身）M	n.a.	自己名義の土地を所有（210m）	労働者（LOMIA中央委員会の議長。近隣のTPCと呼ばれるサトウキビ工場で30年間勤務。トラクターを所有し貸し出している。精米機も所有）
xd	マンダカ	Mandaka	所有者	n.a.	既婚	チャガC	n.a.	マンダカの水田を所有（1.2ha。半分は相続、半分は購入）。バナナ畑所有（相続、3.2ha）、メイズ畑所有（相続　4ha）、豆畑（メイズと混作）を所有（相続、2ha）	労働者（LOMIA中央委員会の事務局長）

注：マンダカはLMIS外の地区であるが、LOMIAの7対象地区の1つである。Xa～Xgは女性、xa～xdは男性を示している。
出典：2011年現地調査データから作成。

表6.4a 第2次調査対象者プロフィール（アッパー・マボギニ地区：女性）

対象者	所有・使用形態	年齢	婚姻状態	部族（宗教）	配偶者の部族（宗教）	LMIS 灌漑圃場の土地権	主な農業従事者、その他
Aa	所有者	68	寡婦	ルグル C	チャガ C	1987年以前に夫と共同で購入。再配分の時に自己名義で登録（60m）。夫の土地も相続（70m）	長男と労働者（本人は助産師でワード評議委員をしていた。夫は医者だった）
Ab	所有者	70	別居（第1夫人）	チャガ C	n.a.	別居後に独自の貯金で土地を購入（60m）。自己名義	本人と労働者（同居の末息子はエンジニア）（暴力夫）
Ac	所有者	85	寡婦	パレ M	パレ M	1987年以前に土地を入手。再配分された時に自己名義で登録（30m）	娘とその夫（2人の娘が季節ごとのローテーションでコメ栽培）
Ad	所有者	82	離婚（第1夫人）	ヤオ M	チャガ M	1987年以前に土地を入手していたので再配分の時に自己名義で登録（50m）。その他、バナナ園も所有	孫息子と労働者（孫息子は1987年から耕作している）（暴力夫）
Ae	所有者	60	既婚	パレ M	パレ M	1987年以前に夫が購入して贈与。再配分の時に自己名義で登録（26m）。その他カロレニで水田、畑地を賃借	本人と夫（夫と一緒に自己名義、夫名義の土地を耕作）
Af	所有者	62	寡婦	パレ M	チャガ M	1991年に夫が亡くなり相続（70m）。しかし名義変更していない。その他ローア・マボギニで畑地を賃借	本人と労働者（夫は大工で農業もしていた）
Ag	所有者	65	既婚	サンバー C	ボンデイ C	1987年以前に夫と共同で夫の母の知人から購入し、夫の母の名義にした。母は2008年に亡くなったが名義変更していない。収益は夫と相談して使い方を決める	購入してからずっと本人。時々、夫が助けてくれる。労働者を雇う余裕はない。時々、他の女性と互恵労働（夫は小型トラック運転手）
Ah	所有者	65	寡婦（第1夫人）	チャガ C	チャガ C	1987年以前に夫が購入。本人は、2005年に夫から相続。名義変更はしていない（52m）。収益は全て自分で使うことができる	本人と労働者。以前は義母（夫はコーヒー農園のマネージャーだった。一人息子はモシで保険会社勤務、レストラン経営）
Ai	借地人	45	寡婦	チャガ C	ンゴニ M	亡くなった兄の土地（50m）と他の所有者の土地（30m）を借りて耕作している。兄の妻は子どもを連れて出身地に戻った	本人。収穫の時などは労働者（本人は以前、税務署で勤務していたが失業。夫は電気技師だったが交通事故で亡くなった）
Aj	所有者	37	既婚（再婚）	チャガ M	サンバー M	父親から相続したが、当時9歳だったのでいとこ（父の兄弟の息子）が耕作。係争になりブロック会議で土地権を奪回。名義は父親の名前のまま（115m）	本人（本人は貸部屋、小さな飲食店も経営。夫はホテル勤務で給料は少ない）
Ak	賃金労働者	25	未婚（シングル・マザー）	パレ M	n.a.	女性3人で5〜10プロットの賃金労働をする。主に、田植え、除草、鳥追いなど。収穫作業は重労働なのでしない	本人（両親は別居、祖母と同居。祖母、叔母、自分の3人で自分の子ども2人、妹や弟など、家族10人を養う）
Al	賃金労働者	37	既婚	パレ C	サンバー C	女性3〜5人で、10プロットの賃金労働をする。田植え、除草、鳥追い、収穫までおこなう。マンダカにも行く	本人（夫は古着商売。夫は生地のタンガ州に土地があるので6月と12月に2週間、夫と一緒に収穫に行く）
Am	借地人	59	既婚（第2夫人）	チャガ M	サンバー M	土地を借りて耕作している（40m）。マンダカでは女性4人で一緒に借りて耕作している（0.8ha）	本人（夫は肉屋）

出典：2012年現地調査データから作成。

第2節　調査対象者の概要とプロフィール　181

表6.4b　第2次調査対象者プロフィール（アッパー・マボギニ地区：男性）

対象者	所有・使用形態	年齢	婚姻状態	部族（宗教）	配偶者の部族（宗教）	LMIS 灌漑圃場の土地権	主な農業従事者、その他
aa	所有者	84	既婚（第2夫人と生活）	チャガ C	n.a.	1987年以前に土地を購入。再配分（273m）	長男（いくつかの土地は他人に貸している）
ab	所有者	91	寡夫	チャガ C	ケニア C	1987年以前に土地を購入。再配分（100m）	甥（妹の息子）が耕作（10年前から）（他人に貸している土地もある。本人は元森林局役人）
ac	賃金労働者	39	既婚	ランバ C	パレ C	育苗、手作業での耕起、代かき、田植え、除草、施肥、収穫など一連の労働を請負う。4～5人の集団でおこなう	本人（妻は農作業はしない）
ad	借地人・監督者	49	既婚	サンバー M	チャガ C	土地を2カ所で借りている（136m）。ほかにも約9プロット（6カ所）の監督もする	本人、妻、子ども（事前に賃借料を支払えない。投入費用は負担し、収穫物を土地所有者に半分渡す）
ae	所有者	39	既婚	ジグア M	サンバー M	父の遺産相続で6カ所のプロットを所有（326m）	本人と労働者
af	借地人	45	既婚	パレ C	アルーシャ C	土地を2カ所で借りている（195m）。1カ所は aa から借りている。畑は所有している	本人、妻、甥、労働者（家畜として牛と鶏も飼っており妻が飼育。以前は賃金労働者）
ag	借地人	49	既婚	チャガ C	チャガ C	LMIS 内で土地を借りている（150m）。1カ所は ab から借りている。その他に畑も借りている。コーヒー園等を所有	本人、労働者（本人はトレーダーでケニアとの間でメイズや生活用品の輸出入。妻も古着の商売）
ah	所有者	42	既婚	チャガ C	チャガ C	父からの遺産相続で所有（70m）。その他、共同で水田と畑地を借りている（Aa の長男、Ai の兄）	本人、労働者（本人はブロックの LOMIA 会計役）
ai	所有者	40代	既婚	パレ M	パレ M	父からの遺産を相続（2.8プロット）。名義変更していない	労働者（本人は、LOMIA アッパー・マボギニ地区議長。マボギニ村の幹線道路沿いで雑貨屋も経営）

出典：2012年現地調査データから作成。

表6.5　第2次調査対象者プロフィール（ローア・マボギニ地区：女性・男性）

対象者	所有・使用形態	年齢	婚姻状態	部族（宗教）	配偶者の部族（宗教）	LMIS 灌漑圃場の土地権	主な農業従事者、その他
Ba	所有者	59	既婚（第1夫人）	チャガ M	パレ M	第2夫人との共同名義（100m）。しかし、収穫・収入は夫が管理	本人、第2夫人、労働者（本人は女性グループの会計役。夫は元民間バスやトラクターを経営、破産）
Bb	家族労働者	34	既婚	カンバ C	タイタ C	夫が父から生前贈与された土地を耕作（61m）。名義変更していない。子どもはいない	夫が主、本人（ブロックの LOMIA 会計役。幼稚園の校長）
Bc	所有者	72	既婚（第1夫人）	パレ M	パレ M	隣人が故郷に戻るため土地を売却したかったので娘4人のために購入した（1996年、67m）。夫の土地の半分を贈与されたが、末息子の名義にした（140m）。残りは夫名義のまま（140m）。一部は第2夫人が贈与された（50m）	夫の土地は息子が耕作（娘のために購入した土地は、水稲の場合は貸し出す。資金が調達できないため、年1回のメイズ栽培は4人の娘が2人1組でローテーションで耕作）
ba	所有者	43	既婚	チャガ C	チャガ C	自己名義で所有（460m）。父は1987年以前にウルから移住してきた。父から土地を相続した	本人、労働者（精米までする。2008年からブロックの LOMIA 事務局長。妻は小さな商店主）

注：Ba～Bc は女性、ba は男性を示している。
出典：2012年現地調査データから作成。

表6.6　第2次調査対象者プロフィール（チェケレニ地区：女性・男性）

対象者	所有・使用形態	年齢	婚姻状態	部族（宗教）	配偶者の部族（宗教）	LMIS 灌漑圃場の土地権	主な農業従事者、その他
Ca	所有者	61	寡婦	チャガ C	チャガ C	夫から相続（2.8プロット）。しかし名義変更していない。その他、畑地（2.75エーカー）でメイズ栽培。ウジャマー村の時に夫が土地を取得。後に夫が購入した土地は共同名義	本人（夫は古着の商売をしていた）
Cb	所有者・賃金労働者	44	寡婦	チャガ C	チャガ C	夫から相続（150m）。しかし名義変更していない。その他、賃金労働者。ウジャマー村の時に夫が土地を取得。娘には自分で購入して与えた。第2夫人	本人、娘（他の地区の水田と畑地で賃金労働者として毎日働いている）
Cc	借地人・代理者	41	別居（第1夫人）	カンバ C	カンバ C	水田を借りて耕作（150m）。および父から弟が相続した土地を代理で耕作（150m）。畑地も借りて耕作している。ウジャマー村の時に父が土地を取得	本人（本人は最初は賃金労働者として働いていた。夫はTPCサトウキビ工場で働いていて小売店もしていた）（暴力夫）
Cd	賃金労働者	43	既婚	チャガ C	チャガ C	育苗、除草、収穫などの賃金労働をする。ウジャマー村の時に義父が土地を取得	本人（夫も賃金労働者）
Ce	所有者・代理者	62	寡婦（第3夫人）	チャガ C	ニャムウェジ M	自己名義で所有（100m）。ウジャマー村の時に取得。末息子が購入した土地も代わりに耕作している（60m）	本人（収穫したメイズは自家消費用で家族で分配）（息子は他地区で賃金労働者。息子が資金を提供してくれる）近郊ムタクジャに住んでいる
Cf	所有者	65	寡婦（再婚）	ニャトゥル M	ニャトゥル M	自己名義で所有（130m）。義母名義の土地を相続（65m）。自分の土地はウジャマー村の時に取得	本人、4男、5男（末子）（既婚で美容師の末娘が多少資金を提供してくれる）
Cg	所有者	59	寡婦（再婚、第2夫人）	チャガ C	ペナ C	自己名義で所有（55m）。ウジャマー村の時に取得した（前夫はプロジェクトのトラクター操作者だった）	本人、次男（次男は離婚、その子ども2人と本人の末娘も同居）
Ch	所有者	64	寡婦	チャガ C	チャガ C	夫から相続して所有（100m）。息子と問題になるので名義変更していない（1986年から）。他の地区で賃金労働者、落穂拾いもする	本人、末子（ハイビスカス女性グループメンバー）
Ci	所有者・借地人（共同）	65	寡婦	チャガ C	チャガ C	夫から相続して所有（663m）。しかし名義変更していない。長男が1プロット相続。夫はプロジェクト前に土地を購入	本人（足が不自由）、賃金労働者（本人は、RS4-2ブロックのLOMIAの会計役、女性共同賃借耕作グループ会長）（夫は肉屋をしていた）
Cj	所有者	58	別居（第1夫人）	ニーハ M	クリア M	自己名義で2007年に所有（50m）。夫は2番目の妻のところに行ったので、夫の土地は貸し出している（150m）。夫の土地はウジャマー村の時に取得	本人、賃借者（本人は、RS4-2ブロックのLOMIA議長）
Ck	所有者	63	寡婦	ランギ M	クリア C	夫から相続（150m）。名義変更はしていない。ウジャマー村の時に夫は土地を獲得	本人（夫は警官で1995年に強盗に殺害された）
ca	所有者	72	寡夫	チャガ C	チャガ C	自己名義の土地（100m）。土地再配分の時、土地配分委員会のメンバーだったので取得した	息子、娘（本人は大工。元土地配分委員会のメンバー）
cb	借地人	32	既婚	クリア M	ジャルオ M	プロットを賃借して耕作している（650m）。LMIS外にも借りている（1.2ha）	本人、労働者（本人はTPCサトウキビ工場の警備員、2008年から）
cc	借地人・賃金労働者	45	離婚	クリア M	カンバ M	賃借して耕作（50m）	本人、父親（賃金労働者、夜間の水番などもする。以前レンガ職人。一人暮らし）
cd	所有者	50	既婚	チャガ C	チャガ C	自己名義の土地（100m）。半分はウジャマー村の時に取得、半分は購入	本人（以前は借りて耕作していたが水不足で栽培できず採算がとれなかった）

注：Ca～Ck は女性、ca～cd は男性を示している。
出典：2012年現地調査データから作成。

第2節 調査対象者の概要とプロフィール 183

表6.7 第4次調査対象者プロフィール（女性・男性）

対象者	地区	ブロック	LMIS耕作地の所有・使用形態	年齢	婚姻状態	部族（宗教）	配偶者の部族（宗教）	LMIS灌漑圃場の土地権	主な農業従事者、その他
Da	Rau	RS1-1, RS1-6	所有者（2.3プロット）	50	別居（事実婚）	チャガ（C）	n.a.	自己名義の耕地をRS1-1に2.3プロット所有。その他、祖父名義の耕地（RS1-6）の25プロットのうち、2プロットの営農権を認められている。2009年以降はメイズ栽培のみ	本人
Db	CH	RS4-1	所有者（1.5プロット）	80くらい	寡婦	チャガ（C）	チャガ（C）	1.5プロットを自己名義で所有。元ウジャマー村で配分された耕地。正式な遺言書を作成し（2009年）、娘2人と息子3人に生前贈与。末息子と暮らしている。夫は炭焼き、近郊キボショのクランの土地を売却、LMISの耕地なし、1994年没	息子、娘
Dc	CH	RS4-1	所有者、労働者、借地人、コメのトレーダー	44	事実婚（第2夫人）	チャガ（C）	チャガ（C）	RS4-1の母名義の耕地のうち25m を相続（生前贈与）された。夫は畑地を所有、これは第1夫人が耕作した。宅地（0.25エーカー）は自分で購入。息子2人、娘2人。メイズを栽培している。Dbの3女	本人
Dd	CH	RS4-3, RS4-5, RS4A-1A	夫が所有、本人は畑地のみ所有	58	既婚	チャガ（C）	チャガ（C）	ウジャマー村で畑地を配分されたが、灌漑圃場は所有しない。夫が購入（RS4-3: 1.5プロット=ウジャマー村から、RS4-3: 0.5プロット=購入、RS4-5: 60m=購入、RS4A-1A: 40m=購入）。合計3プロットでメイズ栽培。他の地区（マワラ）で借地してコメ栽培。Dbの長女。息子5人、娘1人	夫（コメとメイズ栽培）、本人（メイズ栽培と家畜の世話）
De	UM, LM	MS2-1 (UM), MS2-2 (UM), MS5-1 (LM)	夫が兄弟姉妹とローテーション耕作、本人は宅地のみ所有	52	寡婦	パレ（M）	パレ（M）	2014年1月に夫が亡くなり、4日後にクラン会合を開催。没後40日目に正式なクラン会合が開催され遺産について決定された（遺言書なし）。本人は28年間小学校教員。夫はドライバーをしながら家族の土地3プロットを、5人の兄弟姉妹でローテーション耕作	夫とその兄弟姉妹
Df	Rau	RS1-3, RS1-4	所有者（50m）、労働者	63	寡婦（第2夫人）	パレ（M）	パレ（M）	夫がRS1-3: 2プロット、RS1-4: 2.8プロット（合計4.8プロット）所有。夫の長男（de）が1.6プロットを売却。他は夫の遺言書（1988年）により本人（50m）、息子2人（各25m）、娘6人（各20m）が相続	本人
Dg	Rau	RS1-2, RS1-3, RS1-4	所有者（1プロット）	70	寡婦	パレ（M）	n.a.	母が、LMIS以前・以後に合計11.2プロットを購入。その半分は長男が相続。残りの5.6プロットは母の遺言書（2002年）により、娘3人と孫に残した（長男に取られないため）	本人、息子
da	Rau	RS1-2, RS1-6, RS1-7	所有者（24プロット）	70	寡夫	パレ（M）	n.a.	父が60プロット所有していた。父の没後、母が耕作。母の没後、息子3人で相続した。自分たちは納得しなかった。長男（本人の兄）が独占しようとしたので、裁判で10年間係争	労働者
db	Rau	RS1-2, RS1-6, RS1-7	監督者（22プロット）、借地人	51	既婚	パレ（M）	n.a.	父が祖父から相続（22プロット）。母が相続したが、その土地を代表して監督している（第1弟と姉妹4人）。農業のほかに、建築資材、肥料などの商売もしている。LMIS外の耕地を購入した（2エーカー）	労働者
dc	CH	RS4-1, RS4-4, RS4-7	所有者（50m+60m+20m）、借地人	37	既婚	父はケニア人、母はチャガ（C）	チャガ（C）	母（Db）の遺言書で、耕地50mを生前贈与された。兄2人が相続した土地を借地している。その他の土地は自分で購入した（60m+20m）。マワラで借地してコメ栽培している。小規模なコメや飼料のトレーダーもしている	本人、労働者
dd	Rau	RS1-2, RS1-3	所有者	62	既婚	パレ（M）	サンバー（M）	父が13.5プロット所有。一人息子だった本人が全て相続し、名義変更したが、姉妹は父の遺言で生涯の営農権を与えられており、1プロットずつ耕作している。父は口頭の遺言と書面の遺言の両方を残した。ラウヤカティのLOMIA事務局長	労働者
de	Rau	n.a.	土地なし（チェケレニでバーを経営）	42	既婚	パレ（M）	n.a.	父の第2夫人（Df）に育てられた。父は亡くなる半年前に正式な遺言書を作成した（1988年）。本人はすでに1.6プロットを勝手に売ったので、遺言書では何も相続しなかった。残りの父の3.2プロットは、第2夫人とその次男・3男と7人の娘が相続した（RS1-3, RS2-4）	営農していない

注：Da〜Dgは女性、da〜deは男性を示している。
出典：2014年現地調査データから作成。

面接調査対象者（合計64人）の出身部族の内訳は、チャガ人、パレ人が最も多く、ほかに10の部族から構成されている。面接調査対象者の配偶者を含めると、チャガ人、パレ人のほか、20部族から構成されている。これらは、タンザニア南部、西部、中部、東部海岸部、ケニアなど、多様な地域から移住してきた人々である。また、約４割の25名は異なる部族間で婚姻しており、キリスト教徒とイスラム教徒の間で婚姻している人も４名いる。夫がクリスチャンで妻がムスリムの場合もあるし、その逆もある。面接調査対象者には、土地所有者のみならず、借地人、賃金労働者、家族労働者も含まれており、土地所有者であっても本人が耕作していない場合もある。また夫婦ともに農業を営んでいるわけではないケースもあれば、兼業者もいる。

第３節　農村女性にとって土地所有に関わる「価値あると思うこと」

１　土地所有者であることの多様な意義

（１）　土地権に関する質問票調査の結果—収入と食料の確保

　土地は女性・男性にとってどのような価値を持つのだろうか[10]。まず、対象３ブロックにおける「土地権に関する質問票調査」（2013年）から見ていく。この調査では、土地を所有することの意味についての質問（複数自由回答）に対して、合計211人から、複数回答で228件の回答が得られた。その結果、男女ともに約50％は「現金収入につながる」（女性59回答、男性52回答）、25％は「食料が得られる」（女性30回答、男性27回答）という回答が最も多かった（図６.２）。次いで、女性では約７％（９回答）、男性では約９％（10回答）が、「土地は資産・財産になる」と答えた。その他の回答としては、男女ともに、「良い収穫を得ることができる」「生活を維持できる」「家族や自分のニーズを満たせる」といったものがあった。女性の回答の中には、「問題解決につながる」（４回答）、「依存度が減少する」（１回答）、男性の回答の中には、「雇用の機会を

---

[10] 本節では、「生活状況に関する質問調査」（2012年）、「土地権に関する質問票調査」（2013年）の回答を分析し、さらに第２次調査における面接調査（2012年、対象者36人）、および第４次調査における面接調査（2014年、対象者12人）のデータに基づいて分析をおこなう。

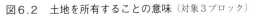

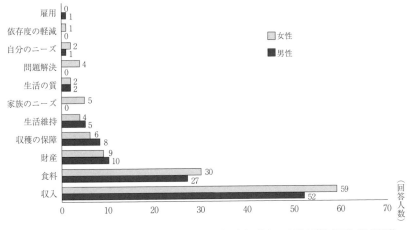

図6.2　土地を所有することの意味（対象3ブロック）

注：回答者は土地所有者で、合計211人（女性111人、男性100人）。自由回答なので回答合計数は228件（女性122件、男性106件）。「土地」は灌漑稲作圃場。
出典：「土地権に関する質問票調査」（2013年）のデータから作成。

提供してくれる」（1回答）といったものもあった。これらの回答から、男女ともに、土地を現金収入につながる重要な生産資源や資産と見なし、家族のための自給用食料源としても重視していることがわかった。

　また、LMIS内の土地（灌漑稲作圃場）を所有したことによる収入の変化についての質問では、全体で約30.3％が「大きく増加した」、59.7％が「少し増加した」と回答している（表6.8、および図6.3）。土地所有後の経済的効果については男女ともに増加したと認識していることがわかる。アッパー・マボギニ地区では女性より男性のほうが、また、ローア・マボギニ地区とチェケレニ地区では男性より女性のほうが、「収入が大きく増加した」と答えている割合が高い[11]。ただし、チェケレニでは、「変化なし」「少し減少」「大きく減少」という回答をあわせると12.6％になる。これは、チェケレニでは2007／08年以降に、水管理の問題でコメが栽培できなくなり、メイズのみの栽培が続いてい

11）なお、「少し増加」の「少し」がどの程度かは一様ではなく個人差がある。2期作によって他の地区より収益が増えているアッパー・マボギニにおいても、「少し増加」と回答した人が多い。背景には、投入費用の高騰（肥料、機械、駆除）、支出の増加（学費）などが考えられるが、そのような分析は今後の課題としたい。

186　第6章　農村女性にとって土地権はどのような意味を持つのか

表6.8　土地所有後の収入の変化

地区（ブロック）	人数	①大きく増加	②少し増加	③変化なし	④少し減少	⑤大きく減少	⑥わからない	⑦n.a.	合計
アッパー・マボギニ	女性	7	24	0	0	0	0	2	33
（MS1-2）	%	21.2	72.7	0	0	0	0	6.1	100.0
	男性	7	19	0	0	0	0	0	26
	%	26.9	73.1	0	0	0	0	0	100.0
	小計	14	43	0	0	0	0	2	59
	%	23.7	72.9	0	0	0	0	3.4	100.0
ローア・マボギニ	女性	8	16	0	0	0	0	0	24
（MS4-1）	%	33.3	66.7	0	0	0	0	0	100.0
	男性	4	11	0	0	0	0	2	17
	%	23.5	64.7	0	0	0	0	11.8	100.0
	小計	12	27	0	0	0	0	2	41
	%	29.3	65.8	0	0	0	0	4.9	100.0
チェケレニ	女性	19	26	5	3	0	0	1	54
（RS4-1）	%	35.2	48.1	9.2	5.6	0	0	1.9	100.0
	男性	19	30	2	3	1	1	1	57
	%	33.3	52.6	3.5	5.2	1.8	1.8	1.8	100.0
	小計	38	56	7	6	1	1	2	111
	%	34.2	50.5	6.3	5.4	0.9	0.9	1.8	100.0
	男女合計	64	126	7	6	1	1	6	211
	%	30.3	59.7	3.3	2.8	0.5	0.5	2.9	100.0

注：「収入や経済状況の変化」として質問した。「土地」は灌漑稲作圃場。
出典：「土地権に関する質問票調査」（2013年）の回答に基づき作成。

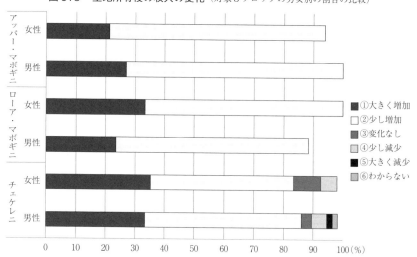

図6.3　土地所有後の収入の変化（対象3ブロックの男女別の割合の比較）

注：上記の表6.8の中の⑦n.a.を除いて作成したグラフ。
出典：上記の表6.8に基づき作成。

表6.9 対象3ブロックにおけるコメとメイズの単収

地区（ブロック）	コメの収量 （t/ha）	メイズの収量 （t/ha）
1　アッパー・マボギニ（MS1-2）	7.4～8.9	n.a.
2　ローア・マボギニ（MS4-1）	9.2～11.0	4.0～4.8
3　チェケレニ（RS4-1）	6.9～8.3	3.9～4.8

注：収穫袋100kgと120kgが混在していたため、100kg袋の場合を最小値、120kg袋の場合を最大値として表示した。アッパー・マボギニではメイズ栽培はしていない。コメの収量は籾で計算。
出典：「生活状況関する質問票調査」（2012年）から集計し作成。

る影響ではないかと考えられる。

　コメの単収についての質問では、上流のアッパー・マボギニのほうが、下流のチェケレニより高いという結果が得られた（表6.9）。なお、チェケレニでは、2007／08以降は稲作をおこなっていないため、上記における回答は、1987年以降に土地（灌漑稲作圃場）を取得して、稲作に必要な水が来ていた時期についての回答であると考えられる。また、アッパー・マボギニはコメの2期作をしていることから、他の地区より収益が高いと思われる。

（2）　質的な半構造的な面接調査の結果──土地が持つ多様な価値

　次に、より詳細な状況を把握するために、第2次調査および第4次調査における「質的な半構造的な面接調査」（2012年、2014年）の結果を見ていく。ここでは45人（女性31人、男性14人）を対象に、土地所有が持つ価値について個別に面接をおこなった。面接対象者には、土地所有者のほか、多様な立場からの回答を得るために借地人、賃金労働者等も含まれている。第2次調査ではアッパー・マボギニとチェケレニの2地区での面接調査を中心におこなった。第4次調査では、補足的に、ラウヤカテに土地を所有している人々も調査対象者に含め、土地相続ならびに土地所有の価値についての聞き取りをおこなった。

　面接調査対象者の女性31人（アッパー・マボギニ［UM］14人、チェケレニ［CH］14人、ラウヤカティ［Rau］3人）、および男性14人（UM 6人、CH 4人、Rau 4人）に対しておこなった土地所有の価値（「価値あると思う」こと）についての回答を集計すると（表6.10）、「主な事柄」としてはやはり男女ともに、自分にとっても家族（他者）にとっても、「A. 収入に関すること」（収

入等）と「B. 生活の質の向上」（食料確保、医療や被服等）をあわせた回答が最も多く、「C. 生活の安全・安心」（持続的使用等）、「D. 自己のアイデンティティ」（幸せ、自信、自己決定等）がこれに続いた。加えて、他者への関心の面では「E. 子どものため」（養育、学費等）、社会参加の面では「F. 組合や会合への参加」（リーダーシップ等）、仕事の面では「G. 営農に関すること」（労働の軽減等）があげられ、大きく5つに分類できることがわかった。表6.10右列は、「具体的な事柄」について表出頻度が高かった38の言説を列記したものである。

（3）女性にとっての土地所有の価値

　回答に見られる表出頻度を男女それぞれ個人別に集計した（後出の表6.11、表6.12）。この集計は、分析対象数が少なく（女性31名、男性14名、計45名）、半構造的面接において自由回答の中から拾い上げた言説を当てはめたものであるため、十分な量的根拠とはなりにくいが、それでも土地所有に関する男女の価値観が一定程度窺うことができる。集計結果および、その根拠となった聞き取り調査のデータをあわせて考察すれば次のようになる。

　まず、女性にとっての土地所有の価値については以下のことがわかった。

　第1に、女性にとっての土地（灌漑稲作圃場）所有の重要性は、稲作により現金収入を得ること、自家消費用の食料（主にコメとメイズ）を自分および家族のために確保すること、生活の質（教育、医療、家族のケア、家を建てるなど）を向上させることにある。それは女性土地所有者のみならず、女性の借地人、賃金労働者にも共通して認識されている。借地人および賃金労働者の女性にとっても土地を所有することは「価値あること」であり、可能であれば、借地や賃金労働を抜け出し、将来は自分の土地を所有したいと考えている。土地所有は、より収益が向上する、価値のあることとして捉えられている。ちなみに、女性の場合、土地から得た収入を貯金し「講（*kibeti*）」を利用することはあるが、土地を担保にして銀行ローンを組むことはまれである（ただし、息子など家族に頼まれてグループ・ローンを組むことはある）。

　第2に、女性は、土地を所有することは「安全・安心」の確保、「土地の継続的（持続的）使用」による暮らしの保障（security）につながると考えている。下流のチェケレニでは、水不足によりコメの収穫が2007／08年以降から不可能

表6.10　土地所有に関する価値あると思う事柄

土地所有に関して価値あると思う主な事柄	土地所有に関して価値あると思う具体的な事柄
A　収入に関すること	1　利益、収入になる 2　支出が少なくて済む 3　貯金ができた、ローン 4　土地を貸せる
B　生活の質の向上	5　食料の確保 6　家族に食料を提供できる 7　医療費に使える 8　被服費に使える 9　冠婚葬祭に使える 10　家族のため 11　家を建てる
C　生活の安全・安心	12　安全 13　暮らし 14　継続的使用、いつでも使用 15　将来の投資になる 16　未婚の場合に重要 17　寡婦・寡夫／離婚／再婚の場合重要
D　自己のアイデンティティ	18　幸運、幸せ 19　尊敬される 20　誇りに思う 21　自信につながる 22　発言できる 23　収入の使い方を決定できる 24　自分で決定できる 25　母親・父親としての責任 26　男女平等になる
E　子どものため	27　子どもの幸福 28　学費を払える 29　子どもを養う 30　子どもに土地を与えられる 31　孫のため
F　組合や会合への参加	32　組合のメンバーになれる 33　組合の会合に参加できる 34　村の会合に参加できる 35　地域のリーダーになれる
G　営農に関すること	36　労働の軽減 37　栽培の準備・計画 38　新しい技術の習得

出典：第2次調査（2012年）、第4次調査（2014年）データから作成。

になり、コメ栽培からメイズ栽培に切り替えたが、それでも土地からの収益は重要であるという認識が高く、土地所有は再び稲作が可能になる時までの「将来の投資」として考える人もいる。政府が地下水掘削などで水利改善をおこなえば稲作も再開でき、収益増加につながるだろうという期待である。当面は食

料源としてメイズ栽培ができるので、何とか生きていけると考えている。

　第3に、女性は、土地を所有することは婚姻制度におけるリスクに備えるうえで「価値あること」だと考えている。具体的には、寡婦になった場合、結婚しない場合、離婚した場合、一夫多妻の場合、シングル・マザーの場合（正式に結婚していない場合）、再婚の場合など、さまざまなケースがこれに当てはまる。前掲表6.2に示されているように、女性は夫との死別率が高いこともあり（各ブロックでそれぞれ49％、42％、40％）、女性にとって自分の土地を所有することは生存に関わる問題である。つまり、土地所有は、婚姻制度に規定された社会関係や財産権が内包する不平等・不確実性を軽減し、生計手段を失うリスクを回避させてくれるものである。「夫が亡くなったあと、土地があったので、何とか子ども10人を育てることができた」という女性もいる。離婚、別居、事実婚などにより財産を持たない娘のために、母親が土地を購入して娘に与えるケースもある。それを確実にするために、遺言書を残すという選択も出現しているし（チェケレニ。表6.7の対象者 Db さん）、娘に土地を与えたいと思っても、息子が全ての権利を主張する可能性があるので、それを危惧して遺言書を残したという母親もいる（ラウヤカティ。表6.7の対象者 Dg さんの母。母はローア・マボギニに居住）。「土地を所有することは、離婚したり未婚のままでいる時に役立つ」「寡婦になった時でも夫の親族に財産を奪われない」「婚姻関係が破たんしても自己名義の土地があれば、財産権が保障される」「再婚時に自分の土地があったので、子連れでも受け入れてもらえた」といった他の回答にも見られるように、土地を所有していることは、女性にとっては婚姻制度の規定がもたらす生活の不安定に対しての「リスク軽減の価値」となっている。これは、どの対象ブロックにおいても得られた回答である。しかし、逆に、土地権を取得（相続）するために、婚姻という負担を負うケースもある。「夫の死後は第2夫人の子どもの面倒を見る」という条件付きでしか、夫の土地を相続できなかった第1夫人のケースがそれである（アッパー・マボギニ。表6.4aの対象者 Ah さん）。どちらのケースも、婚姻制度における女性のリスクが、土地所有に関わるリスクに通じていることを示している。

　第4に、女性は、土地を所有することは子どもに食料を与え育てるうえだけでなく、教育を与えるうえでも「価値あること」であり、それが子どもの幸福

につながると考えている。子どもと孫を預かり育てているある女性は、土地を所有し現金を得ることができたため、子どもにも孫にも学費を出すことができたと回答している[12]。学費は父親が負担するもの、という回答が男女ともに見られるものの、夫との離婚、別居、死別などにより、実際には女性たちもこれを負担していることがわかる。回答では「母親が子どもに教育を与えることは重要」という直接的な表現はなかったものの、実際にはこれを自らの役割であると考えている女性が多い。就学率が上がる中、中等教育以上になると子どもを都市部や他の地域にいる親族に預け、教育を与え続ける母親もいる。

第5に、女性の回答の中には、自分の土地を所有することについて、「幸運、幸せ」「尊敬される」「誇りに思う」「自信につながる」「優れている（unanafuu）」という表現が使われているケースもある。女性の土地所有者の割合は全体的に低いことから、そうした女性たちは土地を持たない女性から「幸運な人」だと思われている。男性では「幸運、幸せ」という回答はなかったため、女性のほうが、土地の所有をより特別なものとして捉えていることが推察できる。

第6に、女性が土地を所有し、家族の食料を調達することは、自己のアイデンティティとしての「母親役割」にもつながっている。「母親としての責任を果たしたい」（チェケレニ）という回答からは、土地を所有し食料を調達することが「母親役割」として「価値あること」であり、それによって自己の誇りや尊厳、自信を高めることが社会的にも「価値あること」である、と捉える自己意識が読みとれる。

第7に、これも自己のアイデンティティに関わるが、土地を所有すれば「収入の使い方を決定できる」「自分で決定できる」と回答した女性が複数名いた。また、「発言できる」という回答もあった。男性にはそのような回答は見られなかった。土地を所有すると自分で「栽培計画を立てられる」という、営農に関する回答もあった。これらの回答からは、土地所有と意思決定との関連性がくっきりと浮かびあがってくる。

実際、土地を所有することは、コメ生産者協同組合（CHAWAMPU）やロ

---

12) 1980年代半ばの構造調整政策以降、公共部門の財政削減とともに、個人の学費負担が増大した。就学率の向上による教育費の増大も親にとっては大きな負担となっている。2001年に初等教育の無償化がおこなわれるようになったものの、依然としてその負担感は大きい（2012年、現地調査）。

ーアモシ水利組織（LOMIA）等のメンバーになる要件でもある。メンバーにならないとこうした会合や意思決定の場に参加することはできない。参加できなければ、自分（や家族）の意見やニーズが取り入れられる機会は限られてくる。女性は灌漑施設の維持管理（掃除や草取り）や圃場での水管理に労働力を提供しているものの、水利を利用する順番やタイミングなどで不利になることが多い。女性が農業生産性を高め、収益を得るためには、タイムリーに灌漑用水を得ることが必要であり、組合の会合や意思決定に参加する機会を得ることは、食料確保に関わる女性にとっては「価値あること」であると推察できる。特に、アッパー・マボギニでは、灌漑用水が豊富なため、LOMIAに加入し水利費を払えば水利を利用できることから、組合の会合や活動に参加することは「価値あること」として認識されている。一方、チェケレニでは、LOMIAの重要性は認識されているものの、公平な水配分をしてくれないLOMIAに対する信頼は低下傾向にある。チェケレニの女性の場合、組合等に参加することへの価値意識が回答に現れていないのはそのためであろうと推察される。

（4）男性にとっての土地所有の価値

では、男性にとっての土地所有の価値はどのようなものだろうか。

第1に、女性と同様に、男性にとっての土地所有の重要性は、そこから現金収入を得ること、自家消費用の食料を自分や家族（他者）のために確保すること、生活の質の向上（教育、医療、家族のケア、家を建てるなど）に役に立つこと、などにある。それは男性土地所有者のみならず、男性の借地人、賃金労働者にも共通して認識されている。男性の借地人、賃金労働者にとっても土地を所有することは「価値あること」であり、可能であれば借地人や賃金労働者から抜け出し、将来は自分の土地を所有したいと希望している。女性と異なるのは、男性の場合、土地を担保にして銀行や貯蓄信用組合（SACCOS）から融資を受けたいと望む人が多いことである。女性は銀行ローンには慎重であるが、男性の場合は金融機関に対する土地の担保権を重視している傾向が見られる。

第2に、男性もまた女性と同様、土地を所有することは生活の維持、収入面での「安全・安心」につながると考えている。しかし、男性の場合の「安全・

安心」は、女性と異なり婚姻関係に由来するものではない。男性の土地所有は、婚姻関係による影響はほとんど受けない。男性の回答としては、「土地を所有すれば、水（家畜の水や農業用水）を求めて移動しなくてよくなる」（高齢男性）、あるいは、「土地を所有していないと、特に高齢になってから食料を確保できない」など、土地所有を老後のケアと関連付けているケースが目立つ。

　第3に、女性と同様、男性にとっての土地所有は、「子どものため」でもある。例えば、子どもに教育を与えることは「価値あること」であり、それが子どもの幸福につながると考えている。9人の子どものうち8人まで大学に出した男性もいる（ラウヤカティ）。土地があれば子どもに譲れる（相続させられる）、ゆえに土地所有は大切という回答も見られる。これは、特にチャガ人の場合、「クランの男が土地を所有しないのはクランの恥だ」[13]という価値意識にも影響されていると推察される。さらに、（「クランの土地」ではなく）「家族の土地」および自分で購入した土地は、自分の兄弟や姉妹にではなく、息子や娘に譲りたいという回答も見られる。これは、拡大家族から核家族への価値の転換が起きている現れと推察できる。「父親として」という言説は見られないものの、これらの回答からは、「戸主としての責任」という価値が見えてくる。

　第4に、女性と同様、男性の回答の中にも、土地所有は社会的に「尊敬される（地位が上がる）」「誇りに思う」「優れている（unanafuu）」という表現があった。しかし、女性の場合は地域のリーダーになることと土地所有者であることを関連付けるような回答は見られなかったが、男性には明らかに両者を関連付けるような回答が見られた。土地を所有すると、「社会的地位が上がる（fahari）」「組合の幹部になれる」「地域のリーダーになれる」「政治家になるために必要」という回答がそれである。「土地があるので、地元のリーダー（10軒組リーダー）に選出された」「以前はブロックのLOMIA副議長、現在は事務局長をしている。また、かつてはLOMIA中央委員会の事務局長もしていた。土地を所有していなければ、そのようなポストには就けない。自分にはリーダ

---

13)「チャガにとって、もし家族の誰かが土地なしになったら、それは恥ずかしいことだ。そのため土地を自分の息子やクランに配分してきた。クランのアイデンティティは重要だ。女性は同じクランの男性とは結婚できない。娘の夫はクランのメンバーではない。同じクランのメンバーは兄弟姉妹のようなものだ。1つのクランは同じ祖先を持ち、およそ30家族で構成されている」（出典：2012年9月27日、MAFCに勤務するチャガ人の事務官への面接調査）。

ーとしての資質もある」「政治家になるためには、土地所有者でないといけない」と回答した男性もいる。その裏返しとして、「土地なしの男性は差別される。土地なしだと、怠け者だと思われる。ただし、土地を所有しようと努力している男性は評価される」という回答もある。一方、「自分は土地所有者ではないが、人々に信頼されているので、10軒組のアドバイザーをしており、近所に問題があると相談役になっている」と答えた男性も1名いる。キリマンジャロ山中腹の地方では、土地に儀式的・文化的な価値（spiritual value）を与える風習があるが、この点については、「ローアモシ灌漑地区は先祖伝来のクランの土地ではなく、入植地なので、そのような考え方はない」と回答する男性がいた[14]。

第5に、女性が土地を所有することについての男性の意見は、女性のそれと明らかに異なる。ある男性は、「女性が土地を所有することについては一目おかざるを得ないが、もし自分の妻が土地を所有したなら、その管理、収益、処分などは自分が決定する」と回答している。このような見解は、「自分で決定できること」（自己決定）が「価値あること」と考える女性たちの見解と対照的である。また、この男性は、「妻が土地を所有するのは良いことだが、取得の方法、内容については自分が押さえておかなければならない」と言う。これも、女性たちが「自己決定」を重視しているのとは反対の回答になっている。これ以外にも、「女性は耕作してもよいが、土地所有は認めない」と言う男性もおり、男性の回答には一般に、女性の土地所有に対する慣習的な意識や二重規範（ダブル・スタンダード）が窺える。

2 土地所有者であることの価値についての言説

次に、上記の分析をさらに裏付けるために、面接調査における回答者の具体的な言説とその背景を女性・男性ごとに分けて記載する。

---

[14] ただし、アッパー・マボギニにはクワ・サワヤ（Kwa Sawaya）と呼ばれている一画があり、聖なる土地と考えられていたため、その場所は灌漑圃場に転換されず、そのまま残されている。また、圃場に墓ができれば、家族の土地としてその墓を守っていくという人もいる（2013年、現地調査）。

第3節 農村女性にとって土地所有に関わる「価値あると思うこと」

表6.11 土地所有の価値（女性、分析対象数31）

土地所有の価値		UM（アッパー・マボギニ） Aa Ab Ac Ad Ae Af Ag Ah Ai Aj Ak Al Am	小計	CH（チェケレニ） Ca Cb Cc Cd Ce Cf Cg Ch Ci Cj Ck	小計	Rau CH CH CH UM Rau Rau Da Db Dc Dd De Df Dg	小計	合計
A 収入に関すること	1 利益、収入になる	✓ ✓✓✓ ✓✓✓✓	8	✓✓ ✓✓✓✓✓✓	8	✓	1	
	2 支出が少なくて済む	✓ ✓	2		0		0	
	3 貯金ができた、ローン		0	✓	1		0	
	4 土地を貸せる		0	10	✓	1	10		0	1	21
B 生活の質の向上	5 食料の確保	✓ ✓ ✓✓✓	5	✓✓ ✓✓✓ ✓✓	8	✓✓	2	
	6 家族に食料を提供できる	✓	1	✓✓ ✓	3		0	
	7 医療費に使える		0	✓✓ ✓	3		0	
	8 被服費に使える	✓	1	✓ ✓	2		0	
	9 冠婚葬祭に使える		0	✓	1		0	
	10 家族のため	✓	1	✓ ✓	2		0	
	11 家を建てる	✓ ✓ ✓	3	11	✓	1	20	✓	1	3	34
C 生活の安全・安心	12 安全	✓ ✓✓ ✓ ✓	5	✓✓✓ ✓✓	5	✓	1	
	13 暮らし	✓	1	✓ ✓✓ ✓	4	✓	1	
	14 継続的使用、いつでも使用	✓ ✓	2	✓	1		0	
	15 将来の投資になる		0	✓	1		0	
	16 未婚の場合に重要	✓	1	✓	1		0	
	17 寡婦/離婚/再婚の場合重要	✓ ✓ ✓ ✓	4	13	✓ ✓ ✓	3	15		0	2	30
D 自己のアイデンティティ	18 幸運、幸せ	✓✓✓	3	✓	1	✓	1	
	19 尊敬される	✓ ✓	2		0	✓	1	
	20 誇りに思う	✓	1		0	✓	1	
	21 自信につながる	✓	1		0		0	
	22 発言できる	✓	1		0		0	
	23 収入の使い方を決定できる	✓✓ ✓	3		0		0	
	24 自分で決定できる		0	✓	1	✓	1	2	
	25 母親としての責任		0	✓	1		0	
	26 男女平等になる		0	11		0	3		0	5	19
E 子どものため	27 子どもの幸福	✓	1		0		0	
	28 学費を払える	✓✓ ✓	4	✓ ✓ ✓ ✓	4	✓✓✓	3	
	29 子どもを養う		0	✓✓	2	✓	1	
	30 子どもに土地を与えられる	✓	1		0	✓	1	
	31 孫のため		0	6	✓ ✓	2	8		0	5	19
F 組合や会合への参加	32 組合のメンバーになれる	✓	1		0		0	
	33 組合の会合に参加できる	✓ ✓ ✓	3		0		0	
	34 村の会合に参加できる		0	✓	1		0	
	35 地域のリーダーになれる		0	4		0	1		0	0	5
G 営農に関すること	36 労働の軽減	✓	1		0		0	
	37 栽培の準備・計画	✓	1		0		0	
	38 新しい技術の習得	✓	1	3		0	1		0	0	4

出典：第2次調査（2012年）および第4次調査（2014年）のデータから作成。✓は1回答を示す。

表6.12 土地所有の価値（男性、分析対象数14）

土地所有の価値			UM（アッパー・マボギニ）							CH（チェケレニ）				Rau Rau						合計
			ac	ad	ae	af	ag	ah	小計	cb	cc	cd	小計	da	db	dc	dd	de	小計	
A 収入に関すること	1	利益、収入になる	✓			✓	✓		3	✓		✓	2			✓	✓		2	
	2	支出が少なくて済む							0				0						0	
	3	貯金ができた、ローン							0				0	✓			✓		2	
	4	土地を貸せる							0	3	✓			1	3						0	4	10
B 生活の質の向上	5	食料の確保	✓	✓		✓		✓	4	✓	✓	✓	3				✓		1	
	6	家族に食料を提供できる							0				0						0	
	7	医療費に使える							0				0						0	
	8	被服費に使える							0		✓	✓	2						0	
	9	冠婚葬祭に使える							0				0						0	
	10	家族のため	✓			✓			2	✓	✓		2						0	
	11	家を建てる							0	6	✓			1	8	✓					1	2	16
C 生活の安全・安心	12	安全							0				0	✓	✓		✓		3	
	13	暮らし		✓					1	✓			1				✓		1	
	14	継続的使用、いつでも使用	✓				✓		2	✓			1	✓					1	
	15	将来の投資になる							0				0						0	
	16	未婚の場合に重要							0				0						0	
	17	寡夫/離婚/再婚の場合重要							0	3				0	2						0	5	10
D 自己アイデンティティ	18	幸運、幸せ							0				0						0	
	19	尊敬される（地位が上がる）		✓					1	✓			1	✓	✓	✓	✓	✓	5	
	20	誇りに思う							0				0	✓				✓	2	
	21	自信につながる							0				0						0	
	22	発言できる							0				0						0	
	23	収入の使い方を決定できる							0				0						0	
	24	自分で決定できる							0				0						0	
	25	父親としての責任							0				0						0	
	26	男女平等になる							0	1			✓	1	2						0	7	10
E 子どものため	27	子どもの幸福							0				0						0	
	28	学費を払える	✓	✓					2	✓	✓	✓	3	✓					1	
	29	子どもを養う							0				0			✓		✓	2	
	30	子どもに土地を与えられる							0				0	✓					3	
	31	孫のため							0	2				0	3						0	6	11
F 組合や会合への参加	32	組合のメンバーになれる							0				0						0	
	33	組合の会合に参加できる							0				0						0	
	34	村の会合に参加できる							0				0						0	
	35	地域のリーダーになれる							0	0				0	0	✓	✓	✓			3	3	3
G 営農に関すること	36	労働の軽減							0	✓			1						0	
	37	栽培の準備・計画							0				0						0	
	38	新ししい技術の習得							0	0				0	1						0	0	1

出典：第2次調査（2012年）および第4次調査（2014年）のデータから作成。✓は1回答を示す。

①土地所有が女性ないし男性の収入源、食料、生活の質の向上にとって「価値あること」であるという回答の事例（表6.10のAとBに関する回答）。
②土地所有が女性ないし男性の安全・安心、継続的な生活にとって「価値あること」であり、女性にとっては婚姻関係に関わるリスクの軽減になるという回答の事例（表6.10のCに関する回答）。
③土地所有が女性ないし男性の自己の尊厳にとって「価値あること」であるという回答の事例（表6.10のDに関する回答）。

なお、表6.10のE、F、Gに関する回答については、A～Dへの回答の中にも随所に出てくるため、それらの回答事例の中に含めた。以下では、上記①②③のそれぞれの項目に沿って、第2次調査（2012年）ではアッパー・マボギニとチェケレニの男女からの聞き取り、第4次調査（2014年）ではチェケレニとラウヤカティの男女からの聞き取りをもとに、女性と男性とに分けて記載する。なお、以下においても、「土地所有」と言う時の土地は、ほとんどがLMISの灌漑稲作圃場を意味する。事例中の個人名のイニシャルは表6.4ab、表6.6、表6.7の対象者欄のイニシャルに対応する。

（1）　土地所有についての言説—女性はどう言っているのか
　まず、土地を所有する女性のみならず、土地を所有しない女性（借地人や賃金労働者など）も含めて、女性たちは土地所有というものをどのように考えているのか、それぞれの言説を見ていく。

①女性にとって土地所有は収入源、食料、生活の質の向上のために重要
　▶土地を所有している女性の言説
【土地所有は食料確保や家賃の支払い、子どもと孫の学費にとって大切】
　Afさん（62歳）の夫はキリマンジャロ州ハイ県で生まれ、英国の植民地時代には森林局で大工の仕事をしていたので、アッパー・マボギニに1エーカー（4000m²）の耕地を取得することができた。夫はLMISの土地再配分時にそれまでの土地を事前登録したが、従前地の半分くらいの圃場しか再配分されなかった（70m＝2100m²）。夫は1991年に亡くなり、その後はAfさんが土地を相

続して耕作している。娘5人、息子3人いるが、現在は末息子とその子ども4人、末娘の合計7人で一緒に暮らしている。食料のメイズを得るためにローア・マボギニにある畑地も1～2エーカー借地して家族を養っている。土地からの収益は食料、家賃、学費（孫息子と娘の大学の学費）に使っている。Afさんは、一緒に住んでいる家族の食費、子どもと孫の学費を払うために、土地からの収益は重要だと考えている。

【食料確保と第2夫人の子どもの学費のために】

Ahさん（65歳）は、2005年に夫が亡くなり、一人息子と一緒にモシ市の東部に住んでいる。夫はアッパー・マボギニに土地を購入し（2000m^2）、LMISの土地再配分で52m（1560m^2）の圃場を取得した。Ahさんは義母と一緒にその土地を耕作してきた。夫はアルーシャ近くでコーヒー農園も経営し、そこには第2夫人と4人の息子がいる。夫が亡くなった時、Ahさんは、第2夫人の子どもの面倒を見るという条件で、夫の土地を相続した。彼女は、「圃場からの収益は全て自分で所有できる。夫は私が収益を使うことを許してくれた。収益は、食料、農業、第2夫人の子どもの学費に使っている。土地を所有することは、食料の安定的な供給と衣料の確保になる」と言う。土地は貴重な収入源であり、食料の確保、子どもの学費に欠かせないと考えている。

【土地からの収益で家を建てた】

Ajさん（37歳）は、再婚した夫、息子3人、娘1人の6人家族である。最初の夫との間にできた息子も養っており、遠くの親族に預けて中学校に通わせている。再婚した夫はホテルのレストランで働いているが薄給である。彼女は自宅の敷地で貸部屋や小さな飲食店も経営しているが、圃場での稲作が主な収入源である。父親が1983年に亡くなり、その後、叔父の息子が土地を耕作していたが、1993年に彼女が相続することになった。土地は2カ所で合計115m（3450m^2）ある。食料のメイズを確保するために、さらに畑地を1エーカー借りている。「土地を所有していると、耕作にかかる費用が、土地なしの場合に比べて少ない。土地を所有していれば好きな時にいつでも使用できる。自分はLOMIAの会合にも出席するが、今は忙しいので義母が出席している。土地か

らの収益で義母と自分の家を建てた。土地は女性にとって最も安全を保障してくれるものだ。中心的な収入源になる。土地がなければ、私は十分な収益を上げることはできない」と言う。Ajさんにとって、土地を所有することは、生活のための収入源を確保する大切なことであり、家を建てるという生活の質の向上にもつながった。「女性にとっては安全確保の手段」、とも彼女は言っている（Ajさんは本書117頁の「水利費支払い領収証」の持ち主）。

【食料だけでなく孫娘の将来のために】

　Caさん（61歳）は、キリマンジャロ山中腹のキボショで1969年に結婚した。夫は父親から土地を相続できなかったので、1973年にチェケレニに来てウジャマー村に入植した。しばらくはキボショと往き来し1984年に定住した。LMISで、1.8プロット（5400m^2）再配分され、さらに約1プロット（3180m^2）購入した。夫は古着商売もしていたが、長い間体調が悪く1990年にHIV／エイズで亡くなった。Caさんは、夫のプロット（2.8プロット）を相続した。畑地も2.75エーカー相続した。息子が2人、娘が4人いるが、娘2人も最近HIV／エイズで亡くなり、その子ども3人（孫娘）を育てている。長男は南部に出稼ぎに行って不在で、長男の妻とその子ども2人が一緒に住んでいて合計8人で暮らしている。「チェケレニでの圃場は生産性が低い。娘が亡くなったので土地は将来孫娘の役に立つ。食料、医療、衣服に必要。もし自分の土地がないと、村で決めごとがある時に参加するのが難しい。土地は収入源である」と言う。息子から多少の仕送りはあるが、孫娘の面倒を見ながら耕作をしている。メイズは、3分の1は売って現金にするが、3分の2は家族の食料にしている。

【夫が亡くなると第1夫人が戻って来て一緒に土地を相続した】

　Cbさん（44歳）には、25歳の長女を筆頭に5人の娘と3人の息子がいる。夫はキボショからチェケレニに移住し、ウジャマー村で耕地と宅地を取得し、LMISで3.3プロット（9900m^2）の圃場を再配分されたが、12年前にアルコール中毒で亡くなった。夫の遺言で、第1夫人の娘が1.8プロット、第2夫人のCbさんが1.5プロットを相続した。第1夫人は長い間どこにいるのかわからなかったが、夫が亡くなった時に村に戻って来た。第1夫人は娘に建ててもらっ

た家で、Cbさんと同じ敷地に住んでいる。Cbさんは、それは構わないと言う。Cbさんは現在、娘3人（17歳、14歳、13歳）とチェケレニ地区で暮らしているが、2008年以降の水不足で稲作ができなくなったので、アッパー・マボギニやその東のマンダカ地区、南のマワラ地区などで賃金労働者として稲作をしている。隣接地区のオリアでもメイズ栽培の労働者として働いている。1作期当たり稲作では20万シリング（約122ドル）、メイズでは6万シリング（約37ドル）程度の労賃にしかならない。「労働者の場合は賃金が低い。借地人のほうが労働者よりも収益が高い。しかし土地所有者はもっと収益が高い。だから土地所有は収益を最大化するために必要。将来のため、投資のために必要。収益は学費、食料、医療費などのために使う」と言う。土地所有は収入源として欠かせないし、土地は継続的に使用できるから家族の生活を維持していくために「価値あること」である。しかし、Cbさんの場合、チェケレニ地区の水不足により、土地を所有していても稲作ができず、生活できないので、他の地区で賃金労働者として働き、女性世帯主として家族を養っている。

【夫は飲酒で土地を失ったが、自分には自己名義の土地があってよかった】

Cfさん（65歳）は、タンザニア中央部のシンギダ出身のニャトゥル人で、オリア地区のサイザル農園で働いていた叔母に3歳の時に引き取られた。その後、ソマリア人で牧畜をしていた男性と結婚してソマリアに移住した。子どもが5人いたが、放牧で移動する生活は大変で、第2夫人ができた時に、夫と別れて5人の子どもを連れてオリアに戻ってきた。その後、チェケレニで同じニ

Cbさんの家。2012年9月

戻ってきた第1夫人の家。Cbさんの家と同じ敷地内にある。2012年9月

ャトゥル人の男性と再婚し、夫とともにそれぞれウジャマー村の時に登録して土地を取得した。Cfさん名義の土地は130m（3900m^2）ある。夫との間に7人の子ども（娘5人、息子2人）がいる。夫は牧畜もしていたが、牛が死ぬようになり、祈禱のために多くの金を費やした。また、水不足で稲作もうまくいかなくなり、少しずつ自分の土地を売却していった。アルコール中毒で暴力を振るうようになり、2004年に亡くなった。現在、4男、5男（末子）とその家族3人、4女の娘、亡くなった長女の娘の合計8人で暮らしている。「夫は夫自身の土地をすべて売ってしまったが、私の土地は私の名義だったので、売られなくてよかった。土地を持っていなければ食料や収入の問題に遭遇していただろう。土地があれば、家族に自信と安全を与えることができる」と言う。Cfさんは、土地が自分の名義になっていたことで生活を維持することができ、それは家族にとって精神的にも物質的にも「価値あること」だと思っている。

【女性グループで借地して共同耕作】

Ciさん（65歳）は、キボショ出身、小学校4年終了。チェケレニでブロックのLOMIA会計役をしている。夫は稲作と牧畜（肉屋）をしていた。息子5人、娘3人いて、2006年に夫が亡くなった時は、子ども3人がまだ学校に通っていた。現在は、長男、次男、長女の子どもをそれぞれ1人ずつ（12歳、5歳、3歳）預かって4人で生活している。夫の土地は、1プロット（3000m^2）は長男が相続したが、残りの6.63プロット（1万9800m^2）はCiさんが相続した。

牧畜を続けるために移転したくなかったので、Cfさんの宅地は圃場の中にある。
2012年9月

Cfさんの家と前庭。チェケレニ。
2012年9月

夫は村落評議会の委員だったので再配分の時に1プロット取得し、残りは自分で購入した。肉屋だったので現金を持っていた。Ci さんは、他人に土地は貸さずに、自分で監督して労働者を雇って耕作している。そのほかに、教会の女性共同賃借耕作グループ（ウペンド女性グループ）の40人のメンバーと一緒に2プロット借りて耕作している。かつては教会の神父がこのグループの収益の管理をしていたが、金銭の不祥事があったので、代わりに Ci さんが会計役を任されるようになった。「ローマ教会の女性グループで共同で土地を借りている。それによって直接の収入を得ることができた。医療、結婚、葬式などの費用を出すことができた。貯金をしてローンを借りることもできた（「講」のようなもの）。自分は肥料を買うために、1回ローンをした。自分は子どもの大学の学費や孫娘たちの学費を出さないといけない。収入は十分ではない。孫の学費は払えるが、そのほかの経費は出せない。以前は3人の子どもの学費も出せたが、今はもうできない」と言う。Ci さんにとって土地所有は、子どものみならず、孫の食料や学費のために「価値ある資産」である。

▶借地人や賃金労働者の女性の言説
【安定的な食料の確保のために借地よりも所有するほうがよい—借地人】

Am さん（59歳）は、借地して耕作している（40m＝1200m^2）。息子3人、娘4人いたが、成長して転出している。現在、孫息子2人を育てながら夫と暮らしているが、夫は第1夫人の家に滞在することが多い。もともと牛やヤギを飼って暮らしていたが、飼料代が高く収益が少ないので、アッパー・マボギニにプロットと畑地を借地して耕作している。「現在、自分は借地しているが、プロットを所有したい。借地と所有とでは大きな違いがある。賃借料を払わなくて済めば、肥料や賃金労働者に充てることができる。自分で耕作できる土地を所有することは良いことだ。家族のためにも良い。だから、女性も同じように土地を相続するべきだ。土地を所有していないと食料の安定的な確保ができない。土地があれば安定的に食料が入手できる」と言う。Am さんの場合、家族の食料の調達のために、借地で耕作することは重要であり、さらに土地を所有できればそちらのほうがより安定的な食料の確保につながると考えている。

【土地を買いたいが高騰している—借地人】

　Ai さん（45歳）は、中等教育（11年間）まで終了し、モシ市の税務署に勤務していた。夫は1997年に自動車事故で亡くなった。当時彼女はまだ30歳だった。2012年現在、長女24歳（大学生）、次女22歳（大学生）、長男16歳（中等前期）の母である。次女はシングル・マザーになり、Ai さんはその子ども（生後9カ月）の面倒も見ている。つまり、Ai さんは寡婦の女性世帯主であり、同時にシングル・マザーの娘の子どもの代理母でもある。アッパー・マボギニのプロット（ab さんの所有）を2カ所（合計2400m^2）借りて、収穫作業以外はほとんど自分で耕作している。「自分は借地人。もし土地所有者になれたら収益を最大にできるし、子どもにプロットを与えることができる。借地するのは非常に難しくて費用がかかる。土地を購入したいが土地の価格が高くなって買うことができない」と言う。毎日往復3時間かかる圃場に通作している。Ai さんは土地所有者のほうが、借地人より経済的にメリットが大きいと考えている（Ai さんは Aa さんの次女で、ah さんの妹）。

【賃金労働者から借地人になった—借地人】

　Cc さん（41歳）は、チェケレニで生まれた。両親はカンバ人で1950年代にケニアから移住してきた。結婚して娘と息子がいたが、暴力を振るう夫だったので息子と娘を置いてチェケレニの実家に戻った。しかし、息子は幼かったので夫が彼女のところに連れて来た。娘は夫のところに留まり、夫の母親が娘を育てた。その後、夫は2回再婚したがうまくいっていない。Cc さんの父親は、ウジャマー村に登録して土地を取得し、LMIS の土地再配分で1.5プロット（4500m^2）取得した。父親が亡くなり、彼女の弟がその土地を相続したが、現在ダルエスサラームにいるので、彼女が代理で耕作している。父親の畑地（3エーカー）は、Cc さんではなく、彼女の息子が相続した。Cc さんは、自分の土地を所有していないが、チェケレニ村の畑地を何人かの所有者から、合計1.8ha 借りてメイズを栽培している。2012年は豊作だった。Cc さんは、現在自分の両親、弟の息子を預かって4人で暮らしている。「借地したい人はたくさんいるし、土地を貸したい人も多い。自分は、労働者として働いて資金をためて、借地人になった。しかし、借地は不安定で、継続的に借地できるかわから

Ccさんの自宅の前庭。メイズを乾燥させている。2012年9月　　収穫されたメイズ。2012年9月

ない。もし土地を所有していたら自由に使うことができる。もし所有できたらとても幸せだ。将来は古着の商売をして自分の家を建てたい」と言う。Ccさんは、金を稼いでも自分の子どもに教育を与えなかったある村人（元ウジャマー村長）に批判的である。Ccさんは長男をタボラ州の大学に通わせていて、子どもに教育を与えることをとても大切だと考えている。

【稼ぎが少ない―賃金労働者】

Akさん（25歳）は、賃金労働者。シングル・マザーで、息子（9カ月）と娘（4歳）がいる。両親は別居したので一緒に住んでいない。父親は同じマボギニ村に住んでいるが、他の女性と再婚した。母親もモシ市内で別の男性と暮らしている。Akさんは、祖母と叔母、妹4人、弟1人、自分の子ども2人の、合計10人の世帯で暮らしている。叔母も賃金労働者である。Akさんは、女性3人でグループを組み、5〜10プロット（1万5000〜3万 m^2）ほどの圃場を対象に、田植え、除草、鳥追いなどの賃金労働をしているが、賃金はもらうとすぐ家族のために使ってしまう。「もっと収益を得るために、土地を借りたいと思っている。賃金労働の稼ぎはとても少ない。しかし、借地人は、土地所有者より収益が少ないから、最初の段階で、水利費、トラクター、肥料が必要だし、運搬、除草、収穫、鳥追いなどの労賃もかかる。土地所有者は大きな利益を得ることができる。土地があれば、食料が不足することもないし、賃金労働者として働く必要もない。次の作期にも収入を得ることができる」と言う。Akさんは、賃金労働者より借地人のほうが収益が高いが、さらに土地所有者

のほうが収益と食料をより安定的に得られると考えている。

【グループで請負作業─賃金労働者】
　Alさん（37歳）はモシ市で生まれたが、夫の出身地タンガ州で結婚した。その後、夫と一緒にモシ市に戻って来た。夫は古着商売をしているが儲からない。以前、Alさんは、縫製工場で働いていたが、子どもができて退職した。娘2人、息子1人。Alさんは、女性3〜5人で10プロット（3万m²）ほどの圃場を対象に、賃金労働をしている。田植え、除草、鳥追い、収穫までおこなう。マンダカ地区にも働きに行く。夫は故郷のルショト県（パレ山地の近く）に土地があるので6月と12月には約2週間、夫と一緒に収穫作業に行く。「土地所有者は、大きな収益を得ることができるが、借地人の収益は少なく、賃金労働者はもっと少ない。自分の収益を最大にするためには、土地を所有することが重要だ。土地を所有していなければ、家も持てないし、現金を得ることも難しい。土地を所有するということは、安定した収入を得るということだ。自分の稼ぎは自分で決められる。自分の収入は、主に食料と学費に使う」と言う。Alさんは、収入を得て食料、学費、家を建てることは「価値あること」で、土地所有者になることは安定した現金収入につながることだと考えている。

②女性にとって土地所有は婚姻関係におけるリスクの軽減、および安全・安　心、継続的な生活につながる
【未婚や寡婦、正式な結婚ではない場合に土地は役立つ】
　Aaさん（68歳）は、タンザニア中部モロゴロ州の出身。中等教育を終了しシンギダ州で助産師として働いていた時に、公立病院の医師だった夫（チャガ人）と知り合い、その後モシ市に移住した。現在、息子2人、娘2人、孫7人、義理の娘の合計13人と一緒に暮らしている。LMISの土地は夫と共同で購入したが、Aaさんの名義になっている（60m＝2400m²）。夫が亡くなったあと、夫が所有していた別のプロットは息子2人（90m＝2700m²）と彼女（70m＝2100m²）が相続し、労働者を雇用して稲作をしている。LMIS外の水田も2エーカー借りている。自分が所有する畑地（5.5エーカー）ではメイズ栽培をしている。「女性が土地を所有していると誰にも妨害されない。将来安全になる。

女性が結婚しなかったら役に立つ」と言う。Aaさんの場合、夫を亡くし寡婦になってからも土地を所有し続けられたことが、安全な生活の保障となった。彼女のいう「結婚しなかったら」とは、未婚および正式な結婚ではないケースを指す（Aaさんは、Aiさんとahさんの母親）。

【自己名義の土地であれば夫の親族に奪われない】

Aeさん（60歳）は、パレ山地のウサンギ出身のパレ人で、両親と1970年代にアッパー・マボギニに移住した。子どもは8人。現在一緒に住んでいるのは、7人（夫、本人、息子夫婦とその子ども2人、娘）。LMISの開発事業が開始された時、土地を売りたい人が続出したので、夫が土地を購入しAeさんに贈与した。その後、LMIS内に圃場を再配分され、夫婦で分けて別々の名義にした（Aeさん26m = 780m^2、夫30m = 900m^2）。パレ山地のほうには親がAeさんに残してくれた小さな土地があるが、兄弟が耕作していて使わせてくれない。「自分の土地を所有していて安心できる。家族の中でも発言できる。何が起きているかわかるし、コメ生産者協同組合の会合にも参加できる。自分の土地から得た収益をどう使うかは夫の合意が必要だが、もし自己名義にしていなかったら、夫の兄弟に取られてしまったかもしれない。土地を所有していて幸せだ。収入を確保できる」と言う。自己名義の土地を所有することは、もし婚姻関係が破たんしても親族に財産を奪われず、安心と安定した「幸せな」生活を送ることにつながるとAeさんは言う。

Aeさんのプロット。禁止されているが、食料確保のために畔でインゲンマメを栽培している。2012年8月

水が豊富なAeさんの北側のプロット。ヌジョロ森から来る鳥を追い払う白旗が立ててある。2012年8月

【夫の土地や家族と結婚したのではない】

前述の Ai さんは、クリスチャンで、モシ市税務署に勤務していた。電気技師の夫（ムスリム）と、教会ではなく県事務所で結婚したが、夫は結婚５年目に交通事故で亡くなった。夫はタンザニア南部の出身で実家に土地を持っていた。夫の家族は、もし Ai さんが夫の兄弟と再婚したらその土地を彼女に与えると言ったが、彼女は「夫の土地や家族と結婚したわけではない」と言って断った。

【離婚や別居などに伴う問題が軽減される】

Cd さん（43歳）の夫は、LMIS の圃場は所有していないが、畑地は父親から相続した。彼女は、夫と一緒に賃金労働者として、圃場でイネの育苗、除草、収穫作業などをしている。「土地所有者はたくさん収益を上げることができる。借地人にはリスクがある。儲けたり、損をしたりする。労働者はあまり儲からない。もし土地を所有できたならリスクが軽減される。仮に夫と離婚や別居したとしても、土地があれば子どもを助ける（養う）ことができる。だから女性も土地を相続すべきだ。女性も夫の家族から土地を分けてもらうべきだ。女性がもらえる分は少ないが、土地を全く所有していなければ、家族の食料さえ手に入れることができなくなる。土地があれば食料が保障される」と言う。

【自己名義の土地所有が再婚に有利に働く】

Cg さん（59歳）は、モシ市に住んでいたが、夫が亡くなるとモシ市の北部ウルにいた親族がやって来て土地と家を取り上げてしまった。このままでは子ども（娘１人、息子３人）が飢え死にしかねないと思い、自分の親族を頼ってチェケレニに逃げてきた。そこで再婚し、５人の子ども（娘２人、息子３人）ができた。ウジャマー村の時に自己名義で土地登録していたので、LMIS の圃場は55m（1650m^2）ほど再配分された。前夫も土地を持っていたが LMIS 対象外だったので再配分はされなかった。前夫はローアモシ灌漑プロジェクトのトラクター操作者だったが、1992年に亡くなった。Cg さんは新しい夫の第２夫人。現在は、離婚した次男とその息子２人、自分の末娘の合計５人で暮らしている。「子連れで再婚する時、自己名義の土地があったので、新しい夫は子ど

もも受け入れてくれた。その夫も自己名義の土地は持ってるが、もし私が土地を所有していなかったら、離婚した時に大変になるだろう。どこに住めばよいのか、どこで働けばよいのかわからなくなる。自分の土地があれば食料と収入が得られるし、永久的に住むところがある」と言う。土地は、さまざまな意味で、Cgさんの暮らしを保障してくれる。彼女は、ゴザを編むことができるので、耕作していない時には月に約1～2枚作り、1枚16～19ドルで教会やモスク、小学校などに売って副収入にしている。自分で材料となるウキンドゥ（Ukindu）という草を染めて編んでいる。技術はモシ市近郊に住んでいた時に女性訓練センター（YMCA）に通って習得した。

【条件付きの土地相続】
　夫の土地を相続したために、自分が家族以外の負担を負うことになった女性

Cgさんのゴザの材料（Ukindu）。
2012年9月

Cgさんが作成したカラフルなゴザ。
2012年9月

Cgさんの古い家。土の壁と草の屋根。
2012年9月

Cgさんの新しい家。レンガの壁とトタン屋根。2012年9月

もいる。前述の Ah さんは、夫が亡くなり、一人息子と一緒にモシ市の東部に住んでいるが、サンヤジュ（モシ市とアルーシャの中間、キリマンジャロ山のふもと）に第2夫人と4人の息子がいる。夫が亡くなった時、Ah さんは、第2夫人の子ども（息子と娘）の面倒を見るという条件付きでしか、夫の土地を相続できなかった。

【安定した生活が送れる】
　Ag さん（65歳）は、自分も夫もウサンバラ山地出身だが、夫は運転手をしていたので夫婦で国中移動し1974年にモシ市に来た。家を建て1976年には土地を購入した（1エーカー）。この土地は、モシ市の病院で看護師をしていた義母が土地を売りたい人を知っていたので、Ag さん夫婦が資金を出し、義母名義で購入したものである。その後 Ag さんは LMIS の土地再配分で41m（1230m^2）を取得した。子どもは耕作したがらず、労働者を雇う資金もないので、ずっと本人が耕作してきた。夫が時々助けてくれる。義母は2008年に亡くなったが名義変更していない。収益は夫と相談して使い方を決めている。「土地を所有していると、とても尊敬される。安全のためにもよいし、子どもの学費も払える。LOMIA の会合にも出席できる。自分の圃場から得た収益の使い方は自分で決められる」と言う。この圃場しか所有していないが、アッパー・マボギニでは2期作ができるので、生活は安定しているという。レストランで働く次男家族と一緒に生活しており、夫も含めて7人で暮らしている。小型トラック運転手の夫は僅かな収入しかない。娘や息子が多少の仕送りをしてくれる。

【自己名義の土地は生活の継続に役立つ─第3夫人】
　Ce さん（62歳）は、18歳の時に両親に強制的に結婚させられたが、夫とうまくいかず離婚し、子ども3人を連れて、叔母を頼ってチェケレニに来た。自分でウジャマー村の時に登録して自己名義の土地を取得した。LMIS の土地再配分では、従前地の50％に相当する100m（3000m^2／1プロット）しか再配分されなかったので不満に思っている。そうなったのは自分が女性で交渉できなかったからだと思っている。再婚した夫との間に、4人の子どもがいる。夫は圃場を3.5プロット（1万500m^2）再配分されたが、2004年に亡くなった。その

プロットは、第1夫人と第2夫人が相続し、Ceさんは第3夫人なので相続できなかった。現在は、末息子家族、そして娘とその子どもの8人で暮らしている。自分と息子の圃場、あわせて1.6プロット（4800m^2）の耕作の監督をし、収穫したメイズは自分と子どもたちで分けている。メイズは自家消費用である。

Ceさんは、長男に説得され、長男のためにローンを3回借りた。2回目までは返却したが、3回目の返済前、長男はアルーシャで店を開店した直後にアルコール中毒で亡くなった。次男が店の面倒を見て、ローンを返却することになった。例年なら、1.6プロットから10袋くらいのメイズが収穫できるが、長男が亡くなった年は葬儀などがあり、施肥や水やり、除草が遅れ、結局7.5袋しか収穫できなかったという（1袋約100kg）。

「息子（長男）が亡くなった時、自分は牛を2頭売らないといけなかった。長男は、妻と3人の子どもを残して亡くなったが、その妻がここに来て、土地を売って現金を作ってほしいと私に言った。しかし私はそれを断った。土地があるおかげで家族のための食料を生産することができる。土地があれば、子どもを育て教育することができる。自分は土地があるおかげで生きていくことができている」と言う。Ceさんにとって子どもに食料を分けてやれることは、母親としての自信になっている。資産の少ない農村では、家畜の所有はいざという時の貯金であるが、Ceさんは息子を亡くした時、牛2頭を80万シリングで売って生活を凌ぐことができた。

Ceさんの自宅。近くにはマサイの村がある。2012年9月　　チェケレニ村の近辺の家畜。2011年11月

③女性にとって土地所有は自己の尊厳にとって大切
【女性が土地を所有していると尊敬される】

Ac さん（85歳）は、モシ市で生まれ育った夫と結婚し夫の父の家に移り住んだ。彼女も夫も学校に行けなかった。夫は床屋をしていた。LMIS 以前からアッパー・マボギニで稲作をしていたので、土地を再配分された（30m＝900m^2）。土地は Ac さん名義になっている。さらに、カロレニ地区にはバナナとメイズのための畑地を 1 エーカー所有している。夫も畑地を10エーカー所有していたが売却してしまった。夫は1982年に亡くなり、Ac さんは現在娘夫婦と暮らしている。Ac さんはすでに高齢なので、自分の土地については同じ敷地に住んでいる娘 2 人が10年ほど前から交互にコメ栽培をしている。「女性が土地を所有していると人々に尊敬される。借地人は土地所有者の女性に対して幸運だと言う。自己名義のプロットを持つことは良い。自分は土地を持っているので、コメを子どもと分け合える。土地を手放したくない。土地を所有していることを誇りに思うし幸せに思う」と Ac さんは言う。彼女にとっては、夫が亡くなったあとも自己名義の土地を手放さなかったことが、家族の食料確保のために「価値あること」となり、誇りや幸せにつながった。

【土地所有は尊敬と自信に】

前述の Ae さん（土地所有者）は、「自分の土地を所有していて安心できる。家族の中でも発言できる。土地を所有していて幸せ」と述べている。同じく前述の Ag さん（土地所有者）も、「土地を所有していると、とても尊敬される」と言っており、女性にとって土地所有は、安定的な生活のみならず、「尊敬」されること、LOMIA の会合に参加できること、自分の収益に対し自己決定できること、などの価値にも結びついていることがわかる。

前述の Ai さん（借地人）も、「土地を所有していれば、子どもにプロットを与えることができる。女性にとって土地を所有することは大きな意味を持つ。女性に自信を与えるし、子どもの幸福につながる」と言っている。

【継続して耕作できることが母親の責任―土地を購入】

Cj さん（58歳）は、チェケレニ RS 4 - 2 ブロックの LOMIA 議長をしている。

夫はウジャマー村の時に登録して土地（圃場）を取得し、LMISで1.5プロット（4500m²）の圃場を再配分された。また畑地も所有している。Cjさんは当時若かったので、ウジャマー村に登録できず、その代わり、2007年に自分で土地を購入し（50m＝1500m²）、自己名義にした。チェケレニの南にあるマワラ地区で土地を借りて耕作している。娘4人、息子5人いる。夫は4年前に第2夫人を作って、マワラ地区に移住してしまった。Cjさんは、近くに親戚もいないし、お金も食料もなく、医療費も学費も払えなくなり、子どもを養っていくのがとても大変だった。夫はそれ以来、帰って来ないが、夫の圃場と畑地をそのまま耕作している。もし名義変更しようとすれば、夫が戻ってきて自分の土地まで奪われかねないと心配している。「土地を所有することは、収入が増え、独立性が高まる（自分で決められる）ということだ。生活全般にわたって保障も与えてくれるし、食料も十分確保できるし、子どもや孫の学費も被服費も出せる。母親としての責任を果たしたい」とCjさんは言う。彼女にとって、母としての役割・責任を果たすことは「価値あること」であり、それは継続的に耕作し、「成功した母親（to be successful mother）」になることで達成できるものである。Cjさんは最近、120人からなるイスラム女性グループに属し、共同で鶏を飼育して卵を売っている。本人はリーダーではないが中心となって飼育をしている。また、チェケレニの共同農場では1.5エーカーの土地を借りてメイズを栽培している。LOMIAの会合にもブロック議長として毎回出席し、家畜が灌漑圃場や畑地に入り込まないよう規則を作って皆に働きかけをおこなっている。

　先のCcさん（借地人・代理耕作者）もまた、先述のように、「もし土地を所有していたら自由に使うことができる。もし所有できたらとても幸せだ」と述べている。

【自己名義の土地は自分で決められる―子どもに平等に生前贈与】
　Dbさん（80歳くらい）はチャガ人でクリスチャン。キリマンジャロ山のふもとのキボショから1975年にチェケレニに移住してきた。ウジャマー村の時に登録して土地を配分され、のちにLMISで1.5プロット（4500m²）を再配分された。以来、ずっと自己名義の土地を所有している。長男が土地と家屋を独占

しようとしたので、2009年に正式な遺言書を作成し、娘2人と息子3人に、ほぼ均等分割して生前贈与した。現在は末息子と暮らしている。以下、Db さんのことばを抽出する。「まわりの人たちは、自分が遺言書を作ったことをほめてくれた。誰も自分を非難しなかった」「他人のことはわからないが、自分の家族のことはわかる。自己名義の土地なので、自分で決めることができる。クランの会合で決める必要はない。自分でしたことに対し、満足している。自分は正しいことをしたと思っており、幸せである」「土地が1.5プロットあったので、その収益で、自分は家を建てることができた。息子が内装や家具を提供してくれた」「土地があったので、次男と3男のための学費も出すことができた。子どもたちは皆、地元のチェケレニで小学校を終了できた。牛も1頭、飼うことができて、今も子どもたちにミルクを提供してくれている。余ったら売ることもできる」(本書270〜271頁参照)。

【女性も自分で土地管理ができる】
　De さん(52歳)は1962年マボギニで生まれた。ムスリム。父はキリマンジャロ州のムワンガから来たパレ人で、アッパー・マボギニの水利組織の初代議長を務めた。De さんは小学校の教員をしている。夫が2014年1月に亡くなり、遺産については正式のクラン会合が開かれ、没後40日目に決定がなされた。夫の父が所有していた3プロット(9000m^2)の土地は、夫とその兄弟姉妹が5人で、ローテーションで耕作していた。夫は長男で、2人の弟、2人の妹がいる。クラン会合では、亡くなった夫の土地は夫の親族の誰かが耕作し続けることになった。以下、De さんのことばを抽出する。「自分が住んでいる宅地は、夫と一緒に購入したので、クラン会合の協議の対象ではない。妻は自分1人なので、この宅地は自分が相続する」「土地所有について女性は発言したり決定する権利はない」「妻は夫が亡くなってから40日間は男性と会ってはいけない。そのため、遺産については40日目にクラン会合で決定された」「ムスリムは女性にあまり財産を与えないが、この地域では戒律は厳しくない。私の母は父の財産を全て相続した」「クランの長は、女性ではなく、男性でなくてはならない。それは、伝統的な考え方で、女性は弱いものだと考えられているためだ。女性は、土地を管理できないと思われている。しかし、時には女性のほうが男性よ

り、より良く管理できることもある。女性は、男性に監督される必要はない（自分で決められる）」。

【母の遺言書で土地を取得—土地所有者は一目置かれる】
　Dgさん（70歳）は1944年生まれ。パレ人でムスリム。31歳からダルエスサラームの政府事務所で清掃係りとしてずっと働いてきた。2003年に退職し（60歳で定年、約28年間働いた）、2007年、63歳の時に母（ママMM）に呼び戻されて母が亡くなるまでローア・マボギニで母の面倒を見た（約5年間）。息子が1人いる。母は、自分の遺産について娘3人と息子1人（とその妻）がもめていることを知っていたので、遺言書を書いていた（母は2013年8月に亡くなるが、2002年に遺言書を作成していた）。亡くなった3日後に遺言書が公開された。息子と娘、孫に、ラウヤカティに所有していた土地、そしてローア・マボギニの母屋、貸家、家畜を分配することが書かれていた。そのほとんどは母が独自に購入したものだったので、娘に贈与することについては、クランの会合では問題にならなかった。息子は満足していなかったが、反対はできなかった。母は、すでに次女のDgさんにラウヤカティの1プロット（3000m^2）を贈与していたが、さらに遺言書では賃貸住宅などを贈与してくれた。「土地所有者は、優れている（unanafuu）と思う。土地を所有している女性は一目おかれる。スワヒリ語でunanafuuというのは、他人より良いが極端に裕福でも貧しくもない[15]ということ。土地を所有している女性は、幸運だと言われる。土地を所有できて嬉しい」とDgさんは言う（本書267頁参照）。

（2）　土地所有についての言説—男性はどう言っているのか
　次に、土地を所有する男性のみならず、土地を所有しない男性（借地人や賃金労働者など）も含めて、男性たちは土地所有というものをどのように考えているのか、それぞれの言説を見ていく。

---

[15]　「far better than others, not rich or poor but you are OK」（英語訳）。

①男性にとって土地所有は収入源、食料、生活の質の向上のために重要
【借地するのは不安定なので所有したほうがよい―学費と食料に】
　ad さん（49歳）は、アッパー・マボギニのプロットを 2 カ所（136m = 4080m^2）借地して耕作している。妻は賃金労働者で、息子 1 人、娘 2 人がいる。兄弟・姉妹の子どもを 2 人預かり、7 人世帯である。借地料は 1 プロット当たり20万シリング（約122ドル）と高く、収穫前には借地料を払えないので、収穫後に籾の半分を土地所有者に渡す。部分的には労働者を雇うが、妻と子どもが手伝う。他にも、9.3プロット（2 万7900m^2）の育苗と水管理などの監督をおこない、複数の土地所有者から賃金を預かって労働者たちに支払う。「借地するのは、不安定なので所有するほうがいい。土地を所有することは、毎期、耕作ができるということである。土地を所有していれば収益を最大化できる。用途は子どもの学費と家族の食料。土地を所有していないと、特に高齢になってから食料の確保に苦しむ」と ad さんは言う。ad さんは評判がよく、多くの土地所有者から信頼されている。今では、1 作期で60万シリング以上稼ぐことができるが、それでも土地所有者のほうが良いと考えている。

【信頼される借地人―学費、食料、医療代、家、母親のケアに】
　af さん（45歳）は、キリマンジャロ州サメ県で生まれた。アッパー・マボギニのプロットを 2 カ所（195m = 5850m^2）と、カロレニ地区の水田を4000m^2 借地して耕作している。畑地は所有し（1 エーカー）、メイズを栽培している。本人、妻、甥のほか、労働者を雇って耕作している。借地の所有者はビジネスをしており、うち 1 人は高齢で（aa さん88歳）、自分で耕作できないのでその一部を af さんに貸している。以前 af さんは賃金労働者をしていた。「もし土地を所有することができたら、あまり資金がなくても、耕作を始められる。しかし、借地人の場合は、農業費用として相応の支払いが事前に必要。自分の土地なら高収益が得られるが、土地を買うには高すぎる。稼ぎは、学費、食料、医療代、家、母親のケアなどに使う。母親も賃金労働者をしている。彼女は、自分の家で孫娘と住んでいるが、鶏しか持っていない。息子には医者に、娘には教員になってほしい」と af さんは言う。彼は土地所有者ではないが、ad さんと同様、皆に信頼されているので、10軒組のリーダーをしている。近所に問

題があると相談役になっている。

【ビジネスをしながら借地―学費、食料、家のことに】
　agさん（49歳）はモシ市生まれで、ケニアとの間で食料や衣料品のトレーダー（仲買人）をしている。その収益で、10年前くらいから、アッパー・マボギニのプロットを３カ所（１カ所につき50m＝1500m^{2}ずつ）借地し、さらにマンダカ地区でも５エーカーの畑地を借地して耕作をおこなっている。借地は、自分で監督し、労働者を雇って耕作している。母親が稲作をしていたので、自分にも栽培知識があるという。ほかに、父から相続したバナナとコーヒー園を３エーカー所有している。「土地を所有していれば、自分でプロットを管理できるし、収益も高い。借地するのは不安定。収益は、学費、食料、その他、家のことに使う。もし土地を所有していれば、どのように栽培するか自分で計画できる。女性もたくさん農作業をしているので、（栽培方法について）自分よりももっと良く知っている」とagさんは言う。彼の場合は、モシ市に居住し、ビジネスからの収益があるため、借地しても経費を賄うことができる。

【土地所有していると収入が増える―食料、衣服、医療費、学費に】
　ahさん（42歳）は、ブロックのLOMIA会計役をしており、妻と息子２人、娘１人の５人暮らしである。父が1986年に亡くなり、アッパー・マボギニのプロットを70m（2100m^2）相続した（名義変更は2013年にした）。そのほかに、マンダカ地区で水田を8000m^2、他の地区でメイズ用の畑地を３〜４エーカー借りて耕作している。「土地を所有していれば収入が増えるし、毎期、栽培することができる。収益は、食料、衣服、医療費、学費に充てる」とahさんは言う（ahさんはAaさんの長男、Aiさんの兄）。

②男性にとって土地所有は安心・安全、継続的な生活に必要（女性の土地所有に対する考え方を含めての事例）
【土地を所有すると移動しなくてよいし安心につながる】
　ddさん（62歳）は、父がラウヤカティに13.5プロット（４万500m^2）の土地を所有していたが、一人息子だったddさんが全て相続し、自己名義に変更し

た。彼の姉妹は、父の遺言で生涯の営農権を与えられており、1プロット（3000m^2）ずつ耕作している。父は口頭での遺言と書面での遺言の両方を残した。土地を所有することは、安心につながるとddさんは考えている。「土地があれば、子どものために十分な食料を得ることができるし、収益も得られて、居心地が良い。土地を持たない人は、いつも移動しないといけない。それに比べ、土地所有者は土地や水を求めて移動しなくてよい」とddさんは言う（特にラウヤカティへの移住者は、水を求めて南部から移動してきた人が多い）。

女性が土地を所有することに関しては、男性の意見が分かれる。反対の意見には、以下のようなものがある。

【妻が土地を所有することは重要ではない】
aeさん（39歳、土地所有者）は言う。「もし妻が土地を購入したら、彼女は尊敬されるだろう。しかし、全ては夫に属するので、妻が土地を所有することは重要ではない。収益は衣服、食料、家のために使うものだ。女性が土地を所有しなくても、必要なものは夫が全て持ってくる。子どもは父親に所属する。収益で自分は家を持つことができた」。aeさんは、女性が土地を所有すれば尊敬されるだろうと言い、女性の土地所有に寛容な態度を示しているように見えるが、内心では夫が全てを所有・管理すればよいと考えている。

【女性が土地所有すると水不足になる】
cdさん（50歳、土地所有者）は、「自分の収入は、土地なしの人々より良かった。妻が土地を所有するのは良いことだが、どのように取得したかについては自分が把握していないといけない。土地からの収益は、学費、食料、被服などに使う。もし女性が土地を所有したら、それは女性が男性と同じ力を身につけたことの証明となる。しかし、実際に女性が所有することになれば、水の使用量が増え、水不足の問題に遭遇するだろう」と述べ、女性が意思決定に加わることを必ずしも受け入れていない。

【女性に土地を与えると、他のクランに土地が行ってしまう】

da さん（70歳）は、1944生まれのパレ人。兄が父親の土地を独占しようとしたので10年間、裁判で係争した。彼は３男で末息子。裁判の結果、息子３人が相続することになり、彼はラウヤカティの24プロット（約７万2000m^2）を相続した。da さんは父が病気だったので、学校に行けなかった。しかし、土地を相続できたので、自分の子どもは学校に行かせることができた。「通常、夫が亡くなると、妻が土地を全て相続するが、売ることはできない。土地の監督はできるが、所有者にはなれない。女性に土地を与えると、その夫や息子が所属しない他のクランに土地が行ってしまうので良くない。土地は、耕作し生産するためのものであり、女性が相続するためのものではない。自分の娘は、耕作はできるが、所有はできない。女性に土地を与えるのはクランのために良くない」。こう語る da さんも、女性の土地所有には反対である。

逆に、女性も土地所有権を得て、土地からの収益を継続的に手に入れられるようにすべきだと考える男性もいる。

【女性も土地を所有すべき】

前述の ah さんは、「女性は中国の女性会議で権利を主張した。もっと女性に土地を与えるべきだ。タンザニアのモンゲラが議長を務めたので、（彼女のおかげでタンザニアの女性のことが）有名になった[16]」と言う。

【姉妹も利益を得るべき】

db さん（51歳）の祖父は、パレ山地からラウヤカティに移住し、約60プロット（約18万 m^2）の土地を所有していた。息子が３人いたので、db さんの父（祖父の次男）が約22プロット（約６万6000m^2）相続した。父が亡くなり、母が相続したが、その土地を db さんが母から言われて監督している。両親は全ての子どもが利益を得るべきだと考えていたので、土地は誰にも分配せず、db さんがまとめて耕作し彼の弟姉妹に利益を分けてきた。自分や弟が相続し

---

[16] 1995年、北京で開催された第４回世界女性会議のこと。ゲートルード・モンゲラ氏（Gertrude Mongella、タンザニアの国会議員）が本会議事務局長を務めた。

第3節　農村女性にとって土地所有に関わる「価値あると思うこと」

てしまうと、姉妹たちに利益が行き渡らなくなってしまうからだと言う。

<u>③男性にとって土地所有は自己の尊厳にとって大切</u>
【男性が土地を所有すると尊敬される】
　前述のaeさんは、父親からアッパー・マボギニの326m（9780m^2）の土地を遺産相続した。ジグア人でムスリム。彼の所属する部族ジグアでは、夫が亡くなると妻が3分の1、息子が3分の1、娘（未婚の場合）が3分の1相続するのが慣習であるという。ゆえに「男性が土地を所有すれば尊敬される」とaeさんは述べる。

【土地がないと家を建てられない】
　ccさん（45歳）は、チェケレニ在住で一人暮らし、土地を所有しない賃金労働者である。「自分の土地がほしい。土地があれば、労働の仕方も工夫できる。収益は、食料、被服、自分の母親の生活支援に使う。自分は貧しい。家を建てる場所もない。（土地がないと）尊敬もされない」と言う。

【土地を所有していると裕福だと思われ尊敬される】
　前述のcdさんは、ウジャマー村の時に土地（50m＝1500m^2）を取得し、その後さらにチェケレニのプロット（50m＝1500m^2）を購入した。「土地を所有している男性は、裕福な人（Nsuri）と言われて尊敬される。土地を持っていない人より、自分のほうが収入が多い」と言う。彼は地元のリーダーとして、エバンジェリスト教会で日曜日ごとに説教をしている。

【土地所有者は尊敬される、誇りに思う】
　前述のdaさん（24プロット＝7万2000m^{2}相続）は次のように言う。「土地所有者は尊敬される、誇りに思う」「父は土地を決して売らなかった。土地は売るものではない。父の遺言書にも、家族の者は誰も売ってはいけないと書いてある。土地は家族の財産であり、耕作し続けるものである」「土地は、安全を提供してくれる。土地があれば、友人や親戚から、金を借りることができる」「村に住んでいて土地なしというのは、労働者のことで、尊敬されない。ラウ

ヤカティの村役場の村落事務局長は、土地なしだったが、村の金を持ち逃げした」「土地がなければ、家を建てることもできない。土地があったからこそ、自分は子どもを学校にやれた。末息子は、もうすぐ大学を卒業して、雇用される予定。9人子どもがいるが、8人は大学を出ている。長女だけは、小学校4年を終了しただけで結婚した」。

【山地では儀式のためや政治家になるために土地が必要。しかし都市部では教育のために重要】

前述のdbさん（22プロット＝6万6000m²相続）は次のように語っている。「山地では人口が増えすぎて農耕ができなくなっており、儀式のためだけに土地が必要となっているところもある。土地所有者には責任が伴う。村に居住しないと土地所有者にはなれない。政治家になるためには土地所有者でないといけない。政治家は、村に住んでいる人で村のために行動してくれる人がなるべきだ。土地所有者であることは重要である。土地なしの男性は差別される。土地なしだと怠け者だと思われる。ただし、土地を所有しようと努力している男性は、評価される」。一方でdbさんは、「都市部では、教育のほうが重要である。土地があっても教育を与えないと貧乏になる。土地がなくても教育を与えれば、金持ちになることもある」とも述べている。

【男性にとっての土地の意味は地位が向上すること】

dcさん（37歳）は1977年チェケレニ生まれ。母（Dbさん）から土地0.5プロット（50m＝1500m²）を生前贈与された（自己名義の土地になっている）。本人は末息子で、母と一緒に暮らしている。兄弟の土地を借りて耕作し（メイズ）、マワラ地区でも借地してコメを栽培している。収益が上がるので、他の土地を借りやすくなった。また、土地を売りたい人がいたので、80m（2400m²）ほど購入した。自分で土地を所有してからは堆肥を使うようになった。堆肥は土壌の改良にも良いし、化学肥料を少なくすることができるからだ。母は化学肥料を使っていたが、自分はバイクを持っているので、堆肥を自分で作って田畑に運搬することができる。他の兄弟姉妹は運搬手段がないので、化学肥料を使っている。1作期に、堆肥10袋ほどを運搬している。dcさんは、「男性にとって

の土地の意味は、地位が向上することである。土地を持っているとうれしい。自分は宅地も所有しているし牛6頭、ヤギ5頭のほか鶏も飼っている。土地があるので地元のリーダー（10軒組）にも選出された」と言う。

【土地所有でリーダーになれた】

前述のddさんは、かつて水利組織に雇われて、水門番人をしていた。また、コメ生産者協同組合のラウヤカティ地区の代表だった。LOMIAについては、以前はラウヤカティ地区の副議長、現在は事務局長をしている（2013年まではLOMIA中央委員会の事務局長を務めていた）。土地を所有していなければ、そのようなポストには就けなかったと言う。自分にはリーダーとしての資質があり、父親の土地の相続権（13.5プロット＝4万500m^2）は自分の姉妹にはなく、一人息子である自分だけにあると考えている。

【土地所有をしていると信頼されるし社会的地位も上がる】

deさん（42歳）は、チェケレニで小さなバーを経営している。ラウヤカティにあった父の土地1.6プロット（4800m^2）を売却した。父は遺言書を作り、他の土地は第2夫人とその子どもたちに残した。農業をしていないdeさんにとっても、「男性が土地を所有することはビジネスより重要」である。deさんはこう言う。「土地を所有することは誇りにつながる。土地は担保にすることもできる。問題がある時に、土地があれば、証文や保証金に使える。土地は不動産なので、所有していれば信頼される。借金する時には、村役場の村落事務局長が土地所有証明書を書いてくれる。しかし、自分は土地を担保にしたことはない。家を担保にして借金したことはある。3回くらい借りた。銀行は、土地よりも、家を担保にすることのほうを好む。家は買い手がつかないが、土地はすぐに売れるので、借金を返す前に勝手に売ってしまうケースがあるからだ。土地を所有できれば、社会的地位も上がる。しかし、自分を含め多くの者は、土地を所有していない」。

第4節　調査結果のまとめ

本章では、農村の女性および男性が、そもそも土地所有について、どのよう

な点で「価値あること」と考えているのかについて分析した。その結果、LMIS の農村女性にとっての土地所有は、自分や家族（他者）の現金収入、生活の質（食料確保、医療や被服）、生活の安全・安心、耕作の持続性に欠かせないものであり、婚姻に伴うリスクの軽減、自己の尊厳などの面でも「価値あること」であることがわかった。また、他者への関心という面では、子どもの養育・学費のために、あるいは、水利組織や組合・会合への社会参加のために、土地所有を「価値あること」と捉えていることがわかった。さらに詳しく見ていくと、女性および男性の土地所有をめぐる価値意識には、以下のような特徴を見出せることがわかった。

　第1に、男女ともに、土地を所有することは、土地から現金収入を得る、自家消費用の食料（主にコメとメイズ）を自分および家族（他者）のために確保する、生活の質の向上（教育、医療、家族のケア、家を建てるなど）に役に立つ、という点で大いに「価値あること」であると考えている。家計や暮らしに関わるこうした価値は、土地所有者のみならず、借地人、賃金労働者にも共通して認識されている。借地人および賃金労働者は、可能であれば資金をためて、将来は自分の土地を購入し、収益を増やしたいと考えている。したがって、土地所有者、非土地所有者を問わず、土地所有は男女ともに生計や生活の質を向上させる「価値あること」として認識されている。

　第2に、農村女性にとって土地を所有することは、「安全・安心を得る」「土地を継続的に使用することができる」ための保障として捉えられている。特に、女性にとっては寡婦、未婚、別居、離婚、シングル・マザーなど、婚姻関係における財産分与の不安定さや、財産喪失に伴うリスクに備えるために重要である。また、子連れで再婚する時も、土地所有は役に立つ。つまり、女性にとって自分の土地を所有することは、婚姻制度に規定された社会関係や、財産権に関わるジェンダー不平等のリスクを軽減し、生活上の不利益を回避するうえで「価値あること」である。リスクの軽減や不利益の回避のために、遺言書を残すというやり方も出現している。婚姻関係に伴うこうしたリスクや不利益は、男性の土地所有者には見られない。婚姻関係が破たんしても、男性が土地を失うケースは極めて低いからである。

　第3に、自分の土地を所有することに関して、女性は「幸運」「幸せ」「尊敬

される」「誇りに思う」「自信につながる」と考えている。女性にとって土地所有は、自己の尊厳の面でも「価値あること」である。それは、家族の食料を調達する「母親としての役割」を果たすことにも通じる。なかには、「母親としての責任を果たしたい」という言説も見られる。さらに、「発言できる」「収入の使い方を決定できる」「自分で決められる」といった表現には、土地を所有すれば女性も自己決定や村の意思決定に参加できるという強い思いが表れている。このように、土地所有は、女性の自己の誇りや尊厳、自信、発言力とも深く関わりながら、個としての、および社会的存在としての「価値あること」に結びついていく大きな要素となっている。他方、男性は、女性が何らかの土地権を持っていても、その所有権および管理権の一部である営農権［耕作権］や収益権は認めるが、売買や相続などの管理権（つまり処分権）は認めないとする考え方を持つ人が多い。土地を所有する女性には一目おかざるを得ないが、自分の妻が土地を所有する場合には収益権も自分（男性）が管理するものだと考えている男性もおり、「自分で決めること」（自己決定）を「価値あること」だと考えている女性の価値意識とは対照的である。

　第4に、女性は土地を担保にしてローンを組むことに慎重であるが、男性はむしろ、土地を担保にすると銀行ローンや貯蓄信用組合（SACCOS）からの融資を受けられるので、ローンについては積極的に考えている。また、男性の場合は、地元のリーダーになれる、組合の役員になれる、政治家になれるなど、社会的地位や機能を確保するための手段として、土地所有が重要だと捉えている。その裏返しとして、「土地なしの男性は差別される。土地なしだと怠け者だと思われる。ただし、土地を所有しようと努力している男性は、評価される」とも述べており、男性のアイデンティティにとっても土地所有は重要な要素と捉えられている。LMISは比較的新しい入植地であるため、土地が先祖伝来の財産として、あるいは文化的・精神的価値を持つものとして認識されることはほとんどないが、それでも、「家族の土地」（男性が祖父や父親から継承したような土地）は男性が相続するべきだと考える男性は多い。

　第5に、土地を所有することは、水利組織等のメンバーになる要件として、男女ともに重視されている。メンバーになれば、会合や意思決定の場に参加することができる。女性がこれに参加できないと、女性の意見やニーズが取り入

れられる機会は限られてくる。実際、女性は灌漑施設の維持管理（掃除や草取り）や圃場での水管理において労働を提供しているにもかかわらず、水利を利用する順番やタイミングなどで不利になることが多い。女性が農業生産性を高め、収益を得るためには、タイムリーに灌漑用水を得ることが必要であり、そのためには村の意思決定やその過程に参加できる条件として土地所有者になる必要がある。これは、家族の食料確保のために働く女性にとっては「価値あること」である。

　本章では、LMISの農村女性にとって土地所有はどのような意味を持つのかについて、男女の価値意識の比較を通じて多様な視点から分析を試みた。では、女性の土地所有に対するこれらの価値意識は、土地の所有、管理、相続をめぐる女性の「機会」や「行動」の選択に、どのような形で表出してくるのだろうか。さらに次章で分析を深めていく。

第7章

農村女性による土地の所有・管理・相続の諸相

鳥追いの少女。クエラクエラという鳥が集団でイネを襲ってくる。鳥追いはこれまで男性の仕事だとされてきたが、最近では女性もするようになった。ローアモシ灌漑地区。2013年3月

第1節　土地の所有・管理・相続の選択と社会的受容の変化

　農村女性の土地使用（アクセス）と土地所有（コントロール）の差異、および土地所有が農村男女にとってどのような意味や価値を持つのかについては前章で考察したが、さらに女性の土地使用や土地所有を可能にする環境や制度、土地所有形態について考えてみたい[1]。

　世界銀行をはじめとする国際援助機関は、いわゆる「土地権の進化論」に基づき、農村女性が土地を自己名義で登録しさえすれば、女性が自由に土地を耕作し、収益を確保し、生活が向上し、必要に応じて土地を融資の担保にし、土地を売買できるようになると考え、そのような開発援助事業をサブサハラ・アフリカ地域で実施してきた[2]。それは、土地登録が、近代的な「排他的かつ私的な土地所有権」の実現手段になると考えたからである（Platteau 1996、吉田 1999:4-5）。しかし、果たして自己名義で土地登録することだけで、女性の土地に関わる諸権利は保障あるいは促進されるのだろうか。逆に、女性にとっては自己名義にすることに伴うリスクや、「価値がないと思う」インパクトを感じることはないのだろうか。

　農村女性が土地に関わる形態は多様であり、土地所有者であっても耕作から得た収益を自由に管理できるとは限らない。女性が土地を自己名義で登録し、同時に土地の管理権（営農権、収益権、処分権）を有することができるようになるにはどうすればよいのだろうか。どうすれば作目選択や農業投入に関する決定、水管理など、営農に関するすべての権限を持てるようになるのだろうか。また、どうすれば家族や親族の合意がなくても、土地を自由に登録し、相続・贈与・売買することができるのだろうか。実際にはどのような形態で女性は土地を所有しているのだろうか。フィールド調査をしていくと、女性は土地を所有していても、名義変更をあえてしていないことがわかった。他方で、一般に

---

1) ここで言うところの「所有」は、タンザニアの土地法（1999年）および村土地法（1999年）で認知されている慣習的な農村の土地所有である。
2) 世界銀行（http://web.worldbank.org/WBSITE/EXTERNAL/TOPICS/EXTGENDER/0,content MDK:22924407~menuPK:7947140~pagePK:210058~piPK:210062~theSitePK:336868,00.html：参照日2014年2月24日）。

父系制社会では女性は土地を継承できないといわれてきたが、実際には女性にも土地が相続・贈与・売買されているケースが少なからず見られた。では、どのような形態の土地、あるいは条件・環境のもとであれば、女性は自由に土地を相続・贈与・売買することができるのだろうか。

既往研究では、地域コミュニティにおける権力および意思決定機関のメンバーは男性で占められており、それゆえ地域コミュニティでは男性同士の慣習的既得権益を守るために、女性の土地権の獲得を支持しないといわれてきた。親族やクランの長老会議、農業協同組合、水利組織、灌漑組合、村落評議会の各種委員は、男性中心に選定され運営されてきた。そのような意思決定の場に農村女性はほとんど参加しておらず、会合などで女性の意見は反映されないとされてきた。しかし、ローアモシ灌漑地区（LMIS）には、女性の土地所有者が存在し、その数も面積も増加傾向を示していた。それは、LMISが先祖代々のクランの土地を継承している地域ではなく比較的新しい入植地であるという理由にもよる。だが、それだけでなく、こうした現象は地域コミュニティが女性に土地所有権を積極的に与えはじめるようになっていることを窺わせるものでもある。地域コミュニティにおけるこうした選択の変化や社会的受容は、どのように発生しているのだろうか。

本章では、農村女性にとって、どのような土地所有の形態が、女性の立場の変化、機会や選択の幅を拡大し、「価値あると思う」ことの実現につながっていくのかを明らかにするために、土地の所有・管理・相続という観点から分析する。管理については営農権、収益権、処分権に分けて考える。そして、所有している土地を誰にどのように相続するのかという点を分析の中心に据える。

相続に関しては、女性が土地を所有し、それを女性（娘など）に相続していけば、女性の土地所有者の割合が増加するはずであるが、これについては男性の土地所有と相続との関連性を踏まえながら見ていく。女性が相続者を選択する場合は、男性や帰属する社会規範あるいはジェンダー規範からの影響を受けると考えられるため、男性が持つ相続に対する価値観についても分析する。また、相続の新たな形態として、書面による遺言を作成するという具体的な行為が男女を問わず出現しているため、それがどのような意味を持つのかについても分析する。

第2節　土地の所有・管理・相続に関する選択

　LMISにおける対象3ブロックでの事例調査結果から、女性が土地を所有しているケースには、①自己名義で土地を登録・所有している場合、②配偶者や家族から土地を相続・所有していても名義変更していない場合、の2通りあることがわかった。

　まず、「自己名義で土地を登録・所有している」という女性は、1987年のLMIS土地再配分の際に、LMIS内の灌漑稲作圃場の所有権について村落評議会の土地登記簿に自己名義で登録し、所有した場合が多い[3]。そこには2つのケースが見られる。第1は、上流域のアッパー・マボギニおよび中流域のローア・マボギニの場合で、1987年の入植以前からすでに従前地で耕作をおこなっていたために、その慣習的な土地耕作・所有権に基づき、LMISの土地再配分の際に自己名義で登録したケースである。第2は、下流域のチェケレニの場合で、1970年代から開始されたウジャマー村にすでに個人名義で登録し、LMISの土地再配分で、それまでの登録に基づいて自己名義で再登録されたケースである（いずれのケースでも、土地の減歩率に大小があり、部分的に土地を失った人もいる）。また、これらとは別に、LMISの土地再配分のあとで、自己資金もしくは夫の資金で土地を購入し（他の農民から土地を購入した等）、自己名義にしたケースもある。他者の土地を購入する場合には、原則として村役場の認可が必要になるため、名義変更の登録をすることになる[4]。

　次に、配偶者や親から土地を相続・贈与され、所有している女性は、自分が土地所有者だと認識していても、名義変更をしていないケースが存在する（男性が相続・贈与・売買した場合は名義変更をすることが多い。しかし、男性の場合も、女性同様、相続したまま名義変更していないというケースはある）。LMISにおいては、「名義変更していない」から「所有者ではない」というこ

---

3) しかし、土地所有を安定的に保障する土地所有証明書を有しているわけではない。この点については第8章で述べる。
4) 実際には村役場を通さずに土地の売買がおこなわれることも多い（2014年1月、マボギニ村長への面接調査。本書66頁参照）。

とはなく、名義変更をしていなくても社会的には慣習的土地所有者として認知されている。したがってこれらの人々も、ローアモシ水利組織（LOMIA）に対して水利費を払い、LOMIAの会合にメンバーとして出席しており、処分権以外の管理権（営農権とおおかたの収益権）を有していることがある。

　面接調査では、誰に自分の土地を相続させるのか、相続させたいのかという質問もおこなった。これに対しては、男女ともに、「息子に相続」「娘に相続」「息子と娘の両方に相続」「決めていない・わからない」という回答が得られた。「姉妹や兄弟に相続」という回答は皆無だった。また1名のみ、「（娘はいるが）息子がいないので孫息子に相続」という回答があったが、これは集計上は「息子に相続」の中に含めた。「生前贈与」という回答もあったが面接調査のサンプル数が少ないので、これは「相続」に含めて集計した。「自己名義の土地は娘（や息子）に相続、夫から相続した土地は息子に相続」という回答がいくつかあったが、これは複数回答として扱った。

　本章では、以下の4項目について分析をおこなう。1．女性の土地所有と管理権との関係についての分析、2．土地相続に関する分析、3．（土地相続のうち）遺言書を残すことに関する分析、4．まとめとして、土地の所有・管理・相続の関係性についての分析である。

1　女性の土地所有は管理権とどう関係しているのか

　土地権に関わる価値意識についての分析（第6章）では、農村女性が土地を所有している場合、女性は自ら土地を耕作し、自分や家族の生活のために必要な食料や収益を得ることができ、場合によっては土地を生前贈与するという選択もあることがわかった。「講」などには参加するが、土地を担保にしてまで銀行ローンを組むという女性はいなかった。自分と家族の安全な暮らしを維持していくこと、母親としての責任や機能を果たし、土地の所有や活用を通じて「尊敬される」ことが、女性として、あるいは妻・母として「価値あると思う」ことだと女性たちは考えている。また、土地を所有することは婚姻関係におけるリスクを軽減する、とも女性たちは考えている。

　面接調査からは、土地の管理をめぐって女性たちがさまざまな選択をおこな

っていることがわかった。女性たちは、土地所有に付随して発生する3つの権利、すなわち、営農権（＝耕作権。耕作することができる、作目や栽培を選択することができる）、収益権（収穫そのもの、および収穫からの収益を得ることができる）、処分権（誰にどのような土地を、いつどのように相続・贈与・売買するかを決定できる）などを多様に組み合わせて選択している。本書では、これら営農権（＝耕作権）、収益権、処分権をまとめて「土地の管理権」と呼んでいるが、LMISおよびタンザニアの農村地域において「土地所有」が慣習的な土地耕作・所有権を意味する場合には、これらの管理権は女性に対して自動的に保障されているわけではない。むしろ、この場合は、多様な立場や関係によって異なる管理権が存在しており、農村女性の「価値あると思う」ことの選択と実現を複雑なものにしている（なお、男性が土地を所有している場合には、ほぼ全ての管理権を所有していることが多い）。LMISにおける管理権の状況を整理すると図7.1のようになる。

また、女性の土地所有と管理権の関係を整理すると表7.1のようになる（表7.1～表7.3の対象者名を表すAc、Ad、Ce…は第6章表6.4a～表6.6に

図7.1　ローアモシ灌漑地区（LMIS）における土地の管理権

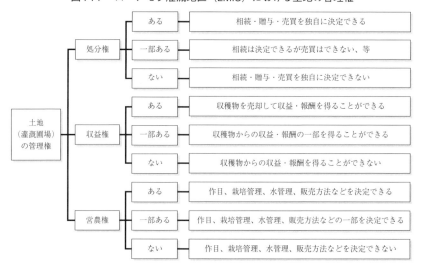

注：「土地」は灌漑稲作耕作地。
出典：第1次、第2次調査結果から作成。

対応)。表7.1からは以下のようなことがわかった。

(1) 自己名義および共同名義で土地を登録・所有している場合

1987年のLMISの土地再配分時に女性が自己名義で登録し、土地を所有している場合（表7.1のA-1）、および女性が自己資金で土地を購入して所有している場合（表7.1のA-3）は、女性は土地の営農権、収益権、処分権をあわせて有している（9人中9人）。ただし、すでに娘や孫息子に営農権を移譲し（高齢などの理由により）、扶養家族のような立場になっていることもある（13人中4人）。

また、夫の資金で購入した土地を女性（妻）が所有している場合（表7.1のA-2）は、女性の権利状況は多様である。まず、夫が購入して夫との共同名義にした場合（A-2のCaさん61歳）は、妻にも営農権、収益権、処分権がある。しかし、LMISの再配分時に女性が自己名義で登録していても、従前地を夫と共同購入し（または夫1人で購入し）、かつLMIS以前は夫の所有であったというような場合（A-2のAaさん68歳とAeさん60歳）は、女性名義ではあるが女性に処分権はなく、相続等については独自に決定できず夫や家族と相談しないといけない。あるいは、夫が自己資金で購入し、第2夫人との共同名義になった第1夫人の場合（A-2のBaさん59歳）は、第1夫人には営農権があるのみで、収穫期になると夫が来て収穫物を全て持って行く。第2夫人とは必ずしも協力関係にはないので状況はさらに複雑である。第1夫人は、第2夫人との共同名義であるにもかかわらず、収益権も処分権も有していない。

したがって、土地が女性の自己名義、あるいは共同名義になっているからといって、必ずしも全ての管理権が保障されるわけではなく、土地を所有した経緯や自己名義になる以前の条件および婚姻関係などにより、どのような管理権を得られるかが規定される。LMIS土地再配分（1987年）で自己名義登録した場合、および女性が自己資金で購入した場合には、営農権、収益権、処分権の全ての管理権が生じるが、従前地が夫の資金で購入されて妻名義になっているような土地に関しては、女性（妻）は必ずしも全ての管理権を有するわけではない。

表7.1　女性の土地所有形態と管理権の関係

土地所有者（女性）		管理権		
		営農権	収益権	処分権
A　自己名義および共同名義で土地を所有（13回答）				
A-1　LMISで再配分されて所有（5回答）				
	Ac　以前は自分で開墾・耕作し、収益を得ていた。現在はすでに娘が耕作。土地は娘に与えたいが息子と相談しないといけない	(○)	(○)	△
	Ad　以前は自分で開墾・耕作し、収益を得ていた。隣人とは土地権について法廷で争った。現在はすでに孫息子が耕作	(○)	(○)	○
	Ce　以前からウジャマー村に自分の名前で登録	○	○	○
	Cf　以前からウジャマー村に自分の名前で登録	○	○	○
	Cg　以前からウジャマー村に自分の名前で登録	○	○	○
A-2　夫が購入し所有（4回答）				
	Aa　1987年以前に夫と共同購入しLMISでは自分の名前で登録（相続等は家族と相談）	○	○	△
	Ae　1987年以前に夫が購入しLMISでは自分の名前で登録（相続等は夫と相談）	○	○	△
	Ba　2007年に夫が購入。第2夫人との共同名義	○	×	×
	Ca　1989年に夫が購入し共同名義。娘に与える	○	○	○
A-3　自己資金で購入し所有（4回答）				
	Ab　農業収入で購入、名義も自分	○	○	○
	Bc　娘のために購入。しかしすでに娘が耕作	(○)	(○)	○
	Cb　娘のために購入。しかしすでに娘が耕作	(○)	(○)	○
	Cj　自分で購入。息子と娘の両方に残す	○	○	○
B　所有しているが名義変更していない（12回答）				
B-1　夫から相続（10回答）				
	Aa　夫から相続。すでに長男が耕作	(○)	(○)	×
	Af　クランが決めて、夫の土地を相続。子ども全員に相続させたい。土地所有証明書がほしい	○	○	×
	Ah　夫から相続（一人息子に相続）	○	○	×
	Bc　夫から相続。一部は3男が相続。残りは未定。相続は長男と次男が問題	△	△	△
	Ca　夫から相続。伝統で息子に相続	○	○	×
	Cb　夫から相続。名義変更すると誤解を生じる。息子に相続	○	○	△
	Ch　夫から相続。名義変更しようとすると子どもが疑う。息子に相続	○	○	△
	Ci　夫から相続。子どもに相続するべきなので自分はローンを借りたり売ることはできない	○	△	△
	Cj　夫は長期不在で自分が相続したと思っている（土地を残して第2夫人のところへ）。処分はできない	○	○	×
	Ck　夫から相続。処分や名義変更は息子に疑われるのでできない	○	○	×
B-2　夫以外から相続（2回答）				
	Aj　父から相続。ブロック会議で自分が相続することを認知された	○	○	○
	Ag　義母の名義の土地を相続。相続は夫と相談	○	△	△

注：管理権について、○＝ある、(○)＝以前はあった、△＝相談する、×＝ない。複数回答。
出典：第2次調査および「土地権に関する質問票調査」(2013年) データから作成。

（2） 土地所有していても名義変更していない場合

次に、名義変更をしていない女性の2つのパターンを見てみる。まず1つ目は、夫から相続して土地を所有している場合（**表7.1**のB-1）で、ここでは1名（Afさん62歳）を除いて、処分権を全く所有していないか、息子や家族と相談して決めねばならないという「条件付きの処分権」となっている（10人中9人）。Afさんは、自分が望めば売却できると回答しているが、他の9人の女性は、営農権や一定の収益権はあるものの、処分権を行使しようとすると息子や家族とトラブルになるため独断では決定できないと答えている。こうした形の土地所有は、息子が成長して相続するまでの、あるいは自分が生きている間の「仮の相続・所有」「仲継ぎ的承継」（丸岡編　1986:216）ともいえるが、女性にとっては、家族・親族・クランなどにより誰が相続するかがあらかじめ決定していることから（往々にして息子）、慣習に従うことが「価値あること」であり、「母親としての役割」だと考えているところもある。そのような場合は、あえて独自の処分権を行使しようとはしない。女性にとっては「仮の相続」という機能を受け入れることが、地域で暮らすための「価値ある」選択ということになろうが、これは、自己名義であっても管理できないという意味で、女性に対する「不平等な土地権の再生産」にもつながっている。

アガルワルは、「収入や生産資源への直接的アクセス（direct access）によるか、夫や他の家族員に仲介されたアクセス（mediated access）によるかで、女性の貧困や状況のリスクに影響が出る」と指摘している（Agarwal 1994a:30）。女性は子どもや夫にとって「価値あると思う」ことを自分にとっての「価値あると思う」ことと同一視して行動しがちであり、同一視すること自体が、母親あるいは女性にとっての「価値あると思う」こととして、意識の中に埋め込まれているともいえる。

2つ目のパターンは、夫以外の者から相続した場合（**表7.1**のB-2）で、2つの例がある。1つは、父親からの相続で、名義変更をしていなくても営農権、収益権、処分権の全てがある例（Ajさん37歳）。ただし、この事例は、係争を経て、ブロック会議で認知されたという公的な決定プロセスが背景にある。公的な認知がない場合には、おそらく家族間で問題となることもあるだろう。もう1つの例（Agさん65歳）は、義母の名義にはなっているが、もともとは

夫と妻（自分）の共同資金で購入したものであるため、営農権はあっても、収益と処分に関しては夫と相談し決定するとしている例である。

2　土地所有と相続人（相続する人）の選択とはどう関係しているのか

（1）　土地所有と相続人の選択

　土地の相続に関して、女性は、男性との関係性、家族や部族の慣習・規範の中で、自己が考える「価値あると思う」選択をし、決定していくが、男性の土地相続と比べ、その決定方法にはどのような相違があるのだろうか。本調査の対象者の中には土地を所有していない人も含まれているが、これは「もし土地を所有したら誰に相続させたいか」という問いへの回答者であり、そのような回答事例も分析対象に含めた。

　以下では、対象３ブロックにおける面接調査および土地権に関する質問票による調査結果で得られたデータから、土地所有と相続についての回答を男女別に分けて分析する（女性は表7.2、男性は表7.3で一覧化した）。

（2）　誰を相続人にするのか──男女の回答の比較

　表7.2および表7.3で示された、男女の回答のうち、土地の相続人に関する部分のみを抽出し集計したのが表7.4、表7.5、表7.6である。

　まず、表7.4によると、男女あわせて26％が息子に、13％が娘に、48％が息子と娘の両方に土地を相続させたいと答えている（13％は決めていない・わからない）。娘だけに相続させたいという回答も出現しているが、娘より息子に相続させるという回答のほうが倍多く、男性中心の相続の考え方が根強く残っていることがわかる。しかし、全体の約半数もの男女が、息子と娘の両方に土地を相続させたいと考えている（この合計には土地所有者でない者も含まれているが、それらに関しては「もし土地を所有していたら誰に相続するか」という質問への回答である）。

　男性のサンプル数は少ないものの、男性全体では22％は息子に、14％は娘に、50％は息子と娘の両方に譲りたいと考えており、女性と同様に娘よりは息子のほうが多い。また、息子と娘の両方に譲りたいと考える男性が半数にのぼって

第2節　土地の所有・管理・相続に関する選択　235

表7.2　土地所有と相続についての考え方（女性、対象3ブロック）

対象者	被相続人（所有と名義）	相続人	息子	娘	両方	不明	遺言
Aa	自己名義の土地を所有。夫の土地も相続。夫の土地は名義変更していない	自分の土地は決めていない。夫の土地は長男が相続	○			◎	*遺言はコンフリクトを避けるために残すつもり
Ab	自己名義の土地を所有	自分の土地は末息子が相続	◎				*遺言はコンフリクトを避けるために残すつもり
Ac	自己名義の土地を所有	自分の土地は、末娘に相続させたい		◎			*遺言は家族内のコンフリクトを避けるために残すつもり
Ad	自己名義の土地を所有	すでに孫息子に贈与した	◎				遺言を残すかはわからない
Ae	自己名義の土地を所有	自分の土地は子ども6人がローテーションで耕作してほしい			◎		*遺言はコンフリクトを避けるために残すつもり
Af	夫から相続。名義変更していない	全ての子どもが相続しローテーションで耕作してほしい			◎		遺言を残すかはわからない
Ag	ずっと耕作してきたので、自分の土地だと思っている。しかし名義は義母	息子と娘の両方に相続させたい			◎		*遺言は残す。コンフリクトを避けたい
Ah	夫から相続。名義変更していない	一人息子が相続する	○				*遺言は家族のコンフリクトを避けるために残すつもり
Ai	土地は賃借している	土地を持っていたら、子ども全員に平等に与える			△		―
Aj	父から相続。名義変更していない	自分の子どもには平等に与えたい			◎		*遺言は家族のコンフリクトを避けるために残すつもり
Ak	土地は所有していない	土地を持っていたら、娘と息子に与える			△		
Al	土地は所有していない	土地を持っていたら、息子に与える。娘には与えない	△				
Am	土地は賃借している	土地を持っていたら、平等に与える			△		
		回答小計14人	5	1	7	1	(遺言を残す=小計7人)
Ba	自分と第2夫人の共同名義で土地所有。(秘密の土地を所有)	夫が決めるのでわからない				◎	遺言を残すかはわからない
Bb	土地は所有していない	もし子どもがいたら、息子と娘の両方に相続させる			△		
Bc	自己名義の土地を所有。夫から相続した土地は名義変更していない	自分の土地は、娘4人に相続させたい。夫から相続した土地はわからない		◎		○	*(自分の)土地については遺言を残す
		回答小計4人	0	1	1	2	(遺言を残す=小計1人)
Ca	夫から相続。名義変更していない。夫が購入した土地も所有	夫から相続した土地は息子が相続。夫が購入して共同名義にした土地は娘が相続	○	◎			*遺言は残す予定。息子と娘が相続することを前提
Cb	夫から相続。名義変更していない。娘には、自分で土地を買って与えた	自分が購入した土地は娘が相続。夫から相続した土地は息子が相続	○	◎			―
Cc	土地は賃借している	土地を持っていたら、息子と娘の両方に土地を相続させる			△		
Cd	土地は所有していない	土地を持っていたら、全ての子どもが相続すべき			△		
Ce	自己名義の土地を所有	長男と次男に自分名義の土地を相続させたい。娘は夫から土地を得る	◎				遺言を残すかはわからない
Cf	自己名義の土地を所有	自分の土地は、息子と娘の両方に相続させる			◎		*遺言はコンフリクトを避けるために残すつもり
Cg	自己名義の土地を所有	自分の土地は子どもがローテーションで耕作すべき			◎		*遺言は残す。子どもの間でのコンフリクトを避けるため
Ch	夫から相続。名義変更していない	父親の土地は息子が継ぐべき	○				遺言は残さない
Ci	夫から相続。名義変更していない	すでにどのように子どもたちが相続するか決めている（両方）			○		遺言は残さない
Cj	自己名義の土地を購入。夫の土地は名義変更していない	自分の土地は、息子と娘の両方に相続させる。夫の土地はわからない			◎	○	*遺言は残すつもり。家族内のコンフリクトを避けるため
Ck	夫から相続。息子に疑われるので名義変更していない	夫の土地は、息子と娘が相続する。しかし息子のほうが多い			○		*遺言を残す
		回答小計14人	4	2	7	1	(遺言を残す=小計5人)
		女性の回答合計32人	9	4	15	4	(遺言を残す=女性合計13人)

注：◎：自己名義の土地所有者、○相続した土地所有者、△借地・労働している者。「不明」＝決めていない・わからない。
出典：第2次調査および「土地権に関する質問票調査」（2013年）のデータから作成。

表7.3　土地所有と相続についての考え方（男性、対象3ブロック）

対象者	被相続人（所有と名義）	相続人	息子	娘	両方	不明	遺言
aa	自己名義の土地を所有	娘に相続させたい		◎			*遺言はコンフリクトを避けるためと、息子に土地を売却されないために残す
ab	自己名義の土地を所有	娘と息子に相続させたいが、娘は亡くなったので、息子が相続する	◎				*遺言はコンフリクトを避けるために残すつもり
ac	土地は所有していない	全ての財産は夫のもの				△	―
ad	土地は賃借している	男性が伝統を伝承。財産は妻ではなく子どものためのもの				△	―
ae	父から相続した土地を所有。**名義変更していない**	全ては夫のもの。妻が土地を持つ必要はない。息子しかいないので、息子に相続させる	◎				*遺言は家族のコンフリクトを避けるために残すつもり
af	土地（灌漑圃場）は賃借だが、畑地は所有している	平等に相続させる			◎		*遺言は残すつもり
ag	土地（灌漑圃場）は賃借だが、バナナ、コーヒー園は所有	息子しかいないので、息子が相続する	◎				―
ah	父の土地を母から生前贈与された。自分名義になっている	息子と娘の両方に相続させる			◎		*遺言は残す。コンフリクトを避けたい
ai	父から相続。**名義変更していない**	現在、娘しかいないので、娘が相続する		○			―
		回答小計9人	3	2	2	2	（遺言を残す＝小計5人）
ba	自己名義の土地を所有	子どもに平等に与える			◎		*遺言はコンフリクトを避けるために残す
		回答小計1人	0	0	1	0	（遺言を残す＝小計1人）
ca	自己名義の土地を所有	娘と息子に平等に相続させる			◎		遺言は残さない
cb	土地は賃借している	土地を持っていたら、息子と娘の両方が相続			△		―
cc	土地は賃借している	土地を持っていたら息子に与える。もしたくさん所有していたら、娘にも与える			△		―
cd	自己名義の土地を所有	息子と娘に相続させる			◎		*遺言は残す。子どもの間でのコンフリクトを避けるため
		回答小計4人	0	0	4	0	（遺言を残す＝小計1人）
		男性の回答合計14人	3	2	7	2	（遺言を残す＝男性合計7人）
		男女の回答合計46人	12	6	22	6	（遺言を残す男女合計＝20人）

注：◎：自己名義の土地所有者、○相続した土地所有者、△借地・労働している者。「不明」＝決めていない・わからない。
出典：第2次調査および「土地権に関する質問票調査」(2013年) のデータから作成。

表7.4 土地の相続人（男女の回答、対象3ブロック合計）

相続人	男女合計		男性全体		女性全体	
	回答数	%	回答数	%	回答数	%
a 息子に相続させる	12	26	3	22	9	28
b 娘に相続させる	6	13	2	14	4	13
c 息子と娘の両方に相続させる	22	48	7	50	15	47
d 決めていない・わからない	6	13	2	14	4	12
合計回答数	46	100	14	100	32	100

注：息子しかいない女性1名、息子しかいない男性2名、娘しかいない男性2名を含む。
出典：第2次調査および「土地権に関する質問票調査」（2013年）のデータから作成。

いることもわかる。興味深いのは、息子がいたとしても自分（男性）の土地を娘に相続させると答えた人が2名いることである。これはLMIS土地再配分の時に取得した土地、のちに自己資金で購入した土地も含まれているが、「家族の土地」（家産）であっても、男性自身の名義の土地であれば、男性が相続人を決定できるということを示している。

女性の場合は、自己名義の土地所有者であり、かつ夫の土地を相続した土地所有者であるという人もいるので、複数回答により合計回答数は32となっているが、実際の調査対象人数は27人である。この27人うち、土地所有者は20人、土地再配分および購入（夫または自分）による自己名義の土地所有者は13人、夫名義の土地を相続した土地所有者は12人（両方の場合が5人いる）、また、土地を所有していない人は7人である。女性全体で、「息子に相続させる」と考えているのは28％、「娘に相続させる」は13％、「息子と娘の両方に相続させる」は47％である。したがって、女性が所有したとしても、約3割は息子に相続させたいと考えていることがわかる。

上記のデータから、相続人については、男性と女性の回答に大きな差異は見られない。男性の場合も、女性の場合も、息子に相続させるという回答が3割近くあり、それは娘に相続させるという回答の2倍以上になっている。しかし、男女ともにほぼ半数が娘と息子の両方に相続させたいとしている。

(3) 誰を相続人にするのか——女性の回答の内容

次に、表7.5に沿って、女性の場合をより詳しく分析すると、「自己名義の土地所有者」13名のうち、息子に相続させるのは3回答、娘に相続させるのは4回答、息子と娘の両方に相続させるのは4回答、決めていない・わからないは2回答となっている。他方で、「夫の土地を相続した者」（うち1名は義母から相続を含む）は12名である。そのうち、息子に相続させるのは5回答、娘に相続させるのは0回答、息子と娘の両方に相続させるのは5回答、決めていない・わからないは2回答となっている。さらに、「土地を所有していない者」7回答のうち、もし土地を所有したら息子に相続させたいとしたのは1回答で、残り6回答は息子と娘の両方に相続させたいと回答している。ただし、この場合は、自己名義の土地である場合なのか、夫から相続した土地である場合なのかの区別はない。

サンプル数が少ないので、全体の傾向については明らかではないが、少なくとも、女性（母親）は自己名義の土地であれば、あるいは自分もしくは夫が自己購入した土地（家族伝来の土地ではない場合）であれば、「娘に相続させたい・娘が相続しても構わない」と考えている人が多い（前者は31％）。一方、自己名義を持つ女性の多くは処分権を有しているので自由に自己選択ができるはずであるが、実際には、夫が属する社会集団や部族の規範に従って、父親からの土地のみならず自己名義の土地に関しても、息子のみに相続させたいと考える人がいる（23％）。つまり、女性は自分が属する社会関係の中で「価値ある」と思う選択をしようとすると、必ずしも女性（娘）に相続・贈与するとは限らないことがわかる。

表7.5　土地の相続人（女性の回答、対象3ブロック合計）

相続人	自己名義の土地所有者		夫の土地を相続した者		土地を所有していない者	
	回答数	％	回答数	％	回答数	％
a　息子に相続させる	3	23	5	42	1	14
b　娘に相続させる	4	31	0	0	0	0
c　息子と娘の両方に相続させる	4	31	5	42	6	86
d　決めていない・わからない	2	15	2	16	0	0
合計回答数	13	100	12	100	7	100

出典：第2次調査および「土地権に関する質問票調査」（2013年）のデータから作成。

夫から相続した土地については、女性は自分の土地であると認識しているものの、名義変更をしていない場合がほとんどである。この場合は息子に相続させると回答している割合が高い（42％）。夫から相続した土地を娘だけに相続させるという回答は皆無だった。ただし、自己名義の土地であれ、夫から相続した土地であれ、息子と娘の両方に相続させたいと答えた女性も多く（それぞれ31％と42％）、娘が相続することを否定しているわけではない。また土地を所有していない女性でも、もし土地を所有して相続させるとしたら、86％が息子と娘の両方にと答えている。

相続する土地の面積に男女差があることは否定できないものの、このサンプル全体から見ると、娘が相続できる割合は60％にものぼっていることになる（**表7.4**参照）。これは、女性の間では娘に相続させることも「価値あると思う」こととして認識され、あるいは、以前からそう認識していたものの、そのような選択が実際に、特定の条件のもとでは可能になったと考えられていることの表れではないだろうか。

（４） **誰を相続人にするのか―対象２地区の女性の回答の比較**

さらに、女性の場合について地区による差異があるかどうかを検討するために、アッパー・マボギニとチェケレニの２ブロックの比較をした（**表7.6**）。両方とも、14回答が得られた（ローア・マボギニは、調査対象数が少ないため、比較の対象から外した）。

アッパー・マボギニでは、土地所有者・借地人・賃金労働者をあわせた女性全体（14回答）のうち、息子に相続させるのは36％、娘には７％、息子と娘の両方には50％、決めていない・わからないは７％となっている。より詳細に見ていくと、自己名義の土地を所有している女性５回答のうち、息子に相続させるのは２回答、娘には１回答、両方には１回答、決めていない・わからないは１回答である。対して、夫名義の土地を所有している女性５回答のうち、息子に相続させるのは２回答、娘には０回答、両方には３回答である。したがって、アッパー・マボギニにおいては、夫から相続した土地でも、娘のみには譲らないものの、息子と娘の両方に譲るという回答は60％あった。

チェケレニでは、土地所有者・借地人・賃金労働者をあわせた女性全体（14

表7.6　土地の相続人　(女性の回答、対象2ブロック)

相続人	アッパー・マボギニ（女性）		チェケレニ（女性）	
	回答数	%	回答数	%
a　息子に相続させる	5	36	4	29
b　娘に相続させる	1	7	2	14
c　息子と娘の両方に相続させる	7	50	7	50
d　決めていない・わからない	1	7	1	7
合計回答数	14	100	14	100

出典：第2次調査および「土地権に関する質問票調査」(2013年)のデータから作成。

回答）のうち、息子に相続させるのは4回答、娘には2回答、両方には7回答、決めていない・わからないは1回答となっており、アッパー・マボギニとの間に大きな相違はない。娘に相続させたい女性がチェケレニのほうが1回答多い。より詳細に見ていくと、自己名義の土地を所有している女性6回答のうち、息子に土地を相続させるのは1回答、娘には2回答、両方には3回答である。対して、夫名義の土地を所有している女性6回答のうち、息子には3回答、娘には0回答、両方には2回答、決めていない・わからないは1回答である。チェケレニにおいても、夫から相続した土地であれ、娘のみには譲らないものの、約33％が両方に相続させると答えている。

3　なぜ遺言書を作成するという選択をするのか

何度かの面接調査を通じ、ローアモシ灌漑地区（LMIS）では土地相続に関して遺言（Wosia）を書面で作成するという選択がおこなわれていることを知り、それは比較的新しい現象であることがわかった[5]。遺言を残す方法としては、口頭によるもの（Wosia wa maneno）と書面によるもの（Wosia wa maandishi）がある。この2種類の遺言については、地域慣習法令（1963年）[6]にすでに明記されているので、政府や司法関係者には認知されてきたが、初期のLMISでは、特に書面による遺言は実施されていなかった[7]。

---

[5] LMIOオフィサーへの面接調査データ、2012年3月。
[6] 1963年地域慣習法令（第1章表1.3参照）。
[7] LMIOオフィサーへの面接調査データ、2012年3月。

口頭による遺言は、クランの長老や近隣の者など、複数の者が証人になる場合と、家族のメンバーだけが呼ばれて亡くなる前に言い渡されるような場合がある。あるいは、本人が生前に、日頃から家族に言っていたことが口頭による遺言として認知される場合もある。

　他方、書面による遺言は、個人の帳面などに自筆で書く簡易なものと、タイプで印字し署名する「正式」なものがある。正式な遺言書には、土地所有者本人のほかに、村長、村落事務官、隣人、イスラム・リーダー（Sheikh）などの証人の署名、さらには村落民事裁判所（Primary Court）の判事の署名が記載されている。オリジナルは本人が、コピーは村長が保管していることもある[8]。また、書面による遺言書は、必ずしも本人の没後に開封されるわけではない。本人が高齢の場合、あるいは土地を生前贈与したい場合には、関係者を集めて合意したのち、伝統的な儀式を経て[9]、遺言が言い渡される。生前贈与したあと、本人は贈与した子に依存して生活するようになる。

　父系制社会では、財産の管理および相続は、従来、クランの長老会議が決定する事項であり、核家族の成員が意見を表明することはできない。また、女性は原則的に長老会議には出席できないので、そこで意見を述べることも叶わない。面接調査では男女とも、遺言を残すという回答が複数あった。これは、口頭であれ文書であれ、遺言を残すことの価値が広く認識されていることを表すものである。

　女性の場合、口頭によるものか文書によるものかの区別は明確ではないが、遺言を残すかどうかという質問に対しては、どのブロックにおいても約半数が「残す」と回答している。アッパー・アボギニでは13回答中7回答（57％）、チェケレニでは11回答中5回答（45％）、ローア・マボギニでは3回答中1回答が遺言を残すとしている（表7.2。女性対象者欄A＝アッパー・マボギニ、

---

[8] 村人は遺言書をスーツケースに収め、鍵をかけて保管することが多いという。村長も村役場ではなく、自宅の安全な場所に保管している（LMIOオフィサーへの面接調査データ、2012年3月、および2014年1月の第4次調査）。
[9] チェケレニの女性は、自分で書いた遺言書の内容について、クラン会合を開いて承認させた。儀式では、ヤギを殺して料理し、その肉を皆で食べる。これによって遺言書の内容が皆に認められたことになる。肉を一緒に食べたにもかかわらず、もしそれに反することをしたら、悪いことが起きると信じられている。この女性は儀式の際、子どもたち（息子と娘）に、お互いに仲よくするようにと言い、遺言に反することをしたら罰が当たると説き聞かせた（第6章表6.7のDbさん）。

B＝ローア・マボギニ、C＝チェケレニ)。これは、自己名義の女性の場合でも（13回答中6回答)、夫から相続し名義変更していない女性の場合でも（12回答中5回答)、大きな差はない。その理由としては、大半の女性が、親族、家族内、息子と娘の間での、あるいは子どもたちの間での（土地所有をめぐる）コンフリクトを避けるためと回答している。つまり、遺言を残さず、意思表示を明確にせず、社会や周囲からも承認されないと、現実にはさまざまなトラブルが生じかねないことを示唆している。「遺言を残さない」との回答は2名おり、「土地は息子が継ぐことに決まっている」「子どもとの間ですでにどのように分配するかが決まっている」、だからあえて必要ない、というのがその理由となっている。

男性の場合も14回答中7回答が遺言を残すとしている（表7.3)。理由は、「息子ではなく娘に相続させたいため」「息子しかいないので親族ではなく息子に確実に土地を残したいため」という回答もあるが、ほとんどは「娘と息子の両方に土地を相続させたいため」という回答である。妻に残したいから遺言書を書くと明言した男性はいなかったが、遺言書に妻の取り分が明記されているケースはある[10]。

文書による遺言がなければ、慣習に基づいて、親族の男性およびクランの男性などの男子相続になる場合が少なくない。そのため、自分自身の家族の成員、つまり妻や娘、息子などに相続させたいという意思を示すために、あえて遺言書を作成するケースが増えている。ただし、娘と息子の両方に相続させるという場合でも、依然として息子にはより広い面積の土地を（すなわち娘にはより少ない土地を）という回答が目につく。

4　分析結果のまとめ

女性がLMIS土地再配分（1987年）の時に自己名義の土地を登録した場合は、土地所有権に管理権（営農権、収益権、処分権）が付随することが多い。また、女性が自己資金で土地を購入した場合は、おおむね管理権（営農権、収益権、

---

[10] 本書265頁参照。チェケレニのDfさんのケース。

処分権）を得られている。女性が自己資金で土地を購入する理由は、自分や子どもの生活のため、離婚・別居あるいはシングル・マザー等で困窮している娘の生活ため、という場合が多い。息子が自分の面倒を見てくれる場合は、息子に相続させることもある。他方、夫が購入し妻の名義にした土地に関しては、女性には必ずしも収益権や処分権が伴わず、夫がそれらをコントロールしている場合がある。また、女性が自己名義の土地を所有し、すべての管理権を有している場合でも、慣習や伝統的な考え方に沿うことが妻・母としての役割として「価値あること」と考え、息子に相続させるケースがある。

　夫から相続した夫名義の土地の場合、名義変更をおこなっているケースは皆無だった。家族関係がうまく行っている場合や社会的に本人が土地所有者として承認されている場合は、女性はあえて自己名義に変更する必要がないと考えている。地域社会において、自分が誰なのか村人が知っており、土地の境界線も互いに認知しあっていれば、処分権がなくても継続的に営農権を持つことができ、収益権も保障されるからである。また、自分の名義に変更したい、処分権も含め管理権を強くしたいと考える女性もいるが、それでもあえて名義変更はせず、継続的な営農権と収益権が保持されればよいという選択をしているケースもある。名義変更することは、村役場に対して正式な書類を提出したり家族・隣人からの承認を得なければならないなど、女性にとっては煩雑な手続きが必要となるほか、息子や家族と軋轢を生むリスクを高めるからである。

　名義変更をしない女性は、はじめから夫の土地は息子が相続するものと考え、自身が「仮の相続・所有」「仲継ぎ的承継」状態であっても、それ自体を自己選択していると「錯覚」しているのかもしれない。あるいは、リスクを避けるために、継続的な営農権・収益権と取得困難な処分権とを天秤にかけ、生存のために「価値あると思う」前者を選択しているともいえる。一方、夫から相続した土地であれ、これを息子と娘の両方に相続させたいと考える女性も多いことから、これらの事象は、女性たちの選好の幅が拡大している表れと解釈することもできる。いずれにせよ、女性は多様な関心や関係性の中で、多様な選択をしていることがわかる。なお、夫の土地を相続して正式に自己名義に変更する女性もまれに存在するといわれているが、面接調査対象者の中にそのような事例を見つけることはできなかった。

ジャクソンは、「インドでは女性が土地の権利を入手すると、例外なく息子に残したいと思う。息子への感情的、社会的、経済的な投資に対する、このようなモチベーションは、女性の主観にとって、土地を得るための強力な力となる。それはエージェンシー（行為者、行為主体）として行動するための重要な要因である」と述べている（Jackson 2003:468）。息子に土地を残すことは女性にとって「価値あると思う」ことである。それは、母親役割を果たすためだけでなく、感情的、社会的、経済的にも「価値あること」だからである。ジャクソンは、「［インド人女性の］個人の立場や関係性は、親族と婚姻などの社会規範と制度によって作られ、時間的経過により行為者としての個人は再構築される」とも言う（Jackson 2003:465）。さらに、「女性には異なるアイデンティティが同時に存在し、利害の矛盾を引き起こす。アガルワルが言うように、娘としては親の財産を要求する。しかし、妻としては夫の姉妹による土地の要求には反対である。母としては、息子に対してその妻が土地を要求することを必ずしも支持しない。1人の女性の中に『多数の主観的立場』（multiple subject positions）があることを反映している」と言う（Jackson 2003:467）。LMISにおける農村女性にも娘、姉妹兄弟、妻、母、姑（義母）としての関心、特定の部族に属すことによる規範、地域社会や女性組織などのリーダーとしての役割など、多様な立場や関心があり、異なる立場が矛盾した関心を引き起こす。母親は、婚出した娘に対しては娘の夫が娘に土地を贈与してほしいと願う。しかし自分の息子に対しては、息子が妻に土地を贈与してほしくないという矛盾した関心が併存する[11]。女性は必ずしも女性のための選択をするわけではない。女性にとって「価値ある」と思う選択がジェンダー不平等を再生産し、土地に対する「価値ある」と思う関心が女性を分断することもある。

　他方、娘に土地を相続させること、あるいは娘と息子の両方に土地を相続さ

11）「母」と「義理の母」としての矛盾した関心としては、例えば日本の農村の場合、義理の母としては長男には農家に嫁がほしい、しかし実母としては娘には農家に嫁いでほしくないなどがある。インドでも、義理の母としては息子には多額の持参金（持参財）がほしいが、実母としては娘が嫁に行く時には多額の持参財は出したくない。娘の関心としては、父親から土地を譲り受けたいが、兄弟の取り分が少なくなると恨まれるし、もし自分が離婚して出戻ってきた場合には兄弟に支援してほしいが、兄弟姉妹としての関係性は悪くしたくない。逆に兄弟も姉妹の守護者のように振る舞うことを期待されている場合は、男性の立場の中にも同様に矛盾した関心が存在する。例えば、姉妹に対して土地を譲れば、妻や娘・息子からの批難が起きるかもしれない。

せること（面積や場所などに格差があるとしても）は、男子相続が中心であった従来の父系制の伝統的な社会においては見られなかった行為である。これを確実なものとするために、遺言書を残すという選択が新たな行為として出現していることは、個人の家族観や親族関係において社会変容が起きていることを示している。つまり、家族の形態が拡大家族から核家族[12]へと変化することにより、拡大家族からの介入を阻止するために遺言書を残すという行為が発現していると考えられる。拡大家族は、基本的には父系あるいは母系のいずれか一方の単系血縁に沿って拡大する構造を持つ。核家族は、親子2世代で子世代は未婚の世帯を意味するが、LMISにおけるそれは、3世代程度までを含む家族類型として捉えることができる。

例えば、チャガ人の父系制社会においては、複数の核家族が同居し、父親が亡くなり子ども（息子）が幼い場合、親族の男性が後見人・監督者（*Msimamizi*）となり土地の耕作を監督する。あるいは息子がいない場合、妻や娘による土地相続は認められず、夫の親族の他の男性が所有者となる。しかし、近年では、自分が亡くなった場合には財産を自分の直接の核家族に残したいと考える男性が増えている。父親であれば、自分の兄弟より息子に土地を残したいと考えている。息子がいない場合でも、自分の兄弟の息子より、自分自身の娘のほうに財産を残したいと考えるようになっている。これは、クランや拡大家族の親族（男性）ではなく、夫婦や子や孫のために実際に土地を耕作し収益をあげてくれる者、あるいは高齢になった時に村に残って自分の面倒を見てくれる者に土地を与えたいということである。このようにチャガ人の男性の間でも「価値あると思う」ことに変化が表れており、また、男性中心の村落評議会やクランの会合が、核家族中心の相続を支持するようになっていることからも、その変化を窺うことができる。

さらに興味深いのは、遺言書を作成するという行為が女性（妻や娘）の土地相続を可能にする装置として発現していることである。チャガ人のような父系制社会では、父親が遺言書を残さなければ、相続権は自動的に息子のみに与え

---

12) 核家族とは、婚姻によって成立した1組の夫婦とそこから生まれた未婚の子からなる家族の集団的単位。拡大家族とは、子どもたちが結婚後も親と同居する大家族の形をとったもので、直系家族と複合家族の総称（濱嶋ほか編 2003:64-66）。

られる。長子相続か末子相続か、あるいは男子均分相続かは、部族により異なるが、基本的には男子相続である。しかし、近年では、父親が遺言書に明記することで、妻や娘も相続することが可能になっている。その場合、息子が異議を申し立てることもあるが、証人を立てて正式な文書にした遺言書であれば、地域社会が認めた行為として効力を持ち、息子も従わざるを得ない。したがって、遺言書があることは、女性にとって土地相続の実現可能性を高めることになる。息子に残したいのであればわざわざ遺言書を書く必要はないと思われる伝統的な社会にあって、あえて遺言書を残すという行為は、核家族の利益を守りたい、あるいは女性（主に妻や娘）にも財産を残したいという選択が積極的におこなわれている証左と解釈できる。

　タンザニアの土地権をめぐる従来の議論では、地域社会は男性優先の慣習や伝統を前提に機能するといわれてきた。しかし、LMISにおいては、財産の取得や相続に関して、地域コミュニティが拡大家族より核家族の関係を重視するようになり、女性の土地相続も支持するという事象が発現している。地域コミュニティは、必ずしも男子相続のみを支持しているわけではない。タンザニアの土地権をめぐるジェンダー土地作業部会の主張は次のようなものであった。「慣習法は、女性に土地所有権を認めず、相続権も限定してきた。また、村落議会、村落評議会、民事裁判官のほとんどは男性により占められてきた。そのような場に意思決定が委任されると、女性に平等の権利を保障するより、村落の伝統や慣習法を保持・存続することのほうが優先されることになる。村落議会は、往々にして前者よりも後者のほうが重要であると判断する。女性にはクランの土地の相続は認めないというのが慣習法だからである」（第3章97頁）。しかし、このような主張はLMISの場合には必ずしも当てはまらない。慣習法に基づくジェンダー秩序には明らかに変容が生じている。

第3節　土地の所有・管理・相続に関する選択の言説

　では、農村女性あるいは農村男性はどのような具体的言説により、土地の所有・管理・相続を「価値あると思う」こととして選択しているのだろうか。以下では、表7.7で示した4つのカテゴリーに沿って分析する。

第 3 節　土地の所有・管理・相続に関する選択の言説　247

表7.7　土地の所有・管理・相続に関する選択

4つのカテゴリー
1　女性が自己名義の土地を所有している場合
（1）土地再配分で取得した自己名義の土地：息子に相続
（2）土地再配分で取得した自己名義の土地：娘に相続
（3）土地再配分で取得した自己名義の土地：息子と娘の両方に相続
（4）男性（夫）が購入し女性名義（共同名義）にした土地：相続人不明
（5）男性（夫）が購入し女性名義（共同名義）にした土地：娘に相続
（6）女性が自己資金で購入した土地：息子に相続
（7）女性が自己資金で購入した土地：娘に相続
2　女性が男性から土地を相続して所有している場合（名義変更していない）
（1）名義変更しなくても問題がない：社会的認知があり処分権がある
（2）名義変更しなくても問題がない：家族関係に問題がない（営農権・収益権があれば処分権がなくてもよい）
（3）女性が「仮の相続人」であることを当然視する
（4）名義変更したいがリスクが伴うのであえてしない
（5）夫から相続した土地：息子と娘の両方に相続させたい
3　婚姻関係における土地所有に関わるリスクがある場合
4　男性が自己名義の土地を所有している場合
（1）男性が相続するべき：息子に相続させたい
（2）女性に相続させたい：妻や娘に相続させたい
（3）男女ともに相続させたい
5　新たな選択と行動 ― 遺言書を作成するという行為の出現

出典：調査結果から作成。

1　女性が自己名義の土地を所有している場合

（1）　土地再配分で取得した自己名義の土地：息子に相続

　LMIS 土地再配分（1987年）において自己名義で土地登録ができた女性の場合は、自分が土地所有者であるという認識が高い。家族や村の人々もそのように考えている。つまり、夫が夫本人の名義の土地を売却することはあっても、夫が妻の名義の土地まで勝手に処分すること、あるいは、母親名義になっていれば子どもがその土地を勝手に処分することはできないと考えている。
　このうち、まず、女性が自己名義の土地を所有し、管理権（営農権、収益権、処分権）も持っていて、これを息子（あるいは孫息子）に相続させたいと考えているケースを見てみる。女性の土地所有者のうち、必ずしも娘に相続させた

いと考えているわけではないケースである。伝統や慣習に沿って息子に相続させたい、息子や孫息子が自分の面倒を見てくれているから相続させたい、娘は息子たち（娘の兄弟）が面倒を見てくれるといったCeさん（62歳）のケース[13]、娘はその夫から土地を取得できるから土地相続は不要であるといったAbさん（70歳）のケース、などがこれにあたる。ただし、現実にはそのようにならない場合も多く、息子が娘（息子にとっての姉妹）の面倒を必ずしも見るわけではないし、娘の夫が娘に土地を必ず提供してくれるわけでもない。また、娘の夫がこの娘に土地を提供したとしても、それは営農権のみかもしれないのだが、これについては一般にはあまり知られていない。女性が土地権を取得しても次世代で女性（娘）に相続・贈与をしないこのようなケースが継続すると、将来的には女性の土地所有が減少していくことにもつながる。

　以下は、このケースにおける事例である。先のCeさんは、LMIS土地再配分で自己名義の土地を取得したが、「もし自分の名義でなかったなら土地を失っていただろう」と言う。Ceさんの場合、息子たちが彼女にローンを組むよう頻繁に依頼してきたが、決して土地を担保にせず、担保が不要なグループ・ローンにしてきた。つまり、処分権はコントロールしてきた。長男の商売のために3回目のローンを組んだあと、長男が急死したため、ローンは商売を継いだ次男が返却している。もし、土地が息子名義になっていたら、息子が土地を担保にローンを組み、すでに土地を失っていただろうと考えている。彼女にとっては、母親として、家族や子どもの食料を確保することが「価値あること」であり、そのために土地を手放すのは「価値のないこと」である。彼女は、自分で稲作をしており、収益は家族や子どもに分配している。Ceさんは言う。「自分はクリスチャンだが、ムスリムの夫との再婚で第3夫人である。また、前夫の子ども（3人）の親権を裁判で獲得して育てた。再婚した夫の土地が3.5プロット（1万500m^2）あるが、第1夫人と第2夫人が相続して、自分は何も相続しなかった。ただし、自己名義で土地を所有している（100m＝3000m^2）。

---

13) Ceさんはパレ人。チャガやパレの慣習では、兄弟がそれぞれ姉妹の面倒を見る慣習がある。例えば、パレの場合は、長男が長女、次男が次女の面倒を見る。他方でチャガの場合は、長男が末の妹、次男が末から2番目の妹の面倒を見たり、末子（男子）が親の宅地と家を相続し、親と同居することが多い（2014年1月、第4次調査の面接調査）。

ウジャマー村に入植した時に自分で取得し、LMIS の土地再配分で自己名義で登録した。長男が購入した土地も代わりに耕作している（60m＝1800m²）。自分は、長男（の子ども）と次男に自己名義の土地を相続させたい。娘は息子たち（娘の兄弟）が面倒を見てくれるだろう」。

Ad さん（82歳）は、「（1987年以前に）土地を入手していたので LMIS 土地再配分の時に自己名義で登録した。暴力を振るう夫だったので離婚し、5人の娘は自分で育てた。自己名義の土地は、娘の息子（孫息子）が長い間耕作している。自分には息子がいないので、孫息子が相続する。ヤオ人の慣習では、男性と女性の両方が土地を相続できるが、男性の取り分のほうが多い」（孫息子はブロックの LOMIA リーダー）と言う。息子がいなくても娘はいるのだから、ヤオ人の慣習が認めるように娘が相続しても構わないはずだが、Ad さんの場合は孫息子に相続させた。

（2）　土地再配分で取得した自己名義の土地：娘に相続

女性が自己名義の土地を娘に相続させたくても、自己決定できず、子どもたちと相談しなければならないと考えているケースもある。

Ac さん（85歳）は次のように述べる。「（1987年以前に）自分で森林を開墾して土地を入手した。LMIS 土地再配分の時に自己名義で登録した。現在、同居している2人の娘がコメ栽培をしている。パレ人の慣習ではほとんど息子が相続するが、今では娘が相続することもある。女性が土地を所有すると、それは人々から祝福の対象となる。全ての子どもが土地を相続できるようにすべきだと思う。末娘が大変な生活をしているので、自分の土地は彼女に譲りたい。夫も土地を 4 ha 所有していたがすでに売却してしまった」（娘3人、うち1人は婚出）。しかし Ac さんは、自己名義の土地の相続は自己決定できるとしている反面、息子がすでに自分の土地を所有し耕作しているので、娘に譲るためには息子と相談しなければならないとも考えている。

（3）　土地再配分で取得した自己名義の土地：息子と娘の両方に相続

自己名義の土地を、娘と息子の両方に相続したいと考えている女性もいる。この場合、娘は結婚したらその夫から土地を取得できるので息子のほうが多く

配分されるべきだとする考え方と、ローテーションで耕作して平等に機会を与えたいとする考え方がある。ローテーションで耕作するというのは、作期ごとに耕作者を入れ替え、1作期当たり1人もしくは複数で耕作する形態を指す。特に、所有する土地面積が小さい場合は、分割・譲渡してしまうと生産性がさらに低くなることから、ある程度の生産規模を確保するためにローテーションで耕作するというケースが見られる。

以下、回答事例のいくつかを見てみる。Aeさん（60歳）：「(1987年以前に) 夫が土地を購入し贈与してくれた。LMIS再配分の時に自己名義で登録した（26m＝780m^2）。その土地は、6人の子どもに与えたい。ローテーションで耕作すると思う。夫の土地も小さいので（30m＝900m^2）、そちらもローテーションで耕作したい。小規模な所有者の場合は、よくローテーションで耕作をしている。しかし、土地があまりにも小さくなってしまったら、売って金を分配するしかない。パレ人の慣習では、まず息子が相続するが、女性も土地を相続すべきだと思う。ただし、女性は夫から土地を得ることができるので、男性より少なくても良いと思う」（息子4人、娘2人）。

Cfさん（65歳）：「自分と夫はそれぞれウジャマー村の時に土地を取得した。夫は稲作・牧畜に失敗し、アルコール中毒になり、自身の土地を全て売ってしまったが、私の土地は私の名義だったので、（夫が勝手に）売るようなことはなかった。私の土地は息子と娘の両方に相続させたい。子どもは12人いる」。彼女は自己名義の土地を自分で耕作し収益も管理している。末娘が時々必要な資金を送ってくれている。

Cgさん（59歳）：「自己名義で土地を所有している（55m＝1650m^2）。ウジャマー村で取得した。子連れで再婚できたのは、自己名義の土地があったからだ。自分の土地は、もし子どもが相続したら、ローテーションで耕作しないといけない。自分の土地は全ての子どもが相続する」（息子6人、娘3人）。自己名義の土地を所有していたので、子どもの食料も調達でき、新しい夫に負担をかけずに再婚できたと思っている。

Cjさん（58歳）：「自己名義で2007年に土地を購入した（50m＝1500m^2）。自分の土地は、息子と娘の両方に相続させる。もし親（自分）が遺言書を残さずに亡くなったら、子どもは法廷に行かないといけない。法廷は、法律（市民

法）に基づいて、全ての子どもが平等に相続することを決定するだろう」（しかし、後述するように、政府が承認する正式な婚姻証明書がない場合、子どもに平等に相続させるには困難が生じることもある）。

（4） 男性（夫）が購入し女性名義（共同名義）にした土地：相続人不明

男性（夫）が土地を自己資金で購入した場合には、それは「クランの土地」ではなく、「家族の土地」であると認識される。しかし、そのような「家族の土地」が女性名義（共同名義）になったとしても、妻に収益権と処分権が伴うとは限らない。収益は夫がコントロールし、処分権は夫が持っているという場合がある。これは、夫が自己資金で購入したものは、たとえ名義が妻であれ、妻が土地権を主張する根拠や正当性は弱いと夫が考えているケースである。

Baさん（59歳）のケースがそうである。「夫は自分と第2夫人の共同名義で土地を購入した。それはトラクターを借りる担保にしたかったからである。現在、自分は第2夫人と一緒に耕作している。しかし、収穫・収入は夫が管理している。夫方のパレ人の慣習では、一般に息子は母親が父親の財産を所有するのを好まない。父の遺言（口頭）だとしても、息子はそれに同意しない。遺言書がないと寡婦は何も相続できないが、あれば相続できる。自分の場合、もし夫が遺言書を書かずに亡くなったら大きな問題になる。夫は宅地の名義を第2夫人に変更してしまった。もし遺言書がなければ、夫が他に所有している土地も彼女が自分のものにするかもしれない」。土地を購入する場合には、土地取引の領収証などが発生するので、それを土地売買証や土地所有証明書と考えることがある。Baさんの場合、自己名義の土地の領収証は購入者である夫が所持しており、その土地の収益は夫がコントロールしている。したがって、Baさんは自己名義の土地の領収証があっても、自身では何も管理できない状況にある。

（5） 男性（夫）が購入し女性名義（共同名義）にした土地：娘に相続

しかし、夫が購入して、妻と共同名義にした場合（夫からの贈与）では、妻が自由に娘に贈与できると考えているケースもある。Caさん（61歳）は、「夫があとから購入して（自分と）共同名義にした土地については、娘たちが相続する（106m＝3180m^2）」（息子2人、娘4人）と答えている。

（6） 女性が自己資金で購入した土地：息子に相続

次は、女性が自己資金で購入した土地を「息子に相続させたい」あるいは「息子が相続するのは当然」と考えているケースである。

Ab さん（70歳）の場合、自分の面倒を見てくれるのが息子であるため、息子に土地を相続させたいと思っている。Ab さんはこう述べる。「自分の貯金で自己名義の土地を購入した（1981年）。LMIS 土地再配分時に、自己名義にしている。自分の土地は、一緒に暮らしている次男（末息子）が相続する。長男にはすでに土地を与えた。チャガ人の慣習では、息子が土地を相続することになっている。もし父親が何も言い残さなければ、土地は息子たちが分割して相続する。娘はその夫から土地をもらえる。土地法については何も知らない。娘はすでに婚出している」（息子2人、娘3人）。Ab さんにとって、夫の土地のみならず、自分の土地も息子に相続させることは、チャガ人の伝統として正しいことであり、かつ自分の老後の生活を保障してくれるものである。

（7） 女性が自己資金で購入した土地：娘に相続

すでに見てきたように、女性が自己資金で土地を購入するケースはチェケレニ地区で比較的多いが（第5章表5.11および図5.23参照）、自己資金による場合は「娘が相続できる」「娘に相続させたい」と考えている女性（母親）も複数いる。別居・離婚して戻ってきたり、シングル・マザーで困窮しているような娘を持つ母親がこれにあたる。しかしそのような場合でも、女性は、夫の土地は息子に譲り、コンフリクトが起きないようにしたいと考えている。また、娘に譲りたい場合は、遺言書を書いておきたいと考えている。

チェケレニの Cb さん（44歳）も、自己資金で購入した土地については娘に贈与するつもりである。Cb さんは次のように述べる。「夫の土地のうち、180m（5400m^2）は第1夫人（の娘）が相続した。第2夫人の自分も150m（4500m^2）ほど夫から相続した。しかし名義変更していないし、変更するつもりもない。もし変更しようとすると、息子に誤解が生じる。自分は夫の土地と宅地は息子（3人）に与える。ほかに土地を自分で購入したので、そちらは4人の娘に与える。チャガ人の伝統では、父親の土地は息子が相続する。もし夫が亡くなり、息子が小さければ、妻が代わりに耕作する。あるいは、他の成人

男性が父がわりに土地のケアをするよう（クランから）言われる。父親からは息子だけが広い土地を与えられる。女性が自己資金で購入した土地であれば、娘にも与えられる。しかし、息子は娘より多く与えられないといけない。自分は両方に与えたい」（息子3人、娘4人）。Cb さんは、チャガ人の伝統に沿って、夫の土地は息子に譲る予定だが、自分の判断で娘の将来のために購入した土地については娘に相続させるという明確な意志を持っている。

チェケレニにはブロックの役員をしている女性もいる。2012年8月

　ローア・マボギニ地区の Bc さん（72歳）もこう言う。「自分は娘4人のために土地を購入した（1996年、67m = 2010m²）。その土地は娘が耕作している。コメ栽培をする場合は、資金調達が難しいので土地を貸し出す。年1回のメイズ栽培は、4人の娘が2人1組でローテーションで耕作する。また、夫の土地の半分を贈与されたが、それは末息子（3男）の名義にした（140m = 5200m²）。残りは夫名義のままになっている（140m = 5200m²）。夫は現在、第2夫人と暮らしていて、土地の一部は第2夫人に贈与された（50m = 1500m²）。自分は娘たちのために遺言書を書くつもりだ。そうしないと、悪い長男と次男が、娘たちから土地を奪ってしまうかもしれない。3男は良いが、長男と次男は問題が多く、娘たちは夫と別居や死別しているので子どもを抱えて困窮している」（息子3人、娘4人）。

2　女性が男性から土地を相続して所有している場合 <small>（名義変更していない）</small>

　女性が夫や父親から土地を相続した場合、ほとんどの女性は名義変更していない。土地所有者としての意識は高いが、営農権は保障されていても収益権と処分権を有していないことが多い。また、相続したとしても、息子が相続する

までの「仮の相続・所有」「仲継ぎ的承継」であったり、処分に関してはすでに家族や親族、あるいは慣習によって決められており、女性が自己決定できないという制約がつきまとうことが多い。女性は、このような状況に関して問題なしと考えている場合と、問題ありと考えている場合に分かれる。

（1） 名義変更しなくても問題がない：社会的認知があり処分権がある

　土地の名義変更をしていなくても、「周知の事実」であれば、ことさらそうする必要はないと考える女性がいる。実際、女性の「相続」と「所有」については、LMISでは村人や村落評議会などが社会的に認知すれば問題はない。LOMIAの会合にも正式に出席することができる。親族とうまくいっていない場合でも、社会的認知があれば、女性は所有者として認められ、管理権（営農権、収益権、処分権）まで認められる場合がある。逆に、村落評議会、ブロック・リーダー、クランのメンバーなどが認知してくれない場合は、所有者・相続者にはなれない。

　Afさんは（62歳）はこう語る。「夫が亡くなり土地を相続した（1991年）。亡くなった時、夫の弟がやってきて、夫の土地を奪おうとした。しかし、夫のクランと村落評議会の判断で、自分の長女に与えることが決まった。夫の土地は一般には長男が相続するものだが、息子はまだ幼かったのでそうした。長女はその後、婚出したので、（現在は）自分が所有している。名義変更をしていなかったため、LOMIAのブロック会計役が、正式に登録したほうが良いとアドバイスしてくれた。登録するには、おそらく、LOMIAの水利費の領収証、夫の死亡証明書、家族会議の結果の議事録（全員の署名がある）を提出しないといけないのだろう。自分の場合、夫の死亡証明書は取らなかった。そのような証明書が必要だということを知らなかったし、当時はそのような証明書は出してくれなかった。しかし、村役場は、それが夫の土地だということを知っているので問題はなかった。村人は自分が相続したことを知っているし、自分はLOMIAのメンバーにもなっている」。このケースでは、クランと村落評議会の両方が、夫の土地を娘が相続することを認知している。また、Afさんがのちにその土地を所有することになった時、ブロックの役員は「正式な登録手続きを取るように」と奨励さえしている。これらは、慣習法のもとで出現してい

る新しい現象といえる。Afさんはさらに、夫の土地は将来娘と息子の両方に相続させたいとも言っている（後述）。

　Ajさん（37歳）の場合は父親から土地を相続したが、Afさんと同様、名義変更はしていない。彼女は言う。「私の父は1983年に亡くなった。私は当時9歳だった。妹が1人いる。母は、その時、すでに父と別居していた。私たちは幼くて稲作をすることができなかったので、父の兄弟の息子が選ばれて、耕作することになった。彼は保護者（*Msimamizi*）のような立場だった。モシ市に住む親族の長老がそのように決めた。しかし、その後6年間、その息子は私たちに何もくれなかった。さらに土地を違法に自分のものにしようとした。そこで、私と妹と母親は、その土地を返却してほしいと頼んだ。1993年にブロック会議が開かれて、ブロック議長（当時は水利組織の議長）が、その土地を返却するように決定した。議長は、『自分たちはその息子（Ajさんの父の兄弟の息子）を知らない。その土地はAjの父親のものだった。したがって土地は娘（Ajさん）が相続すべきである。家族（世帯）外の者が相続すべきではない』と言った。私には兄弟がいなかったので幸運だった。もし兄弟がいたら、父の土地は私の兄弟が相続していただろう。また、以前だったら、私のようなケースは父の兄弟の息子のものになっていたが、私たちチャガ人の伝統も変化している。相続は同じ家族（世帯）内でもおこなえるようになってきている。私の妹は、10数年前に亡くなったので、父の土地は全て長女の私が相続した。これまでの慣習では男性しか相続できなかったが、私は自分の娘と息子に平等に相続させるつもりだ。土地の名義はまだ父親の名前になっている。名義変更には時間がかかるので、変更するかどうかは決めていない。父親の名前で1992年から水利費を支払ってきたし、父の名前宛になっている土地売買の領収証もあるので今のところ問題はない。何も起こらない。そもそも、どのように土地を自己名義に変更すればよいのかよくわからない。しかし、全ての村人が、その土地は私が所有していると知っているので大丈夫だと思う」。Ajさんの場合、兄弟がいなかったので本人が相続したが、将来その土地は娘と息子の両方に相続させたいと言う。また、ブロック会議は慣習法のもとで、Ajさんの父親の土地を親族の男性ではなく、娘に相続することを決定した。これは、前節で触れたタンザニアのジェンダー土地作業部会が主張した内容と逆の現象である。

(2) 名義変更しなくても問題がない：家族関係に問題がない（営農権・収益権があれば処分権がなくてもよい）

　女性が「夫の土地は自分が相続・所有している」という言い方をする場合は、「自分が生きている間は、継続的に耕作し続け、その収益を得ることができる」という意味あいを含むことがある。耕作し収益をコントロールすることができれば、名義変更をしていなくても問題は生じない。特に婚姻関係や家族関係がうまくいっている場合には、自己名義に変更しようという関心や選好は生じない。

　Ah（65歳）さんは言う。「土地は（1987年以前に）夫が購入したが、夫が亡くなり自分が相続した（2005年）。しかし名義変更はしていない。名義変更する必要性を感じていない。第2夫人の子どもの面倒をみるという条件で土地を相続した。(1987年にLMISにより）土地が再配分されて以来、自分がずっと耕作し続けてきた。収益は全て自分で使うことができた。生前、夫はそれを許してくれた」。Ahさんは、名義を変更しなくても自分が夫の土地の相続人、所有者と考えており、土地は一人息子に相続させるつもりである。

　Ciさん（65歳）も夫の土地を6年前に相続し所有しているが名義変更はしていない。「土地を所有するのは良いことだが、登録する必要はない。お互いに信頼しているので、夫の名義でも妻の名義でも変わりはない。自分は夫を尊敬しているので名義変更はしたくない。変更する理由がない。子どもも親に従っており、問題がない」と言う。

　Agさん（65歳）の場合は、夫でなく義母名義の土地である。「（1987年以前に）夫と共同で義母の知人から土地を購入し、義母名義にした。義母は2008年に亡くなったが名義変更はしていない。ずっと自分が耕作しているので、自分が所有者だと思っている。収益は夫と相談し使い方を決めている」とAgさんは言う。相続についても夫と相談し決定するので問題はないと考えている。

(3) 女性が「仮の相続人」であることを当然視する

　このように、女性は、耕作し収益を継続的に得られるならば、あえて名義変更はしない。一方、夫の土地が家族・親族から代々継承されてきたものであった場合、父系制社会における慣習により女性はこれを継承することができない。

妻が相続し所有者になったとしても、それは息子が成人するまでの代理的所有者にすぎず、「仮の相続人」である。本人も周囲も、「土地の所有者・相続人」と一応は捉えているが、実質的な処分権（相続、贈与、売買）は有していない。将来誰に相続・贈与するのかについては、あらかじめ決定しており（通常は息子）、夫が遺言書に明記しない限り妻や娘は相続できず、たとえ相続したとしても、妻の意志で自由に次の相続人を指定したり、独断で売買することはできない。逆にいえば、妻が生きている間は、家族を支えるために、息子がいたとしても妻のほうに「暫定的な」所有権（厳密には使用権）が与えられるというわけである。いずれにせよ、そのような場合、女性はあえて処分権の取得に関心を示すことはなく、女性にとってそれは「価値あること」ではない。継続した営農権、収益権を取得することのほうが「価値あること」である。

　以下は、こうした考え方を持つ女性の証言である（前述 Cb さんもその 1 人）。

　Ca さん（61歳）：「夫の土地を相続した。夫は22年前に亡くなったが名義変更はしていない。チャガ人の慣習では、代々の土地はクランの男性が相続する。女性は（仮の相続人として）夫の土地を相続することができるので、自分の父親の土地（代々の土地）は相続するべきではない。私は土地再配分時に夫の土地を相続したが、その土地は 2 人の息子のみに相続させる」。Ca さんは、夫の土地は依然としてクランの財産であるという考え方を持っている。

　Ch さん（64歳）：「夫から相続して所有している。チャガ人の慣習では、妻は夫の土地を相続できない。以前は、家族会議を開いていた。そして村落が、誰が相続するのかを告げていた。もし父親や母親が遺言書を残さない場合は、家族でどのように財産を分配するのか決める。父親の土地は息子が継ぐべきである」（息子 3 人、娘 4 人）。

　前述の Ci さんは、息子と娘に相続させるつもりだが、自分には処分権がないことを認識している。「私は土地を相続しているので、ローンを借りることはできる。しかし、もし返却できないと土地を失う。土地は子どもたちのためのものであり、子どもたちにどのように相続するかはすでに決めている。すでに 1 プロットは長男名義になっている。自分が売ることはできない」。

　Aa さん（68歳）は、「自分は夫の土地を相続したが、それは長男に贈与する」と言う。また一方では、「土地は息子のみが相続するというのがチャガ人の慣

習だったが、変化している。以前は女性が土地を相続すると他の家族にその土地を渡してしまうので、女性の相続は認められなかったが、法律では女性も土地を所有、相続する権利がある」という認識も持っている。Aa さんは、慣習が変化していることを認識しつつも、夫の土地に関しては従来の慣習に従うことが「価値あること」だと考えている。

　だしし、Ca さんも前項（7）の Cb さんも、夫の土地以外の土地は娘に譲りたいと考えており、全てを息子にだけ相続させようとしているわけではない。また、Ch さんは、自分が生きている間は自分で耕作し、娘も含む子どもたちに食料を提供し続けたいと考えている。

（4）名義変更したいがリスクが伴うのであえてしない

　名義変更には大きなリスクが伴う。「仮の相続」における女性の所有権は、夫と息子の「結束」（暗黙の共謀関係ともいえる）の狭間に作られた、疑似的かつ過渡的な所有権ともいえる。子（息子）にとっては、母親が相続し耕作し続ける分には構わないが、母親名義になることは避けたいという意思が働く。子（息子）は、母親が父親の土地を自己名義に変更したなら自分の影響力が減少するかもしれないと懸念する。母親名義になれば、いずれ土地を他者に相続・贈与・売買してしまうのではないか（母親が他の男性と再婚する場合など）と、その意図に疑いを持ったり、その疑念がエスカレートすると母親に対する殺傷事件（土地殺人）に発展することもある[14]。

　女性の中には、土地の継続的使用や収益権を確保しておくために、夫から相続した土地を自己名義に変更するほうが安心だと思っている人もいる。それで

---

14)「母親は、家族の土地（夫の土地）は息子に譲るものと思っているので、娘のために土地を自己購入したい。しかし、自己購入した土地をしっかり登録し、遺言を残しておかないと、その土地も息子のものになってしまうことが多い。反対に、夫が亡くなって妻がその土地を耕作している場合、妻が正式に自己名義に切り替えてしまうと、息子が相続できなくなることもある。近年、母親は、娘や自分の面倒を見てくれる者に土地を譲りたいと考えるようになってきた。もし正式に名義変更をしていない場合は、息子は自分の権利を主張できるし、夫の土地はまず息子のものになる。ただし、母親が生きている間は、母親が営農権を持つことが多い。そこで、正式に母親が登録する前に土地を自分のものにしてしまおうと、息子が母親を殺害してしまうケースが増えている。父親が遺言を残して、娘に土地を譲れるようにしても、息子はそれを無視することがある。娘が強く主張すると、命に関わることもある。このようなケースは『土地殺人』（Land Murder）と呼ばれている」（LMIO オフィサーへの面接調査。2011年11月）。

も、ほとんどの場合、名義変更しようとすると家族内でコンフリクトが生じ、逆に土地の所有権を失ってしまうリスクが高いので、あえて変更せずに耕作し続けることを選択している。調査対象地では、土地を担保にしてローンを組もうと考える女性はいなかった。むしろ女性は土地を担保にすると危険だと考えている。しかし、もし将来、農業生産性を高め、規模の拡大を目指したくなった場合には、ローンが必要になるかもしれない。その時は土地所有証明書が必要になり、名義変更がなされていないと問題が生じる可能性がある。また、最近では子どもの教育奨学金に応募する際にも、土地所有証明書が必要となっている。調査対象者の中には土地を売りたいという女性はいなかったが、LMIS内の女性でも土地を売却した例はあり、この場合も、名義変更をしなければ売ることはできなかったといわれている。

あえて名義変更をしない事例については、以下のような回答が得られた。

前述の Ch さん:「夫は1986年に亡くなった。それ以降、26年間、自分が耕作してきた。しかし、名義変更はしていない。もし名義変更をすると、子どもが疑いを持つようになる。耕作以外の目的のために使ってしまうのではないか、土地を売ってしまうのではないかと疑われる。しかし、子どもに土地を渡してしまうと、それこそすぐに売ってしまうかもしれない。売ってしまったら、何も残らない。子どもの名義になってしまったら、子どもはそれでローンを組んで、収益は分配してくれないだろう。もし自分がローンを組むなら収益は家族で分配する。土地を所有していないと栽培計画も立てられないし栽培できる場所もなくなる。名義変更しなくても、土地さえあれば問題なくやっていける」。

Ck さん（63歳）:「夫の土地を所有することと、夫の土地を耕作することは、あまり大差ない。夫が生きているなら、自分の名義にすることは適切ではない。すべて夫の名義にすべきだ。ただし、もし自分で土地を買うなら、自分の名義にするだろう。自分の夫はすでに亡くなっているが、今も、夫から相続した土地を名義変更するつもりはない。夫の土地を自己名義にしようとすれば、息子が疑いを持つからだ。土地を売りたいのではないかとか、誰かに与えたいのではないかとか、息子に疑われるので、名義変更はしていない」。

前述の Cj さんは、夫の土地を自己名義に変更したわけではないが、夫が長期不在のため、実質的には自分が相続したと思っている。「夫は第２夫人のと

ころに行ってしまったので、自分は離婚したと思っている。ウジャマー村の時に取得した夫名義の囲場と畑は貸し出している。それらの土地は名義変更していないので、いつまた夫が戻ってきて、自分から土地を取り上げるかわからない。もし、自分の名義にしてしまえば、怒って逆効果になるかもしれないので、そのままそっとしている」。

(5) 夫から相続した土地：息子と娘の両方に相続させたい

近年では、夫から相続した土地であれ、娘と息子の両方に相続させたいと考える女性も増えている。また、子どもたちにはローテーションで耕作してほしいと考える女性も現れはじめている。前述のAgさんは、「収益は夫と相談して使い方を決める。夫方のボンデイ人（タンガ県）の伝統では、息子が土地を相続する。しかし、娘も自分の子だし、自分としては息子と娘の両方に相続させたい」と言う。同じく、前述のAfさんも、「自分は全ての子どもに相続させて、ローテーションで耕作してほしいと思っている」（娘5人、息子3人）と言う。

3 婚姻関係における土地所有に関わるリスクがある場合

このように、親族や拡大家族よりも核家族内で相続すべきという価値観が出現してきた反面、寡婦で特に子がいないような場合は、依然として夫の土地を相続することには困難が伴う。部族や慣習にもよるが、子の有無にかかわらず、女性は夫が亡くなると全ての財産を奪われ、実家に戻るよう言われることが少なくない。制定法においても、政府が承認する正式な婚姻証明書がない場合は、土地相続に対して法を適用できない。現在、婚姻には主に3つのパターンがある。①政府が承認する婚姻、②宗教による婚姻、③慣習的な婚姻である。①の場合は、県知事、弁護士、裁判官などが署名し婚姻証明書が発行される。婚姻証明書がないと、夫が亡くなれば妻や子は正式な土地相続権を失う。②と③の場合は、政府が正式な婚姻として認めていないので、寡婦になった際、正式な土地相続ができないこともある。このようなケースでは、ローンを組む時や、子どもが教育奨学金に応募する時に、必要となる土地所有証明書が発行されな

前述のCgさんはこう言う。「1969年にキボショで結婚し子どもが4人いた。その後、モシ市のマジェンゴに引っ越してきた。そこには家を建てて住んでいた。キボショには前の夫（チャガ人）のバナナとコーヒー園があった。し

ローア・マボギニの田植え。2011年11月

かし夫が亡くなると、モシの家や財産を全て親族に奪われ、殺されるかもしれないと思い、チェケレニ村に逃げてきた。甥が助けてくれた」。その後彼女は、1981年にベナ人の男性と再婚し、ウジャマー村で自己名義の土地を取得した。

先のCiさんは、「キボショ（チャガ人の場合）では、女性は（子どものあるなしにかかわらず）決して土地を所有できなかった。もし寡婦になったら、土地は取り上げられてしまう」と言う。

カンバ人のBbさん（34歳）は、知人についてこう述べている。「チャガ人の場合は、もし夫が亡くなると、第2夫人は追い出されるかもしれない。知り合いのチャガ人の女性は、子どもを産む前に、夫が亡くなってしまった。ダルエスサラームに家があり、そこに住んでいたが、夫が亡くなったら、彼女はそこを追い出された。今、彼女はロンボ（キリマンジャロ州の中山間地）にいる。彼女のように、もし女性が結婚していても夫が亡くなったら、夫の他の妻がその女性を追い出すかもしれない。しかし、法廷では第2夫人とその子の権利も認めている。若い第2夫人のほうが多く相続することもある。女性は、父親から相続した場合でも、自己名義にしておくべきである。そうしないと、あとで土地権を失うことになるかもしれない。もし女性が亡くなったら、その子どもも追い出されるかもしれない」。

LMIS内においては、子どもがいない寡婦が財産を全て奪われたという事例を聞くことはなかったが、全くないとは言い切れない。調査対象者で唯一子どもがいないBbさんは不安を感じている。それはBbさんの次のような発言から窺える。「女性は子どもがいれば家族の一員として認められる。女性が土地を取得したら、必ず自分の名義にしておかないと不安だ」。

4　男性が自己名義の土地を所有している場合

（1）　男性が相続するべき：息子に相続させたい

次に、男性のケースを見てみる。

女性は家族・親族・クランの土地を継承できないし、すべきではない——そう考える男性は依然として多い。

男性 ad さん（49歳、借地人）はこう言い切る。「土地は妻が相続するのではなく、息子が相続するものだ。娘は結婚して、その夫の土地の面倒を見る。男性が伝統を伝承する。女性も土地を相続して良いが、男性より少なくすべきだ。自分は、もし土地を持っていたら娘には与えない。また、財産は子のためのもので、妻のためのものではない」。

ae さん（39歳、土地所有者）もまた、こう述べる。「自分は一人息子である。父が亡くなった時、自分はまだ幼かったので、姉たちが耕作していた。自分が31歳になった時、家族はその土地を自分に与えることを決めた。父は亡くなったが、一人息子である自分は、名義変更する必要はない。自分にも息子しかいないので息子に与える」。父の土地はいったん姉が相続したが、それは「仮の相続」であり、ae さんはのちに父の土地の権利を全て取り戻した。

（2）　女性に相続させたい：妻や娘に相続させたい

「夫から相続した土地を娘に相続させる」という回答を寄せた女性は調査対象者の中にはいなかった。他方、「自分の土地は娘に与える」という回答を寄せた男性は存在する。男性の場合、「女性には家族・親族・クランの土地を継承させない」という父系制社会の慣習を残す一方で、「息子ではなく娘に相続させる」というケースも表れている。しかし、後者のケースでは、母親が「娘の将来のために」と考えているのに対し、父親は「自分の面倒を見てくれる者」「実際に耕作する者」として娘を想定している場合が多い。

aa さん（84歳）は、こう言う。「1987年以前に土地を購入した。LMIS の土地再配分で自己名義の土地を取得した。土地は、ダルエスサラームにいる長女に与えたい。長女だけが自分をケアし、送金してくれている。しかし、孫にも

与えたい。息子は自分が病気になった時に勝手に牛を12頭全部売ってしまったので信用できない」(息子4人、娘3人)。aaさんはまた、多くのチャガ人の出身地であるロンボでは、父系制社会の伝統が強いのにもかかわらず、娘を呼び戻すという現象が起きているとも語っている。

cdさん(50歳)も同じように考えている。「チャガ人の場合、長男が『家族の土地』を相続する。父の家屋は末子に行く。娘には何もない。ロンボの土地は少なすぎるからだ。しかし、今では多くの家が空き家になっているので、娘がロンボに呼び戻されている。ロンボでは、娘は土地を所有できないので、単に父親と兄弟の財産の面倒を見るだけである。もし娘が既婚者で忙しければ、ロンボに戻ってこないかもしれない。もし娘が遠くに住んでいたとしたら、戻ってこないかもしれない。実際、戻ってこないケースが多い。しかし、もし娘が貧乏だったら、戻ってくるかもしれない。だから、その家族のためになるのであれば、娘に相続しても良いのではないか」。実際、ロンボでは、男子均分相続により中間山地の土地が細分化され、経済的機会を求めて男性の多くが転出してしまったことから、男子相続という従来の考え方に変化が生じている。

(3) 男女ともに相続させたい

土地は娘と息子の両方に譲りたいと考えている男性もいる。特に、クランの土地ではなく、入植地で得た土地や、自分で購入した土地に関しては、娘に与えても良いと考える傾向がある。男女は平等であるべき、子は平等であるべきというジェンダー観を語る男性もいる。

ahさん(42歳)は言う。「父のLMISの土地を母から受け継いだ。マラング地域(チャガ人)の慣習では、父の土地は息子が相続する。あとで購入した土地は、娘も相続できる。女性にも権利がある。娘しかいなければ、もちろん娘に与える。娘にも同じくらい与えるべきだと思う。みんな家族のメンバーなのだから。父の土地は『家族の土地』なので、私の子がローテーションで耕作する。私は自分の土地を娘にも与える」(息子2人、娘1人)。この場合の「家族」とは、約3世代の核家族という意味である。

以下も同様のケースである。

caさん(72歳):「妻は亡くなった(2012年)。自分は大工をしている。自己

名義の土地を所有している。自分は、LMIS 土地再配分の対象地内に土地（従前地）を所有していなかったが、土地配分委員会のメンバーだったので土地を取得できた。娘と息子に平等に財産を相続させる」（息子7人、娘7人）。

前述の cd さん：「自己名義の土地を所有している。その半分はウジャマー村で取得、半分は購入した。今は、男性がいろいろな土地を所有していれば、女性も土地を入手できる。自分は、土地を息子と娘の両方に相続させる。子どもは平等だ」（息子3人、娘3人）。

ba さん（42歳）：「自己名義で土地を所有している。父は、LMIS 以前にウルから移住してきた。父から土地を相続した。自分の妻は土地を所有していないが、女性も土地を相続するべきだ。子どもは男も女も同じ権利がある。教育が重要。自分の財産は子どもに平等に与える。女性が土地を所有すれば、収入と安全が保障できる。男女ともに平等の相続権がある」（息子3人、娘2人）。

5　新たな選択と行動──遺言書を作成するという行為の出現

LMIS では、拡大家族から核家族への移行が見られ、核家族による土地の継承を村落評議会やブロック会議などの公的な場だけでなく、伝統的なクランの会議でも承認するという現象が起きている。

前述の女性 Af さんの場合、亡くなった夫の土地を相続する時に、夫の弟がその土地を奪おうとしたが、夫のクランと村落評議会の判断で、土地は Af さんの長女に与えられることになった。夫の弟にとっては、「夫の土地」（兄の土地）は拡大家族の土地であると考えているので、当然自分に権利があると主張した。しかし、村落評議会はすでに1991年、土地は（核）家族内で相続すべきという決定をしていた。

女性 Aj さんの場合も、先に触れたとおり、ブロック議長（当時は水利組織の議長）が「家族（世帯）外の者が相続すべきではない」という決定を1993年に下し、Aj さんはいとこに取られた土地を奪回している。

さらに、そのような公的な承認を確実なものとし、親族や家族内でのコンフリクトを避けるために、遺言書を残すという行為が出現している。

前述の男性 ba さんはこう言う。「ウルの慣習では、もし遺言書がなければ、

クランが長老を選んで慣習に基づいて遺産を分配する。もし遺言書があれば、1人（多くは息子）がその遺言書を監督し、息子が土地と家を相続する。父親に近い者が多くを相続する」。このようにクランや親族、拡大家族からの介入が今も続いているところでは、遺言書を残して相続人を明確にしておこうという関心が出現している。

前述の女性 Bc さんも、「自分は娘たちのために遺言書を書くつもりだ。そうしないと、悪い長男と次男が、娘たちから土地を奪ってしまうかもしれない」と言っていた。男性 af さん（45歳）は、土地を所有していないが、もし所有できたら、「自分は、子どもに平等に相続させる。法律では、遺言書を作成するように言っている。そうすれば平等に分けられる。自分は耕作地は所有していないが、宅地は購入して家も建てた」と言う。前述の Ba さんもまた、こう言っていた。「夫方のパレ人の慣習では、一般に息子は母親が父親の財産を所有するのを好まない。父親の遺言（口頭）だとしても、息子はそれに同意しない。遺言書がないと寡婦は何も相続できないが、あれば相続できる」。

1988年に適用された、妻宛に夫が残した遺言書の事例がある。ラウヤカティに土地を所有する女性（第6章表6.7の Df さん63歳）の夫が、病気で亡くなる半年前に残したものである（本調査では遺言書のコピーは入手できなかった）。女性は第2夫人で、当時10人の子どもを残された。そのうち第1夫人の息子（長男）も彼女が育てていたが、夫が亡くなった時16歳だったその息子は、その後、彼女と他の兄弟姉妹を追い出そうとした。一部の土地はすでにその息子が勝手に売却してしまい、取り戻すことはできなかった。家にあった遺言書（スーツケースにしまってあった）や家畜、籾、家財道具（ミシンなど）もその息子に盗まれてしまったが、さいわい村役場に遺言書のコピーが保管されていたため、Df さんとその子どもたちは土地や家屋を相続することができた。Df さんは言う。「夫の遺言書が村役場にあることを知っていたし、隣人が証人になっていたので、勇気をもって村役場に行った。しかし、遅すぎて、すでに売却されてしまった土地については取り戻すことができなかった」「遺言書には、財産を売ってはいけないとも書いてあった。また、もし自分（夫）が亡くなったら、妻（Df さん）は再婚して良いとも書いてあった」。夫は、生前から長男が問題を起こしていたので、財産争いが起きないよう遺言書を残してお

図7.2a　マボギニ村の女性（ママMM）が作成した遺言書（2002年、スワヒリ語）

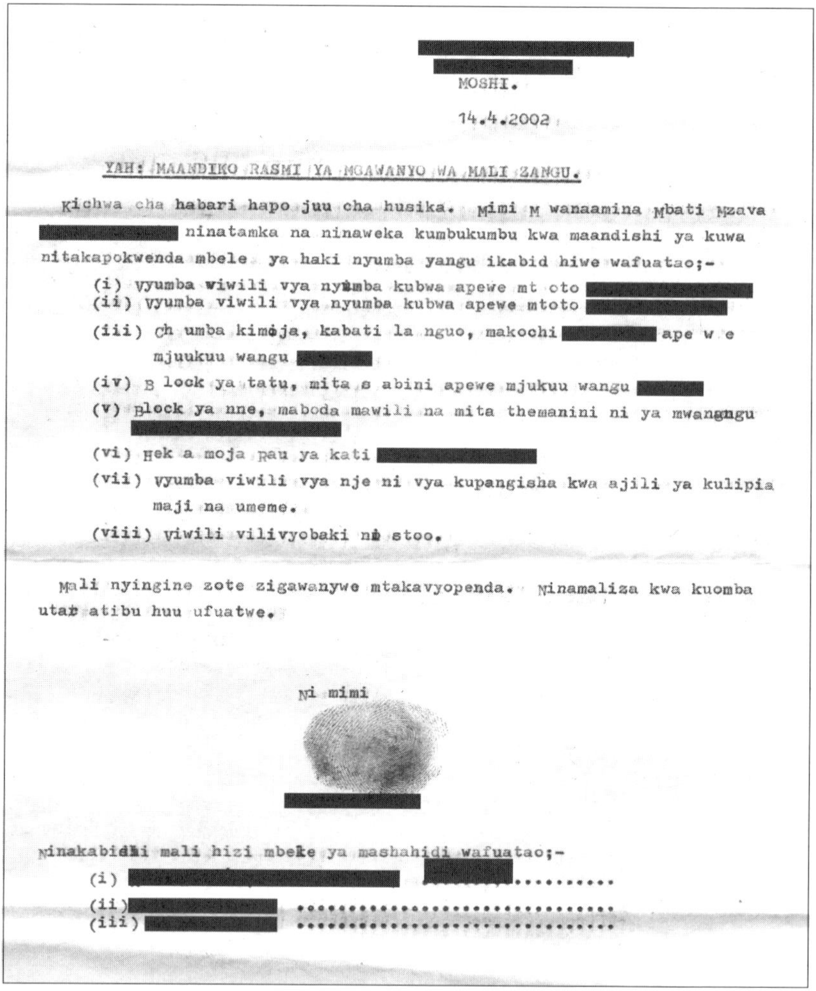

```
                                    MOSHI.
                                    14.4.2002

          YAH: MAANDIKO RASMI YA MGAWANYO WA MALI ZANGU.

     Kichwa cha habari hapo juu cha husika. Mimi M wanaamina Mbati Mzava
     ████████ ninatamka na ninaweka kumbukumbu kwa maandishi ya kuwa
     nitakapokwenda mbele ya haki nyumba yangu ikabidhiwe wafuatao;-
            (i)   Vyumba viwili vya nyumba kubwa apewe mtoto ████████
            (ii)  Vyumba viwili vya nyumba kubwa apewe mtoto ████████
            (iii) Chumba kimoja, kabati la nguo, makochi ████████ apewe
                  mjuukuu wangu ████████
            (iv)  Block ya tatu, mita sabini apewe mjukuu wangu ████████
            (v)   Block ya nne, maboda mawili na mita themanini ni ya mwangngu
            (vi)  Heka moja pau ya kati ████████
            (vii) Vyumba viwili vya nje ni vya kupangisha kwa ajili ya kulipia
                  maji na umeme.
            (viii) Viwili vilivyobaki ni stoo.

     Mali nyingine zote zigawanywe mtakavyopenda. Ninamaliza kwa kuomba
     utaratibu huu ufuatwe.


                                    Ni mimi
                                    [指印]


     Ninakabidhi mali hizi mbele ya mashahidi wafuatao;-
            (i)   ████████..........
            (ii)  ████████..........
            (iii) ████████..........
```

注：マボギニ村の女性（ママMM）が2002年に作成し、証人と長男が保管していた遺言書。ママMMは、2013年8月に亡くなった。次女のMs. Tの許可を得て掲載した。
出典：現地調査より。

図7.2b　マボギニ村の女性（ママMM）が作成した遺言書（日本語訳）

ママMM（仮称）
P.O. Box　XXX
モシ市
2002年4月14日

件：財残分与に関する文書による私の遺言書

　上記の件に関して、私（ママMM）は、私が亡くなった時には、私の家が以下のように分与されることを宣言する。

i.　私の母屋の2部屋は娘のMs.C（長女）に分与する。
ii.　私の母屋の2部屋は娘のMs.T（次女）に分与する。
iii.　私の母屋の1部屋、食器棚、タンス、ソファーセットは、孫娘のH（長男Mr.Mの娘）に分与する。
iv.　RS1-3の70m の耕作地は、孫息子のAZ（3女Ms.Jの息子）に分与する。
v.　RS1-4の2.8プロットは、Mr.M（長男）に分与する。
vi.　ラウヤカティの1エーカーは、娘のMs.C（長女）に分与する。
vii.　敷地の後ろの家の2部屋は賃貸にし、賃料で母屋の電気代を払うこと。
viii.　敷地の後ろの家の残りの部屋は倉庫にすること。

　他の残りの私の財産は、自由に分配して良い。
　上記のことが実施されるように要求して、この遺言書を終了する。

　　　　　　　　　　[ママMMの母印]

　私はこの遺言書を以下の証人に渡す。
i.　ママMM　（署名）
ii.　Mr. MM
iii.　Mr. SS

注：Ms.TはDgさん。本書214頁参照。

たということである。
　ローア・マボギニに住んでいた女性（ママMM。第6章表6.7のDgさんの母）の場合は、2002年4月に遺言書を作成し、2013年8月に高齢のため亡くなったが、没後3日目に親族が会合を開き、その遺言書を公開した（図7.2a、図7.2b）。彼女は、ラウヤカティに約11.2プロット（3万3360m²）の土地を自己名義で所有していた。そのほかにもローア・マボギニに母屋、貸家、家畜を所有していた。息子1人と、娘3人がいる。3女が離婚して子連れで戻ってきた時、長男の嫁ともめたので、3女のために別の宅地を購入して与えた。長男は、すでにラウヤカティに5.6プロット（1万6800m²）の土地を相続していたが、姉妹たちと仲が悪かったので、ママMMは自分が亡くなったあとのことを心配して遺言書を書いていた。遺言書には、娘や孫にも遺産を分配するようにと

図7.3a　チェケレニ村の女性（ママYY）が作成した遺言書（2009年、スワヒリ語）

KIJIJI CHA CHEKERENI,
S.L.P.
MOSHI.

KWENDA:
KWA WATOTO WANGU
WOTE NILIOWAZAA.
1.
2.
3.
4.
5.

YAH: KUGAWA MALI ZANGU KWA WATOTO WANGU NILIOWAZAA
WALIOTAJWA HAPO JUU.

Mimi _____ nikiwa na akili zangu timamu bila kulazimishwa au kushawishiwa na mtu ye yote nimeamua kugawa mali zangu, ikiwa ni boda 1½ (Boda moja na nusu).

Ikiwa:
(1) _____ no. 414 R.S - 4 - 1
(2) _____ no. 414 R.S - 4 - 1
(3) _____ no. 414 R.S - 4 - 1
(4) _____ no. 414 R.S - 4 - 1
Bod _____ 15 litamilikiwa na Piusi Pauli.

ILANI: Pia natamka kwamba mali hizo nilizogawa ni marufuku kwa yeyote yule niliyemgawia mali hizo kuuza kwa mtu yeyote yule. Na ni marufuku kumubagua mtu yeyote yule niliyemgawia, na endapo kama kuna mtu ambaye hakuridhika na mgao huu anichukulie hatua, ikiwa bado niko hai na isizidi siku 30 toka apate Mkataba huu. X

Natamko hili, ninalitamka mbele ya Viongozi wafuatao.
1. Mtendaji wa kijiji Chekereni   Sahihi- _____
2. Mwenyekiti wa kijiji Chekereni   Sahihi- _____
3. Katibu wa baraza la Ardhi – Kata Mabogini   Sahihi- _____
4. Mimi Afisa Mtendaji Kata Mabogini, Nathibitisha tamko hili kutoka kwa Mhusika mwenyewe _____

Sahihi yangu _____
6. KARANI WA MAHAKAMA – JOSHUA MESHKO _____
Nathibitisha kwamba tamko hili limetamkwa mbele yangu S.M. Tilya

HAKIMU MAHAKAMA YA MWANZO MABOGINI.

注：本人（ママYY）の許可を得て掲載。本人は2014年1月現在健在。
出典：現地調査より。

図7.3b　チェケレニ村の女性（ママYY）が作成した遺言書（日本語訳）

ママ YY（仮称）
チェケレニ村
P.O. Box XXXX
モシ市

私の子どもたちへ
1. A（次女）
2. B（3女）
3. C（次男）
4. D（長男）
5. E（3男）

<u>件：自分の財産の子どもへの配分について</u>
<u>上記の子どもたちへ</u>

私、ママYYは、鮮明な頭で誰にも影響されず、自分の1.5プロットの土地を次のように配分することを決定した。

 1) Aには、プロットRS 4-1：414の25m
 2) Bには、プロットRS 4-1：414の25m
 3) Cには、プロットRS 4-1：414の25m
 4) Dには、プロットRS 4-1：414の25m
   Eには、プロットRS 4-1：415の50mを与える。

注意：本日、私が分与したこれらの財産は、分与された者により、他の誰にも売却されてはならない。さらに、分与される者が差別されてはならない。もしこの分与に満足しない者は、私の生存中、しかも本日より30日以内に私に申し立てなければならない。

<u>ママYYの親指の母印</u>

この文書は以下のリーダーのもとで宣言された。
1. チェケレニ村事務官　　　　　　　　　　　　　　　　　　署名…………………………
2. チェケレニ村村長　　　　　　　　　　　　　　　　　　　署名…………………………
3. マボギニ・ワード委員会事務局長　　　　　　　　　　　　署名…………………………
4. 私、マボギニ・ワード委員会事務局長は、ママYYの宣言の証人である。

<u>署名と印鑑（2009年1月15日）</u>

<u>署名と母印</u>

6.. 民事裁判所書記　ジョシュア・メシコ　　　　　　　　　署名…………………………

署名……………………………………………
マボギニ民事裁判所裁判官
（捺印　2009年1月21日）

書いてあり、どの土地や家屋が誰のものになるか、詳細に記されている。長男は全てを独占するつもりでいたので、遺言書の内容に不満だったが、親族や隣人の立会いのもとで遺言書が開封されたため、反対はできなかった。2014年1月現在、遺言書の内容は守られているとのことだった。この遺言書には、本人の母印および証人の署名はあるが、村役場や民事裁判所などの関係者の署名は記されていない。

一方、チェケレニ村には、2009年1月に生前贈与のために正式な遺言書を作成していた女性がいる（ママYY、第6章表6.7のDbさん）。2014年1月現在80歳くらいの、キボショ生まれのチャガ人である（以下、本書212～3頁と多少重複するが、遺言書をめぐるDbさんの例を詳述する）。彼女は、チェケレニに1.5プロット（4500m^2）の自己名義の土地をLMIS再配分で所有していた。息子3人のうち2人（長男と次男）がその土地の所有権を要求したので、娘たちにも相続させたいと考え、遺言書を作成することにした。娘3人のうち2人（次女と3女）は、シングル・マザーで困窮している。もし、遺言書を書かなければ、特に問題をよく起こす長男が土地を独占してしまうと考えた。また、長男は3男に危害を加えようと企てたこともあった。遺言書には、まず土地を4分割して、2人の娘と2人の息子に25m（750m^2）ずつ、次に3男には50m（1500m^2）を分与すると書かれている。本人は3男（末息子）と一緒に住みたかったので、他の息子より大きな土地を与えた。証人として、チェケレニ村事務官、チェケレニ村長、マボギニ・ワード委員会事務局長、民事裁判所書記の署名や母印があり、マボギニ民事裁判所裁判官の捺印も押されている（図7.3a、図7.3b）。前述のママMMの遺言書より、はるかに公式な内容となっている。

彼女は次のように述べている。「もし自分が亡くなったら、子どもが土地所有について争うと考えたので、遺言書を残すことにした。また、正式な書類にしておくほうが、安全だと思った。元ウジャマー村長が、遺言書を書くよう勧めてくれた。彼は、ウジャマー村の土地登録簿の名義を変更するだけでは十分でないと言った。長男は問題を起こしていて、土地を独り占めしたがっていたので、もし自分が遺言書を書かなければ、長男は土地を売却してしまうのではないかと思った。自分は、1.5プロットの土地を、子どもに平等に分け与えた

かった。しかし、末息子は一緒に住むので、彼には大きい土地を与えた。まわりの人たちは、自分が遺言書を作ったことをほめてくれた。誰も自分を非難しなかった。他人のことはわからないが、自分の家族のことはわかる。自己名義の土地なので、自分で決めることができる。クランの会合で決める必要はない。ただ、念のためにクランを呼んで説明し、伝統的な儀式をして（第7章注9参照）、クランにも子どもたちにも合意してもらった。自分でしたことに対し、満足している。自分は正しいことをしたと思っており、幸せである」。シングル・マザーで困窮している娘2人も、母親の正式な遺言書づくりに積極的に関わったという。娘たちは、あるラジオ番組で正式な遺言書が持つ効力について解説するのを聴いていたので、そうしたということだった。

遺言書が効力を持つためには、慣習的な決定権を有している隣人、親族、村役場の関係者や、それについて影響力を持つと考えられる地域コミュニティ関係者の社会的認知が必要である。社会的認知が効力を持たなければ、司法の権威がほとんど及ばないような村落においては、たとえ書面の遺言書があったとしても効力を発揮することはできない。しかし一方では、遺言書はより公式な形式を採用する方向に変化しているため、村人の間では、村役場や村落民事裁判所などを巻き込むことが重要であるという認識も深まっている。

第4節　調査結果のまとめ

本章では、大きく次の2点が明らかになった。1点目は、農村女性が自己名義の土地を所有したとしても、必ずしも管理権（営農権、収益権、処分権）の全てを手にするとは限らないこと、2点目は、しかし他方で、地域コミュニティの意思決定機関である村落評議会やLOMIAのブロック会議などでは、女性の土地所有権を社会的なものとして認知する動きが活発化していることである。

1　土地の所有・管理・相続に関するまとめ

まず、1点目について。LMISの農村女性についての土地の所有・管理・相続に関する分析結果は、以下のとおりである。

第1に、女性の土地所有者には、土地を自己名義にしている人と、そうでな

い人とがいるが、どちらの場合も自分は土地所有者であるとの認識を持っている。また、地域社会もそのように認知している。ただし、自己名義の土地を所有している女性は、そうでない女性よりも、管理権を有する傾向が強い。しかし、必ずしも全ての管理権（営農権、収益権、処分権）が保障されているわけではない。自己名義の土地をどのように取得したか（自分で購入したか、夫の裁量によって与えられたか、LMIS 土地再配分によってか）、あるいはどのような婚姻関係にあるかなどにより、管理権の及ぶ範囲が異なってくる。夫が購入して便宜上、妻の名義にした場合は、営農権はあっても収益権や処分権を伴わないことがある。一方、土地所有者でも自己名義を持たない女性の場合は、営農権と収益権はあっても処分権を伴わないことが多い。後者のケースでは、社会的に土地所有者であることが認知されているので、家族関係がうまくいっていればそれで十分と考え、あえて名義変更はしないと考える女性が多い。いずれにせよ、女性たちの間では、処分権はなくても、継続的な営農権や収益権が保障されていることが、「価値あること」として選択されている傾向が強い。

　第2に、慣習や伝統的な考え方に沿うことが妻・母の役割として「価値あること」と考えている場合には、自己名義の土地であっても、女性は次世代において男性（息子）に相続させるという選択をおこなう。また、女性が自己名義の土地を所有していても、男性同士（夫と息子）が慣習的な「結束」関係（土地は家族の財産で男性が引き継ぐもの、という慣習のもとで男性同士の利害が一致して生まれる協力関係）にある場合には、相続に関する女性の決定権は始めから限定的になる。女性がそのような関係に取り込まれると、女性（妻）が相続・所有した土地も、次世代ではまた男性（息子）の所有に逆戻りする。

　第3に、土地所有者としての認識はあるが、夫名義の土地を相続した女性は、自己名義登録をしない傾向がある。慣習によりすでに家族や親族の誰か（往々にして息子）が相続すると決められていて、そのような伝統に従うことが自分にとって「価値あること」と考えている場合がこれにあたる。また、息子が成長して相続するまでの間の、あるいは自分が生存している間の「仮の相続・所有」「仲継ぎ的承継」と考えている場合もこれにあたる。そのよう場合は、自ら処分権を行使するという選択はしない。このケースの女性にとっては、「仮の相続・所有」という機能を受け入れることが妻・母としての「価値ある」選

択となっている。こうした選択については、「実際にはそうではないのに、自己選択しているという『錯覚』に陥っているのではないか」と見る向きもあるが、むしろ、女性はリスクを避け、「継続的な営農権・収益権」と「処分権」との間で選択をおこなっており、自分にとって「価値あると思う」前者のほうを優先させている、と解釈することもできる。

　第4に、夫から相続した土地をできれば自己名義に変更し、管理権を強くしたいと考えている女性もいる。しかし、それによって生じるかもしれない家族間の軋轢・不信感というリスク（あるいは制約条件）を天秤にかけると、あえて名義変更はせずに、継続的な営農権と収益権さえ保持されればよいという選択をすることのほうが多い。自己名義にして全ての管理権を確保できれば、より安全で継続的な暮らしを確実にできると考えてはいるものの、土地登録に関わる事務的な手続きの煩雑さや、リスクを負ってマイナスの結果を招く可能性を考慮すると、名義変更にはなかなか踏み出せない。これは、「価値あると思う」ことが行為に変換されず、実現可能性を狭めている事例といえる。

　第5に、予期しない婚姻関係の破たんや家族関係の悪化に備えて、土地を自己名義にしておくケースがある。これは、女性にとってはより安定した継続的な暮らしを保障するために「価値あること」である。しかし、この場合もまた、名義の取得が全ての管理権（営農権、収益権、処分権）を保障するわけではない。女性にとって、継続的な営農権と収益権の取得が「価値あること」である限り、やはりこれが保障されるためにはあえて処分権を放棄するという選択がおこなわれる。ただし、婚姻関係に伴うリスクを軽減するために、あくまで自己名義のままにし、処分権を含む全ての管理権を取得することが「価値あること」として選択される場合には、遺言書を作成し公的・社会的認知を獲得するという、一歩踏み込んだ行為も出現している。この場合、女性は、家族・婚姻関係、固有の状況、ジェンダー関係、あるいは事柄の多義性といった複雑な環境の中で、遺言書の作成を「価値あること」として選択し、実現可能性を高めようとしている。

　以上の実証的分析から、女性の自己名義登録がそのまま土地の管理権（営農権、収益権、処分権）の取得につながるという従来の分析は、必ずしもLMIS

の農村女性には当てはまらないことがわかった。LMISの農村女性においては、自己名義で登録をすれば確かに管理権の選択幅は広がるが、それのみで全ての管理権が保障されるわけではない。

2　土地所有をめぐる地域コミュニティと女性の選択・実現可能性の変化

次に2点目について。従来、地域コミュニティは慣習法に基づき女性の土地所有権を認めないといわれてきたが、今回の実証的分析の結果からは、女性による土地の所有・管理・相続の選択幅を広げ、その実現可能性を高める社会関係が、地域コミュニティ内部にも出現しはじめていることがわかった。LMISの農村女性を取り巻く地域コミュニティは、必ずしも男性優先の慣習法に基づき、女性の土地権を全面的に否定しているわけではない。社会的承認や公的行為を通じ、地域コミュニティは、女性自らが「価値あると思う」ことの実現可能性を広げていくために、その拡大に向けた相互的な協同関係を構築しつつある。地域コミュニティと女性との関係についての分析結果は以下のとおりである。

第1に、男女ともに、「息子に土地を相続させる」という回答が、「娘に土地を相続させる」という回答の約2倍となり、依然として男子相続が優先されている一方で、娘と息子の両方に、平等に（あるいは面積などに差異をつけて）相続させたいと回答した人も、男女ともに約半数いた（**表7.4**参照）。これは回答者全体の約6割が女子相続に積極的であることを示すものである。理由は、経済的問題、老後のケア、ジェンダー平等など多様であるが、いずれの理由も従来の婚姻関係や家族関係、ジェンダー関係などに対する社会的な考え方の変化を反映しており、これが「女性でも土地を相続してよい」という選択を後押ししている。

第2に、女性に土地相続を認める動きは、地域コミュニティの意思決定機関である村落評議会やLOMIAのブロック会議などがクランや親族の意向に反して（そうではない場合もあるが）、これを公的に承認し支持するという事象によっても発現している。たとえ地域コミュニティが慣習法に基づいて機能しているとしても、そのメンバーである村人自身が個々の家族関係に引き付けてこの問題を考えはじめたことで、「女性（妻や娘）による相続」という選択が

広く受け入れられるものになっていったと考えられる。このような変化は、慣習法に基づくジェンダー規範を持った社会であれ、必ずしも女性の価値意識を全面的に否定するわけでなく、女性が「価値あると思う」ことを自ら選択し実現可能性を高めるのに貢献できることを示している。

　第3に、土地相続を確実なものにするために、地域コミュニティの認知・承認のもと、正式な遺言書を残すという行為が男性のみならず女性にも主体的に選択されるようになった。この背景には、女性にとり以下のような「価値あると思う」ことへの変化がある。①従来の口頭での遺言のみでは自分の没後に勝手に内容を解釈され変更される恐れがあるため、遺言の効力を確実にしておきたい。②家族内に土地相続を独占しようとする者が現れた場合（往々にして息子、複数の妻）、これに対処できず生命の危険やコンフリクトに発展してしまうことを避けたい。③文書による遺言が存在しない場合、慣習により男子相続になる場合が多いため、女性（妻や娘）が相続できる可能性を広げておきたい。④婚姻関係によるリスクが高い中、離婚・別居によりシングル・マザーとなった困窮した娘の生計を支えるため、娘への土地相続を確実にしておきたい。

　また、男性の動機付けとしては、兄弟姉妹や親族ではなく、直系の核家族（妻や娘を含む）に確実に土地を相続させたい、というものもある。

　以前は、クランのメンバーなどに口頭で伝える遺言が慣習的な拘束力を有していた。しかし最近では、上記のようなさまざまな理由で、書面による遺言を残すという傾向が高まっている。2009年にLMISの女性土地所有者が作成した遺言書は、息子と娘の両方に相続させることを明記し、証人として村長や民事裁判所裁判官などの署名があり、地域コミュニティによって公的に承認された形をとっている（前掲、図7.3ab）。また、遺言書は生前贈与としても有効とされるため、遺言書を残すというこの新たな選択は、女性が「価値あると思う」ことの選択幅を日常的に広げていく社会的な装置としても機能している。

　LMISでは、地域コミュニティが女性の土地所有権を公的に承認する新たな方向へと歩み出しつつある。女性自らが「価値あると思う」ことを多様に選択し実現可能性を高めていく行為は、地域コミュニティから生み出される社会的装置をいかに公的に機能させていくかという課題とも深く関わっている。

第 8 章

結論と今後の課題

コメのトレーダー（仲買人）として生計を立てている女性たち。タンガ州モンボ灌漑地区の精米所。2010年7月

第1節　どのような研究の成果が得られたのか

　本書では、タンザニア農村の土地制度に見られるジェンダー視点からの課題について分析し、農村女性が「価値あると思う」ことを選択し行動していくことの実現可能性について実証的調査を通じて考察してきた。分析方法として、キリマンジャロ州ローアモシ灌漑地区（LMIS）の土地（農地）の所有制度に注目し、土地に関わる諸権利（土地権）がどのように、女性の「価値あると思う」選択につながるのかに着目した。なかでも農村女性による土地の自己名義登録や、土地の管理権（営農権・収益権・処分権）に関わる多様な選択についての分析を通じて、女性たちが土地をどのように「価値あること」として認識しているのか、土地をめぐってどのように「価値あると思う」ことを主体的に選択し行動しようとしているのかについて考察してきた。

　実証的調査からは、以下のようなことがわかった。

　第1に、1987年におこなわれた政府によるLMIS土地再配分において、女性は必ずしも従来から所有していた慣習的な土地耕作・所有権を全面的に剥奪されたわけではないことがわかった。特に、女性が土地の再配分において自己名義で登録ができた場合には、慣習法による土地所有がより正式な所有権に転換されることで、その管理権も行使できる可能性を高めた。

　第2に、「土地権の近代化が進み土地権が確定し、土地からの収益が増加すると、男性が土地を独占するようになり、女性の土地権が剥奪される」という従来の分析に反して、LMISでは過去26年間に女性の土地権が経時的に拡大してきたことがわかった。その背後には、農村女性が、土地権の取得を「価値あると思う」こととして捉え、選択し行動した結果であることもわかった。

　第3に、他方で、女性が土地の自己名義登録をしても、必ずしも自動的に土地の管理権（営農権、収益権、処分権）が保障されるわけではないこともわかった。管理権のうち営農権と収益権が継続的に保障されるのであれば、処分権に関わる自己名義登録をあえて選択しない女性もいた。女性は、家族・親族関係、固有の状況、ジェンダー秩序などの関係において多様に「価値あると思う」ことを組み合わせ選択していた。

第4に、「地域社会は男性優位の慣習法を擁護し女性の土地権の拡大を支持しないため、ジェンダー平等を保障する近代的な制定法の適用こそが女性の土地権を保障する」という従来の分析に反して、LMISでは地域コミュニティが必ずしも男性優先の慣習的な選択をしているわけではなく、その意思決定機関である村落評議会などによる社会的認知や公的行為といった社会的装置を通じて、女性の土地権拡大の実現可能性を高めていることもわかった。LMISにおいてはまた、男性の選択肢としても、核家族の構成員（息子、娘や妻など）に土地を相続させることが、拡大家族の構成員（クランや親族など）に土地を相続させるよりも「価値あると思う」選択として受容されはじめているという変化が生じている。したがって、女性を取り巻く地域社会は、必ずしも男性優先の慣習法に基づき女性の土地権を全面的に否定しているわけではなく、社会的承認や公的行為を通じ、女性の土地権の拡大に向けた相互的な協同関係を構築しはじめているといえる。

第2節　本書の貢献と残された研究課題

　本書の学術的貢献および国際協力における実務的貢献、ならびに残された研究課題については以下のとおりである。

1　学術的な貢献

　本書の学術的な新たな貢献としては以下の点が考えられる。
　①開発途上国の農村女性の土地権に関して、所有者の性別、所有面積、所有・管理・相続の形態に基づく経時的変化を分析した立証的研究は、これまでのところほとんどおこなわれていない。本書では、土地（農地）所有の経時的変化を分析することにより、既往研究では明らかにされてこなかった女性の土地権の動態的な諸相および変化を捉えることができた。また、変化の一定の要因を帰納的に見出すこともできた。
　②タンザニア政府の1990年代の見解としては、農村地域においては「土地権の進化論」は採用しないということになった（第3章）。ただし、都市部や商業地域、観光開発地区などでは土地権の近代化がすでに進行していた。一方、

本書の調査対象地 LMIS は農村地域であるが、ここでは1987年以降、タンザニア政府が国際援助機関との協働で土地再配分をおこない、慣習的に耕作・所有されていた土地に新たな半近代的な地権（地籍）を確定するという試みがなされた。これを半近代的と呼ぶのは、土地法（1999年）および村土地法（1999年）に基づく慣習的な土地耕作・所有権が依然として併存しているからである。したがって、LMIS はタンザニアの他の伝統的な灌漑地区と異なり、土地権の近代化が部分的に導入された地域であり、かつ慣習法の適用も残っているため、近代法と慣習法がモザイク状態に適用されてきた地域といえる。つまり、ストレートな土地権の近代化ではなく、部分的な土地権の近代化（土地権の固有化・私有化・登録化・さらに市場化）が実現しつつある地域であり、タンザニアの農村地域の中でも特殊な地域であるといえる。実際、2013年現在、タンザニアでは農地の6％しか灌漑施設が整備されておらず、政府は今後、灌漑施設・稲作圃場の近代化を優先的に進めて行こうとしているため、LMIS はタンザニアにおける農村の土地権の近代化を先取りしている地域といえる。したがって、こうした地域に焦点をあて、農村女性の土地権の分析をおこなうことは、農村社会における土地権の変容に関する研究として新たな展望を開くものと考える。

　③従来の国際協力におけるジェンダー平等論は、「政策としてのジェンダー主流化」と「草の根レベルでの女性のエンパワーメントのための開発アプローチ」とが乖離しがちであり、ジェンダー平等を進めるうえでの有効な方法論上の枠組みや、包括的な開発アプローチを提示するには限界があるといわれてきた（村松 2005:58, 64-66, 216）。この点で本書は、土地に関わる諸権利（土地権）という資源と機会に注目し、農村地域に生きる女性の多様な「価値あると思うこと」についての調査・考察も同時に展開することで、ジェンダー平等論に一定の実証的論拠を与えることができたと考える。

　④本書は、アガルワルをはじめとするジェンダー研究者がおこなってきた分析（土地権の近代化過程におけるジェンダー差別や格差に関する分析）に対する正面からの反証ではない。むしろ、近代化の過程にあるタンザニアの農村女性が抱く「価値あると思うこと」、およびその先にある女性自らの行為の選択に着目することで、女性を取り巻く地域社会と女性自身の変容を明らかにし、その選択における実現可能性を高める糸口を発見しようとしたものである。国

際協力におけるジェンダー平等論の実証的研究は、まだ緒に就いたばかりである。さらなる実証的研究の積み重ねを通じてジェンダー平等論の分析枠組みと開発政策へのインプリケーション（含意）を考察することは、農村女性のみならず、農村社会全体のより良い暮らしと、より包摂的かつ不偏的な（impartial）平等社会を構築していくための一助になると考える。

⑤大規模灌漑地区の開発をはじめとし、近代化がもたらす女性への負の影響については、これまで多くのフェミニストによって指摘されてきた。本書はそれらの指摘・主張を完全に反証することを意図したものではない。LMIS においても女性に対する負の影響は継続的に出現している。本書の分析の目的はむしろ、慣習的な土地耕作・所有権が平面的に近代化されると女性の土地権が失われるという現象に着目し、そうした状況に警鐘を鳴らすことにあった。したがって、本書の特徴は、女性の多様な立場や選択に基づく土地権の近代化のあり様を、土地の所有・管理・相続に関わる価値や言説の分析を通じて明らかにしようとしたところにあり、また、国際協力におけるジェンダー平等論では既成概念化しがちな近代化批判を深化させ、固有の状況における女性の主体的な選択やジェンダーに基づく差異に着目する分析手法を採用したところにある。

2　実務的な貢献—開発政策・事業へのインプリケーション

　本書はまた、LMIS における土地所有制度に注目し、この地域でのユニークな取り組みをモデルとして、より平等かつ不偏的な開発事業をどのように構築していくのかという、国際協力の実践的な問いに答えようとしたものでもある。その1つの手法が、多様な「価値観」の実現可能性に着目する作業であった。

　例えば、タンザニアの農村女性にとって、農業技術や法律に関する研修機会が平等に提供されていたとしても、それ以外の要因（所得階層、物理的距離、慣習・宗教、ジェンダー、脆弱さや無力さなど）により、その機会を使えないことがある。また、土地所有について差別のない法律があっても、その法律を自らが「価値あると思う」こととして選択し、それを実現する行為に変換できるかどうかは、女性の関心、所有している情報、役割や行動規範、固有の状況、家族・親族関係、ジェンダー秩序、地域コミュニティの認知などにより異なり、

全ての女性が平等に法律を活用したり関心やニーズの充足を達成できたりするわけではない。たとえ平等な機会があったとしても、それを使いたいという関心が異なることもある。何かをしたり、何かになったり、女性が自ら欲するような暮らしを自らの「自由」へと変換していく方法は多様である。センは「人々が享受している価値ある自由に注目することによって、人々の暮らしを包括的に捉えられる。[…] 我々の自由をどう使うかを決めるのは究極的には我々自身である」と述べている（セン 2011:55）。より平等かつ不偏的な開発政策・事業は、農村女性自身が考える「価値あると思うこと」の延長線上にある。

より平等かつ不偏的な開発政策・事業は、外部者や国際援助機関がトップダウンで考案するのではなく、農村女性自身が考える「価値あると思うこと」の延長線上で計画・実施する必要がある。外部者や国際援助機関の支援のもと、これまでサブサハラ・アフリカ地域の政府が進めてきた土地権の固有化・私有化・登録化・さらに市場化は、トップダウンで半ば強制的なものであった。これに関してジャクソンは、「我々は女性にとってどのような土地所有権が好ましいのかについて、多様な意見があることを認めなくてはならない。決して、女性に対して普遍的な支援の仕方があると思ってはいけない」と述べている（Jackson 2003:467）。本書の分析から明らかになった開発政策・事業へのインプリケーションは、以下のとおりである。

（1） 慣習的な土地耕作・所有権を確保する制度構築

タンザニア政府による大規模灌漑開発の土地再配分において農村女性が土地（農地）の慣習的な耕作・所有権を取得するためには、以下のような制度的、政策的な計画実施が有効であると考えられる。

①農民女性が地域コミュニティから土地所有者として受容・承認されるために必要な、知識・情報の普及（法的知識の普及など）を進める。
②農民男女が慣習的な土地耕作・所有権を有し、住民間で土地（農地）の境界線を認知しあっている場合（土地権が認識されている場合）は、その権利を承認する土地制度を構築する。
③夫婦で別々に土地登録するほうが有利だと考える農民男女に対しては、

男女それぞれが登録できる土地制度を構築する。
④同時に、男女それぞれの名義、あるいは共同名義で土地所有を証明する文書の発行を制度化する。
⑤ウジャマー村の時に個別に土地登録をした夫婦、寡婦、シングル・マザーなどに対しては、土地再配分においても、そのまま個別に土地登録ができる土地制度を構築する。
⑥従前地で隣同士だった者が土地再配分においても隣同士になれば農民は土地を奪われにくい。したがって、土地再配分においてはそのような地域固有の状況に配慮した土地制度を構築する。
⑦地域でリーダー的な役割を果たし、女性の土地所有権を支援できるよう

ジェンダー研修も土地権に対する啓発活動に活用できる。キリマンジャロ農業研修センター（KATC）での農業教官によるジェンダー研修風景。TANRICEプロジェクト。2013年3月

女性は耕運機の操作も積極的に学んでいる（左）。男女ともに家計管理研修を通じてより良い暮らしの実現へ！（右）。KATC。TANRICEプロジェクト。2013年3月

な男女を、土地配分委員会の委員長や役員に任命する制度を構築する。
⑧同時に、住民による苦情申し立て委員会を設置し、委員には上記のような女性リーダーや、ジェンダー平等に理解のある男性リーダーを任命する制度を構築する。
⑨女性自身、依然として「女性は土地を所有してはいけない」と考えている場合も少なくない。したがって、農村女性にとって土地所有が「価値あること」と捉えられるような啓発活動も同時に進めていく。

(2) 相続・贈与・売買により土地権を確保する制度構築

　LMISの農村女性が土地を獲得する方法には、政府による土地再配分のほかに、家族内外でおこなわれる相続・贈与・売買がある。したがって、女性が相続・贈与・売買し、土地権を拡大できるような制度を構築することにより、女性が抱く「価値あると思うこと」の選択幅はより拡大すると考えられる。

　前章でも一部触れたが、現在、タンザニアにおける婚姻には、主に3つの形態がある。①政府が承認する婚姻、②宗教による婚姻、③慣習的な婚姻である。①は、政府から婚姻証明書が発行されるが、これがないと、夫が亡くなった場合に妻や子どもには正式な土地相続権が与えられず、銀行ローンの保障も取得できない。婚姻法（1971年）の成立により、妻と夫が3年間同居している場合は実質的な婚姻関係にあると見なされ、夫が勝手に妻を追い出すことはできなくなったものの、土地相続についてはあくまで婚姻証明書の取得メリットを公知していく必要がある。②と③は、政府が正式な婚姻として認めていないため、たとえ3年間以上同居していても、寡婦になった場合は正式な土地相続を認められないことがある。したがって、女性が不平等な婚姻制度や慣習法のもとで困窮することなく、より良い暮らしを選択できるようにするには、法的権利について情報普及を図る政策や、正式な婚姻証明書の入手を容易にする制度の構築が必要になる。また、これらを構築するためには、相続・贈与・売買における法的制度をさらにジェンダー平等の視点に立って改善すること、法律間の整合性を高めること、法の執行能力を高めることが必要になる。

　LMISにおける面接調査データから、農村の男女は、土地法（1999年）や村土地法（1999年）をはじめ、民事に関わる法律の知識をほとんど有していない

ことがわかった。例えば、土地権にも深く関わる婚姻法（1971年）についてもそうである。婚姻法では、婚姻後に夫婦共同で購入した財産について、離婚した女性にも財産分与の権利があるとしているが、寡婦の財産相続に関する条項は存在しない。このため法律家は、離婚した女性に適用される条項と同じ条項が寡婦にも適用されるべきであると主張し、政府に働きかけている。離婚女性についてもその法的保障は必ずしも実効性を伴っているわけではないが、とりわけ寡婦の土地取得には問題が多いとされている。実際、子ども（息子も娘も）がいない状態で夫が亡くなった場合、夫の土地を相続することは難しい。タンザニアの女性の財産権に関連する法律・条令は多様かつ多重的である。したがって、農民男女が選択の幅を広げていくには、法律を整合性のあるものにすると同時に、農村男女が法律知識を容易に理解できるような仕組み・制度を構築し、行政機関である村落土地委員会や民事裁判所の法的能力を向上させながら、農民男女のための支援体制を強化していく必要がある。

（3） 土地権の多様な選択を実現可能にする制度構築

　LMIS においては、女性にとって土地の自己名義登録をすることは管理権（営農権、収益権、処分権）の確保につながる傾向が見られた。しかし、単に自己名義登録をすれば自動的に営農権、収益権、処分権の全てが確保できるとは限らない状況も見られた。また、地域コミュニティは、管理権の執行において必ずしも男性優先の慣習に基づき女性の権利を否定するわけではなく、社会的認知や公的行為を通じ、女性の土地権の拡大に貢献する社会的装置を構築する場として機能しうることも、検証結果から明らかになった。

　したがって、土地権に関し、女性が「価値あると思うこと」を多様に選択できるようにするには、次の4つの制度構築が必要になると考えられる。①女性が自己名義の土地を容易に取得できるための制度構築、②女性が自己名義登録をしなくても、営農権と収益権が継続的に確保できるための制度構築、③女性の選択が社会的認知や公的行為により保障されるための制度構築（遺言書の普及など）、④政府および国際援助機関の開発政策・事業に関わる制度構築。これら4つのポイントをまとめると以下のようになる。

①女性が自己名義の土地取得を容易にできるための制度構築

　自分の土地を所有することについて、LMIS の女性の多くは、それが地域コミュニティに認知され、家族や親族との関係に支障をきたすのでなければ、あえて自己名義にする必要はないと考えているが、そのような状況の危うさやリスクを理解し危惧している女性もいる。しかし、女性が自分の土地を村落評議会に名義登録するには、時間、資金、家族内での合意、公的書類（夫・父の死亡証明書など）が必要となり、農村女性にとっては容易に実行できるものではない。村落評議会およびローアモシ水利組織（LOMIA）には土地所有者リストが存在しているものの、実際に土地所有証明書を取得するには、別途、弁護士に依頼して書類を準備し、村落評議会に申請し、発行してもらわなければならない。特に、銀行ローンや金融機関からの融資、子どもの学費のための奨学金を申請したい時にはこれが必要になる。ところが、土地所有証明書の発行に手数料はかからないが、村長や村落事務官には慣習的な謝礼金が発生し、経済的負担を重くしているのが現実である。

　より簡易な方法で女性が自己名義登録をおこなえる制度があれば、不本意に土地権を奪われてしまうようなリスクは減少する。また、土地所有証明書を定期的に更新できるような行政能力を村落評議会が身につければ、村落評議会自身の承認過程も簡素化できる。同時に、その承認過程においては、女性が危惧しているようなマイナスのリスクを高めない対策（家族の中に不平等が生じない、容易に土地が転売されない、など）も必要になる。

　女性の土地権を確実なものとするには、夫婦の共同名義化という手段も考えられる。共同名義にしておけば、夫が勝手に土地を売却し妻や子どもが困窮するようなリスクを回避しうるからである。しかしそれは、夫を信頼してないとか、結婚に疑問を持っているといったシグナルを出すことにもなりかねず、自分の土地を自由に管理するうえでは逆に女性の自己決定権を奪う可能性もある。たとえ共同名義にしていても、そもそも男性の側に共同所有の意識が低ければ、女性は管理権を行使できない。こうした事情により、LMIS では夫婦間の共同名義はほとんど存在しない。土地面積が小さければ子どもが相続し母親と共同名義にするというケースはあるが、もし女性が夫との共同名義を名実ともに持ちたいということであれば、それに関連した法的手続きおよび情報普及制度を

2010年2月に住民女性が提出した土地所有証明書の発行申請書（左）とモシ（農村）県土地事務所で土地所有証明書を発行する役人（右）。2012年9月

公的に構築していく必要がある。

　モシ（農村）県土地事務所（以下、県土地事務所と表記）も、より保障度の高い土地所有証明書を発行している。しかし、県による土地所有証明書の取得には、村落評議会以上に高いハードルがある。県の土地所有証明書を発行してもらうには、村落評議会と県土地事務所との連携が必要となる。この場合、県土地事務所は村落評議会に土地登記に関する情報提供をおこない、村全体の土地測量など、県予算を伴う事業として実施しなければならない。村落と共同して土地測量を実施し、土地権を確定するためになされる住民との交渉過程を経て、土地所有証明書を個々に発行していくという手間のかかる事業である。したがって、こうした事業については、これまで県土地事務所は都市開発や商業目的、産業誘致以外、ほとんど実施してこなかった。

　しかし、新たな試みもおこなわれている。県土地事務所は2012年、3年間のパイロット事業として、モシ市郊外の3村落を対象に土地測量を実施し、村人に土地所有証明書を発行した。また、2025年までに161村落の土地測量と土地権の確定をおこなう計画も立てている。ただし、ジェンダー視点に立った取り組みはなされていない。今後は、こうした新たな試みの過程に農村女性も参画できるようにしなければならない。そのためには、説明会や公聴会に農村女性が出席し、土地利用計画に対し意見やニーズを自由に表明できる環境を整える必要がある。住民による土地配分委員会が形成される場合には、委員のジェンダー構成を考慮することも有効である。また、県土地事務所も、土地測量や地

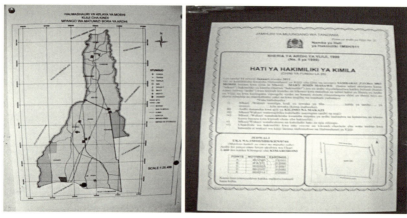

モシ県土地事務所が実施した土地権確定のパイロット事業対象地(左)とモシ(農村)県土地事務所が発行した土地所有証明書(右)。2012年9月

権(地籍)の確定の現場に立ち会うプロセスから女性が排除されることのない、包摂的な仕組みを構築していく必要がある。その際には、本書で明らかになった論点を組み込み、従前地における慣習的な土地耕作・所有権が男女ともに剥奪されることのない、基本的な対策を構じることが有効であると考える。

②**女性が自己名義登録をしなくても、営農権と収益権が継続的に確保できるための制度構築**

LMISでは、名義変更に伴う各種のリスクを避けるため、あえて自己名義には変更せず、継続的な営農権と収益権のみを確保しておこうと考える女性たちも少なくない。このような考え方に立つ女性が土地権を確実にするためには、家族、親族、コミュニティの理解と認知が必要である。

日本の農村においても類似の状況が存在する。日本では、農地資産を持たない農家の女性は、経営における決定権から排除されてきた。今日においても、農地資産の名義を有さない女性の多くは、土地は「代々引き継ぐもの」「次の子どもの世代に引き継ぐもの」と考えている。そのため、「嫁」として入ってきた女性は、農地資産を「預かり、管理する」という責任を忌避する傾向が強い(渡辺 2009:132)。相続税やその他の税負担によって、自分が土地を減らしてしまうリスクを負いたくない、だから土地はいらないと考える女性もいる。

こうした「家産」意識が、女性を農地資産の後継者から排除しているという研究がある（渡辺 2009:138）。また、こうした背景の中で、日本の農村においては女性の土地所有に関する議論が脇に置かれたまま、1990年代初頭より、農林水産省による指針「家族経営協定」（1995年通達）が推奨されてきた（渡辺 2009:118, 119）。これは、農業労働のみならず家事労働（再生産労働）も等しく労働と見なし、営農における意思決定に女性が参画し、等しく給与を受け取れるようにする取り組みである。つまり、自己名義の土地を持たない女性に営農権と収益権を保障するもので、現段階におけるLMISの農村女性には有効に機能する可能性がある。LMISの女性たちのうち、土地の自己名義よりも営農権と収益権の継続的な保障のほうを「価値あること」と見なしている人であれば、「家族経営協定」のような仕組みの採用は、自身の選択肢の幅を広げるのに役立つものと考えられる。

　LMISの農村女性にとり灌漑用水の配分が平等におこなわれないことは、土地からの収益が十分に得られないことを意味する。用水の配分が平等になされ、継続的な収益権を確保できるようにするには、ローアモシ水利組織（LOMIA）の会合に全ての農民（名義・非名義の土地所有者のみならず、受託監督者、借地人など、実際に耕作をおこない、水利費を支払っている者全員）が参加し、女性の意見を反映させながら解決策を図っていく必要がある。しかし、現状は、農村女性の多くはLOMIAの意思決定に参加できておらず、LOMIAの規則についてもあまり理解していない。LOMIAでは、借地人でもメンバーになれるよう規則の改訂を検討しているが、いまだ実現していない。また、LOMIAの数少ない女性役員は会計を担当しているのみで、その他の委員には選ばれていない。一方、豊富な水利を使用している上流域の女性たちは、必ずしも上流域だけに水利の優先権があるとは考えておらず、下流域にも水が十分配分されるような、ローテーション（番水制）の導入に理解を示しており、そのように考える割合は男性より高い[1]。したがって、より多くの女性がLOMIAの意思決定に参画することは、より平等な水利計画をもたらし、LMISの営農および収益分配制度に好影響を与えていく可能性があると考えられる。

---

1) 第2次調査（2012年）の面接調査より。

③女性の選択が社会的認知や公的行為により保障されるための制度構築—遺言書の普及など

　LMISの農民男女の間では、土地権を確実にする方法の1つとして、遺言書を作成する動きが盛んになりはじめている。マボギニ村の女性は、自分の没後に土地が娘と息子および孫に公平に分割されるよう遺言書を作成した（第7章図7.2ab）。また、チェケレニ村の女性は、娘に対する土地の生前贈与を確実にするために、村長や民事裁判所裁判官等の署名が記載された正式な遺言書を作成した（第7章図7.3ab）。そのほかにも、遺言書を作成した事例が複数確認されている。さらに、面接調査では、半数以上の農民男女が遺言書を残すと回答している。このような選択の背景には、親族ではなく息子に確実に土地を継承させたいという意図もあれば、妻や娘、息子の全員に土地を相続させたいという意思が働いていることもある。あるいは、息子には娘より多く土地を残したいというジェンダー秩序もあれば、「男女平等にすることは価値あることだ」という新しいジェンダー観に基づくものもある。

　チェケレニ村役場には、「遺言書を書いてジェンダーによる偏見をなくそう」（Write a will, and avoid gender stigmatization）、「妻と子どものためにこの遺言書を書いているところだ」（I am writing this will for the benefit of my wife and children）、といった文言を記すポスターが貼ってある。これは遺言書が一種の流行になっていることを示すものである。文書による遺言には2名の証人が必要とされる。このため、ポスターにはその2人の証人（男性）も遺言書を書いている人物の左脇に描かれている。このポスターは、タンザニア法務省人権・法支援局、地元NGO「社会正義のための行動」（AJISO）、およびアイルランド大使館の支援により作成された。AJISOは1998年にモシ市の女性15人が設立したNGOで、個人への法的支援や、農民男女、村落土地委員会、村落評議会などに対する法的知識の普及、啓発活動、研修などを主に実施しているが、このポスターはAJISOがチェケレニ地区で法律知識についての研修をおこなった時に配布されたものである。

　AJISOは2011年度に、提訴の準備や法廷における弁護士の立ち会いなど、個人の234事案（女性141件、男性93件）に対して支援をおこなった[2]。2012年には129件を支援したが、「婚姻および相続」と「土地」に関する事案がそれぞ

第2節　本書の貢献と残された研究課題　291

遺言書を書くことを奨励しているポスター。チェケレニ村役場。
2011年11月

れ約30％を占めていた。その他は、女性に対する性的暴力、児童虐待、雇用問題などであった（Acion for Justice in Society 2011:8／2012:13）。

　AJISOはまた、村落においてパラリーガル（弁護士の仕事を補佐する者）の人材育成もおこなってきた。パラリーガルとして活動するのは中学校を卒業した地元在住の25〜60歳の男女で、やはり村人に対する法的支援をおこなう。

2）AJISOの2011年度の支援内容は、全体の約35％が婚姻および相続、約30％が土地に関する事案だった（出典：2014年1月21日、AJISO Executive Directorへの面接調査より）。

パラリーガル同士の連携ネットワークもできている。パラリーガルはボランティアであるが、その活動実績が評価され、2014年からは民事法廷の場でも証言者として発言権が与えられるようになった。また、遺言書の作成も支援しており、女性が土地を確実に相続し所有する際の選択肢を広げるのに貢献している。

　AJISOがおこなっている法的支援は、ダルエスサラームに本部を置くタンザニア女性法律家協会（TAWLA）による全国的な活動とも連動している。TAWLAは1989年の設立以来、女性に平等な社会のための法律改正を目指し、政府に対するロビー活動を中心に、ジェンダー土地作業部会（GLTF）の事務局も務めてきた[3]。これまで10万人以上の人々に法的支援をおこない、年間2000件以上の事案を扱っている。ちなみに、2012年度には、2106件の婚姻関係事案、996件の遺産相続事案への支援をおこない、遺言書作成に関する啓発活動や研修を通じて、実際に約200人が遺言書を残すことができた[4]。累計では、TAWLAの支援により約3000人が遺言書を作成してきた。また、TAWLAもパラリーガルの育成活動や、パラリーガルおよび女性弁護士（570名以上）のネットワークづくり、リファーラル・システム（連携・紹介制度）の構築を図っている。しかし、遺言書の必要性は一定程度認知されるようにはなってきたものの、なかなか普及しにくい。

　こうした状況を見ると、LMISにおいても、AJISOやTAWLAなどと連携し、パラリーガルを育成し、農民男女や村落土地委員会の委員などに対する法的支援体制を構築していくことが必要である。すでに見てきたように、LMIS内の各村には土地問題の解決のために、村落土地委員会や村落調停委員会などの行政組織が存在する（第2章図2.2参照）。しかし、特に村落土地委員会の委員には、専門的な法的知識があるわけではないので、係争になる場合は裁判所に訴えることになる。これらの委員や裁判所の判事などに対する法的知識の普及と同時に、本書で示されたさまざまな事例、とりわけ女性が「価値あると思う」ことの事例をより広く共有し、LMIS固有の状況に有効に機能しうる方策を村落全体で考案していくことが必要である。

---

3) ジェンダー土地作業部会のメンバーは本書第3章注7参照。
4) Daily News Tanzania, 2013年7月21日（TAWLAのサイト http://www.tawla.or.tz/index.php/about-us：参照日2014年3月2日）。

AJISOのポスター（左）とAJISOのリーダーを取り上げた新聞紙面（右）。モシ市。2014年1月

④政府および国際援助機関の開発政策・事業に関わる制度構築

　サブサハラ・アフリカ諸国の政府および国際援助機関は、土地の固有化・私有化を進めることが経済発展に有効であるという「土地権の進化論」を信奉し、土地制度の近代化政策を推進してきた。しかし、本書の調査結果が明らかにするように、農村の人々が「価値あると思う」ことは、必ずしも性急に近代的な「排他的かつ私的な土地所有権」を獲得することにあるわけではない。むしろその多くは、家族が継続的に「幸せで安心な暮らし」を送れるようになることを価値として暮らしていた。

　政府および国際援助機関は、農村男女が幅広い選択肢のもとで自己実現ができる環境を整え、上記のような支援策を可能とする援助施策・事業を計画・実施していく必要がある。「場所の固有性、関係の相互性、事物の多義性」（佐藤 2008c:29）を踏まえ、さまざまな環境下に生きる農村男女それぞれの「価値あること」に寄り添うような支援策が求められている。

　日本のODAの実施機関であるJICAは、紛争後の社会における土地再配分については一定の調査・研究を重ねてきた。しかし、農村女性の土地権に関しては十分な調査をおこなってきたとはいえない。一方、世界銀行は、土地問題に関する国際会議5)を毎年開催しており、2014年の会議では、「ジェンダー視

点からの土地権の保障と保護[6]」をテーマに掲げた。世界銀行はまた、エチオピアでは農村女性に土地所有証明書を発行するプロジェクトも実施している[7]。しかし、世界銀行によるこうした取り組みは、地域社会の固有性、ジェンダー関係の相互性、土地権の多義性などを十分に分析したうえでの活動とはいえない。農村女性にとって「価値あると思う」ことは多様な組み合わせによって成り立っている。援助の現場では、その可能性をトップダウンで決定してはいないか、農村女性が獲得した土地所有証明書の数のみを達成指標としてはいないか、そうした援助する側に対する批判的問いを含む観点からも、幅広い調査を重ねる必要がある。この点で、本書の視座や研究結果は、より発展的な援助実践を検討していくための素材にもなりうると考えられる。

3　残された研究課題

本書の議論をめぐる残された課題としては以下のものが考えられる。

（1）農村女性の暮らしの多様化

　LMISでは女性の土地所有者の約9割が零細・小規模農家であるため、一義的には稲作の生産性を高めることが収入の向上を図る重要な要素となる。しかし、天候不順などのリスクを回避するためには、生計の多様化も必要になっている。女性は、土地の所有者であれ非所有者であれ、実際には集団で借地して稲作をおこなったり、トマトやハイビスカスなどの園芸作物を栽培したり、あるいは養鶏や養豚、ゴザ（マット）などの手工芸品の生産販売といったさまざまな仕事を組み合わせながら、いわば生計多様化戦略を実践している。これらは教会グループを通じて開始されることもあるが、宗教を超えた多部族グループを形成して実施されることもある。そのような生計多様化のための活動がど

---

[5] World Bank Conference on Land and Poverty.
[6] Securing and protecting land rights from a gender perspective（http://econ.worldbank.org/WBSITE/EXTERNAL/EXTDEC/EXTRESEARCH/EXTPROGRAMS/EXTIE/0,,contentMDK:23467361~pagePK:64168182~piPK:64168060~theSitePK:475520,00.html：参照日2013年11月3日）。
[7] http://web.worldbank.org/WBSITE/EXTERNAL/NEWS/0,,contentMDK:22550909~pagePK:64257043~piPK:437376~theSitePK:4607,00.html：参照日2013年11月3日。

チェケレニ村で月曜日に開催される青空マーケット。メイズを売っている女性（左）。トマトなど労働集約的な野菜栽培は女性がおこない市場に持ってくる（右）。2011年11月

のように編成され実践されていくのかについて分析・考察することも、包括的な「より良い暮らし」の実現に関する研究に、さらなる貢献をもたらすものと考える。

（2） 包摂的農村社会の構築

当然ながら、LMIS には土地所有者のみならず、借地人、賃金労働者、請負監督者、家族労働者など、さまざまな村人たちが暮らしている。借地人の場合は、土地所有者に一定の賃料を払って土地を借りているが、作目の選択に関しては所有者の許可を得なければならない。また、継続的に借地できるとは限らず、他人に土地を相続・贈与・売買したりすることもできなければ、水利組織のメンバーや役員になることもできない。家族労働者の場合は、基本的に賃金は支払われず、無給の農業従業者である。何らかの土地権がある場合でも、その収益を独自の判断で使用できるかどうかはわからない。女性の借地人、受託監督者、賃金労働者の場合は、自分で賃金を稼いだとしても、現金収入は世帯内で配偶者に供出しなければならないこともある。ちなみに日本の農村の場合も、女性が実質的な営農者・耕作者であり、全ての農作業と責任を任されている立場にあるにもかかわらず、家計管理を自由にできない、報酬を得ることができない、という「非権利」の構造があり、これがジェンダーの不平等な関係性を再生産してきた（丸岡編 1986:203、渡辺 2009:69）。今後は、LMIS の土地所有者と借地人、受託監督者、賃金労働者との関係性について焦点を当て、そこ

から浮かびあがる後者にとっての「価値あると思う」ことの多様な機会や選択に関しても調査研究を重ねながら、ジェンダー視点に立ったより包摂的かつ不偏的な開発への道筋を明らかにしていきたいと考えている。

（3）収集されたデータの有効活用

本書の現地調査を通じては、LMISの土地所有者1845人の姓名、性別およびプロット（耕区）番号を確定することができた。そのうち面接調査対象となった3ブロックについては、1987年、2008年、2013年のそれぞれにおける土地所有者の姓名、性別およびプロット番号の確定ができている。これは、土地権の経時的変化を把握するためのベースラインデータが存在しているということであり、将来にわたる変化について比較可能となったことを示している。また今後は、半構造的面接調査をおこなった農民男女64名および情報提供者のデータを計量テキスト分析（quantitative context analysis, KH Coder）[8]などの手法で活用することにより、異なる視座からの文章解析も可能となる。生活状況および土地権に関する質問票調査の未使用データもある。これらのデータを有効に活用していくことで、LMISの農民男女の課題、将来展望がより鮮明となるとともに、地元の人々を主体に築かれる国際協力・支援活動のあり方にも、より具体的な方向性が与えられるものと考える。

---

8) KH Coderとは、テキスト型データの計量的な内容分析のためのフリーソフトウェアのこと。どんな言葉が多く出現していたのかを頻度表から見ることができる。さらに多変量解析により、一緒に出現することの多いことばをグループ化することで、データに含まれるコンセプトを探索できる（ja.wikipedia.org/wiki/KH_Coder：参照日2016年8月31日）。

おわりに

　初めてタンザニアのキリマンジャロ州を訪れたのは2007年3月である。当時私はバンコクの国際協力機構（JICA）事務所に赴任していたが、ある日、新規プロジェクトの事前調査のためにアフリカに出張してほしいという依頼を受けた。JICAがタンザニアのキリマンジャロ州で実施していたプロジェクトが、女性を対象にした活動で成果をあげ、新規プロジェクトではそれを全国に広げたいので調査をしてほしいということだった。新規プロジェクトの名称は、タンザニア灌漑農業技術普及支援体制強化計画プロジェクト（TANRICE、タンライス）だった。さっそくバンコクからドバイ経由でタンザニア第1の都市ダルエスサラームに行き、さらに国内線を乗り継いで北部のキリマンジャロ州の州都モシ市に到着した。キリマンジャロ農業研修センター（KATC）はモシ市郊外にあり、そこでジェンダー担当教官をしていたグレース・ムシャンガさん（Ms. Grace Mshanga）と合流し、2人でアルーシャ州、タンガ州、モロゴロ州の灌漑地区での調査を開始した。それが、私のタンザニア農村での初めての調査体験だった（田中 2007）。

　訪問した農村では、稲作をしながら家族を養っているたくさんの女性に出会った。タンガ州モンボ灌漑地区では、HIV／エイズで親を亡くした子どもたちを引き取り、新しい稲作技術に果敢に挑戦し、高い収量をあげて大統領の表彰を受けたという寡婦の女性に会った。その後マーケティングの研修も受けた彼女は、自分でトレーダー（仲買人）の仕事をはじめ、伝統的な仲買人に搾取されないように賢く生きていた。モロゴロ州には、夫が愛人のもとに行ったきりで、自分の子どもだけでなく、夫の前妻の子どもまで育てながら、1人で家計をやりくりし、全ての子どもを学校に通わせているという力強い女性もいた。たくましい女性がたくさんいることに感動した。しかし他方で、自分がほとんどの農作業をしているにもかかわらず、収穫時になると夫が圃場にやって来てトレーダーに籾を売り、収益は夫が管理し、さらに自分より若い第2夫人は農作業もしないのに、ずっと優遇されていると訴える女性にも出会った。また、農業をしていても自由になる収入がない、土地権や水利権がない、土地を相続

できないなど、多くの問題を抱える女性たちが大勢いることもわかった。この調査結果を受け、タンライスでは、農民女性の生活向上を目指して毎年ジェンダー研修や分析調査を実施することになった。

　私はその後東京に戻ったが、2010年7月に、再度タンザニアで農村女性の稲作に関するバリュー・チェーン調査をすることになった（国際協力機構 2010）。これは、農村女性の生計戦略の多様化の1つとして、コメのトレーダーをしている女性たちに焦点をあてて実施された調査である。コメの生産から消費までの流れをジェンダーの視点に立って分析した。この調査を通じて、多くの女性がトレーダーとして活躍していることがわかった。しかし、資本や情報・知識には男女による差異があり、トレーダーの活動規模や活動距離にはジェンダー格差が存在することもわかった。例えば、大型トラックなどを使って国境を越え、遠距離の大規模なコメの流通に関与しているのは男性トレーダーが中心であり、地元で小規模なトレーダーをしているのは女性が多いことがわかった。女性は土地権を有しないために大規模なトレーダーになるための資金が調達できない、という声も聞かれた。

　本書は、これらの経験を踏まえ、農村女性の暮らしの根底にあるジェンダー課題をさらに深く把握したいという思いで実施した調査研究をまとめたものである。特にキリマンジャロ州ローアモシ灌漑地区（LMIS）における農村女性の多様な土地権に着目し、そこから見えてくるジェンダー課題を分析するという手法を採用した。

　　　　　＊　　　　　＊　　　　　＊

　本書は、2014年6月に東京大学大学院新領域創成科学研究科国際協力学博士号を授与された学位論文がベースとなっている。刊行にあたっては東京大学学術成果刊行助成制度（平成27年度）の補助を受けた。

　タンザニアの農村女性の土地権というテーマは、一般にはかなりなじみが薄い。それでも、私たちのジェンダー理解を深めるうえではきっと新たな視点を提供しうるものと信じ、執筆にあたっては学位論文を大幅に書き改め、専門外の方々にも触れていただけるよう努めた。筆者の力量不足もあり、どのくらい読みやすくなったかは心許ないが、ともかくも何とか刊行にたどり着くことが

できた。これもひとえに多くの方々のご支援によるものである。

とりわけ、以下の方々には特に記して感謝申し上げたい。

ダルエスサラーム大学ジェンダーセンター長 Dr. Rosemarie Mwaipopo には、タンザニア科学技術委員会（COSTECH）からの研究許可取得にご尽力いただいた。農業・食料安全保障・協同組合省（MAFC）の Ms. Anne N. Assenga 研修局長、MAFC 元研修副局長の Mr. Eusebio Mlay にもご助力をいただいた。JICA タンライスおよびタンライス２関係では、富高元徳チーフアドバイザー、金森秀行チーフアドバイザー、大泉暢章専門家、関谷信人専門家、田村賢治専門家、ボルト雅美専門家、田中智穂専門家をはじめとする方々に多大なご支援をいただいた。タンザニア在住30年以上になるジャタ・ツアーズの根本利通氏にも大変お世話になった。

Mr. Godwin Chonjo（ローアモシ灌漑事務所［LMIO］）と Ms. Grace Mshanga（KATC）は、つねに現地調査に同行し、スワヒリ語から英語への通訳をしてくださった。LMIO の Mr. Rodgers Makange、Mr. Beatus Macha、Mr. Fredrick Mawolle、Mr. Benson Ndeonansia、Ms. Adeline Mariki には質問票調査の実施にご協力いただいた。KATC の校長 Mr. Adam Pyuza にも貴重な情報をいただいた。そして何よりも、本調査が形をなしたのは LMIS のブロック・リーダーたちや、忙しい農作業の合間に快く面接調査に応じてくれた数多くの農民男女の皆様のおかげである。彼・彼女らの協力がなければ、本調査を続けることは適わなかった。

本研究をまとめることができたのは、東京大学大学院新領域創成科学研究科の山路永司教授の忍耐強いご指導のおかげである。同様に、同研究科の戸堂康之教授、堀田昌英教授、鈴木綾教授にも、多くの適切なアドバイスをいただいた。東京大学社会科学研究所の大沢真理教授には、長年にわたり、国際協力におけるジェンダー平等論および国際ジェンダー研究のフロンティアの視座から卓越した暖かいご指導を賜った。

原ひろ子城西国際大学客員教授、伊藤るり一橋大学社会学研究科教授、萩原なつ子立教大学教授、高松香奈国際基督教大学准教授、長田華子茨城大学准教授、古沢希代子東京女子大学教授、故・村松安子東京女子大学名誉教授にも貴重なご助言をいただいた。研究の過程では、山路研ゼミの鶴井純さん、井上果

子さん、高橋遼さん、佐藤壮夫さん、脇本有希さんからも卓越したコメントをいただいた。

　JICAタンザニア事務所、JICA本部・研究所の職員・所員の方々、また、LMISの貴重な灌漑土木データを提供してくださった同僚の加藤和憲さん（JICA国際協力専門員）、現地調査のあいだ日常業務を快く分担してくださった同じく同僚の久保田真紀子さん（JICA国際協力専門員）には、たくさんの励ましをいただき、大いに助けられた。

　なお、本研究を実施するにあたっては、東京大学社会科学研究所を通じて独立行政法人日本学術振興会からの科学研究費（学術研究助成基金助成金、基盤研究C-No. 23510341）「経済インフラの社会ジェンダー分析　貧困削減と食料の安全保障へ向けて」（平成23～25年度）の助成も活用した。同研究費の執行にあたっては平成25年度から独立行政法人国立女性教育会館が担当してくださることになり、同会館の内海房子理事長をはじめ担当部署の方々にも大変お世話になった。

　本書刊行にあたり、（株）新評論の山田洋編集長に心より感謝申し上げたい。筆者の原稿を細部にわたり読んでいただき丁寧に助言および校正をしていただいた。山田氏のご理解とご尽力がなければ本書の刊行には至らなかったと思う。

　本書で得られた新たな知見や研究成果は、タンザニア本国での公開セミナーやフィールドワーク、さらにはさまざまな国際会議の場を通じて報告していくとともに、今後も自分のライフワークである国際協力とジェンダー理解のための多様な実践の中に活かしていきたいと考えている。読者の皆様から忌憚のないご意見、ご批判を仰げれば幸いである。

　2016年8月

田中由美子

301

資料　本書関連年表

年代	タンザニアの社会と政治	土地関連	ローアモシ灌漑地区関連	日本・JICAの協力（農業・灌漑関連）
1860年代		1865　インド相続法、制定（欧州出身者およびキリスト教者に対する相続法）		
1870年代		1870　ヒンドゥー相続法、制定		
1880年代	1885　ドイツ東アフリカ会社設立（ドイツは以後、保護領として60年間支配） 1886　ドイツがタンガニーカ（本土）を、英国がザンジバル（島嶼）を分割協定			
1890年代	1890　タンガニーカが正式にドイツの植民地となる	1895　帝国条例（ドイツは全ての土地を王領地と制定）		
1900～1930年代	1905　マジマジの蜂起。ドイツによるタンザニア中央鉄道の着工（～1914、キゴマまで） 1918　第1次世界大戦終結。タンガニーカが英国の委任統治領となる	1923　土地条例（英国による最初の土地立法） 1928　土地条例改正（慣習法に基づく土地の使用・占有を認める）	1905　マボギニに鉄道 1911　モシ市まで鉄道 1930　タンガニーカ・プランティング会社設立（サイザル会社として設立され、1932年にサトウキビ会社に変更）	
1945	1945　第2次世界大戦終結。英国の保護領となる（その後16年間支配）			
1948		土地条例細則		
1958		植民地政府、土地立法の導入を考慮（フリーホールドを検討）		
1959			森林局が植民地政府のもと森林伐採をおこない英国に木材を輸送。植民地からの独立が迫る中、森林局はスタッフに賃金を支払えなくなったため、アッパー・マボギニ地区のヌジョロ森林周辺の土地をスタッフに分配	
1961	英国から独立。3カ年開発計画（～1964）			
1962	ジュリウス・ニエレレ、初代大統領に就任（～1985、TANUの党首）	4月　ニエレレ大統領、ウジャマー政策の演説。タンガニーカ政府、土地保有制度改革案の発表（リースホールドの採用、開発条件の厳格化）		
1963	伝統的首長（リーダー）制度の廃止	自由保有改変・政府賃借権法、成立。占有権（土地開発条件）法、成立（フリーホールドは消滅）。慣習法宣言令および地域慣習法令（土地の長子相続を認める。長男は3分の1、娘は10分の1～20分の1を相続）		

年代	タンザニアの社会と政治	土地関連	ローアモシ灌漑地区関連	日本・JICAの協力（農業・灌漑関連）
1964	タンザニア連合共和国、成立。第1次5カ年計画（～1969。政府主導の国営化政策）			
1965		土地保有（入植村）法、成立。農村入植行政法、成立（農村入植行政官に入植村の土地占有権を付与し、開発計画の作成を進めるが多くは失敗）		
1967	アルーシャ宣言、採択（ウジャマー社会主義体制の導入、男女平等、女性の地位向上などを明言）			
1968			ニュンバヤムング・ダムと貯水池の完成（ハレ発電所）。洪水の影響により43家族がチェケレニ村に入植	
1969		政府賃借権法、成立（1963年の自由保有改変・政府賃借権法は廃棄。リースホールドは占有権に転換。全ての土地保有は、占有権による土地保有として一元化）	政府、チェケレニ村をウジャマーに決定	
1970				タンザニア政府、日本に対しキリンマンジャロ州総合開発計画プロジェクト（KIDP、開発調査）を要請
1971	婚姻法、制定		チェケレニ村でウジャマーへの入植開始（最初は約40人）。チェケレニ村が共同農場および独自に4 kmの灌漑用水路を設置。価格の低迷によりサイザル工場を廃止	
1972			6月 ニエレレ大統領がチェケレニ地区を訪問（ラウ川からの灌漑水路の建設に支援することを約束。水路は建設されたが、水がラウ川に戻ってしまうため、共同農場では十分な用水の確保が困難）キリマンジャロ国際空港、開港	
1974	第1次オイルショック。国家の食料不足の深刻化。水利用法、成立			JICA、KIDP調査（～1977）
1975	第3次5カ年計画。雇用機会均等法、成立	村落およびウジャマー村法、成立	大旱ばつ被害。食料不足と飢饉の発生	
1977	タンザニア革命党、誕生。憲法制定（ジェンダー平等と公正、社会・経済・政治への女性参加の権利の保障。1984、2000、2004年に改正）。東アフリカ共同体の解体			10月 JICA、KIDP報告書完成

年代	タンザニアの社会と政治	土地関連	ローアモシ灌漑地区関連	日本・JICA の協力（農業・灌漑関連）
1978	タンザニア・ウガンダ戦争。輸出用換金作物の実質価格が低落	改訂ウジャマー村法、成立（戸主に土地を配分すると規定されたため、女性の土地所有が不利となる）		JICA、キリマンジャロ農業開発センター（KADC）計画プロジェクト（技術協力、～1986）
1979	第2次オイルショック		大洪水被害	KADC の建設開始（チェケレニ地区）
1980	経済的に困難な10年。外貨となる1次産品の国際価格の低迷			KADC の建物が完成
1981	オイルショックの影響などにより、経済は1980年代を通じて衰退	土地改革委員会、設置	大旱ばつ被害	KADC の開始。ローアモシ農業開発計画に33億円の円借款。キリマンジャロ送電線網に16億円の円借款
1982	構造調整政策の策定。女性と開発政策		旱ばつ被害	ローアモシ灌漑計画円借款、締結（33億円）
1983	周辺国で大旱ばつ（～1985）			共同農場（100ha）の完成。皇太子時代の今上天皇、キリマンジャロ訪問
1984	生活必需品や医療水等の不足が深刻化		ウジャマーの共同農場、閉鎖。ローアモシ灌漑地区（LMIS）へ日本政府が直接支援した期間は1984～93年	ローアモシ灌漑計画施工開始（水田1100ha、畑地1200ha）。有償資金協力）
1985	5月 アル・ハッサン・ムウィニ、第2代大統領に就任（～1995）タンザニア政府、国連女性差別撤廃条約（CEDAW）を批准。第1回世界女性会議（ナイロビ）に参加		村落評議会の下に水利組織（WUA）委員会、設置。ローアモシに一部電気が供給される	電力供給条件への協力（有償資金協力）。KADC に電気が配線される
1986	世界銀行・IMF の勧告を受け構造調整政策を導入（貿易制限の緩和、緊縮財政、公共部門の縮小、自由市場化の促進、等）	ウジャマー政策に逆行する経済自由化の進行		JICA、キリマンジャロ農業開発計画（KADP）プロジェクト（技術協力、～1993）。トラクターの供与
1987			水利組織（WUA）に中央委員会が設置され組織強化。土地再分配開始	ローアモシ灌漑施設、竣工（ムウィニ大統領、竣工式に参列）
1988			年3回のローテーションの導入（500haで3作、単収が6t/haに）	トラクター用のスペアパーツの供与
1989			ウジャマーの共同農場の採算が合わず、賃金制を廃止（収穫の25%を村に、残りを農民に分配）	キリマンジャロ籾収穫後処理施設（精米所）、完成
1990	地域開発・女性・子ども省の設置。東西冷戦の終結。南アフリカ、ネルソン・マンデラの解放		洪水被害	ヌドゥング灌漑施設、竣工（ムウィニ大統領、竣工式に参列）
1991		土地問題調査委員会、設置（委員長イッサ・シブジ）		
1992	複数政党制、導入。憲法改正。タンザニア WID 政策、採択	11月 土地問題調査委員会の報告書（シブジ報告書）の提出		

年代	タンザニアの社会と政治	土地関連	ローアモシ灌漑地区関連	日本・JICAの協力（農業・灌漑関連）
1993			コメ生産者協同組合（CHAWAMPU）設立。政府はチェケレニ村に99年間の村土地使用許可を正式に承認。KADCはトラクター管理をコメ生産者協同組合に移管	第1回アフリカ開発会議（TICAD I、東京）
1994	地方選挙。南アフリカでアパルトヘイト廃止		圃場の耕作可能面積が当初の3分の1に削減	JICA、キリマンジャロ農業技術者訓練センター（KATC）計画プロジェクト（KATCフェーズ1、技術協力、～2001）、キリマンジャロ州から全国展開へ
1995	国政選挙。ベンジャミン・ムカパ、第3代大統領に就任（～2005）。選挙法、成立（女性の議席確保）。市民法、成立（18歳以上の男女に婚姻を認める）。第4回世界女性会議（北京）でタンザニアのモンゲラが議長に就任	国家土地政策（クランの土地に関して慣習法の適用を認める）	チェケレニ村とラウヤカテイ村で大洪水被害。ムカパ大統領、ローアモシを訪問	
1996	構造調整政策の継続（農産物価格・農産物流通の国有管理の廃止、補助金の削減、民間資本の活用、国営企業の民営化など）。南アフリカからの投資の増加			JICA、ヌドゥング灌漑地区の住民組合に灌漑施設の維持管理を委任（以降10年間、機能不全に陥る）
1997	貧困撲滅戦略の策定			
1998	性的暴力法（特別法）、成立。刑法で女性の性器切除（FGM）を禁止			第2回アフリカ開発会議（TICAD II、東京）
1999	地方選挙。タンザニア開発ビジョン2015。ニエレレの死去	土地法、および村土地法、成立（女性に男性と同等の土地相続・所有を認める。ウジャマーの村落共有地を新規登録し、地方政府がこれを管理）		
2000	国政選挙。債務削減のための貧困削減戦略文書、採択（基礎教育、保健、農村開発などの見直し）。「女性」を「ジェンダー」に変え、地域開発・ジェンダー・子ども省に改称。女性とジェンダー国家開発政策、策定。HIV／エイズ国家政策、策定。国連ミレニアム開発目標、設定		水不足の深刻化	
2001	初等教育の無償化。東アフリカ共同体、再結成			JICA、KATC計画プロジェクト（KATCフェーズ2、技術協力、～2006）。全国灌漑マスタープラン調査（～2004）
2002	性的暴力法、成立（FGMの禁止。成人女性の18%がFGM被害者）。アフリカ連合、発足			JICA、KATCフェーズ2のもとでジェンダーへの取り組みを開始

年代	タンザニアの社会と政治	土地関連	ローアモシ灌漑地区関連	日本・JICA の協力（農業・灌漑関連）
2003	農業セクター開発プログラム（7 年計画で実施は 2006～2013）			第3回アフリカ開発会議（TICAD Ⅲ、東京）
2004	地方選挙	改正土地法、成立（男女平等な土地所有権、および夫婦の共同名義を承認）		
2005	国政選挙。ジャカヤ・キクウェテ、第 4 代大統領に就任 7 月 第 2 次成長と貧困削減のための国家戦略（農業重視）			
2006	タンザニア共同支援戦略（19の支援国・機関）			
2007	HIV 感染者は推定で140万人。妊産婦死亡率は出生10万に対し578人と高比率		8月 キクウェテ大統領、ヌドゥング灌漑地区を訪問。ローアモシでの水争いに対し速やかな解決を勧告 11月 勧告を受けてローアモシ水利組織（LOMIA）を設立（コメ生産者協同組合から灌漑管理機能が独立、LMIS外の2地区［マンダカ、カロレニ］を含む流域組織を構成）	JICA、タンザニア灌漑農業技術普及支援体制強化計画プロジェクト（TANRICE、技術協力、～2012）。灌漑事業ガイドラインの策定・訓練計画の実施。第5次貧困削減支援貸付
2008	キクウェテ大統領、アフリカ連合の総会議長に就任（2008. 1月～2009. 2月）		水争いの深刻化	第4回アフリカ開発会議（TICAD Ⅳ、東京）。JICA、アフリカ稲作振興共同体（CARD）イニシアティブを開始（10年間でアフリカのコメ倍増、灌漑開発10万 haの目標）。農業セクター開発プログラム（ASDP）事業実施監理能力強化計画。第6次貧困削減支援貸付。
2009	地方選挙。農業開発政策（国家コメ開発戦略。2018年までに196万 t 生産目標）。地方政府法、成立		政府、チェケレニ地区に共同水栓を設置するが、機能せず	JICA、よりよい県農業開発計画（DADP）作りと事業実施体制作り支援プロジェクト（DADP、技術協力、～2012）。第 7 次貧困削減支援貸付
2010	国政選挙。第 3 次国家貧困削減戦略（5 年間で経済成長と貧困削減を目標）		LOMIAからチェケレニ地区とオリア地区が実質的に離脱し、両地区はローアモシでは水利が使用できなくなる。水利をめぐり、ラウ頭首口に爆弾が仕掛けられたが未遂で終わる	JICA、県農業開発計画（DADP）灌漑事業推進のための能力強化計画プロジェクト（～2014）。第8次貧困削減支援貸付
2011	第 1 次 5 カ年開発計画（～2016、インフラおよび人的育成の強化を通じた生産・貿易構造の変革の促進）		チェケレニ村の教会に深井戸（84m）の共同水栓が設置される（有料）	JICA、ASDPによる事業実施監理能力強化計画プロジェクト、フェーズ2
2012	国勢調査（人口センサス）		政府、チェケレニ村とオリア村で地下水掘削	6月 JICA、TANRICE を終了 12月 JICA、タンザニア・コメ振興支援計画プロジェクト（TANRICE2、～2018）。DADP フェーズ2（～2016）

年代	タンザニアの社会と政治	土地関連	ローアモシ灌漑地区関連	日本・JICAの協力（農業・灌漑関連）
2013		1月 政府、国内外の投資家による土地取得面積の上限を発表		第5回アフリカ開発会議（TICAD V、横浜市）
2014	地方選挙		マボギニ村長の改選	
2015	国政選挙。ジョン・マグフリ、第5代大統領に就任			
2016				第6回アフリカ開発会議（TICAD VI、ナイロビ）

引用・参考文献

日本語文献

秋津元輝、藤井和佐、澁谷美紀、大石和男、柏尾珠紀（2007）『農村ジェンダー─女性と地域への新しいまなざし』昭和堂：京都。
青山道夫（編）（1963）『アフリカの土地慣習法の構造』アジア経済研究シリーズ第48集、アジア経済研究所：東京。
天野寛子、粕谷美砂子（2008）『男女共同参画時代の女性農業者と家族』ドメス出版：東京。
雨宮洋美（2003）『タンザニアの村的土地・土地法施行及び土地所有権の実態調査』国際協力機構（JICA）国際協力総合研修所：東京。
荒木美奈子（2006）「タンザニア南西部マテンゴ高地における『地域開発』─プロジェクトと住民のインターラクションに注目して」『開発学研究』17(1):15-20。
─── (2011a)「コーヒーからみえてくるグローバル化とは─タンザニアのコーヒー生産農民の営み」小林誠、熊谷圭知、三浦徹（編）『グローバル文化学─文化を越えた協働』法律文化社：京都、86-103。
─── (2011b)「『ゆるやかな共』の創出と内発的発展─ムビンガ県キンディンバ村における地域開発実践をめぐって」掛谷誠、伊谷樹一（編）『アフリカ地域研究と農村開発』京都大学学術出版会：京都、300-324。
池田悦子（2002a）『平成13年度キリマンジャロ農業技術者訓練センター・フェーズⅡ　ジェンダー分野専門家報告書（短期）』JICA：東京。
─── (2002b)『平成14年度キリマンジャロ農業技術者訓練センター・フェーズⅡ　ジェンダー分野専門家報告書（短期）』JICA：東京。
─── (2003)『専門家業務完了報告書』JICA：東京。
池野旬（1998）「タンザニアの農村インフォーマル・セクター　国民経済の新たな担い手を求めて」池野旬・竹内進一編『アフリカのインフォーマル・セクター再考』アジア経済研究所：東京、145-176。
─── (編)（1999）『アフリカ農村像の再検討』日本貿易振興会アジア経済研究所：東京。
─── (2010)『アフリカ農村と貧困削減─タンザニア　開発と遭遇する地域』京都大学学術出版会：京都。
池本幸生（2010）「GDPに代わる真の豊かさ指標を求めて」『科学』80(3):300-301。
───、金氣興（2008）「有機農業とケイパビリティ・アプローチ」『国学院経済学』56(3-4)。
───、新江利彦（2005）「貧困政策とケイパビリティ：ベトナムの事例」『財政と公共政策』27(2)。
石井洋子（2007）『開発フロンティアの民族誌─東アフリカ・灌漑計画のなかに生きる人々』御茶の水書房：東京。
石田浩（2012）「社会科学における因果推論の可能性」『理論と方法』27(1):1-18。
石谷孝佑（編）（2009）『米の事典　稲作からゲノムまで』幸書房：東京。
伊藤信也（2008）「男女平等とケイパビリティ・アプローチ─アマルティア・センをてがかりに」Bulletin of Osaka University of Pharmaceutical Sciences 2, 27-37、大阪。
今村奈良臣、八木宏典、水谷正一、坪井伸広（1999）『水資源の枯渇と配分』全集世界の食料 世界の農村10、農文協：東京。
ウィリアムズ，スザンヌ、ジェネット・シード、アデリーナ・ムワウ（2011）『オクスファム男女共

同参画マニュアル』(川中信・訳)北樹出版:東京。
上田元(2001)「タンザニアの経済自由化と農村零細企業の形成過程 メル人社会における乳牛飼育と牛乳家内加工」高根務(編)『アフリカの政治経済変動と農村社会』アジア経済研究所:千葉、307-364。
上野千鶴子(1998)『ナショナリズムとジェンダー』青土社:東京。
――――(2001)『家父長制と資本制―マルクス主義フェミニズムの地平』岩波書店:東京。
――――(2002)『差異の政治学』岩波書店:東京。
榎木とも子(2004)『平成16年度キリマンジャロ農業技術者訓練センター・フェーズ2 計画 ジェンダー分野専門家報告書(短期)』JICA:東京。
エンゲルス,F.(1991)『家族・私有財産・国家の起源』(戸原四郎・訳)岩波書店:東京。
大沢真理(2002)『男女共同参画社会をつくる』NHKブックス:東京、236-238。
――――(2007)『現代日本の生活保障システム 座標とゆくえ』岩波書店:東京、26:30。
――――(2008)「三つの福祉政府体系と当事者主権」上野千鶴子、中西正司(編)『ニーズ中心の福祉社会へ 当事者主権の次世代福祉戦略』医学書院:東京、179-181。
小國和子(2003)『村落開発支援は誰のためか―インドネシアの参加型開発協力に見る理論と実践』明石書店:東京。
――――(2005)「村落開発援助におけるエンパワーメントと外部者のまなび」佐藤寛(編)『援助とエンパワーメント』アジア経済研究所:千葉、131-156。
――――(2011)「開発援助実践のフィールドワーク」佐藤寛、藤掛洋子(編)『開発援助と人類学』明石書店:東京、128-153。
改訂農村計画学編集委員会(編)(2009)『改訂農村計画学』農業農村工学会:東京。
外務省(2009)「国別データブック[28] タンザニア」(http://www.mofa.go.jp/mofaj/gaiko/oda/shiryo/kuni/09_databook/pdfs/05-28.pdf:参照日2013年1月2日)。
角田宇子(2005)「灌漑水利組合と社会関係資本」『援助と社会関係資本 ソーシャルキャピタル論の可能性』アジア経済研究所:千葉、173-202。
掛谷誠、伊谷樹一(編著)(2011)『アフリカ地域研究と農村開発』京都大学学術出版会:京都。
勝俣誠(2013)『新・現代アフリカ入門―人々が変える大陸』岩波書店:東京。
北川勝彦、高橋基樹(編著)(2010)『アフリカ経済論』現代世界経済叢書8、ミネルヴァ書房:東京。
キリマンジャロ農業開発センター(KADC)(1996)「キリマンジャロ農業開発計画(KADP) プロジェクト概要」KADP、モシ:タンザニア。
栗田和明、根本利通(編)(2006)『タンザニアを知るための60章』明石書店:東京。
コウバーン, シンシア(2004)『紛争下のジェンダーと民族―ナショナル・アイデンティティーを超えて』(藤田真利子・訳)明石書店:東京。
国際開発学会(編)(2010)『貧困のない世界を目指して―国際開発学会20年の歩み』同友館:東京。
国際開発機構(一般財団法人)(FASID)(2013)『ジェンダー平等政策・制度支援の評価(第三者評価)報告書』平成24年度外務省ODA評価、東京。
国際協力事業団(JICA)(1980)『タンザニア連合共和国ローアモシ農業開発計画実施調査報告書(主報告書)』東京。
――――(1981)『タンザニア連合共和国キリマンジャロ農業開発センター計画打合せ・巡回指導チーム報告書』東京。
――――(1989)『タンザニア共和国キリマンジャロ農業開発計画専門家総合報告書』瀬古良勝(平成元年6月)東京。
――――(1991a)『分野別(開発と女性)援助研究会報告書』東京。
――――(1991b)『タンザニア国キリマンジャロ農業開発計画評価調査報告書』東京。

―――（1995）『農村生活改善のための女性の技術向上検討事業』（フェーズ II）第一年次報告書、東京。
―――（1996）「キリマンジャロ農業開発計画（KADP）プロジェクト概要」（菅原清吉）キリマンジャロ：タンザニア、33。
―――（1998）『農村生活改善のための女性に配慮した普及活動基礎調査報告書・タンザニア』東京。
―――（1999a）『農林業協力のための WID/ジェンダー・ハンドブック』農林水産開発調査部：東京。
―――（1999b）『タンザニア連合共和国キリマンジャロ農業技術者訓練センター計画終了時評価報告書』東京。
―――（1999c）『国別ジェンダー情報（タンザニア）』企画部：東京。
―――（2000）『タンザニア・キリマンジャロ農業技術者訓練センター計画フェーズ II 事前調査団報告書』（平成12年8月）東京。
―――（2001）『タンザニア・キリマンジャロ農業技術者訓練センター・フェーズ II 計画実施協議調査団報告書』東京。
―――（2002a）『タンザニア国地方開発セクタープログラム策定支援調査 第4回国内支援委員会農業背景調査中間報告』国際開発センター：東京。
―――（2002b）『開発課題に対する効果的アプローチ 農村開発』国際協力総合研究所：東京。
―――（2002c）『タンザニア連合共和国キリマンジャロ農業技術者訓練センター計画実施協議調査団報告書』2002年5月、東京。
国際協力機構（JICA）（2003）「プロジェクト進捗総括」2003年7月、東京。
―――（2007）『タンザニア国灌漑農業技術普及支援体制強化計画事前評価調査団報告書』農村開発部：東京。
―――（2009a）『タンザニア連合共和国地方自治のための参加型計画策定とコミュニティー開発強化プロジェクト事前調査（実施協議）報告書』JICAタンザニア事務所。
―――（2009b）『課題別指針：ジェンダーと開発』公共政策部／ジェンダーと開発タスクフォース：東京。
―――（2010）『アフリカ CARD イニシアティブ―タンザニアの稲作振興におけるジェンダー分析調査報告書』農村開発部：東京。
―――（2011）『コミュニティ協働型地方行政支援アプローチハンドブック』産業開発・公共政策部ガバナンスタスクフォース：東京。
―――（2012）『タンザニア国灌漑農業技術普及支援体制強化計画終了時評価報告書』農村開発部：東京。
国際農林業協働協会（JAICAF）（2010a）『ODAと農産物貿易に関する政策一貫性に関する基礎調査報告書 タンザニア・モザンビークにおけるコメおよびトウモロコシ』東京。
―――（2010b）『タンザニア、コメ生産能力強化 協力準備調査中間報告』東京。
国際連合食糧農業機関（FAO）（2008）『世界の食料不安の現状2008年報告書』（社）国際農林業協働協会（JAICAF）：東京。
国連開発計画（UNDP）（1995）『ジェンダーと人間開発』人間開発報告書 1995、（広野良吉、北谷勝秀、佐藤秀雄・監修）国際協力出版会：東京。
児玉由佳（2005）「エチオピア・アムハラ州における女性貧困層の分析」平野克己（編）『アフリカ経済実証分析』アジア経済研究所：千葉、265-295。
近藤史（2011）『タンザニア南部高地における在来農業の創造的展開と互助労働システム―谷地耕作と造林焼畑をめぐって』京都大学アフリカ研究シリーズ003、京都大学アフリカ地域資料研究センター、松香堂書店：京都。
コンネル，R.（2008）『ジェンダー学の最前線』（多賀太監・訳）世界思想社：京都。
齋藤晴美（監修）（2008）『アフリカ農業と地球環境』家の光協会：東京。

斎藤文彦（編）（2002）『参加型開発─貧しい人々が主役となる開発へ向けて』日本評論社：東京。
佐藤仁（2003）「開発研究における事例分析の意義と特徴」『国際開発研究』12(1)：1-15。
────（2008a）『人びとの資源論』明石書店：東京。
────（2008b）『希少資源のポリティクス』東京大学出版会：東京。
────（2008c）『資源を見る眼─現場からの分配論』（未来を拓く人文・社会科学）東信堂：東京。
────（2011）『「持たざる国」の資源論─持続可能な国土をめぐるもう一つの知』東京大学出版会：東京。
佐藤千鶴子（2001）「南アフリカ白人農場地帯における土地改革」高根務（編）『アフリカの政治経済変動と農村社会』アジア経済研究所：千葉、61-96。
佐藤奈穂（2007）『カンボジアにおける土地登記の進展と女性の権利』龍谷大学アフラシア平和開発研究センター アフラシア研究（4）、龍谷大学アフラシア平和開発研究センター：滋賀県。
佐藤政良（1999）『水土を拓いた人びと』農文協：東京。
────（2007a）『アジアモンスーン地域における農民参加型末端整備・水管理指針』日本水土総合研究所：東京。
────（2007b）『水土の知を語る（Vol. 12）海外技術交流を考える─その1　中国の農業水利』日本水土総合研究所：東京。
────（2009a）「参加型水管理支援事業の自立発展性評価の現状分析」農業農村工学会論文集：東京、(265)：57-68。
────（2009b）『水土を拓く「知の連環」』農業農村工学会：東京。
────（2009c）『世界の統合的水資源管理』みらい：岐阜。
澤田康幸（他）（2006）「貧困削減におけるインフラの役割─スリランカ・パキスタンにおけるJBIC灌漑事業のインパクト評価」国際協力銀行『開発金融研究所報』2006年11月第32号、東京。
サンセリ, タデウス（2006）「マジマジ反乱（タンザニア）再考─ジェンダー史とナショナリスト歴史学の伝統」富永智津子、永原陽子（編著）『新しいアフリカ史像を求めて─女性・ジェンダー・フェミニズム』御茶の水書房：東京、227-254。
重冨真一（他）（2009）『アジア・コメ輸出大国と世界食糧危機─タイ・ベトナム・インドの戦略』アジア経済研究所：千葉。
島田周平（2007a）『アフリカ　可能性を生きる農民−環境−国家−村の比較生態研究』京都大学学術出版会：京都。
────（2007b）『現代アフリカ農村─変化を読む地域研究の試み』日本地理学会海外研究叢書6、古今書院：東京。
志村博康（1992）『水利の風土性と近代化』東京大学出版会：東京。
────（1995）「水利の近代化─水田農耕文化圏の風土的課題」『学術研究の動向』48(11)：13-17。
下村恭民、小林誉明（2009）『貧困問題とは何であるか─「開発学」への新しい道』勁草書房：東京。
シヴァ, ヴァンダナ（1994）『生きる歓び─イデオロギーとしての近代科学批判』（熊崎実・訳）築地書館：東京。
杉山裕子（2001）「ザンビアにおける農業性施区の変遷とベンバ農村」高根務（編）『アフリカの政治経済変動と農村社会』アジア経済研究所：千葉、223-278。
セン, アマルティア（2004）『自由と経済開発』（石塚雅彦・訳）日本経済新聞社：東京。
────（2008）『貧困の克服』（大石りら・訳）集英社：東京。
────（2009）『グローバリゼーションと人間の安全保障』（加藤幹雄・訳）日本経団連出版：東京。
────（2010a）『不平等の再検討─潜在能力と自由』（池本幸生、野上裕生、佐藤仁・訳）岩波書店：東京。
────、後藤玲子（2010b）『福祉と正義』東京大学出版会：東京。

―――（2011）『正義のアイディア』（池本幸生訳）明石書店：東京。
高橋基樹（2010）『開発と国家―アフリカ政治経済論序説』開発経済学の挑戦3、勁草書房：東京。
高根務（編）（2001）『アフリカの政治経済変動と農村社会』アジア経済研究所：千葉。
―――（2007）『マラウィの小農―経済自由化とアフリカ農村』アジア経済研究所：千葉。
竹内潔（編）（2007）『アジア・アフリカ地域の「在来の知」の総合的研究 報告書』平成20年度富山大学学長裁量経費研究プロジェクト（http://hdl.handle.net/10110/10632: 参照日2012年12月8日）。
竹内進一（2001）「ルワンダの政治変動と土地問題」高根務（編）『マラウィの小農―経済自由化とアフリカ農村』アジア経済研究所：千葉、15-60。
―――（2008）「ルワンダのガチャチャ―その制度と農村社会にとっての意味」竹内進一（編）『戦争と平和の間―紛争勃発後のアフリカと国際社会』アジア経済研究所：千葉、317-347。
田中由美子（2004）「国際協力におけるジェンダー主流化とジェンダー政策評価―多元的視点による政策評価の一考察（第一部）（第二部）」『日本評価研究』4(1):20-30／4(2):1-12。
―――（2007）『タンザニア国灌漑農業技術普及支援体制強化計画（タンライス）事前調査報告書（ジェンダー分野）』JICAアジア地域支援事務所：タイ。
―――（2008）「インド国マディア・プラデシュ州リプロダクティブヘルス・プロジェクト（フェーズ2）報告書」JICAアジア地域支援事務所：タイ、70。
―――（2012）『タンザニア国灌漑農業技術普及支援体制強化計画（タンライス）運営指導調査団報告書（ジェンダー分野）』JICA：東京。
田中由美子、大沢真理、伊藤るり（編著）（2002）『開発とジェンダー―エンパワーメントの国際協力』国際協力出版会：東京。
谷富夫、芦田徹郎（編）（2010）『よくわかる質的社会調査 技術編』ミネルヴァ書房：京都。
辻村英之（1999）『南部アフリカの農村協同組合―構造調整政策下における役割と育成』日本経済評論社：東京。
坪井ひろみ、ノズル・イスラム・チョウドリ（2006）「貧困世帯の貯蓄と遺産―女性の意識と行動」松井範惇、池本幸生（編）『アジアの開発と貧困―可能力、女性のエンパワーメントとQOL』明石書店：東京、207-225。
デルフィ、C.（1996）『なにが女性の主要な敵なのか―ラディカル・唯物論的分析』（井上たか子、加藤康子、杉藤雅子・訳）勁草書房：東京。
鶴見和子（1996）『内発的発展論の展開』筑摩書房：東京。
德本靖（2010）「タンザニア 現地報告書」（株）德本適正技術研究所：千葉。
富永智津子（2001）『ザンジバルの笛―東アフリカスワヒリ世界の歴史と文化』未來社：東京。
―――、永原陽子（編著）（2006）『新しいアフリカ史像を求めて―女性・ジェンダー・フェミニズム』御茶の水書房：東京。
―――（2010）「アフリカ史を読み解く―女性の歩みから」峯陽一、武内進一、笹岡雄一（編）『アフリカから学ぶ』有斐閣：東京、97-125。
中島通子（1986）「相続問題と女性」丸岡秀子（編）（1986）『変貌する農村と婦人』家の光協会：東京。
二木光（2008）『アフリカ「貧困と飢餓」克服のシナリオ』農文協：東京。
日本ソーシャルインクルージョン推進会議（2007）『ソーシャル・インクルージョン―格差社会の処方箋』中央法規出版：東京。
ヌスバウム、マーサ・C.（2005）『女性と人間開発―潜在能力アプローチ』（池本幸生、田口さつき、坪井ひろみ・訳）岩波書店：東京。
根本利通（2011）『タンザニアに生きる―内側から照らす国家と民衆の記録』昭和堂：京都。
農業総合研究所（編）（1993）『タンザニア・キリマンジャロ農業開発計画下における農家経済の動向（II）―ローア・モシ地域第2次農家調査から』アフリカ農業研究資料4（平成5年3月）、東京。

―――（1989）『タンザニア・キリマンジャロ農業開発計画下における農家経済の動向』アフリカ農業研究資料3（平成元年3月）、東京。
農業問題研究学会（編）（2008）『土地の所有と利用―地域営農と農地の所有・利用の現時点』現代の農業問題3、筑波書房：東京。
バーガー, アリス、E. フランシス・ホワイト（2004）『アフリカ史再考―女性・ジェンダーの視点から』（富永智津子・訳）未來社：東京。
パットナム, ロバート・D.（2009）『哲学する民主主義―伝統と改革の市民的構造』（河田潤一・訳）NTT出版：東京。
花谷厚（2010）「アフリカ農村再生への道―『コミュニティ』開発の可能性を探る」峯陽一、武内進一、笹岡雄一（編）（2010）『アフリカから学ぶ』有斐閣：東京、227-257。
濱嶋朗、竹内郁郎、石川晃弘（編）（2003）『社会学小辞典［新版］』有斐閣：東京。
原田陽子（2005）『専門家業務完了報告書』JICA：2005年9月、東京。
―――（2006）『タンザニア国キリマンジャロ農業技術者訓練センター・フェーズII計画　ジェンダー主流化短期専門家派遣業務完了報告書』JICA：東京。
平田真太郎（2007, 2009）「ケニアにおける土地制度改革の法社会学的分析（1）（2）（3）」『横浜国際社会科学研究』2007.11(4&5): 33-53／2007.12(1): 41-59／2009.13(4&5): 32-50。
平野克己（2010）『アフリカ問題―開発と援助の世界史』日本評論社：東京。
藤井和佐（2011）『農村女性の社会学―地域づくりの男女共同参画』昭和堂：京都。
古沢希代子（2006）「灌漑開発援助とジェンダー―ラオスにおける現地調査を中心に」『経済と社会』東京女子大学社会学紀要 (34):1-36。
―――（2010）「女性と灌漑―紛争後の東チモールにおける水利組織とジェンダー」(I)『経済と社会』東京女子大学社会学会紀要 (38):25-56。
細見眞也、島田周平、池野旬（1996）『アフリカの食糧問題―ガーナ・ナイジェリア・タンザニアの事例』研究双書463、アジア経済出版会：東京。
松井範惇、池本幸生（編）（2006）『アジアの開発と貧困―可能力、女性のエンパワーメントとQOL』明石書店：東京。
丸岡秀子（編）（1986）『変貌する農村と婦人』家の光協会：東京。
水野広祐、重冨真一（編）（1997）『東南アジアの経済開発と土地制度』アジア経済研究所：東京。
峯陽一、武内進一、笹岡雄一（編）（2010）『アフリカから学ぶ』有斐閣：東京。
村松安子、村松泰子（編）（1995）『エンパワーメントの女性学』有斐閣：東京。
村松安子（2005）『「ジェンダーと開発」論の形成と展開』未來社：東京。
ムビリニ, マージョリー（2006）「タンザニアにおける女性史研究―過去と現在」富永智津子、永原陽子（編著）『新しいアフリカ史像を求めて―女性・ジェンダー・フェミニズム』御茶の水書房：東京、27-52。
モーザ, キャロライン（2000）『ジェンダー・開発・NGO―私たち自身のエンパワーメント』（久保田賢一、久保田真弓・訳）新評論：東京（1996初版第1刷）。
吉田昌夫（1975）「アフリカにおける土地保有制度の特質と農業社会の変容」吉田昌夫（編）『アフリカの農業と土地保有』アジア経済研究所：東京、1-12。
―――（1990）『世界現代史14 アフリカ現代II』山川出版社：東京。
―――（1997）『東アフリカ社会経済論―タンザニアを中心として』古今書院：東京。
―――（1999）「東アフリカの農村変容と土地制度変革のアクター―タンザニアを中心に」池野旬（編）『アフリカ農村像の再検討』日本貿易振興会アジア経済研究所：千葉、3-58。
―――（2001）「グローバリゼーションの影響としてのアフリカ債務問題」『国際研究』17。
―――（2010）「アフリカの独立から50年―内側から見たアフリカの動態」峯陽一、武内進一、笹岡

雄一 (編)『アフリカから学ぶ』有斐閣：東京、31-59。
渡辺めぐみ (2009)『農業労働とジェンダー―生きがいの戦略』有信堂高文社：東京。

英語文献

Action for Justice in Society (2011). *Annual Report 2011*, AJISO, Moshi, Tanzania (pp.18).
――――(2012). *Annual Report 2012*, AJISO, Moshi, Tanzania (pp.25).
――――(2012). *Baseline study report on the level of awareness on children's rights in Rombo District*, AJISO, Moshi, Tanzania (pp.18).
Agarwal, Bina (1994a). *A field of one's own: Gender and land rights in South Asia*, Cambridge University Press, UK.
――――(1994b). Gender and command over property: A critical gap in economic analysis and policy in South Asia, *World Development*, 22(10): 1455-1478.
――――(1997). Bargaining and gender relations: Within and beyond the household, *Feminist Economics*, (3)1: 1-51.
――――(2001). Common property institutions and sustainable governance of resources, *World Development*, 29(10): 1649-1672.
――――(2003). Gender and land rights revisited: Exploring new prospects via the state, family and market, *Journal of Agrarian Change*, 3(1&2):184-224.
――――, Jane Humphries, and Ingrid Robeyns (2003). Exploring the challenges of Amartya Sen's work and ideas: An introduction, *Feminist Economics*, 9(2-3): 3-12.
――――(2007). *Capabilities, freedom and equality: Amartya Sen's work from a gender perspective*, Oxford University Press, Delhi, India.
――――(2008). Towards participatory inclusion: A gender analysis of community forestry in South Asia. In Gowher, R. and J. de Long, eds., *The state of access success and failure of democracies in creating equal opportunities*, Brookings Institution Press, Washington DC, USA (https://www.escholar.manchester.ac.uk/api/datastream?publicationPid=uk-ac-man-scw:163109&datastreamId=FULL-TEXT.PDF, accessed 7 May 2013).
――――(2008). Engaging with Sen on gender relations: Cooperative conflicts, false perceptions and relative capabilities. In Kaushik Basu and Ravi Kanbur, eds., *Essays in honor of Amartya Sen*, Oxford University Press, Oxford, 157-177 (https://www.escholar.manchester.ac.uk/uk-ac-man-scw:176336 , accessed 7 May 2013).
Agricultural Development Consultants Association (ADCA) (2008). *Lower Moshi irrigation scheme*, Tokyo, Japan.
Amemiya, Hiromi (2009). *Formalization of customary land rights and development issues in Africa: The case of Tanzania's Village Land Act 1999* (平成20年度富山大学学長裁量経費研究プロジェクト『アジア・アフリカ地域の「在来の知」の総合的研究』報告書 (竹内潔・編) pp.89-103 (http://hdl.handle.net/10110/10632, accessed 8 December 2012).
Anand, Sudhir and A. Sen (1995). *Gender inequality in Human development: Theory and measurement*, Human Development Report Office Occasional Paper 19, UNDP, New York, USA.
André, Catherine and Jean-Philippe Platteau (1998). Land relations under unbearable stress: Rwanda caught in the Malthusian trap, *Journal of Economic Behavior & Organization*, 34: 1-47.
Arun, Shoba (1999). Does land ownership make a difference? : Women's roles in agriculture in Kerala, India, *Gender and Development*, 7(3): 19-27.
Attwood, D.A. (1990). Land Registration in Africa: The Impact of Agricultural Production, *World

Development, 18(5): 659-71.
Benjaminsen, Tor A., and C. Lund, eds. (2003). *Securing land rights in Africa*, Frank Cass, London, U.K.
Blackden, Mark C. and Q. Wodon (2006). *Gender, time use, and poverty in Sub-Saharan Africa*. The World Bank Working Paper 73, The World Bank, Washington D.C., U.S.A.
Boserup, Ester (1970). *Women's role in economic development*, St. Martin's Press, New York, USA.
―――(1990). Economic change and the roles of women. In Tinker, I. ed., *Persistent inequalities: Women and world development*, Oxford University Press, New York, U.S.A., 14-24.
Carney, J. (1988). Struggle over crop rights and labor within contract farming household in a Gambian irrigated rice project, *Journal of Peasant Studies*, 15(3):334-349.
Carpano, L. (2010). *Strengthening women's access to land: the Tanzanian experience of the sustainable rangeland management project*, Report prepared by land tenure consultant for IFAD (http://www.ifad.org/english/land/women_land/WomenAndLand_Tanzania_Report_Eng.pdf, accessed 17 May 2013).
CCIC (Canadian Council for International Co-operation) (1991). *Two halves make a whole: Balancing gender relations in development*, MATCH International Centre, Ottawa, Canada.
Cleaver, Frances (2003). Reinventing institutions: Bricolage and the social embeddedness of Natural Resources Management. In Benjaminsen, Tor A., and C. Lund eds., *Securing Land Rights in Africa*, Frank Cass, London, U.K., 11-30.
Collier, Paul, S. Radwan and S. Wangwe (1990). *Labour and poverty in rural Tanzania: Ujamaa and rural development in the United Republic of Tanzania*, Clarendon Press, Oxford, U.K.
Couzens, Meda and K. Mtengeti (2011). *Creating space for child participation in local governance in Tanzania*. Save the Children and Children's Councils, Research on Poverty Alleviation (REPOA), Dar es Salaam, Tanzania.
Deininger, Klaus and Raffaella Castagnini (2006). Incidence and impact of land conflict in Uganda, *Journal of Economic Behavior & Organization*, 60:321-345.
Demombynes, G. and G. Hoogenveen (2004). *Growth, inequality and simulated poverty paths for Tanzania, 1999-2002*, The World Bank, Washington D.C., U.S.A.
Dey, J. (1981). Gambian women: Unequal partners in rice development projects?, *Journal of Development Studies*, 17(3):109-122.
Ellis, Amanada, M. Blackden, J. Cutura, F. MacCulloch and H. Seebens (2007). *Gender and economic growth in Tanzania: Creating opportunities for women*, The World Bank, Washington D.C., U.S.A.
Englert, Birgit and E. Daley eds. (2008). *Women's land rights and privatization in eastern Africa*, James Currey, Suffolk, U.K.
FAO (Food and Agriculture Organization of the United Nations) (2001). *Socio-economic and gender analysis (SEAGA) sector guide: Irrigation*, Rome, Italy.
―――, International Fund for Agricultural Development (IFAD) and International Land Coalition (2004). *Rural women's access to land and property in selected countries: Progress towards achieving the aims of articles 14, 15 and 16 of the Convention on the Elimination of All Forms of Discrimination against Women (CEDAW)*, Rome, Italy.
―――(2011). *The state of food and agriculture: Women in agriculture, Closing the gender gap for development*, Rome, Italy.
―――(2012). *The state of food insecurity in the world: Economic growth is necessary but not*

sufficient to accelerate reduction of huger and malnutrition, Rome Italy.
Fleuret, A. (1988). Some consequences of tenure and agrarian reform in Taita, Kenya. In R.E. Downs and S.P. Renya (eds.) *Land and Society in Contemporary Africa*, University Press of New England, Hanover, NH, and London, 136-158.
Fonchingong, Charles (1999). Structural adjustment, women, and agriculture in Cameroon, *Gender and Development*, 7(3):73-79.
Genda, Lulu Elizabeth, Dominic T. Msabila, and Moses J. Ndunguru (2008). Examining the participation of women in promoting effective local governance in Tanzania: Case study of Morogoro rural area. In Mukangara Mukangara, Fenella and Shao, Ibrahim F. eds., *Gender, governance and natural resources in the rural setting: Some case studies from Tanzania*. Gender Center, University of Dar es Salaam, Tanzania, 12-45.
Gladwin, C. ed. (1991). *Structural adjustment and African women farmers*, Florida University Press, U.S.A.
Gloutier, Luce (2006). *Income differences and gender inequality: Wives earning more than husbands in Dar es salaam, Tanzania*, Mkuki na Nyota Publishers, Dar es Salaam, Tanzania.
Harada, Yoko (2005). *Gender mainstreaming in Kilimanjaro Agriculture Training Center, phase II project, in the United Republic of Tanzania, final report*, Short-term expert report, Japan International Cooperation Agency, Tokyo, Japan.
―――(2011). *Technical cooperation in supporting service delivery system of irrigated agriculture*, Short-term expert report, Japan International Cooperation Agency, Tokyo, Japan.
Herr & Muzira (2009). *Value Chain Development for Decent Work*, International Labor Organization, Geneva, Switzerland.
Heyzer, Noeleen, ed. (1985). *Missing Women: Development planning in Asia and the Pacific*. Asian and Pacific Development Centre, Kuala Lumpur, Malaysia.
―――(1987). *Women Farmers and Rural Change in Asia: towards Equal access and participation*, Asian and Pacific Development Centre, Kuala Lumpur, Malaysia.
Hyden, Goran (1980). *Beyond ujamaa in Tanzania: underdevelopment and an uncaptured peasantry*, University of California Press, Berkeley and Los Angeles, U.S.A.
Ikegami, Koichi (1994). The traditional agosilvipastoral complex system in the Kilimanjaro region, and its implications for the Japanese assisted Lower Moshi Irrigation Project, *African Study Monographs*, 15(4): 189-209.
―――(1995). A study on technology transfer of paddy cultivation in the Kilimanjaro Region, Tanzania, *Mem. Fac. Agr. Kinki University*, 28:65-75.
Izumi, Kaori (1999). Liberalisation, gender, and the land question in sub-Sahara Africa, *Gender and Development*, 7(3): 9-18.
Jackson, Cecile (2003). Gender analysis of land: Beyond land rights for women?, *Journal of Agrarian Change*, 3(4):453-480.
JICA (Japan International Cooperation Agency) (1980). *The United Republic of Tanzania: feasibility report on Lower-Moshi Agricultural Development Project: Annexes*, Tokyo, Japan.
―――(Egawa, Takuya) (2002). *Irrigation development in Tanzania in the context of implementation of agricultural sector development programme*, Rural and agricultural development advisory group of JICA Tanzania Office, Tanzania.
―――(2006). *Final Report for Kilimanjaro Agricultural Training Centre Phase II Project*. KATC and JICA, Tanzania.

Jones, C. (1986). Intra-household bargaining in response to introcution of new crops: A case from the Nothern Cameroon. In Moock, J.L. (ed), *Understanding Africa's rural households and farming system*, Boulder, Westview Press.

Kabeer, Naila (1991). *Gender production and wellbeing: Rethinking the household economy*, IDS Discussion Paper 288, Institute of Development Studies, Sussex, U.K.

Kanyeka, Z. L., Msomba, S. W., Kihupi, A. N. and Penza, M. S. F. (1995). Rice ecosystems in Tanzania: Characterization and classification. In Kilimanjaro Agricultural Training Centre, *Rice and People in Tanzania*, KATC, Moshi, Tanzania.

KADP (Kilimanjaro Agriculture Development Project) (1996). *Kilimanjaro Agricultural Development Project Summary*, Moshi, Tanzania.

KATC (Kilimanjaro Agriculture Training Center) (1998). *Socio-gender diversity in rice farming: A case study in Moshi and Hai Districts, Kilimanjaro region*, Minako Araki, Theodora Mugangala and Marie Mutika, Moshi, Tanzania.

―――(2001). *Experiences in extension services in traditional irrigation and environmental development*, Shangwe L. Kiluvia, KATC, Moshi, Tanzania.

―――(2002a). *Baseline survey in Mbuyuni, Mombo, Mwega, Mwamapuli, Nakahuga and Ndungti*, Moshi, Tanzania.

―――(2002b). *Training course for village extension officers (VEOs) on participatory irrigation and water management*, Moshi, Tanzania.

―――(2002c). *Minutes of meeting of the project consultation team on Japanese technical cooperation for the Kilimanjaro Agricultural Training Centre phase II project in Tanzania*, Moshi, Tanzania.

―――(2003). *TCPP training course for key farmers and extension officers from Malawi and Zambia on irrigated rice cultivation improvement course material*, Moshi, Tanzania.

―――(2005). *Module for both residential and infield training courses for Lemkuna, Muungano and Mkombozi irrigation schemes*, Moshi, Tanzania.

―――(2006a). *Field reports on the 2nd in-field training in Mkombozi, Muungano and Lemkuna Schemes*, Moshi, Tanzania.

―――(2006b). *Irrigation scheme baseline survey using participatory learning and action*, Moshi, Tanzania.

―――(2007a). *Report of the baseline survey of Mahande irrigation scheme in Mto wa Mbu*, Conducted From 15th to 19th October 2007, Moshi, Tanzania.

―――(2007b). *Report for the residential training of Mahande irrigation scheme key farmers and extension staff on irrigated rice cultivation*, Conducted at KATCD From 12th to 23th Nov. 2007, Moshi, Tanzania.

―――(2008a). *Report of the first in-field training conducted at Mahande irrigation scheme*, Arusha Region From 15th November to 19th November 2008, Moshi, Tanzania.

―――(2008b). *Report on the second in-field training conducted at Mahande scheme: Mto wa Mou*, Moshi, Tanzania.

Kato, Kazunori (1988). Analysis of the convention methods and development of a new procedure - On-farm development in developing countries (I), *Irrigation Engineering and Rural Planning*, Japan, 14:16-32.

―――(1989). Application of a new procedure to a project, and discussion: On farm development in developing countries (II), *Irrigation Engineering and Rural Planning*, Japan, (5):5-23.

―――(1995). Lining joins and translation of techniques: Two-stage compulsory filling method,

Irrigation Engineering and Rural Planning, Japan, (29):25-41.

―――(2013). *In the days when we were assisted: A case study of an irrigation project financed by international agencies*, Japan International Cooperation Agency, Tokyo.

Kiishweko, Orton (2012). Tanzania takes major steps towards curving land 'grabs', Friday 21 December 2012 (http://www.theguardian.com/global-development/2012/dec/21/tanzania-major-step-curbing-land-grabs: accessed 6 May 2013). (Newspaper article)

Kirkpatrick, D. L. (1998). *Evaluating training programs: the four levels*, Berrett-Koehler Publishers, Inc., San Francisco, USA.

Kissawike, Kalunde (2008). *Irrigation-based livelihood challenges and opportunities; A gendered technography of irrigation development intervention in the Lower Moshi irrigation scheme in Tanzania*, Ph.D. dissertation, Wageningen Universiteit, The Netherlands.

Koehn, P. (1983). State and Land Allocation and Class Formation in Nigeria, *Journal of Modern African Studies*, 21(3): 461-81.

Koopman, Jeanne, K. Rhoda, M. Mary, W. Samuel M. (2001). *Community participation in traditional irrigation scheme rehabilitation project in Tanzania: Report of a collaborative research project*, Irrigation Section, Ministry of Agriculture and Cooperatives, Dar es Salaam, Tanzania, unpublished paper (pp.87).

Kumar, Shanti P. (1987). The Mahaweli scheme and rural women in Sri Lanka. In Asian and Pacific Development Centre, *Women farmers and rural change in Asia: Towards equal access and participation*, Kuala Lumpur, Malaysia, 220-254.

Legal Aid Secretariat (2013). *Status of rectification of the laws which impede gender-related rights in Tanzania*, Dar es Salaam, Tanzania.

Lerise, Fred Simon (2005). *Politics in land and water management: Study in Kilimanjaro, Tanzania*, Mkuki na Nyota Publishers, Dar es Salaam, Tanzania.

MACF (Ministry of Agriculture Food Security and Cooperatives) (2009). *National Rice Development Strategy*, Dar es Salaam, Tanzania.

Maganga, Faustin P. (2003). The Interplay between formal and informal systems of managing resource conflicts: Some evidence from South-Western Tanzania. In Toa A. and Lund, C. eds., *Securing land rights in Africa*, Benjaminsen, Frank Cass, London,51-70.

Malema, Beatus A. (2010). *Report presented to third CARD general meeting*, Ngurdoto Arusha, 18 May 2010, Ministry of Agriculture, Food Security and Cooperatives, Tanzania.

Mama, Amina, Dzodzi Tsikata and Dede-Esi Amanor-Wilks, eds. (2009). Land, labor and gendered livelihoods, *Feminist Africa*, 12, African Gender Institute, University of Cape Town, South Africa.

Manji, Ambreena (1998). Gender and the politics of land reform process in Tanzania, *The Journal of Modern African Studies*, Cambridge University Press, UK, 36(4): 645-667, (http://journals.cambridge.org, accessed 28 December 2011).

―――(2002). *Land policy for pro-poor development: A gender analysis*, The World Bank's policy research report (http://nweb18.worldbank.org/ESSD/essdext.nsf/24DocByUnid/70432684716CDA4785256C87005B99ED/$FILE/draft prr.pdf, accessed 7 May 2013).

Mascarenhas, Ophelia (2007). *Gender profile of Tanzania: Enhancing gender equity*, Tanzania Gender Networking Programme (TGNP) and Swedish International Development Cooperation Agency (SIDA), Dar es Salaam, Tanzania.

Mayoux, Linda, Grania Mackie (2008). *Making the strongest links: A practical guide to mainstreaming gender analysis in value chain development*, International Labour Office, Addis Ababa, Ethiopia.

Mbonile, Milline J. (2005). Migration and intensification of water conflicts in the Pangani basin, Tanzania, *Habitat International*, 29: 41-67.

Molyneux, M. (1985). Mobilization without emancipation? Women's interests, state and revolution in Nicaragua, *Feminist Studies*, 11(2).

Moser, C. (1989). Gender planning in the third world: Meeting practical and strategic gender needs, *World Development*, 117(11): 1700-1825.

Mukangara, Fenella and Ibrahim F. Shao (eds.) (2008). *Gender, governance and natural resources in the rural setting: Some case studies from Tanzania*, Gender Center, University of Dar es Salaam, Tanzania.

Mwaipopo, Rosemary, E. Fisher, I. Wanyonyi, P. Kimani, J. Tunje, F. Msuya and V. Bashemerewa (2011). *The relationship between community-based organisations and the effective management of coastal and marine resources in the WIO region*, Kulgraphics Ltd., Nairobi, Kenya.

Mwakalia, Shadrack and C. Noe (2004). *The use of sustainable irrigation for poverty alleviation in Tanzania: The case of smallholder irrigation schemes in Igurusi, Mbarali District*, Research Report No.04.1, Research on Poverty Alleviation, Mkuki na Nyota Publishers Ltd., Dar es Salaam, Tanzania.

Naylor, Rachel (1999). Women farmers and economic change in northern Ghana, *Gender and Development*, 7(3): 39-48.

Ngana, J. O. (ed.) (2001). *Water resources management in the Pangani river basin: Challenges and opportunities*, Dar es Salaam University Press, Tanzania.

Ngware, Neema, Albinus Makalle and Riziki Shcemdoe (2008). Understanding gender roles in integrated water resource management in Tanzania: The case of Usambara mountains. In Mukangara, Fenella and Shao, Ibrahim F. (eds), *Gender, governance and natural resources in the rural setting: Some case studies from Tanzania*, Gender Center, University of Dar es Salaam, Tanzania, 46-78.

Nyerere, J. K. (1964). Freedom and unity, *Transition*, 0(14): 40-45, Duke University Press (http://web.mnstate.edu/robertsb/313/freedom&unity.pdf, accessed 11 May 2013).

――――(1966). *Freedom and unity*, Oxford University Press, Dar es Salaam.

Oakley, A. (1972). *Sex, gender and society*, Temple Smith, London, U.K.

Odgaard, Rie (1997). The gender dimension of Nyakyusa rural-rural migration in Mbeya region. In Ngware, S. , R. Odgaard, R. Shayo and F. Wilson (eds.) *Gender and agrarian change in Tanzania*, Dar es Salaam University Press, Dar es Salaam.

――――(2003). Scrambling for land in Tanzania: Process of formalisation and legitimisation of land rights. In Benjaminsen, Toa A. and C. Lund (eds.), *Securing Land Rights in Africa*, Frank Cass, London, 71-88.

Omari, C. and L. Shaidi (1992). *Women's access to land among the Pare people of northern Tanzania*, research report, IDRC, Nairobi.

Overholt, C., M. Anderson, L. Cloud, and J. Austin (1984). *Gender roles in development*, Kumarian Press, West Hartford, Connecticut, U.S.A.

Pietila, Tuulikki (2007). *Gossip, markets, and gender: How dialogue constructs moral value in post-socialist Kilimanjaro*, The University of Wisconsin Press, Madison, U.S.A.

Platteau, Jean-Philippe (1996). The evolutionary theory of land rights as applied to sub-Saharan

Africa: A critical assessment, *Development and Change*, 27(1): 29-86.
―――(2009). Institutional obstacles to African economic development: State, ethnicity, and custom, *Journal of Economic Behavior & Organization*, 71: 669-689.
Rajbhandari, Shyam Prasad (2008). *Gender equality results monitoring: Irrigation management transfer project(IMTP) in Nepal*, Asian Development Bank, Paper presented for the Workshop on Gender and Infrastructure, Manila, The Philippines.
Rao, Nitya (2011). *Women's access to land: An Asian perspective*, Expert paper presented for the Expert Group Meeting, Enabling rural women's economic empowerment: institutions, opportunities and participation, held by U.N. Women, FAO, IFAD and WFP, Accra, Ghana, 20-23 September 2011, pp.20.
Robeyns, Ingrid (2003). Sen's capability approach and gender equality: selecting relevant capabilities, *Feminist Economics*, 9(2-3): 61-92.
Rubin, G. (1975). The traffic in women: Notes on the 'political economy' of sex. In R. Reiter (ed.), *Towards an Anthropology of women*, pp.157-210, Monthly Review Press, New York, U.S.A.
Rugumamu, W. (1997). Resource management and agrarian change in semi-arid Tanzania: A gender and ethnic perspective. In Ngware, S., R. Odgarrd, R. Shayo and F. Wilson (eds.) *Gender and agrarian change in Tanzania*, Dar es Salaam University Press, Dar es Salaam.
Rwebangira, Magdalena K. (1996). *The legal status of women and poverty in Tanzania*, Research Report No.100, Nordiska Afrikainstitutet, the Scandinavian Institute of African Studies, Sweden.
Sandler, J. and A. Rao (2012). The Elephant in the Room and the Dragons at the Gate: Strategizing for Gender Equality in the 21st Century, *Gender and Development*, 20(3).
Schenk-Sandbergen, Loes and Outhaki Choulamany-Khamphoui (1995). *Women in rice fields and offices: Irrigation in Laos gender specific case-studies in four villages empowerment*, Asian Development Bank, Paper presented for the Workshop on Gender and Infrastructure, Manila, The Philippines.
Sekiya, Nobuhito, Motonori Tomitaka, Nobuaki Oizumi, Anne Niediwe Assenga, Mathew Kaozya Jacob (2015). *Farmer-to-farmer extension facilitated by agricultural training institutions: a case of NERICA dissemination in Tanzania*, Plant Production Science 18 (3): 398-406.
Sen, Amartya (1990a). Gender and cooperative conflicts. In Tinker, I. (ed.), *Persistent inequalities: Women and world development*, Oxford University Press, New York, U.S.A., 123-149.
―――(1990b). More than 100 million women are missing, *New York Review of Books*, 37(20):61-66.
―――(1992a). *Inequality reexamined*, Oxford University Press, Oxford, U.K.
―――(1992b). Missing women, *British Medical Journal*, UK, 304:587-588.
―――(1993). Life expectancy and inequality: Some conceptual issues. In Bardhan, P., M. Datta-Chaudhuri and T.N. Krishna (eds.), *Development and Change*, Oxford University Press, Bombay, India.
―――(2010). *The idea of justice*, Penguin Books, U.K.
Sender, John, and Sheila Smith (2011). *Poverty, class, and gender in rural Africa: A Tanzanian case study*, Routledge, London, U.K.
Sitari, Taimi (1983). *Settlement changes in the Bagamoyo district of Tanzania as a consequence of villagization*, Reprint from FENNA 161:1, Development and culture research 5, Bahamoyo Project Institue of Development Studies, University of Helsinki, Finland, and Scandinavian Institute of African Studies, Sweden.
Sosovele, H., J. Boesen and F. Maganga (2005). *Social and environmental impact of irrigation*

farming in Tanzania: Selected cases, Dar es Salaam University Press, Tanzania.
Suzanne, W., J. Seed and A. Mwau (1994). *The Oxfam gender training manual*, Oxfam, Oxford, U.K.
Sweetman, Caroline (ed.) (2000). *Gender in the 21st century*, Oxfam, U.K.
Swedish International Development Agency (2001). *Gender mainstreaming: A cross-cutting system*, February 2001, Lao-Swedish Forestry Program.
Tanaka, Yumiko, and Eiji Yamaji (2012). Gendered issues of land re-allocation and water rights: A case in Lower Moshi irrigation scheme in Kilimanjaro region, Tanzania. *Journal of Rural Planning*, Tokyo, Japan, 31: 231-236.
Tanzania Women Lawyers Association (TAWLA) and Gender Land Task Force (2012). Mwanamke na Ardhi (Women and Land) (http://www.youtube.com/watch?v=LXyi2i59T84&feature=youtu.be, accessed 28 April 2013).
Thomas-Slayter, B., E. Andrea Lee and M. D. Shields (1993). *Tools for gender analysis: A Guide to field methods for bringing gender into sustainable resource management*, Clark University, Boston, U.S.A.
―――, R. Polestico, E. Andrea Lee, et al (1995). *A manual for socio-economic and gender analysis, responding to the development challenge*, Clark University, Boston, U.S.A.
Tinker, Irene (ed.) (1990). *Persistent inequalities: Women and world development*, Oxford University Press, New York, U.S.A.
Tripp, Aili Mari (2004). Women's movements, customary law, and land rights in Africa: The case of Uganda, *African Studies Quarterly*, 7(4): 1-19(http://www.africa.ufl.edu/asq/v7/v7i4a1.htm, accessed 7 May 2013).
Tsikata, Dzodzi (2001). *Land tenure reform and women's land rights: Recent debates in Tanzania*, A paper prepared for the United Nations Research Institute for Social Development (UNRISD) Project on Agrarian Change, Gender and Land Rights, Geneva, Switzerland (draft paper) (http://xa.yimg.com/kq/groups/20187214/2001799017/name/Dzodzi+Tsikata%26%2339%3Bs+Paper+on+Land+Reforms.pdf , accessed 1 June 2013).
UNICEF (1994). *Gender equity and women's empowerment*, Gender and Training Section and Training Staff and Development Section, New York, U.S.A.
United Nations Development Program Tanzania (2010). *Experiences with multifunctional platforms (MFPs)*, A paper by UNDP, Dar es Salaam, Tanzania.
URT (United Republic of Tanzania) (1977). *The constitution of the United Republic of Tanzania*, Cap.2 (http://www.judiciary.go.tz/downloads/constitution.pdf, accessed 17 May 2013).
―――(1994). *Report of the presidential commission of inquiry into land matters, Vol. I: Land policy and land tenure structure*, The Ministry of Lands, Housing and Urban Development, in co-operation with the Scandinavian Institute of African Studies.
―――(1997). *National land policy 1995: Second edition*, The Ministry of Lands and Human Settlements Development, Dar es Salaam, Tanzania (http://www.tzonline.org/pdf/nationallandpolicy.pdf, accessed 17 May 2013).
―――(1999). *The land act, 1999, Act supplement No.6, to the gazette of the United Republic of Tanzania: No.21 Vol.80, dated 21st May 1999*, Government Printer, Dar es Salaam, Tanzania.
―――(2000a). *Agriculture: Performance and strategies for sustainable growth*, Dar es Salaam, Tanzania.
―――(2000b). *Country report on implementation of the Beijing Platform for Action, Beijing + 5*, Tanzania.

―――(2001a). *Rural development strategy*, Prime Minister's Office, Tanzania.
―――(2001b). *Agricultural sector development strategy*, Tanzania.
―――(2002a). *The law of marriage act, Chapter 29 (Principal Legislation)*, Revised Edition 2002, Government Printer, Dar es Salaam, Tanzania.
―――(2002b). *The land registration act, Chapter 334*, Government Printer, Dar es Salaam, Tanzania.
―――(2002c). *The rural farmlands (acquisition and regrant) act, Chapter 22 of the Law*, Principal Legislation, Revised Edition of 2002, Government Printer, Dar es Salaam, Tanzania.
―――(2002d). *Household budget survey, 2000/01*, National Bureau of Statistics, Dar es Salaam, Tanzania.
―――(2002e). *Kilimanjaro region; Socio-economic profile*, National Bureau of Statistics and Kilimanjaro Regional Commissioner's Office, coordinated by the President's Office, Planning and Privatisation, Dar es Salaam, Tanzania.
―――(2002f). *Tanzania population and housing census 2002* (http://www.nbs.go.tz/tnada/index.php/catalog/7, accessed 3 January 2013).
―――(2006). *National sample census of agriculture 2002/2003, Small holder agriculture, Volume II: Crop sector-national report*, National Bureau of Statistics, Ministry of Agriculture and Food Security, Ministry of Water and Livestock Development, Ministry of Cooperatives and Marketing, Presidents Office, Regional Administration and Local Government, Ministry of Finance and Economic Affairs, Zanzibar, Tanzania.
―――(2007a). *Analytical report for integrated labour force survey (ILFS) 2006*, National Bureau of Statistics, Ministry of Finance and Economic Affairs, Dar es Salaam, Tanzania.
―――(2007b). *National sample census of agriculture 2002/2003, Volume IX: Gender profile of small holder rural agriculture in Tanzania*, National Bureau of Statistics, Dar es Salaam, Tanzania.
―――(2009a). *Household budget survey 2007*, National Bureau of Statistics, Ministry of Finance and Economic Affairs, Dar es Salaam, Tanzania.
―――(2009b). *Household budget survey 2007, Summary report*, National Bureau of Statistics, Ministry of Finance and Economic Affairs, Dar es Salaam, Tanzania.
―――(2009c). *National rice development strategy (final draft)*, Ministry of Agriculture Food Security and Cooperatives, Dar es Salaam, Tanzania.
―――(2009d). *Research on poverty alleviation (REPOA)-Gender audit report (Draft)*, The Gender Mainstreaming Working Group for Macro-Policies (GMWG-MP), Ministry of Agriculture, Food Security and Cooperatives, Dar es Salaam, Tanzania.
―――(2010a). *National sample census of agriculture 2007/2008: Preliminary report*, National Bureau of Statistics, Ministry of Finance, Dar es Salaam, Tanzania.
―――(2010b). *Tanzania gender indicators booklet 2010*, Poverty Eradication and Economic Empowerment Division, Ministry of Finance and Economic Affairs, Dar es Salaam, Tanzania.
―――(2011a). *Tanzania in figures 2010*, National Bureau of Statistics, Ministry of Finance, Dar es Salaam, Tanzania.
―――(2011b). *Tanzania demographic and health survey 2010*, National Bureau of Statistics, Dar es Salaam, Tanzania.
―――(2011c). *Tanzania demographic and health survey 2010: Key findings*, National Bureau of Statistics, Dar es Salaam, Tanzania.

―――(2013a). *2012 Population and Housing Census: Population Distribution by Administrative Units, Key Findings*, National Bureau of Statistics (NBS) and Office of Chief Government Statistician (OCGS), Zanzibar, Dar es Salaam, Tanzania.

―――(2013b). *2012 Population and Housing Census: Population Distribution by Age and Sex*, National Bureau of Statistics (NBS) and Office of Chief Government Statistician (OCGS), Zanzibar, Dar es Salaam, Tanzania.

Upperman, Els (2000). Gender relations in a traditional irrigation scheme in northern Tanzania, in Creighton, Colin and Omari, C.R. ed., *Gender, family and work in Tanzania*, Ashgate, U.K., 357-379.

USAID (2009). *Global food security response: West Africa rice value chain analysis*, Micro Report 161, Washington D.C., U.S.A.

Van Koppen, Barbara (1998). *Water rights and poverty alleviation: Inclusion and exclusion of resource-poor women and men as rights holders in externally supported irrigation development*, Agriculture and Human Values 15, 361-374, Kluwer Academic Publishes, Netherlands.

―――, Lesley Hope and W. Colenbrander (2012). *Gender aspects of small-scale private irrigation in Africa*, International Water Management Institute (IWMI), Colombo, Sri Lanka, 17p. (IWMI Working Paper 153).

Yngstrom, Ingrid (2002). Women, wives and land rights in Africa: Situating gender beyond the household in the debate over land policy and changing tenure system, *Oxford Development Studies*, 30(1):21-40 (http://www.tandfonline.com/loi/cods20, accessed 25 November 2012).

World Bank (2009). *Tanzania, accelerated food security*, Washington D.C., U.S.A.

―――(2011). *The little data book on gender*, Washington D.C., U.S.A.

Zwarteveen, Margreet Z. (1994). *Linking women to the main canal: Gender and irrigation management*, Gatekeeper series no.SA54, International Institute for Environment and Development.

―――(1997). Water: from basic needs to commodity: A discussion on gender and water rights in the context of irrigation, *World Development*, 25(8): 1335-1349.

スワヒリ語文献

Jamhuri ya Muungano wa Tanzania (2002). *Sheria ya Ardhi ya Vijiji [Sheria Na. 5 ya Mwaka 1999]*, Kimepigwa Chapa na Mpingachapa wa Serikali, Dar es Salaam, Tanzania（英訳版：United Republic of Tanzania (2002). *Village Land Act [Law No. 5 of 1999]*, Government Printer, Dar es Salaam, Tanzania).

Marealle, Petro Itosi (2002). *Maisha ya Mchagga hapa Duniani na Ahera*, Mkuki na Nyota Publishes, Dar es Salaam, Tanzania（英訳版：Marealle, Petro Itosi (2002). *Life of Chagga in present and future life after death*, Mkuki na Nyota Publishes, Dar es Salaam, Tanzania).

索 引

略号
CHAWAMPU ➡ コメ生産者協同組合
GAD ➡ ジェンダーと開発
JICA ➡ 国際協力機構
KATC ➡ キリマンジャロ農業研修センター
LMIO ➡ ローアモシ灌漑事務所
LMIS ➡ ローアモシ灌漑地区
LOMIA ➡ ローアモシ水利組織
MFCA ➡ 農業・食料安全保障・協同組合省（農業省）
ODA ➡ 政府開発援助
TANRICE ➡ タンライス（タンザニア灌漑農業技術普及支援体制強化計画プロジェクト）
TANRICE 2 ➡ タンライス2（タンザニア・コメ振興支援計画プロジェクト）

あ行
アクセス・コントロール（分析）　1, 2, 37, 38, 169-71, 226
畔区　71, 144, 150, 151

イスラム法　30, 96, 176-8
一夫多妻　26, 177, 190
インド　40, 46, 93, 94, 102, 169, 170

ウジャマー政策、ウジャマー村　29, 30, 31, 62, 123-7, 199, 201, 203, 209, 219, 283

営農権　4, 26, 51, 53, 101, 102, 223, 230, 231, 257, 258, 272, 273, 285, 288, 289
エンパワーメント　2, 35, 37, 40, 41, 45, 47

か行
核家族（化）　24, 108, 193, 241, 245, 246
拡大家族　108, 193, 245, 246
家族経営協定　289
家族の土地　96, 102, 109, 125, 131, 132, 193, 194, 223, 236, 263

寡婦　25, 94, 100, 106-8, 112, 118, 124, 127, 177, 205, 222, 260, 261, 283, 284
仮の相続　233, 243, 254, 257, 258, 262, 272
灌漑組合　26, 52, 227
慣習的な土地耕作・所有権　4, 49, 53, 75, 88, 89, 106, 107, 110, 112, 118, 121-3, 126-8, 164, 230, 280-2, 288
慣習法　20, 22, 30, 31, 33, 37, 52, 53, 89, 91, 92, 102, 274, 278-80
管理権　38, 53, 55, 223, 226, 230, 231, 272, 273, 278, 285

技術協力　4, 63
共同農場　62, 79, 120, 123, 212
協力をしながらも対立を含む関係（cooperative conflict）　42, 43
キリマンジャロ農業研修センター（KATC）　63, 84, 279, 299

クラン（氏族）　20, 27, 28, 33, 59, 213, 241
クランの土地（氏族の土地）　27, 28, 33, 51, 52, 59, 96, 97, 131, 132, 193, 194, 227, 262, 263

ケイパビリティ　41, 43-6, 173
減歩率　71, 112, 113, 118

講　188, 202
耕区 ➡ プロット
国際協力機構（JICA）　4, 63, 84, 113, 297-300
国家土地政策　33, 95
コメ生産者協同組合（CHAWAMPU）　63, 67, 73, 117, 191, 206, 221
婚姻証明書　260, 284
婚姻法　31, 284, 285
コンフリクト　131, 242, 252, 259

さ行
裁判（所）　66, 90, 92, 218, 292
作付体系　73

サブサハラ・アフリカ　1, 24, 29, 88, 89, 94, 97, 109, 282, 293

ジェンダー　37, 38, 42-7, 95, 281, 295, 298-300
ジェンダー格差　45
ジェンダー主流化　35, 38, 39, 48
ジェンダーと開発（GAD）　35-7, 39, 45, 48, 170
ジェンダー土地作業部会　93, 95-8, 101, 246, 255, 292
ジェンダー平等（論）　35, 38-42, 46, 47, 93, 94, 280, 281, 284, 299
氏族➡クラン
氏族の土地➡クランの土地
シブジ報告書　91, 95
社会的認知　89, 102, 254, 271, 273, 285
収益権　51, 53, 223, 230, 231, 251, 257, 258, 272, 273, 285, 288, 289
従前地　29, 106, 110, 112, 113, 117, 118, 126, 228, 229
取水口　117
10軒組　193, 194, 215, 221
植民地　3, 20, 29, 30, 59, 88, 197
女性差別撤廃条約　31, 34, 35, 48
処分権　33, 51, 53, 223, 230, 231, 238, 251, 257, 272, 273, 285
所有権　21, 22, 26, 28, 38, 230, 231, 258, 282
シングル・マザー　25, 124, 127, 190, 222, 252, 270, 271, 283

水利権　4, 21, 27, 31, 75, 229, 254, 297
水利組織　21, 26, 27, 63, 99, 221-3, 227, 295

生前贈与　34, 99-101, 213, 220, 241, 270, 275, 290
制定法　20, 28, 30, 89, 91, 92, 97, 98, 102, 278
政府開発援助（ODA）　36, 293
世帯　24-6, 31, 32, 43, 93, 107-9
全国土地フォーラム　95-7
占有権　20-2, 90, 91, 122, 126

相続人　234, 237-9
族外婚　28
村落議会　65, 66, 97, 132
村落調停委員会　65, 66, 292
村落土地委員会　65, 66, 96, 285, 290, 292

村落評議会　52, 65, 66, 76, 254, 264, 286, 290

た行
タンザニア女性法律家協会　95, 98, 292
タンライス　297, 299
タンライス2　299

地権（地籍）の確定　30, 33, 50, 89, 128, 280, 288, 298
長老会議　27, 28, 52, 241

登記　88-90, 101, 102, 117
頭首工　68, 70, 71
土地権　47, 49, 50, 52-6, 76, 80, 81, 93, 94, 127, 128, 130, 278, 279, 285, 286, 295, 296
土地権の近代化　3, 4, 20, 50, 104, 128, 130, 164, 165, 278-81
土地権の固有化・私有化　77, 88, 89, 93, 102, 128, 131, 280, 282
土地権の進化論　88-93, 101, 128, 130-2, 164, 165, 226, 279, 293
土地収奪　4, 29, 30, 31, 95
土地所有証明書　20, 76, 117, 122, 221, 259, 260, 286, 287, 294
土地登記　20, 30, 50, 88, 102, 117, 124
土地配分委員会　75, 118-21, 126, 284, 287
土地法（1999）　27, 32, 33, 91, 102, 126, 226, 280, 284
土地問題調査委員会　29, 33, 91
トップダウン　39, 40, 97, 98, 282, 294

な行
仲継ぎ的承継　233, 243, 254, 272

農業・食料安全保障・協同組合省（農業省、MAFC）　64, 299

は行
パラリーガル　291, 292
番水制➡ローテーション

父系制社会　3, 24, 28, 94, 98-100, 117, 131, 241, 245
フリーホールド　89, 101

ブロック　71, 72, 83, 84, 134, 135
プロット（耕区）　69, 71, 72, 75, 76, 117, 141, 144

暴力　5, 43
母系制社会　3, 24, 28, 94, 98-100

ま行
マウマウの蜂起　2, 90

村土地法 (1999)　21, 32, 33, 66, 91, 102, 126, 226, 280, 284

名義変更　66, 243, 272

ら行
労働力率　2, 21, 22
ローアモシ灌漑事務所（LMIO）　64, 68, 80-2, 84, 299

ローアモシ灌漑地区（LMIS）　4, 34, 50, 58, 59, 61, 67, 70, 71, 73-7, 110, 227, 298, 299
ローアモシ水利組織（LOMIA）　67-70, 82-4, 192, 221, 229, 254, 289
ローテーション（番水制）　73, 78, 135, 137, 144, 213, 289
ローテーションで耕作　213, 250, 253, 260, 263

や行
遺言　32, 34, 96, 100, 199, 217, 240-2, 251, 275, 290
遺言書　33, 34, 190, 213, 214, 217, 219, 221, 240-2, 245, 246, 251, 257, 264-7, 270, 271, 275, 290, 292

わ行
ワード（区）土地委員会　66

著者紹介

田中由美子（たなか・ゆみこ）
1951年、神奈川県川崎市生まれ。国際基督教大学卒業。マンチェスター大学（修士）、東京大学大学院新領域創成科学研究科国際協力学（博士）。90年よりJICA（国際協力機構）国際協力専門員（ジェンダーと開発）。海外コンサルティング企業協会（ECFA）、国連工業開発機関（UNIDO）、国連アジア・太平洋経済社会地域委員会（ESCAP）、JICA社会開発協力部長などを経て現職。
アジアやアフリカの現場において「女性の経済的エンパワーメント」「女性と子どもの人身取引対策」「災害リスク削減とジェンダー」などの分野を中心に、開発途上国の草の根の女性・市民グループと同じ土俵に立って協力関係を築いてきた。OECD/DACジェンダー平等ネットワーク副議長、国連ウィメン日本協会理事、国際林業研究所（CIFOR、インドネシア）理事などグローバルな場での提言活動や、大学の非常勤講師として国際協力の人材育成にも努めている。
主な著書：『開発とジェンダー──エンパワーメントの国際協力』（共編著、国際協力出版会、2003）、『国際協力専門員──技術と人々を結ぶファシリテータたちの軌跡』（共著、新評論、2008）、『実践ガイド　国際協力論』（共著、古今書院、2010）、『ケースで学ぶ国際開発』（共著、東信堂、2011）など。

「近代化」は女性の地位をどう変えたか
──タンザニア農村のジェンダーと土地権をめぐる変遷　　（検印廃止）

2016年10月20日　初版第1刷発行

著　者　田　中　由美子
発行者　武　市　一　幸
発行所　株式会社　新　評　論

〒169-0051　東京都新宿区新宿西早稲田3-16-28
http://www.shinhyoron.co.jp
TEL 03（3202）7391
FAX 03（3202）5832
振替 00160-1-113487

定価はカバーに表示してあります
落丁・乱丁はお取替えします。

装　幀　山　田　英　春
印　刷　フォレスト
製　本　松　岳　社

© Yumiko Tanaka 2016　　Printed in Japan
ISBN978-4-7948-1050-2

JCOPY ＜(社)出版者著作権管理機構 委託出版物＞
本書の無断複写は著作権法上での例外を除き禁じられています。複写される場合は、そのつど事前に、(社)出版者著作権管理機構（電話 03-3513-6969、FAX 03-3513-6979、e-mail: info@jcopy.or.jp）の許諾を得てください。

新評論の話題の書

林俊行編／田中由美子ほか著
国際協力専門員
四六 352頁 2800円 〔08〕
ISBN978-4-7948-0787-8
【技術と人々を結ぶファシリテータたちの軌跡】JICA（国際協力機構）の技術協力専門家集団とは？ジェンダーと開発、地方電化、参加型開発等、12分野の人々による協力哲学。

原康子／イラスト・田中由郎
南国港町おばちゃん信金
四六 208頁 1800円 〔14〕
ISBN978-4-7948-0978-0
【「支援」って何？"おまけ組"共生コミュニティの創り方】勝ち組でも負け組でもないもう一つの生き方とは。国際協力のあり方を問い直す、ユーモア溢れる失敗話のオンパレード。

藤岡美恵子・越田清和・中野憲志編
脱「国際協力」
四六 272頁 2500円 〔11〕
ISBN978-4-7948-0876-9
【開発と平和構築を超えて】「開発」による貧困、「平和構築」による暴力──覇権国家主導の「国際協力」はまさに「人道的帝国主義」の様相を呈している。NGOの真の課題に挑む。

T.ヴェルヘルスト／片岡幸彦監訳
文化・開発・NGO
A5 290頁 3300円 〔94〕
ISBN4-7948-0202-1
【ルーツなくしては人も花も生きられない】国際NGOの先進的経験の蓄積によって提起された問題点を通し、「援助大国」日本に最も欠けている情報・ノウハウ・理念を学ぶ。

J.フリードマン／斉藤千宏・雨森孝悦監訳
市民・政府・NGO
A5 318頁 3400円 〔95〕
ISBN4-7948-0247-1
【「力の剥奪」からエンパワーメントへ】貧困、自立、性の平等、永続可能な開発等の概念を包括的に検証！ 開発と文化のせめぎ合いの中でNGOの社会・政治的役割を考える。

C.モーザ／久保田賢一・久保田真弓訳
ジェンダー・開発・NGO
A5 374頁 3800円 〔96〕
ISBN4-7948-0329-X
【私たち自身のエンパワーメント】男女協動社会にふさわしい女の役割、男の役割、共同の役割を考えるために。巻末付録必見：行動実践のためのジェンダー・トレーニング法！

キャサリン・H・ラヴェル／久木田由貴子・久木田純訳
マネジメント・開発・NGO
A5 310頁 3300円 〔01〕
ISBN4-7948-0537-3
【「学習する組織」BRACの貧困撲滅戦略】バングラデシュの世界最大のNGO・BRAC（ブラック）の活動を具体的に紹介し、開発マネジメントの課題と問題点を実証解明！

オックスファム・インターナショナル／渡辺龍也訳
貧富・公正貿易・NGO
A5 438頁 3500円 〔06〕
ISBN4-7948-0685-X
【WTOに挑む国際NGOオックスファムの戦略】世界中の「貧困者」「生活者」の声を結集した渾身レポート！ WTO改革を刷新するビジョン・政策・体制への提言。序文＝アマルティア・セン

藤岡美恵子・越田清和・中野憲志編
国家・社会変革・NGO
A5 336頁 3200円 〔06〕
ISBN4-7948-0719-8
【政治への視線／NGO運動はどこへ向かうべきか】国家から自立し、国家に物申し、グローバルな正義・公正の実現をめざすNGO本来の活動を取り戻すために今何が必要か。待望の本格的議論！

真崎克彦
支援・発想転換・NGO
A5 278頁 3000円 〔10〕
ISBN978-4-7948-0835-6
【国際協力の「裏舞台」から】「当面のニーズ」に追われ、「根本的な問題」に向き合えなくなっている支援現場の実情を詳細に分析し、住民主体支援の真のあり方を正面から論じる。

美根慶樹編
グローバル化・変革主体・NGO
A5 300頁 3200円 〔11〕
ISBN978-4-7948-0855-4
【世界におけるNGOの行動と理論】日本のNGOの実態、NGOと民主政治・メディア・国際法・国際政治との関係を明らかにし、〈非国家主体〉としてのNGOの実像に迫る。

ヴォルフガング・ザックス＋ティルマン・ザンタリウス編／川村久美子訳・解題
フェアな未来へ
A5 430頁 3800円 〔13〕
ISBN978-4-7948-0881-3
【誰もが予想しながら誰も自分には責任があるとは考えない問題に私たちはどう向きあっていくべきか】「予防的戦争」ではなく「予防的公正」を！スーザン・ジョージ絶賛の書。

B.ラトゥール／川村久美子訳・解題
虚構の「近代」
A5 328頁 3200円 〔08〕
ISBN978-4-7948-0759-5
【科学人類学は警告する】解決不能な問題を増殖させた近代人の自己認識の虚構性とは。自然科学と人文・社会科学をつなぐ現代最高の座標軸。世界27ヶ国が続々と翻訳出版。

価格は消費税抜きの表示です。